JN313479

教育の使命と実態

データからみた
教育社会学試論

舞田敏彦
Maita Toshihiko

武蔵野大学出版会

contents

目次　教育の使命と実態──データからみた教育社会学試論

序章

本書のねらいと内容 ……… 9

第1節 本書のねらい ……… 11

第2節 本書の内容 ……… 15

第3節 本書の用途 ……… 18

第1章

子ども ……… 21

第1節 子どもの量的規模 ……… 23

■子ども人口

第2節 発育 ……… 26

■1体位／■2肥満／■3痩身／■4近視／■5虫歯

第3節 安全 ……… 39

■1 事故死／■2 犯罪被害

第4節 生活 …… 46

■1 1日の行動／■2 食習慣／■3 手伝い／■4 学業／■5 スポーツ
■6 読書／■7 通塾／■8 ケータイ

第5節 心身 …… 69

■1 学力／■2 体力／■3 道徳意識／■4 自尊心

第6節 逸脱 …… 83

■1 非行／■2 いじめ／■3 長期欠席／■4 暴力／■5 自殺

本章のまとめ …… 102

第2章

家庭 …… 107

第1節 家庭の構造 …… 109

■1 小規模化／■2 核家族化／■3 共働き／■4 職住分離

第2節 子育て …… 120

■1 子育て相談／■2 早期受験／■3 東大生の家庭／■4 教育費

第3節 **家庭の問題**………134

■1 未婚化／■2 家族解体／■3 貧困／■4 児童虐待
■5 親の養育態度と非行／■6 空洞家庭

本章のまとめ………160

第**3**章

学校………163

第1節 **学校の構造**………165

■1 学校数／■2 設置者構成／■3 学校・学級規模／■4 学校格差①
■5 学校格差②

第2節 **就学**………182

■1 就学率／■2 就学猶予・免除／■3 高校非進学／■4 大学進学格差
■5 落第／■6 成人の就学

第3節 **受験競争**………207

■1 受験地獄／■2 大学入学者の現役・浪人比率

第4節 **教育過程**………215

■1 教育の効果／■2 文化的再生産

第5節 **学校生活**……………223

■1 学校生活に対する意識／■2 学校生活の評価

本章のまとめ………………229

第**4**章

教員……………235

第1節 **教員集団**……………237

■1 性別構成／■2 年齢構成／■3 学歴構成／■4 非正規化

第2節 **勤務条件**……………252

■1 給与／■2 勤務時間／■3 TP比

第3節 **養成・採用**……………266

■1 教員免許状取得者数／■2 採用試験競争率／■3 新規採用者の年齢
■4 新規採用者の学歴

第4節 **職務遂行**……………280

■1 パフォーマンス指数／■2 授業スタイル／■3 対生徒関係

■4 生涯学習

第5節 **病**……298

■1 精神疾患／■2 病気離職

第6節 **逸脱**……306

■1 懲戒処分／■2 犯罪／■3 自殺

本章のまとめ……314

第5章

青年……319

第1節 **青年期の今**……321

■15～24歳人口のすがたの変化

第2節 **大学教育**……324

■1 大学生の生活時間／■2 リメディアル教育／■3 留年／■4 休学
■5 退学／■6 大学教員の非正規化

第3節 **学校から社会への移行**……342

■1 就職戦線／■2 大学卒業者の進路／■3 就職失敗による自殺

■4 オーバードクター

第4節 青年の状態……………354

■1 20代青年のすがた／■2 ワーキングプア／■3 ストレス／■4 ウチ化／■5 生活意識

第5節 逸脱……………371

■1 自殺／■2 ニート

本章のまとめ……………381

第6章

社会……………385

第1節 社会変化……………387

■1 少子高齢化／■2 産業化・都市化／■3 雇用労働化／■4 高学歴化／■5 格差社会化／■6 情報化

第2節 国民生活……………409

■1 生活意識／■2 幸福度

第3節 国民性……………418

■日本人の内向性
本章のまとめ……………424

あとがき……………427

■序章■

本書のねらいと内容

教育の使命と実態―データからみた教育社会学試論―

[第1節] 本書のねらい

　教育には理屈はいらない，という意見がある。まずはやってみること，すなわち実践ありきなのであって，どうしたらいいかはやってみる過程の中で分かっていくものである。そもそも，個々の子どもはきわめて多様であり，彼らにどう働きかけるべきかを一概に言い表すことはできない。考えることよりまず行動。現職の教員には，こういう考えをお持ちの方もいるようで，私自身，教育実習（小学校）でお世話になった指導教官に，酒の場でこのような意味合いのご高説を賜ったことがある■1。それに，わが子をどう育てるかは親の勝手であって，外から枠をはめられたくはない，という熱弁をぶつけられたこともある。同じく酒の場で，2児の母となったかつての級友からである■2。

　言わずもがなであるが，このような考えは半分は当たっているが，残りの半分は違っている。教育とは，広くとるなら人間の歴史と同じくらい古くから行われている営みである。「こうしたらこうなる」。この手の経験則がぎっしりと蓄積されてきている。それを知ろうとしないで，ゼロの地点から出発しようというのは，甚だ非効率なことである。それに，子どもの現実態が多様であるといっても，人間の生理や病理についてかなりのことが科学的に解明されているように，何歳くらいの子はこういう思考をし，こう働きかけたらこういう反応を返してくる，というようなことについても，ある程度の普遍則は打ち立てられている。先人の経験や既存の科学を学んでいない教員に教わる子どもというのは，不幸としかいいようがない。当該教員の（盲目的な）実践のモルモットにされるようなものである。

■1――――教育実習を終えた後の慰労会において，大学卒業後はどうするのかと問われた際，「大学院に行きます」と答えたことによる。嘘も方便というが，「教員採用試験を受けます」と答えたほうがよかったかもしれない。
■2――――近況報告を求められた際，大学院を出て教育学の分野で学位を取ったと口にしたことによる。こういうことはいわないほうがよかったかもしれない。

子は親が意のままに育てたいという思いも分からぬことではないし、認められるべきであるが、子どもというのは、生みの親の子であると同時に、社会の子でもある。ある社会に生まれ落ちた子どもは、将来、当該の社会の維持・存続に寄与する成員となることを期待される。そのためには、肉親とは異なる他者と社会生活が営める社会的存在へと変容しなければならない。これを社会化といい、それを促すためになされる意図的な働きかけの総称が、すなわち教育である。ちなみに、未開社会や前近代社会とは違って、高度化・複雑化の度合いを高めている現代社会にあっては、そうした営為は個々の家庭の手に負えるものではない。一人前に社会生活を営むために必要とされる知識や技術の水準だって、ひときわ高い。今となっては、個々の子どもは、学校という専門機関において、教えることを業とする教員という職業人の手によって、社会が定めるところの内容を一定の順序にしたがって教授されねばならない。こうした組織的・体系的教育が、現代社会における教育の基本的な有様をなしている。親の側は、わが子をして学校教育を受けさせることを法で義務づけられているのであり、それを免れることはできない。これがいわゆる就学義務である。

　さて、組織的教育は諸々の規則に依拠してなされるのであるが、その規則体系は時代とともに複雑性の度合いを強めている。親や教員をはじめ、教育にたずさわる者はまずもって、全貌とはいわぬまでも、その基本的な部分は知っておかねばならない。また、学校は複雑な組織であり、成員間の相互作用によって当該組織に特徴的とみられる現象を引き起こすことがあり、こういうことに関する科学的な知見も得ておく必要がある。さらに話を大きくすれば、教育の総体的な方向を決めるのは社会なのであるから、われわれが生きる現代社会についても理解を深めておかねばならないのである。

　教育関係者が知っておくべきことというのは数多い。教育には理屈がいるのである。といっても、それは机上のものでは決してなく、いずれも実践と深く結びつき、それを指揮してくれる■3。それらを体系立てた総体が、学問としての教育学の中身をなすのであり、将来教員を志す学生は皆、大学の教職課程にてこの学問の基礎を修めることが要請される。

　本書の位置を明らかにする上において、教育学の全貌について少し触れてお

■3――――このような性格を持つ理論を、デュルケムは「実践理論」(théorie pratique) と命名している。デュルケム(佐々木交賢訳)『教育と社会学』誠信書房、1976年(原典刊行は1922年)。

いた方がよいだろう。この学問の内容は多岐にわたるのであるが，実のところ，教職課程で学生に修めさせる科目について定めた教育職員免許法施行規則において，基礎的な枠組みが用意されているので，これに沿って話をしよう。教員免許状を取得しようとする者は，教育の基礎理論に関する科目を履修しなければならず，当該の科目には，①「教育の理念並びに教育に関する歴史及び思想」を扱う科目，②「幼児，児童及び生徒の心身の発達及び学習の過程」を扱う科目，および③「教育に関する社会的，制度的又は経営的事項」を扱う科目の3種を含めることとされる（同施行規則第6条）。

この3つは，教育学の3大領域に対応している。①は，教育がこれまでどういう歴史をたどってきたか，昔の偉人は教育をどう考えたかを追求するものであり，教育史や教育哲学という下位分野がここに含まれる。②は，教育の受け手である子どもの発達や学習の過程について理解を深める領域であり，教育心理学が主にこれを担う。その知見を基礎にして，効果的な教授法を究明する教育方法学も，この領域に含めてよいだろう。あと一つの③では，現代の組織的教育が依拠するところの諸々の規則や，それを動かす制度面の事項が扱われ，教育法学，教育行政学，ならびに学校経営学などが，この部分の中核をなす。

さて私は，教育社会学という学問を専攻する者の端くれであるが，教育の社会的事項を研究する分野であるので，上の枠組みでいうと③に含まれる。教育とは個々の子どもを育てる営みであるが，それは政治や経済等と並んで，社会を支える下位システムの一つの相をなしている。それゆえに，教育は当該社会の維持・存続ないしは変革に際して大きな役割を果たすのであって，教育社会学の仕事の一つは，教育のこうした社会的機能の様を解明することである。

しかるに，教育は社会に働きかけるばかりでなく，反対に社会からの影響をも被っており，現実的には，こちらの側面のほうが強い。そもそも教育は，時代や社会によって異なる。学校の教室という四角い空間の中で，多くの子どもが一様に教員のほうを向いて一斉教授を受けるという形態は，わが国の場合，明治期以降の100年と少しの歴史しか持っていない。それを以って，絶対で普遍的なことであると考える必要はどこにもない。それに現代にあっても，世界を見渡すならば，国によって教育の有様は大きく違っている。このような教育の社会的規定性を知ることで，「現代のわが国」という呪縛から解き放たれることができ，今後の教育改革の方向を考えるにあたって，有益な示唆が得られるようにもなる。

なお，社会的規定性ということに関連していうと，子どもの育ちとて，当人をとりまく社会的環境の影響を被っている。たとえば，学力や上級学校進学率のような教育達成の指標は，どういう家庭の子どもかによって大きく異なる。社会の平等化装置としての教育の機能不全。こういう「見えざる」教育現実としては，他にもいろいろあるだろう。法や国の政策文書で描かれている教育の様を額面通りにとるばかりではいけないのであって，目を凝らして現実を注視するならば，それとの距離が観察されることがしばしばであり，教育の機能不全，さらには逆機能の面すら露わになることだって珍しくはない。

　そうした精緻な観察の道具となるのがデータであって，教育科学としての教育社会学は，データをもとに，教育現実の（見えざる）諸相を明らかにすることを任としている。その中には，目を背けたくなるようなものもあるだろう。しかるに，教育政策の立案とは，まずもってそれを直視することから始められなければならない。そのための礎を提供すること。教育社会学には，こういう役割も期待されている。

　本書は，私なりのやり方において，それを実践したものである。なお，「データでみる教育」という類の書籍はあるけれど■4，本書では，世間一般にあまり知られていない事象を紹介することを意図した。いずれも，政府公表の原統計を独自に加工してあぶり出したものであり，白書類の単なる引き写しではないかと，とられるようなことはしていないつもりである。逆にいえば，通常取り上げるべき基本事項が抜け落ちている面もあるが，そちらは政府の基礎資料に委ねることとしよう■5。私は，こういう役割分担を念頭に置きながら，本書を認めた。また，統計図表を多く盛り込み，いいたいことが視覚的に伝わるような工夫も施し，「読む本」と同時に「みる本」としての性格も持たせた。

　本書に掲載された255点の統計図表をもとに，現代日本における教育の現実態の諸相を知っていただけたらと思う。私が本書をこうして世に送り出す動機は，こういうものである。

■4────たとえば，清水一彦ほか編著『最新教育データブック（第12版）』時事通信社（2008年），久冨善之編『図説・教育の論点』旬報社（2010年）など。
■5────身勝手な注文であるが，こういう偏りも，本書の一つの特徴と取っていただければと思う。

[第2節] 本書の内容

　上で述べた本書のねらいに接近するために，本書の内容構成に意を用いた。教育とは，教え，教えられる営みであることから，被教育者としての「子ども」と教育者としての「教員■6」という主体を考える。そして，「家庭」と「学校」という，子どもにとっての2つの主要な生活の場を考慮する。教員による子どもへの意図的な働きかけ（授業）だけが教育ではない。家庭や学校における日々の生活そのものの中に，子どもを社会的存在へと変容せしめる諸作用が組み込まれている。本書では，教育という語をもって，明確な意図を持った意図的教育のみならず，無意図的な教育をも包摂する広義の概念として理解することとしている。なお子どもは，ゆくゆくは社会の一成員としての役割を遂行する存在（大人）へとなることが期待されるが，子どもと大人の間には「青年」という存在があり，現在では，子ども期から青年期までを見越して，組織的教育の対象と想定することが一般的になっている■7。最後に，このようなタテ・ヨコの広がりを持った教育営為を規定する条件である，今のわれわれが暮らす「社会」のすがたを描写する。

　私は，このような枠組みを念頭において，①子ども，②家庭，③学校，④教員，⑤青年，および⑥社会という，6つの切り口を用意した。この6つは本書の6つの章(chapter)をなしており，配列もこの順である。被教育者である「①子ども」は，「②家庭」という第1次集団での基礎的社会化を経た後，一定年齢に達したら「③学校」に入学し，長期にわたって組織的・体系的な教育をみっちりと施される。その主要部分は「④教員」による意図的な教授活動（授業）からなる。子どもはやがては「⑤青年」となり，青年期における試行錯誤を経て自我を確

■6―――――教師ではなく教員という言葉を使うことに違和感を持たれるかもしれないが，本書では「教員」ということにしている。この点については，237頁を参照されたい。
■7―――――上級学校進学率の上昇に伴い，学校に在学する平均的な期間は伸びている。

立し，社会の中において所与の社会的役割を遂行する社会的存在へと変容を遂げる。そして，こうした一連の過程の有様を規定する条件として，現代日本という「⑥社会」的大状況が厳として存在する。こういう流れを意識してもらえばよいと思う。

　むろん，この6つは互いに連関しており，各々を切り離すのは好ましいことではないけれど，書籍の体裁をとる以上，このような敷居立ても止むを得まい。では，この6つの章の内容をプロローグ風に簡単に説明しよう。

　第1章では，教育の受け手であり，社会的存在へと変容を遂げる主体である子どもの現代的なすがたを，統計で明らかにする。子どもというと，連鎖反応のようにすぐに学力云々とかがいわれたりするけれど，それは2階の部分であって，それ以前に，子どもは「生」を営む生活者としての存在である。こういう見方から，まずは子どもの生存状況や発育状況，さらには日々の暮らしがどういうものかを観察することから始めよう。その後において，学力や体力等の要素からなる心身の状況を取り上げる。そして最後に，いつの時代でも注目されるところの，彼らの逸脱行動の現況を明らかにしてみよう。

　第2章では，子どもが最初に属する集団であり，子育てという名の基礎的社会化（primary socialization）がなされる現代家庭の様相が明らかにされる。まずは家庭の現代的構造を観察し，そうした条件に規定されながらなされるところの，子育ての有様をみてみよう。また，血縁に由来する情緒的・情愛的な人間集団であり，安らぎの場としての機能を期待されるはずの家庭において噴出している，現代的な諸問題にも目を向けることとしよう。

　第3章の対象は，現代教育の中核を担う，組織的・体系的な教育機関である学校である。前章と同様，基礎的な構造部分を押さえた後，学校に通っている子どもがどれほどいるかという就学統計を提示する。現代日本の状況が普遍的なものではないことを，時系列比較，国際比較の統計から分かっていただけたらと思う。その後で，今度は学校の内部にスコープを差し入れ，そこで営まれている教育の過程（プロセス）の様を観察し，それを経ることで子どもがどういう変容を遂げるかを明らかにする。同時に，学校内での生徒の生活の様子もみてみよう。これらに加えて，学校教育を規定する現代的な条件としてよくいわれる受験競争を取り上げ，それが過去に比してどう変わってきているか，子どもの人間形成にどう影響しているかを考えてみよう。

　第4章で取り上げるのは，学校における意図的な教育の担い手であり，教

えることを業とする職業人としての教員である。現代社会では、教育はまぎれもなく組織的・集団的な営みであり、個々の教員は、教員集団の一成員としての役割を期待される。まずはこの集団のすがたがどういうものかを観察しよう。彼らの職務遂行に影響を与えるところの勤務条件にも注意する。その後で、授業や対生徒関係というような視点から、現代教員のパフォーマンスの様をみせていただこう。あと一点、現代は「教職受難の時代」といわれるが、そうしたもやもやとした認識（印象）を、教員の病や逸脱の統計によってクリアーにする作業を手掛けてみよう。

第5章では、子どもと大人の中間的存在としての青年に注目する。最初に、役割遂行の猶予期間にある青年の多くを収容している大学のキャンパスをのぞいてみよう。その次に、青年から大人へと脱皮を遂げる、学校から社会への移行の過程にスポットを当てようと思う。かつては当たり前のこととしてなされていたこの過程が、今では一筋縄ではいかなくなっている。おそらくは、目を背けたくなるような現実態も見受けられることであろう。続いて、もう少し射程を延ばして、20代青年の現代的なすがたを統計で明らかにする。キーワードは、非正規、ワーキングプア、ストレスというような、あまり響きのよくないものである。そして最後に、こうした状況に由来するとみられる、現代青年の「生きづらさ」の程度を統計で可視化してみよう。

最終章の第6章では、現代日本がどういう社会であるかを統計で概観する。一見、教育と関係ない内容に思えるかもしれないが、決してそのようなことはない。教育は真空の中ではなく、所与の社会的状況の中でなされているのであって、まぎれもなく、そうした大状況の影響を被っている。とりわけ教育社会学の立場からは、この視点を落とすわけにはいかない。社会は静態的なものではなく、常に変動しているが、まずは、子どもの育ちや教育と関連すると思われる、社会変化の諸相を明らかにしよう。今の子どもは変わった、おかしくなったというようなことがよくいわれるけれど、変わったのは社会のほうである。目下、見受けられる子どもの変化というのは、そうした社会の変化の引き写しと考えたほうがよい。その後で、この社会的土台の上で暮らす人々の暮らしや国民性に目を向けよう。そこから、現代日本に空気のごとく蔓延しているクライメイト（climate）の特徴が浮き彫りになり、このような社会的潮流が子どもを一定の方向に仕向けている可能性があることが示唆されるであろう。

本書のアウトラインは、以上のようである。なお、それぞれの章の内容は、

いくつかの中分野（節）に区分し，さらに各節の下に小テーマ（項）を配列するという構成をとっている■8。項ごとに内容を完結させているので，どこから読んでいただいても構わないことを付記しておく。

[第3節] 本書の用途

　本書では，一般の白書等では知ることのできない，「知られざる」教育現実の諸相を明らかにしたつもりである。子を持つ親，教員をはじめ，教育に携わる関係者の方々の参考に供することがあればと思う。また，「根拠に基づいた政策（evidence based policy）」を実行するに際しての基礎資料として使っていただけることを願う。

　ところで，本書が用いている統計資料は，いずれも公的な既存統計であり，自前で集めたデータは一切ない。2次資料ばかり使って，自分の「足」で集めた1次資料を全然出さないとは何事か，という誹りを受けるかもしれないが，1次資料がよくて2次資料が悪いなどと断じる根拠はどこにもない。既存資料をしゃぶり尽くすことで，有用な知見が出てくることも数多くある。

　現在，先ほど触れた「根拠に基づく政策」の重要性が認識されており，政府のみならず，研究者や大学院生等が，自分が立てた問題への「解」を得るために，自前でアンケート調査を実施することが多くなっている。しかるに，サンプルの取り方がいい加減で，設問の文面（ワーディング）にしても，ちょっといじれば全然違った答えが返ってくると思われるものもあり，科学の大前提である「再現可能性」が担保されていない，とみられる研究も見受けられる。また，未加工データ（ローデータ）が部外者に公開されないので，他者が研究成果の追試（test）を行えない，という難点もある。

■8─────岩波書店から定期的に出されている，『日本経済図説』，『世界経済図説』（新書版）もこのような構成で仕立てられている。本書も，この枠組みを参照したことを申し添える。その意味で本書は，それらの書籍の教育版ともいえる性格を持たせたつもりである。

この点でいえば，既存統計に示された人間の「頭数」は動かしようのない事実であり，かつ誰でも利用できる資料であるので，研究成果の追試可能性も開かれている。私は，自前のアンケートなど一切するなと主張するのではない。問題によっては，自前で細かな調査をしなければならないこともある。とはいえ，それをするのは，既存の資料を十分にしゃぶり尽くしてからのほうがよい。

　あまり知られていないが，日本は「統計大国」とでも呼べる国であり，膨大な量の統計調査が定期的に実施され，かつ結果が万人に利用可能な形で供されている。インターネット上の「政府統計の総合窓口（e-Stat）」をのぞいてみられよ。『国勢調査』をはじめとした，無数の官庁統計の基礎集計表に出くわすはずである■9。本書に掲載されている統計図表はいずれも，こうした既存統計資料を使って作成されたものである。お金はほとんどかかっていない。それであっても，本書のような作物はできる。修業中の大学院生の方に申したいが，既存統計の活用の仕方を身につけておいて損はないと思う。そのための手引きとして，本書を使っていただければ幸いである。

　最後に，あと一つのことを述べたい。2009年に改訂された高等学校学習指導要領をみると，高等学校の数学科に，「数学活用」という科目が設けられているようである。当該科目の目標をみると，「数学と人間とのかかわりや数学の社会的有用性についての認識を深めるとともに，事象を数理的に考察する能力を養い，数学を積極的に活用する態度を育てる」こととある。そして内容領域として「社会生活における数理的な考察」というものがあり，「社会生活などの場面で，事象を数学化し考察すること」，「図，表，行列及び離散グラフなどを用いて，事象を数学的に表現し考察すること」という項目が提示されている。

　いみじくも本書でなしていることである。概して数学は生徒に嫌われる教科であるが，それは頭ごなしに無味乾燥な数式を押しつけてばかりいるからであって，数学の必要性を認識させ，それを活用させてみるならば，様相はかなり変わってくるだろう。その意味で，上記の「数学活用」という科目は有用なのであって，当該科目において「数学化し考察する」事象というのは，生徒が関心を持ちやすい社会現象や教育現象であるのがよいと思う。非行，いじめ，

■9―――公表されている統計表で目的を果たせないなら，それに適う集計をしてくれるよう申請することもできるし（オーダーメイド集計），未加工データ（ローデータ）の利用を申し込むことさえもできる。ただし，これらのサービスは有料。

不登校，教育費，受験競争，犯罪，ニート，自殺等々，彼らが関心を持ちそうな事象が本書では多く取り上げられ，「数学化」されている。そして，数学化の方法として，図表1-5の「時代×年齢」の等高線グラフのような，やや凝ったグラフ技法も多々紹介している。

　本書が，社会科教育や数学科教育の教材・参考資料として，全国の各学校の図書室に置かれるようなこととなったらうれしい。また大学等の高等教育機関でも，「数字で社会をとらえる」という類の教養科目の参考書としてご利用いただければと思う。

　以上のような本書の用途を知っていただいた上で，せいぜい活用していただけたらと思うのである。

第1章

子ども

―教育の使命と実態――データからみた教育社会学試論―

[第1節] 子どもの量的規模

■ 子ども人口

まずは基本事項として，日本社会に子どもがどれほどいるかを数で把握しておこう。わが国で最初の『国勢調査』が実施されたのは，1920年である。和暦でいうと，大正9年。この年の子ども人口（15歳未満）はおよそ2千万人で，全人口の4割近くを占めていた。当時は，国民の5人に2人が子どもであったわけである。戦前期は概ね子どもの数は増え続け，人口中の比率も35％ほどで推移した[1]。戦後初期は，戦争から大量の男性が帰還したため，一時的に出生数が激増した。この時期に産声を上げたのが，いわゆる「団塊の世代」である。

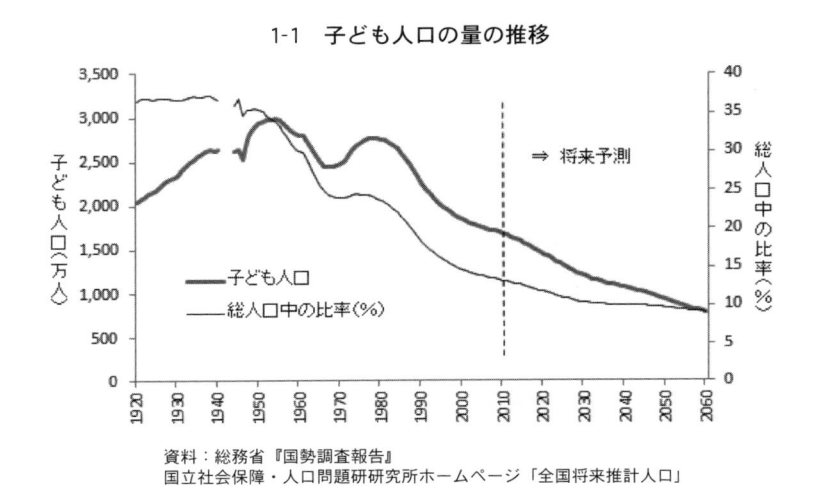

1-1 子ども人口の量の推移

資料：総務省『国勢調査報告』
国立社会保障・人口問題研究所ホームページ「全国将来推計人口」

転機が訪れるのは1950年代の後半である。この時期以降，子どもの数は減少に転じる。高度経済成長により社会が豊かになるにつれて，子どもは少なく産んで大事に育てようという価値観が広がってきた。子ども人口は，70年代から80年代初頭まで増加するが，これは団塊の世代が出産期に入ったためである。それを過ぎた後は減少の一途をたどり，現在に至る。2010年の子ども数は約1,700万人であり，全人口中の比率は13％である。今後も子どもの数はますます減り続け，2060年には，子どもは人口の1割ほどしかいなくなるであろうと見込まれている。10人中たった1人である。

　日本は，子どもが少ない社会に様変わりした。数が少ない分，大事に育てられるのであるから結構なことではないか，という意見もあるだろう。しかるに，子どもと大人の構成があまりにアンバランスになると，子どもの育ちによからぬ影響が及ぶことにもなる。

　昔は「子ども1人に大人2人」という社会であったが，現在は「子ども1人に大人7人」という社会である。子ども1人に対し，大人7人の眼差しが注がれていることになる。この大人の中には，子どもにあれこれと注文（文句）をつけるのを生き甲斐にしているような輩もいる。「まったく最近の子どもは…」，「＊＊教育をやれ，＊＊教育をやれ」というように。86頁で述べるが，少年非行という問題にしても，子どもに対する過剰な眼差しによって人為的に「つくられている」という側面もある。

　今はまだしも，「子ども1人に大人10人」という社会が到来したら，どういう事態になるであろうか。子どもは手厚く保護されるのだろうけれども，その一方で，子どもにとって「生きにくい」社会になっている可能性も否定できない。子ども人口の変化の統計グラフをみると，私はいつもこのようなことを思う。**図表1-2**は，子ども（15歳未満）と大人の人口比をもとに，前者が後者から被る圧力の強さを比喩的に表現したものである。昔に比べて，子どもが上の世代から被る圧力の強さが増していることを感じ取っていただきたい。

　最後に，日本の子ども人口率を国際データの中に位置づけてみよう。総務省統計局の『世界の統計2012』から54か国の子ども人口率を明らかにし，その分布図をつくってみた（**図表1-3**）。

(前ページ)
■1─────1941年（昭和16年）に閣議決定された「産めよ増やせよ」政策はよく知られている。戦争に必要な労働力や兵力を確保することが意図されていた。

1-2 人口の年齢ピラミッドの変化（％）

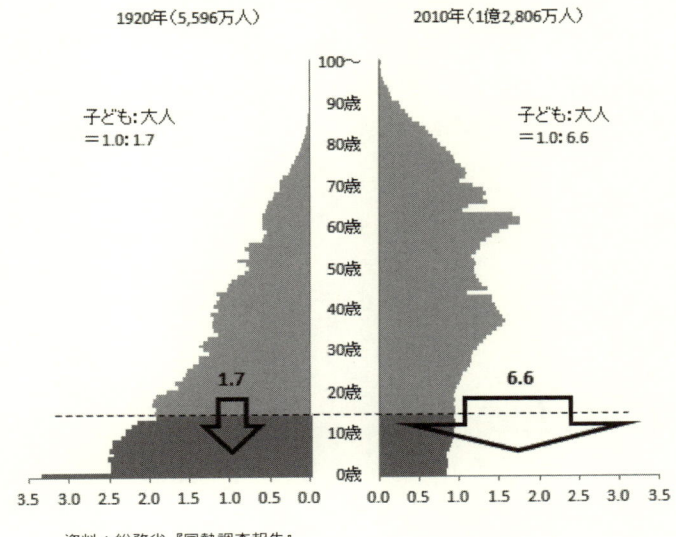

1920年（5,596万人）　子ども:大人 = 1.0 : 1.7　　1.7

2010年（1億2,806万人）　子ども:大人 = 1.0 : 6.6　　6.6

資料：総務省『国勢調査報告』

　日本の13％という現在値は，54か国の中で最も低い。下の2つの階級（20％未満）に含まれるのは，ほとんどがヨーロッパ諸国である。反対に，アフリカや南アジアの国では，子どもの比率が高くなっている。40％を越える4国は，タンザニア，エチオピア，ナイジェリア，およびパキスタンである。1位のタンザニアでは，現在でも子ども人口率は44％にも達している。少なく産んで大事に育てる「先進国型」と，子どもも貴重な労働力である「発展途上国型」の違いが観察される。子どもの多寡は，経済発展の程度とある程度関連していることも付記しておこう■2。

1-3 世界54か国の子ども人口率の分布（2010年近辺）

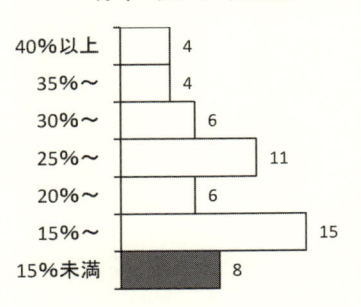

区分	国数
40％以上	4
35％〜	4
30％〜	6
25％〜	11
20％〜	6
15％〜	15
15％未満	8

資料：総務省統計局『世界の統計2012』

■2────図表1-3の54か国の統計を使って，子ども人口率と名目GDP（2010年）の相関係数を出すと−0.324となる（GDPが際立って高いアメリカと，GDPが不明のカンボジアとモンゴルは除く）。この係数値は，1％水準で有意である。

第1節　子どもの量的規模

ここでは，わが国における子どもの立ち位置を明らかにした。現在の日本は子どもがとても少ない社会であり，それだけに子どもが諸々の社会的な圧力を被りやすい状況にあるともいえる。こうした状況は，今後ますます強まっていくことになる。子どもに関する問題を考えるにあたっては，第一に，こうした基底的な構造があることを踏まえる必要があるだろう。

[第2節] 発育

　発育とは，簡単にいえば「カラダ」の育ちである。「健康第一」，生きるための資本は「カラダ」というけれども，子どもの学力云々がよく言われることに比べれば，こうしたプライマリーな部分への関心は小さいように思える。この節では，身体のサイズと疾病に関わる5つのトピックを取り上げ，子どもの発育の現況がどういうものかをみてみたい。また，教育社会学の立場から，その社会的規定性の一端もみてみたい。

■1　体位

　年輩の方は，「今の子どもはいい体つきをしているなあ」としばしば感じられることであろう。こうした印象は，統計でも裏づけられる。子どもの平均身長，平均体重とも，時代とともにぐんぐん伸びてきている。**図表**1-4は，男子について，両指標の長期的な推移をとったものである。

　図から分かるように，現在の10歳児の水準は，おおよそ1950年の12歳児に相当する。逆にいうと，1950年の10歳児の体の大きさは，現在の8歳児と同じくらいである。こうみると，この60年間において，子どもの発達の速度が2歳分くらい速まったことになる。このように，人間の身体的発達の速度が速まることを，心理学の用語で「発達加速現象」という。

　こうした発達加速現象は，栄養状態と深く関連している。1950年においては，

1-4　男子児童・生徒の体位の長期変化

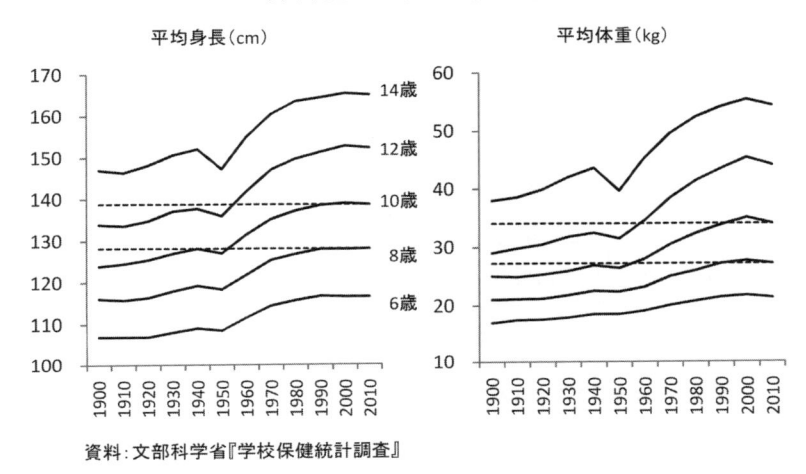

平均身長(cm)／平均体重(kg)

資料：文部科学省『学校保健統計調査』

　身長・体重の平均値が多くの年齢でガクンと下がっているが，これは食料が欠乏していた当時の状況と無関係ではないだろう。しかるにその後はというと，栄養状態が飛躍的に改善され，子どもの体位も上昇することとなる。伸び幅が大きいのは，1950〜70年までの高度経済成長期である。この間に，10歳児の平均身長は8cmほど上昇した。

　身体発達の速度が速まるのは悪いことではない。しかし，そのことに心の面での発達が伴っているかというと，疑問符がつく。「今の10歳は，体の面では昔の12歳，心の面では昔の8歳」と言われたりもする。このような心身のアンバランスは，とりわけ思春期において明瞭になり，心理的な不安定がもたらされることであろう。「成熟する身体と未熟なままの心」というのは，思春期の特性ともいえるものであるが，近年，このようなギャップがますます大きくなっているように思われる。

　現代青年の各種の逸脱行動は，身体が一人前になっているにもかかわらず，大人としての役割（role）をいつまでも与えられないことに対する，抵抗としての意味合いを持っているともいえまいか。事実，現在の日本は，半分以上の若者を20歳過ぎまで学校に囲い込む社会なのである。

　最近，インターンシップなどにより，在学中の青年を実社会と接触させようという取組が盛んであるが，これなどは有益なことであると思う。今のところ，子どもの体位の向上という条件は，心身のアンバランスの助長という，負の側

面を強めることに作用してしまっている。キャリア教育は，こうした事態を反転させる上でも，大きな役割を担うものといえよう。

■2 肥満

食べ物にも事欠いた戦後初期の頃，多くの子どもは痩せこけていた。学校の健康診断で「栄養不良」と判定される者も少なくなかった。しかし，現在は異なる。先ほどみたように，子どもの体位の向上は目覚ましく，10歳男児の平均体重は，1950年では26.4kgであったが，それから60年を経た2010年現在では34.1kgにまで伸びている。昔に比べて，栄養状態が飛躍的に改善されたためである。現在は何と形容されるか。いろいろな言い回しがあるだろうけれども，「飽食の時代」というのもその一つである。

しかるに近年，昔の栄養不良と対をなす形で，子どもの「肥満化」が問題になっている。食べるだけ食べて運動しなければ太る，というのは道理である。機械化・オートメーション化といった社会の変化に加えて，子どもの場合，外遊びの減少という要因も，これを後押ししている。また，食生活の乱れも大きく影響していることであろう。朝食を抜く，偏食（野菜を嫌い肉を好む）など，いろいろな例を想起できる。朝食を抜くと，昼食時に摂取したカロリーが過剰に蓄積されることから，肥満につながりやすいといわれている。

子どものうち，肥満の状態にある者はどれほどいるのだろうか。文部科学省の『学校保健統計調査』では，体重と身長別の標準体重から「肥満傾向」と判定された者（以下，肥満傾向児）の比率を年齢別に明らかにしている。11歳の児童（小学校6年生に相当）でみると，肥満傾向児の比率は1977年では6.5％であったが，2012年では9.3％となっている。現在

1-5　年齢別の肥満傾向児率の推移（％）

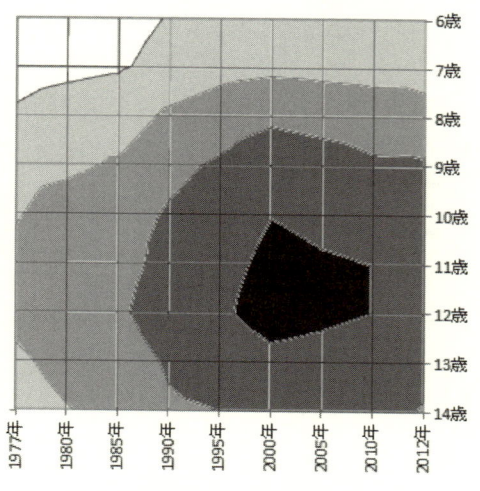

□4％未満　■4％～　■6％～　■8％～　■10％以上

資料：文部科学省『学校保健統計調査』

では，小6児童の11人に1人が肥満傾向児ということになる。

6〜14歳までの学齢児童・生徒について，年齢別の肥満傾向児率の時代推移を上から俯瞰できる統計図をつくってみた（図表1-5）。色の濃さによって，それぞれの年の各年齢の肥満傾向児率を読み取っていただきたい。黒色は比率が10％を越えることを意味するが，2000年から2010年までの11〜12歳がこの色で染まっている。最近ではこのような臈(うみ)はなくなっているが，出現率のピークがこの年齢帯にあることは変わりない。

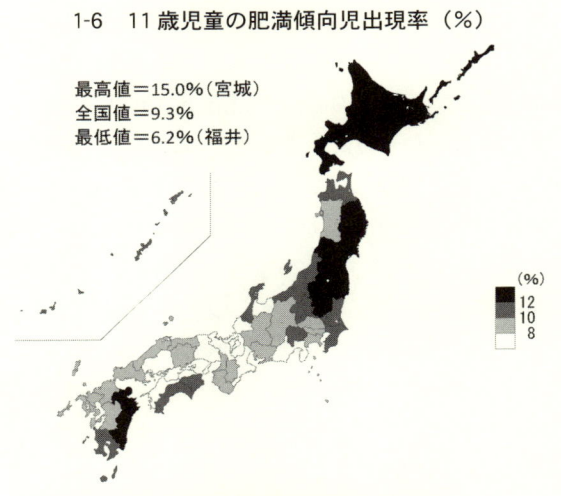

1-6　11歳児童の肥満傾向児出現率（％）

最高値＝15.0％（宮城）
全国値＝9.3％
最低値＝6.2％（福井）

資料：文部科学省『学校保健統計調査』（2012年度）

11〜12歳といえば，ちょうど思春期にさしかかる年齢である。第2次性徴の現出というような生理的要因もあろうが，先ほど述べたような背景要因が色濃くなってくる時期でもある■3。その意味で，食育の重点はこの段階の児童・生徒に置かれるべきともいえる。食育とは，健全な食生活を実践できる人間を育てる営みの総称であり，2005年の食育基本法制定以降，学校現場でも重要視されている。図表1-5にみられるような，近年の肥満傾向児率の低下は，こうした教育実践の成果によるのかもしれない。

なお，子どもの肥満は環境要因とも結びついている。日本は，47の小社会（都道府県）に分かたれるが，このような地域ごとに肥満傾向児率を出してみると，かなりの変異が観察されるのである。11歳児について，肥満傾向児率の都道府県地図をつくってみた。図表1-6がそれである。

2012年の11歳の肥満傾向児率は，全国値では9.3％であるが，県ごとにみると値はかなり異なる。最高の宮城（15.0％）から最低の福井

■3――――遅くまでの塾通いなどから朝起きられず，朝食を疎かにする，というような事態も増えてくるだろう。

第2節　発育

(6.2%) まで，8.8 ポイントもの開きがある。これは両端であるけれど，肥満が多いゾーンはどこかに注意すると，色が濃いのは東北や北海道である。要するに北国であるが，北国で肥満児の出現率が高いことは，雪に閉ざされた冬場における運動不足というような事情から解釈することができるだろう。

　この点に関連していうと，福島では，2010 年から 2012 年にかけて，肥満傾向児率が大幅な増加をみている。6 歳児では 5.0％から 9.7％へと伸び，8 歳児では 8.4％から 13.5％へと，5 ポイントを越える上昇ぶりである。同じ期間において，全国統計ではどの年齢でも率が減少していることと対をなしている。このことについては，「原発事故による運動不足による影響」といわれているが（2012 年 12 月 26 日，毎日新聞），その通りであると思う。

　あと一点，貧困と肥満の関連の可能性について触れておかねばなるまい。米国では，貧困層は安価でカロリーの高いジャンクフードに依存しがちであり，その結果，貧しい家の子どもほど肥満になりやすい傾向があるのだという■4。目下，わが国ではそのような事態はないけれど，朝食を抜くとか，栄養のアンバランスとかいうような食生活の乱れがどれほどかは，個々の家庭によって異なるであろう。第 6 章でみるように，わが国でも格差社会化が進んでいる。あと数年もしたら，米国のように，社会階層と肥満の関連が露わになることだって十分考えられる。

　それゆえに，問題への対処にあたっては，子ども本人のみならず，家庭への指導も不可欠となる。いみじくも学校保健安全法第 9 条は，「養護教諭その他の職員は，相互に連携して，健康相談又は児童生徒等の健康状態の日常的な観察により，児童生徒等の心身の状況を把握し，健康上の問題があると認めるときは，遅滞なく，当該児童生徒等に対して必要な指導を行うとともに，必要に応じ，その保護者に対して必要な助言を行うものとする」と規定している。いわゆる保健指導である。

　子どもの肥満は，先天的な体質や加齢のような生理要因のみによってもたらされるのではない。同じ年齢でも肥満傾向児率は時代によって異なるし，地域によっても変異する。また，社会階層間の差異も疑われる。こうした発達の社会的規定性の側面にも，十分に注意を払う必要があるだろう。

■4――――三浦展『貧困肥満－下流ほど太る新階級社会－』扶桑社新書，2012 年，19〜21 頁。

1-7　年齢別の痩身傾向児率の推移

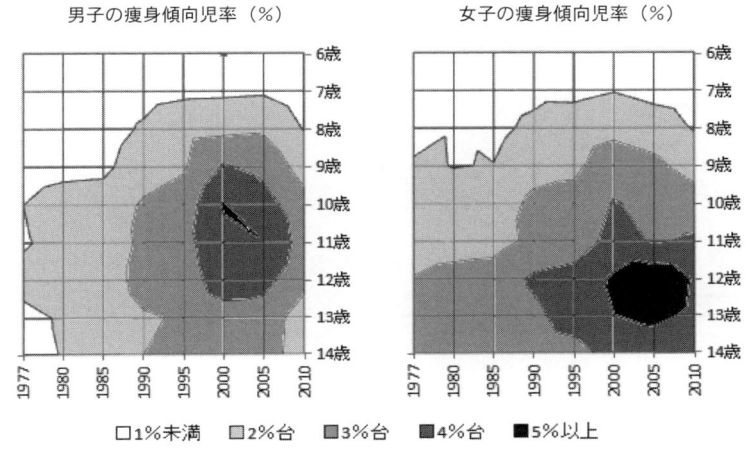

男子の痩身傾向児率（％）　　　女子の痩身傾向児率（％）

□1％未満　■2％台　■3％台　■4％台　■5％以上

資料：文部科学省『学校保健統計調査』

■3　痩身

　肥満の対語は「やせ過ぎ」である。やや難しくいうと,「痩身(そうしん)」という。最近,肥満と併行して,痩身と判定される子どもも増えている。10歳の男児でいうと,痩身傾向児の比率は1977年では1.0％であったが,2010年では2.4％となっている■5。同年齢の女子の痩身傾向児率は,同じ期間にかけて1.1％から2.6％へと上昇している。

　痩身傾向児の出現率は,概して男子よりも女子で高いようである。太りたくない,細身になりたいという思いから,無理なダイエットなどに走る者が多いためであると思われる。しかるに,それが高じると,著しい体重の減少を来す摂食障害になってしまうこともある。この摂食障害は別名「思春期やせ症」とも言われるが,このような危険性は,とりわけ思春期の女子で高いといわれている。年齢別・時代別の痩身傾向児率を,**図表 1-5** と同じ形式の統計図でみてみよう（図表 1-7）。左側が男子,右側が女子の図である。

　なるほど。統計でみても,痩身傾向児率は思春期にさしかかる12～13歳で高くなっている。最近の女子でいうと,この年齢の痩身傾向児率はおよそ

■5―――文部科学省『学校保健統計調査』による。実測体重と身長別標準体重から「痩身傾向」と判定された者が,全児童に占める比率のことである。

第2節　発育

1-8　女子の年齢別痩身傾向児率（％）

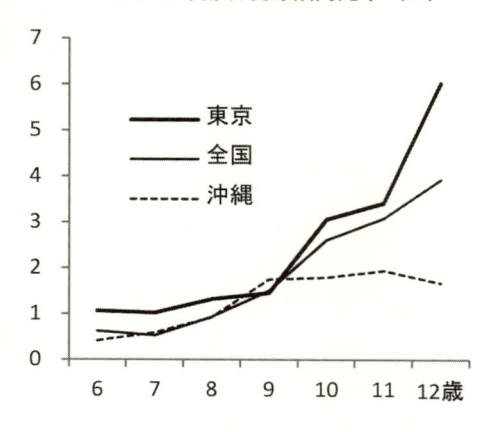

資料：文部科学省『学校保健統計調査』（2010年度）

4％，25人に1人である。

なお，痩身傾向児の多寡には地域差もみられる。12歳女子の痩身傾向児率を都道府県別に出すと，最高は東京の6.0％，最低は沖縄の1.7％である（2010年）。その差は3倍以上。大都市では，痩身志向を煽る各種の刺激が多いためではなかろうか。こうした地域による違いは，思春期にさしかかる年齢帯で大きくなることも特記しておくべき点である（図表1-8）。

　先にも記したが，小学校高学年から中学校段階における食育の重要性が示唆される。痩身は，人為的な要因（食を拒む）によって起きる度合いが高いだけになおさらである。

　文部科学省『食に関する指導の手引き』（2010年3月）では，痩身願望のある児童生徒に対して，「健康な体をつくるために，調和のとれた食事，適切な運動，十分な休養睡眠のとれた生活をする」，「無理に減食をすると体調に変調をきたし，貧血，集中力がなくなったり，女子では初経が遅れたり，月経があれば，無月経になるなどの弊害を起こす可能性がある」ことを指導せよ，と述べている。また家庭に対しては，「無理なダイエットと健康について啓発をする」，「バランスのとれた適量の食事を3食しっかり食べさせる」ことについて協力を得ることが必要であると説く。

　当たり前のことであるが，こうした当たり前のことを声高に言わなければならないのが現代である。後でも述べるが，「生」という最もプライマリーな部分を見つめ直すことが，今強く求められている。

■4　近視

　東京都内の公立小学校で教員をしている旧友の話によると，担当しているクラス（小6）の児童のほとんどが眼鏡をかけているそうである。私が子どもの

頃は，眼鏡をかけているのは1クラスに2〜3人くらいであったと記憶する。私のそのうちの1人で，黒縁の大きなものだったので，「メガネ，メガネ」とからかわれたものである。しかるに，現在は違うであろう。各種のゲーム，小型ケータイ，幼少期からの受験勉強など，近視の子どもを増加せしめる条件が以前にもまして色濃くなってきている。

1-9 年齢別の近視児率（％）

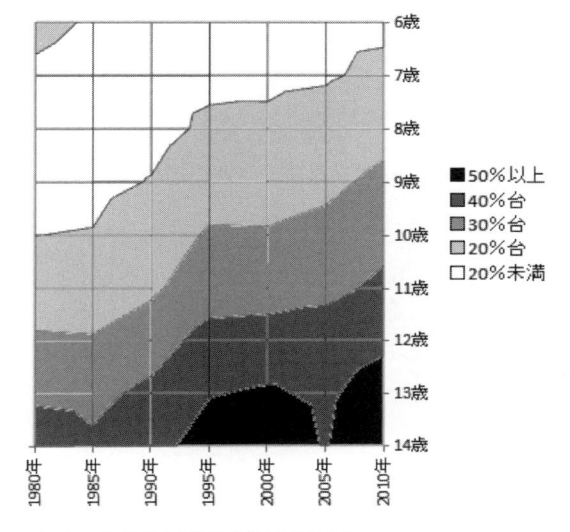

■ 50％以上
■ 40％台
■ 30％台
■ 20％台
□ 20％未満

資料：文部科学省『学校保健統計調査』

文部科学省の『学校保健統計調査』では，裸眼視力が1.0に満たない者の比率が明らかにされている。ここでは，近視児率ということにしよう。この指標の時代推移をみると，小学生は，1980年の20％から2010年の30％へと上昇している。中学生は，38％から53％にまで増えている。今日では，中学生の半分以上が近視児（広義）である。なお，5人に1人が0.3未満の視力であることも付記しておこう。かつての私のような子どもが，今では珍しくなくなってきている。冒頭の旧友の話も，さもありなん，という感じである。

ところで近視は，時代現象であると同時に年齢現象でもある。時代別・年齢別の近視児率を，上から俯瞰してみよう。色の濃さによって，各時代・年齢の率の水準を読みとってほしい。

図表 1-9 によると，いつの時代でも，年齢を上がるほど近視児の比率は高くなる。2010年現在でいうと，6歳は18.5％，10歳は37.5％，14歳は56.1％である。加齢に伴う近視の増加は，塾通いや受験勉強と強く関連していることであろう■6。

■6────13〜14歳の黒色ゾーンが2005年で切れているが，前後の年の当該年齢の近視児率は5割を越えている。この年はたまたま低かったという，偶発事情によるのではないかと思われる。

第2節　発育

1-10 近視と中学受験の相関（2010年）

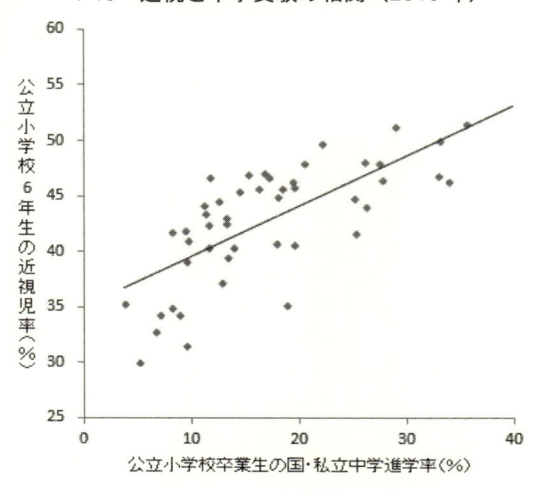

縦軸：公立小学校6年生の近視児率（%）
横軸：公立小学校卒業生の国・私立中学進学率（%）

資料：東京都教育委員会『東京都の学校保健統計』（2010年度）
同『公立学校統計調査報告書』（2010年度）

1-11 学年別の近視児率（%）

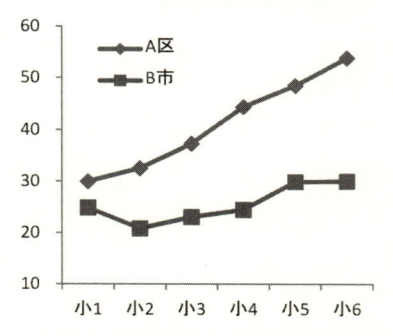

A区、B市

資料：『東京都の学校保健統計』（2010年度）

近視と受験勉強との関連は，中学受験の先進地域である東京都の統計をみるとよく分かる。東京都内の地域別に近視児率を出すと，かなりの差が見受けられる■7。千代田区，港区，文京区，目黒区，そして渋谷区では，小6の児童にして，近視児率が半分を越えている。いずれも，富裕層や高学歴層が比較的多い地域である。子どもに中学受験をさせる家庭も多く，公立小学校卒業生の3割以上が国立ないしは私立の中学校に進学する■8。これらの地域で，小6児童の半分以上が近視であるというのはうなずける。

都内の49市区のデータでみても，国・私立中学進学率が高いほど，小6児童の近視児率が高い傾向が明瞭である。相関係数は +0.770 とまことに高いのである（図表 1-10）。

今の子どもは，加齢と共に身体の健全な発育を蝕まれる面が強いといえる。近視の増加はその一つである。肥満や痩身などは遺伝的・生理的要因もある程度関与しているが，目が悪くなることは，外部からの働きかけ（勉強圧力など）に由来する部分が大きい■9だけに，現代

■7————東京都教育委員会『東京都の学校保健統計』（2010年度）による。視力1.0未満の者が，健康診断受診者に占める比率である。
■8————2010年春の卒業生のデータである。東京都教育委員会『公立学校統計調査報告書』（2010年度）による。
■9————むろん，先天的な要因によるものや突発的に発症するものもある。

34　　第1章　子ども

教育の在り方の問題を表象しているともいえるだろう。義務教育の目標の一つに，「心身の調和的発達を図ること」というものがあるが（学校教育法第 21 条），受験学力の育成と引き換えに，子どもの身体の発育が蝕まれたり，社会性の欠如がもたらされたりするのは，いかがなものであろうか。

図表 1-11 は，東京都内の 2 地域について，公立小学生の学年別の近視児率を描いたものである。A 区は中学受験をする子どもが多く，学年を経るにつれて近視児率がみるみる上がっていく地域である。B 市は，その度合いが小さい地域である。どちらの地域に子どもを住まわせたいと思うかは，人によって異なるであろう。

■ 5　虫歯

子どもと虫歯というのは，切っても切れない，カレーライスと福神漬のような間柄にある。少年漫画のお決まりのシーンは，歯医者で子どもが泣き叫ぶ場面であるし，学校の保健室でほぼ 100％の確率で目にするのは，虫歯予防のポスターである。まあ当然といえば当然で，いつの時代でも子どもは甘い菓子類を好み，その一方で食後や就寝前の歯磨きは億劫がってなかなかやらない（個人差はあるが）。子ども時代に虫歯を経験しない人間など，ほぼ皆無ではあるまいか。

しかるに，子どもと虫歯のつながりの強さは時代によって異なるであろうし，発達段階によっても一様ではないだろう。この節では，未処置の虫歯を抱える

1-12　未処置の虫歯がある者の比率（％）

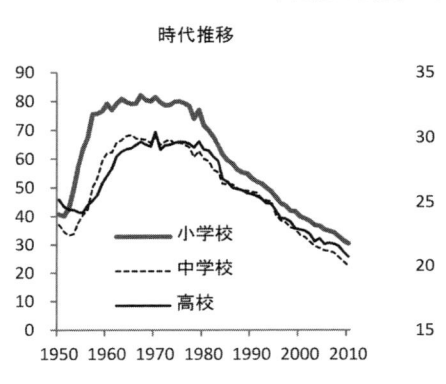

資料：文部科学省『学校保健統計調査』

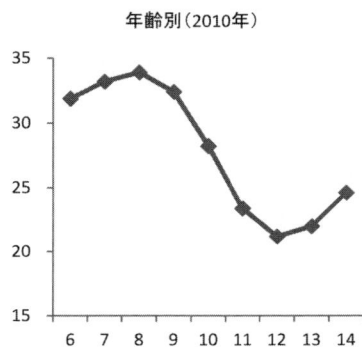

子どもがどれほどいるかを統計でみてみたい。要するに、学校の歯科検診で「すぐに歯医者さんに行きなさい」と言われた子どもの量である。

文部科学省の『学校保健統計調査』から、未処置の虫歯があると判定された児童・生徒の比率がどう変わってきたかを、戦後初期の頃から跡づけることができる。**図表**1-12の左側の折れ線グラフをみていただきたい。

人数的に最も多い小学校に注目すると、1950年（昭和25年）では40％ほどであったが、その後急上昇し、60〜70年代にかけて8割前後の高水準で推移する。戦後初期の頃はまだ甘い菓子類は出回っていなかったが、高度経済成長期になり、それが安価で手に入るようになるや、それまで腹をすかせていた子どもたちは、貪るようにしてそれを食したことであろう■10。その一方で、当時は歯科医師の数が多くはなかった。厚生労働省『医師・歯科医師・薬剤師調査』によると、1955年の歯科医師数は31,109人（小学生千人あたり2.5人）である。都市と農村の社会的な格差が大きかった頃であるが、常駐の歯科医師がいないという地域も珍しくなかったことと思われる。その後、時代が経つにつれて歯科医師の数も増え、上記グラフのカーブの高原状態が終わり下り坂にさしかかる1980年では、歯科医師数は53,602人（4.5人）となった。2010年現在は、101,576人（14.5人）である。2010年の未処置虫歯保有児率は、小学生30.4％、中学生22.6％、高校生25.7％と、これまでで最も低い水準に達している。このような率の低下は、虫歯の治療体制の進展と無関係ではあるまい。率が上昇していると思っている方もいると思うが、実態はその逆であることを確認しておこう。

図表1-12の右側は、虫歯保有率の年齢曲線である。比率は低年齢の児童で高く、8歳で33.9％とピークを迎えた後急落するが、中学生段階になって再び上昇に転じる。低年齢の児童で率が高いのは、食生活のコントロールや歯磨きの習慣化がまだできていないためと思われる。後述するように、保護者の躾の影響も大きい。中学生になって虫歯が多くなるのは、受験勉強や塾通いにより、生活習慣が乱れるためではないだろうか。

さて、次に検討してみたいのは、未処置の虫歯を抱える子どもの出現率が社会階層によってどう異なるかである。この問いは、発達の社会的規定性という、30頁で提起した重要問題と通じる。この問題に取り組むには、健康診断の調

■10―――チョコレートの消費需要が高まったのは、昭和30年代であるといわれている。

査項目に，保護者の職業や家庭の所得水準といった変数を織り込み，虫歯の有無と関連づけるというやり方が正道であるが，そのような個人単位のデータをとるのはまず不可能である。そこで，東京都内の地域単位（49市区）の統計を手掛かりとする。

まず仮説を示しておくと，各地域の未処置虫歯保有率は，住民の富裕度と強く相関していると思われる。未処置虫歯保有率という指標は，歯磨きが習慣化していないというような家庭内部の生活習慣の問題と同時に，虫歯をそのままにする，すなわち医者にかかれないという問題の深度を示すバロメーターでもある。経済格差が深刻化するなか，子どもを医者にやることもままならない家庭も存在することであろう。ここでの分析課題は，経済格差と子どもの健康という，第2項で提起した問題を引き継ぐものでもある。

私は，東京都教育委員会『東京都の学校保健統計』のデータを使って，公立小・中学校の男子児童・生徒の未処置虫歯保有率を，地域別・学年別に計算した。その結果を，各地域の1人あたり住民税課税額と関連づけてみた。この値が高いほど，住民の所得水準が高いこと，すなわち住民の富裕度が高いことを意味する。小1，小3，小5，中1，および中3の未処置虫歯保有率の地域別デー

1-13 地域の富裕度と公立学校男子児童・生徒の未処置虫歯保有率の相関（都内49市区）

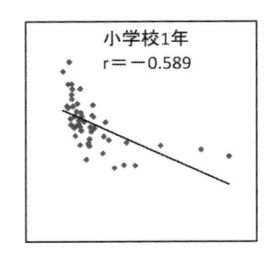

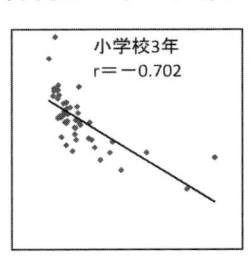

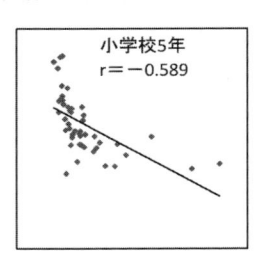

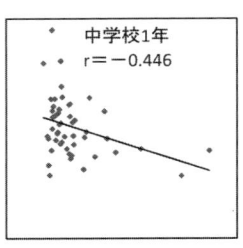

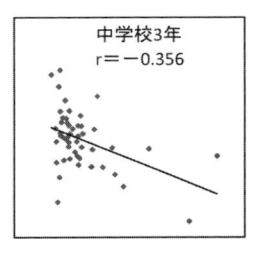

小学校1年　$r=-0.589$

小学校3年　$r=-0.702$

小学校5年　$r=-0.589$

中学校1年　$r=-0.446$

中学校3年　$r=-0.356$

横軸：1人あたり住民税額
縦軸：当該学年の未処置
　　　虫歯保有率

軸の目盛幅は全て同じ

資料：東京都教育委員会『東京都の学校保健統計』(2010年度)
　　　東京都『東京都税務統計年報』(2010年度)

タを，この富裕度指標と関連づけたところ，**図表 1-13** のような傾向が見受けられた。ここでは，相関の形状が分かればよいので，目盛の数値は割愛してある。

どの学年の虫歯保有率も，地域住民の富裕度と関連している。関連の仕方は，富裕地域ほど虫歯保有率が低い，というものである。逆にいうと，（相対的な）貧困地域ほど虫歯の子どもが多い，ということである。

かくして当初の仮説は実証されたのであるが，相関の強度が学年段階によって違っていることもみておかねばならない。地域住民の富裕度と最も強く関連しているのは，小学校3年生の虫歯保有率である（相関係数は－0.702）。以後，学年を上がるにつれ，相関の強度は弱まっていく。総じて，低学年の児童の未処置虫歯保有率が，地域の経済条件に強く規定されているのである。年少の子どもの場合，医者を受診するかどうかは，保護者の意志による部分が大きいと思われる。また，歯磨きがきちんと習慣化するかどうかも，家族の躾と関連する側面が強いことであろう。上図の学年別の相関係数は，このような視点から解釈されるべきであると考える。

ある程度自我が固まってくる中学生では，本人への指導が重要となるであろうが，低学年の児童にあっては，保護者への働きかけにウェイトを置くことが求められよう。しかるに，子どもを医者にやれないという経済条件は，教育的な働きかけで解決すべき領分にある問題ではない。

この点についてであるが，保護者が国保料を滞納していることにより，無保険状態に置かれた子どもの存在が社会問題化した経緯があり，現行の国民健康保険法では，保護者が国保料を滞納していても，中学生以下の子どもについては，半年の短期保険証が一律に交付されることになっている。こういう制度が創設されたのは好ましいことであり，保護者との接触機会を増やそうという意図から，有効期間を半年に区切っているというのも妙案であると思う。

第2項では，米国の社会事情から貧困と肥満が関連する可能性があることを指摘し，本項では虫歯と貧困の関連を明らかにした。自然的・風土的要因ないしは生理的要因とは違った，社会・経済的要因によって起こる健康上の格差のことを「健康格差」という。「経済格差」，「教育格差」というような語に比べると認知度が低い概念であるが，この問題を学問的に追求しようという動きも出てきている■11。

教育現象の社会的規定性を実証する使命を課されている教育社会学も，この問題に無関心でいることは許されない。学力格差や進学格差というような，教

育達成の側面の格差は，いうなれば「2階」の部分である。その基底に位置する，もっとプライマリーな「生」の次元における格差にも目を向けるべきであろう。学会誌『教育社会学研究』の特集テーマとして，「生の社会学」というようなものも考えられてよいのではないだろうか。

[第3節] 安全

現代教育のキーワードの一つは「安全（safety）」である。近年，子どもが被害者となる事件が頻発するなど，子どもの安全な生活が脅かされる状況になってきている。こうした人災のみならず，地震のような天災も警戒されるようになっている。2008年には，従前の学校保健法が学校保健安全法に名称変更された。「安全」という言葉が挿入されたところに，問題に対する公的な関心の高まりを見て取ることができる。

しかるに，体感治安と現実治安がしばしば食い違うことがあるように，人々が肌身で感じる安全度と，統計で客観的に測られるそれとの間には距離があるかもしれない。望むべくは，後者に関する知識も得ておくことである。本節では，事故被害と犯罪被害という2つの観点から，現代日本の子どもの安全度を相対視してみようと思う。

■1　事故死

21世紀初頭の日本では，子どもが被害者となる痛ましい事件が続発した。大阪教育大学附属池田小学校に男が押し入り児童8名を殺傷（2001年6月）。奈良市で下校中の小1女児が誘拐・殺害される。（04年11月）

(前ページ)
■11―――――近年の文献としては，近藤克則『健康格差社会－何が心と健康を蝕むのか－』医学書院（2005年）など。

広島市で下校中の小 1 女児が殺害される。(05 年 11 月)
栃木県今市市で下校中の小 1 女児が誘拐・殺害される。(05 年 12 月)。
　これを受けて，文部科学省は，「学校安全緊急アピール」(04 年 1 月)，「幼児児童生徒の安全確保及び学校の安全管理について」(05 年 11 月)，「登下校時における幼児児童生徒の安全確保について」(05 年 12 月) などの通知を出し，子どもを守るための取組の強化を現場に要請した。最近では，東日本大震災の教訓を踏まえて，「学校安全の推進に関する計画」が策定されるに至っている(2012 年 4 月)。
　これだけのことがあれば，人々，とりわけ子どもを持つ保護者の危機感は高まるはずである。公的な世論調査[12]によると，現在の日本で悪い方向に向かっている分野として「治安」を挙げた者が全体の 2 割ほどいたそうであるが，「子どもの安全」という選択肢を設けるなら，選択率はグンと上昇するものと思われる。少なくとも，人々が意識の上で感じている「子どもの安全度」は，以前に比して低下していることは間違いないであろう。
　ところが，統計で現実を切り取ってみると，それとは逆の面が観察される。上の文章で「以前」と書いたのであるが，できるだけ長期的な観察スパンを設けてみよう。厚生労働省の『人口動態統計』によると，他殺による子ども (15 歳未満) の死亡者数，つまり殺された子どもの数は，戦後初期の 1950 年 (昭和 25 年) では 732 人である。比率にすると，当該年齢人口 10 万人あたり 2.5 人。以後の推移をラフにたどると (括弧内は 10 万人あたりの率)，1960 年が 489 人 (1.7)，70 年が 460 人 (1.9)，80 年が 383 人 (1.4)，90 年が 149 人 (0.7)，2000 年が 102 人 (0.6)，そして 2010 年が 57 人 (0.3 人) となる。ほぼ一貫した減少傾向である。
　まあ，他殺の被害者数はきわめて少ないので，生活安全度の測定には不適切であるともいえる。そこで，不慮の事故 (Unintentional injuries) による死亡率をあててみよう。こちらは数的に多くなる。15 歳未満の子どもの事故死率がどう変わってきたかを，戦後初期から跡づけてみた (図表 1-14)。なお，子どもの死亡率が人口全体のそれと比してどうかという，相対水準も勘案するため，前者を後者で除した倍率の推移も明らかにした。この値が高いほど，他の年齢層 (大人) に比して，子どもが事故死する確率が高いことになる。この指標を

■ 12―――内閣府『社会意識に関する世論調査』(2012 年 1 月調査)。

α値と呼ぶことにする■13。

子どもの事故死率は，若干の凸凹はあるものの，大局的には減少の一途をたどっている。絶対水準，相対水準ともである。1950年では，子どもの事故死率は50近くであり，大人の率よりも高かった（α値＞1.0）。しかるに，それから60年を経た2010年現在では，死亡確率は16分の1にまで縮まり，相対死亡確率も大人の10分の1となっているのである。

次に，2010年現在の値（事故死率＝3.0，α値＝0.09）

1-14 不慮の事故による子どもの死亡率

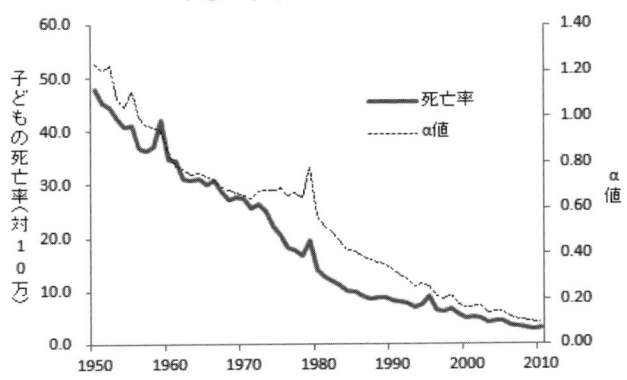

資料：厚生労働省『人口動態統計』，総務省統計局『日本統計年鑑』

1-15 子どもの事故死率の国際比較（54か国）

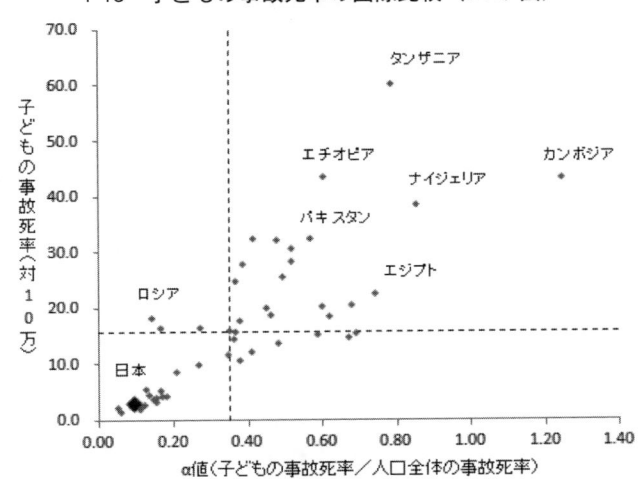

資料：WHOホームページの統計より作成。

を，国際データの中に位置づけてみよう。私は，国際機関の原統計■14にあたっ

■13―――2010年でいうと，子どもの事故死率（10万人あたり）は3.0，人口全体のそれは31.8である。よってα値は，前者を後者で除して0.09となる。渡部真教授は，各国において，青年層に自殺がどれほど集中しているかを吟味するため，このような尺度を考案している（「青年期の自殺の国際比較」『教育社会学研究』第34集，1979年）。同論文では，青年層の自殺率を全体の自殺率で除した値の国際比較がなされている。α値というネーミングは，当該論文にならったものである。

第3節　安全

て，先の**図表 1-3** にて子ども人口率を明らかにした 53 か国（日本除く）について，2008 年の子ども（15 歳未満）の事故死者数の推計値を調べた。その値を，各国の子ども人口（2010 年近辺）で除して，子どもの事故死率を算出した。また，先ほどの日本の場合と同様に，子どもの事故死率が人口全体の何倍かという α 値も計算した。**図表** 1-15 は，横軸に α 値，縦軸に子どもの事故死率をとった座標上に，日本を含めた 54 か国をプロットしたものである。点線は，54 か国の平均値を意味する。

　日本は，左下の原点に近い位置にある。わが国の子どもの死亡率は，絶対水準（縦軸），大人と比した相対水準（横軸）でみても，国際的に低いと判断される。ちなみに，日本の周辺には，ヨーロッパの先進諸国が位置している。対極の右上にあるのは，子どもの事故死亡確率が高い社会である。いくつか国名を記したが，アジアやアフリカの諸国が位置している。カンボジアは，死亡率の高さもさることながら，α 値が 1.0 を超えている。この国では，事故死の確率が大人よりも子どもで高い，ということである。

　測度（measure）が適切であったかは分からないが，現代日本の子どもの安全度は，時代軸でみても空間軸でみても高いと判断される。人々が体感しているところのそれとは大きな隔たりがある。この隔たりが，今の学校現場によからぬ事態をもたらしている面もある。

　冒頭で触れたような政府の意向により，現在の学校では，子どもを守る取組がなされている。子どもの道草の研究で知られる水月昭道氏の報告によると，「現在，小学校では子どもたちに防犯ブザーや催涙スプレーといった護身用具を携帯させているケースも少なくない。校舎の入り口に監視カメラが取り付けられ，その様子が職員室にあるモニターでチェックされているなどという学校は珍しくない」■15 のだという。また，今の学校現場の教員らは，連日の見回りをはじめとした，子どもの安全確保のための取組にすっかり疲れきっているともいわれている（72 ～ 74 頁）。そうであろう。意義を見出せぬ活動に身を費やすことほど，苦痛なことはないのだから。

（前ページ）
- ■ 14────WHO ホームページの "Disease and injury country estimates, 2008" という統計表である。
- ■ 15────水月昭道「安全・安心フィーバーに巻き込まれる子ども」仙田・上岡編『子どもが道草できるまちづくり』学芸出版社，2009 年，71 頁。

子どもはといえば，下校時の道草はどの学校でも校則で制限され，「知らない人に声をかけられたりした場合には，すぐに連絡をすることなども徹底」され，「地域にいる身近な大人たちと話したり，挨拶をすることさえも原則禁止されている」というのである（71 頁）。今後，国際化・グローバル化により，人口の異質性が増していくというけれども，このような環境下で，他者への警戒心を植えつけられた子どもが，将来，多様な他者とうまくやっていくことができるのであろうか，という懸念も持たれる。

　わが国の子どもの危険度は低いのであるから，現在行われている取組を直ちに中止せよ，というのではない。子どもの安全を守る取組の重要性は，どれほど強調しても足りないことは承知している。しかるに，そのことでもって，教育実践の総体が歪められるような事態は避けられねばならない。教育が働きかける対象はモノではなく，健全な発達を保障されるべき，生身の子どもである。彼らの安全を確保しようとするのはよいが，あまりにも感情的になり，多様な他者との接触機会を根こそぎ奪う，というようなことになってはならないだろう。25 頁でみたような人口構成の変化により，子どもが「希少財」化し，子どもへの社会的な眼差しが多くなることで，こうした歪みが起こりやすくなっている。

　人気漫画「ドラえもん」では，未来の世界において，過保護を象徴するような無機質な洋服を着た（着せられた）子どもが度々出てくるが，いみじくも，近い将来のわが国の事態を予測しているといえるかもしれぬ。

■2　犯罪被害

　続いて，犯罪被害である。一口に犯罪といっても，さまざまな罪種があるが，その大半は窃盗である。子どもにしても，遭遇する確率が最も高いのは，学校でモノを盗まれるというような，窃盗犯被害である。しかしここでは，より深刻な影響を残す犯罪被害に着目してみたい。

　ここで取り上げるのは，子どもが被害者となった性犯罪の事件件数である。個人的な感覚であるが，近年，子どもの性犯罪被害の報道に接する機会が増えたように思う。2010 年 7 月には，東京の稲城市の小学校教諭が，女子中学生複数人に対する強姦罪で逮捕され，世間を震撼させた。子どもの性犯罪被害に対する関心は高まっており，大阪府では，2012 年 10 月より「大阪府子どもを性犯罪から守る条例」が施行されている。その前文には，「子どもに対する

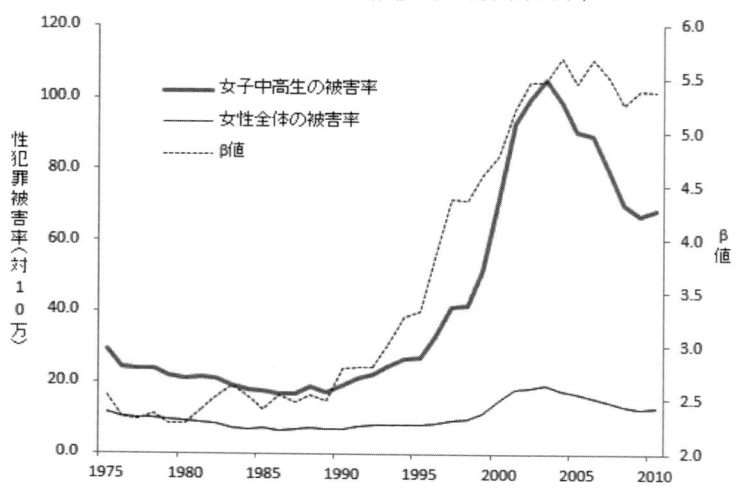

1-16　性犯罪被害率の推移（10万人あたり）

資料：警察庁『犯罪統計書』，文部科学省『学校基本調査報告』，総務省『人口推計年報』

性犯罪は，その人権及び尊厳を踏みにじる決して許すことのできない犯罪であり，身体的及び心理的に深刻な影響を与え，子どもの健やかな成長を著しく阻害するばかりでなく，その家族はもとより地域社会にも重大な影響を及ぼすことになる」と記されている。まったくもって，その通りであると思う。しかるに，関心が高い割には，子どもの性犯罪被害率のような統計はあまり公にされていない。当局の原資料にあたって私が計算した結果をご覧いただこうと思う。

警察庁の『犯罪統計書』では，警察が認知した犯罪事件件数が，被害者の属性別に集計されている。私は，中高生が被害者となった強姦事件，強制わいせつ事件の件数の注目することとした。2010年の資料によると，前者は315件，後者は2,009件である。合算すると2,324件。この数をもって，同年中における，中高生が被害者となった性犯罪事件の件数であると考える■16。この数をベースで除して被害率を出すのであるが，被害者のほぼ全てが女子生徒であるから■17，女子中高生数を分母に充てることとしよう。文部科学省『学校基

■16────被害に遭ったにもかかわらず，羞恥心などから警察に届け出ないケース，いわゆる「暗数」の問題もあるが，ここではそれは考慮の外に置く。
■17────2010年に認知された性犯罪事件（強姦，強制わいせつ）のうち，13～19歳の子どもが被害者であったのは3,189件であるが，このうち3,137件（98.4％）の被害者は女子である。

本調査』から分かる，同年5月1日時点の女子中高生は約341万人。したがって，2010年の性犯罪事件件数は，女子中高生10万人あたり68.2件と算出される。この尺度をして，女子中高生の性犯罪被害率ということにする。

　この指標が，1975年以降，どう推移してきたかを明らかにした。なお，女性全体の被害率のカーブも添えた。女子中高生と女性全体の被害確率の相違も読み取ってほしい。

　図表1-16によると，1990年代半ばから今世紀の初頭にかけて，女子中高生の性犯罪被害率がうなぎ昇りに上昇している。この時期は自殺率が急上昇するなど，日本社会全体に暗雲が立ち込めた時期であるが，それと歩を同じくしているのが何とも不気味である。2003年に104.8とピークに達した後は低下するが，現在の被害率の水準は，私が中高生であった頃と比べるとかなり高いままなのである。

　加えて，90年代半ば以降の被害率急上昇は，女子中高生に固有のものであることに注意する必要もある。グラフから分かるように，2本の被害率曲線は，この時期以降乖離している。β値とは，女子中高生の被害率が女性全体の何倍かを示す測度であるが，最近では，この値が5.0を超えている。女子中高生が性犯罪に遭う確率は，現在では，女性全体の5倍以上である。性犯罪被害が，女子中高生に集中する度合いが高まっていることも知られるのである。

　90年代半ば以降の女子中高生の性犯罪被害が何故に増えたかであるが，まずこの時期にかけて迷惑防止条例を制定する自治体が多くなり，痴漢などの取り締まりが強化されたことを挙げねばならない。痴漢の中でも悪質なものは，強制わいせつという刑法犯に相当する。また，前世紀末のわが国の社会状況も考えねばならないだろう。先にも記したが，経済状況が大きく悪化し，自殺者が激増した時期である。各種のストレスが増大し，子どもを狙った性犯罪に手を染める輩が増えた，という説も成り立つ。さらに，社会の情報化により，出会い系サイトなどのツールが普及してきたことも見逃せない。統制機関，逸脱主体，および社会変化に関わる要因を摘記することができよう。

　あと一点，社会のもっと基底的な部分にも目を向けてみよう。具体的にいうと，人口構成の変化である。性犯罪の主な被害者は中高生であることは，先ほどのデータから分かった。一方の加害者はというと，こちらは成人男性が大半である。表現が不適切かもしれないが，想定される性犯罪の被害者層と加害者層の量的規模が，過去からどう推移してきたか，今後どうなるかを大まかに整

1-17 性犯罪の被害者層と加害者層の量的変化

	a 女子中高生数	b 成人男性数	b/a 倍率
1980年	478万人	3,925万人	8.21
1990年	542	4,400	8.12
2000年	408	4,878	11.96
2010年	341	5,005	14.68
⋮	⋮	⋮	⋮
2050年	206	4,000	19.42

*2050年の女子中高生数は、13〜18歳の女子推計人口
資料:国立社会保障・人口問題研究所『将来推計人口』

理したのが**図表 1-17** である。

　傾向を一言でいうと，被害者層の減少，加害者層の増加である。女子中高生1人あたりの成人男性数は，1980年では8人であったが，現在では15人であり，2050年では20人近くになることが見込まれている。この章の第1節において，私は，少子高齢化という社会変化が，子どもに対する大人の眼差し過剰をもたらし，彼らの育ちを歪めることの危険性を指摘した。しかるに，それはまた，子どもの犯罪被害増の基底的な条件を準備するのではないか，という危惧をも持っている。

[第4節] 生活

　今の子どもたちは，どういう生活（暮らし）をしているか。まずは1日の過ごし方を大まかに掴んでみよう。その後で，勉学やお手伝いなど，主要な生活行動の実施頻度に関連する統計をみていくことにしよう。

■1　1日の行動

　NHK国民生活文化研究所が5年おきに実施する『国民生活時間調査』では，対象者の1日の生活行動が明らかにされている。

　人間の生活行動は，3つに大別される。その1は，生を維持するために欠かせない「必需行動」である。睡眠，食事，トイレ，入浴，静養などからなる。その2は，家庭や社会を維持するために，成員が行わなければならない，義務的・

1-18　小学生の1日（生活行動大分類）

平日　　　　　　　　　　　日曜日

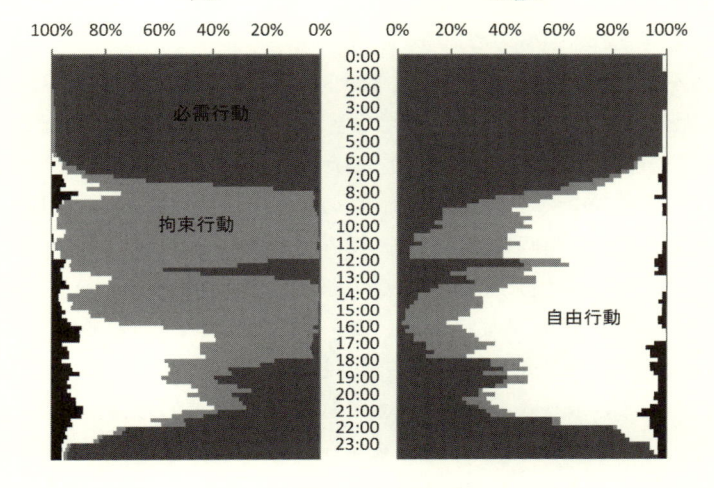

資料：NHK放送文化研究所『2010年・国民生活時間調査』

拘束的な行動である。調査用語では，「拘束行動」といわれる。家事，仕事・学業，通勤・通学などが該当する。最後の3は，自由裁量がきく「自由行動」である。この手の行動がないと，人間の生活は息の詰まるものとなる。主なものとしては，テレビ等のマスメディア接触，各種レジャー，交流，および休息などが挙げられる。

　2010年の上記NHK調査にて，平日，小学生（10歳以上）が各々の行動にどれほど時間を費やしているかを平均値でみると，必需行動が11時間，拘束行動が8時間51分，自由行動が3時間17分である。1日（24時間）に占める比率は順に，45.8％，36.9％，13.7％，となる[18]。日曜の場合，50.9％，12.4％，34.7％というように，必需行動や自由行動のシェアが大きくなる。寝る者，遊ぶ者が増えるためである。なお，発達段階を上がった中高生になると，拘束行動（勉強）の比重が増し，その分，他の2者の領分が狭くなる。

　次に，時間帯ごとの行動分布を観察してみよう。『国民生活時間調査』では，調査日における対象者の行動分布が，15分刻みの時間帯別に明らかにされている。**図表**1-18は，小学生の結果を図示したものである。10歳以上とあるか

[18]　　　　合計して100％にならないのは，3つのいずれにも該当しない行動があるためである。

第4節　生活

ら，ほぼ高学年のものとみてよいだろう。それぞれの時間帯において，「＊＊をしている者が何％」というように読んでほしい。黒色は，3つの行動領域のいずれにも含まれないものである。

　まず，左側の平日をみよう。当然ながら，深夜の時間帯ではほぼ100％が必需行動（睡眠）である。日中は，通学や学校の授業といった拘束行動で埋め尽くされる。昼間の必需行動は，昼食（給食）である。夕方になると学校が終わるので，自由行動をする者が増える。その後，夜が更けるにつれ，床に就く者が多くなる。右側の日曜日は，学校が休みであるので，日中は自由行動が多くを占める。しかし，休日でも拘束行動のシェアは小さくない。塾通い，自宅学習，ないしは社会参画（地域行事参加）のようなものが考えられる。

　小学生（高学年）の平均的な1日の過ごし方は，以上のようである。人によって感じるところは違うだろうけれども，私は，拘束行動の比重が高いという印象を持つ。小学生であるにもかかわらず，平日の夜遅くや休日において，こうも拘束行動が多くみられるとは予想外であった。

　中高生になると，拘束行動の比重はもっと大きくなる。**図表1-19**は，小学生，中学生，および高校生について，平日の時間帯別の拘束行動実施率を示したものである。

　日中は学校の授業があるので差はないが，夕方以降では，中高生の特徴が際立っている。部活動に励む者，塾通いする者であろう。22時（夜10時）になっても，3割以上が拘束行動実施者である（大半が自宅学習）。高校生では，それが

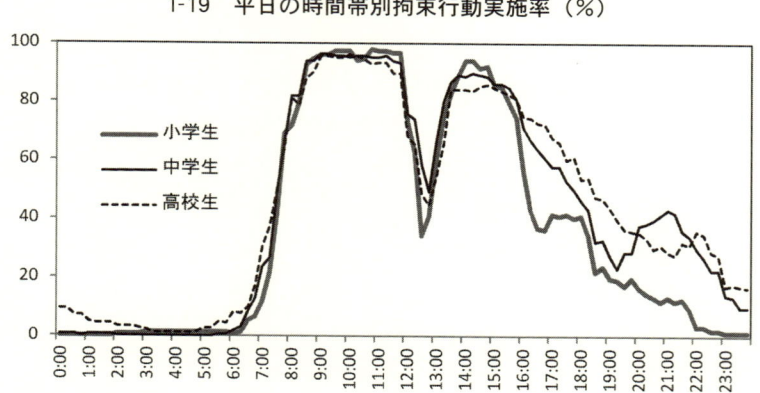

1-19　平日の時間帯別拘束行動実施率（％）

資料：NHK放送文化研究所『2010年・国民生活時間調査』

深夜まで及ぶ者も少なくない。

　以上，現代の子どもの1日を素描した。次の項から，そのディティールをみていくことにしよう。ここで知り得た，拘束行動（多くが学業）の比重の大きさが，生活の他の領域を侵食している様相も観察されることであろう。

■2　食習慣

　「衣食住」という言い回しがあるが，「食」は，人間の生を維持するための最も基本的な条件である。しかるに，現代人の生活にあっては，この「食」という大切な営みが蔑ろにされているという。それを風刺する表現として，5つの「コ食」がある。孤食（一人で食べる），個食（各人，好みに応じてメニューがバラバラ），固食（メニューの固定化＝偏食），粉食（パンなど，粉を使った柔らかいものばかり），そして小食（ちょっとしか食べない）である。

　このように，食生活の歪みというのは，多様な側面から捉えられるのであるが，学齢の子どもを想定した場合，どのような面を重視すべきか。ここでは，朝食を抜く子どもの量に注視してみようと思う。統計が取りやすいというような消極的な理由もあるけれども，子どもの朝食欠食の問題に対する，世間の関心は高い。「しっかり食べよう，朝ごはん」というような標語を至るところで見かけるし，2006年4月からは，「早寝早起き朝ごはん」国民運動なるものも展開されている。言うまでもないことだが，朝食を抜くと頭に血がめぐらず，授業に集中できないし，各種の活動を行うための体力も出てこない。また，28頁で述べたように，朝食を抜くと，昼食時に摂取したカロリーが体内に過剰に蓄積されることから肥満につながりやすい，ともいわれている。子どもの朝食欠食傾向に，政府が危機感を抱くのは，しごく当然のことといえる。

　厚生労働省の『国民健康・栄養調査』によると，7～14歳の男子対象者（≒学齢児童・生徒）のうち，調査日に朝食を抜いたという者の比率は，2000年では2.5％であったが，2009年では6.0％にまで増えたという。女子では，1.2％から5.4％と，男子よりも増加率が大きい。痩身願望（やせたい願望）などの影響もあるだろう。

　次に，地域別の統計をみてみよう。文部科学省の『全国学力・学習状況調査』では，児童・生徒に対し，「朝食を毎日食べていますか」と尋ねている。この問いに対し，「あまり食べていない」もしくは「食べていない」と答えたのは，公立小学校6年生では3.6％，公立中学校3年生では6.7％であったという（2010

1-20　公立中学校3年生の朝食欠食傾向児率（％）

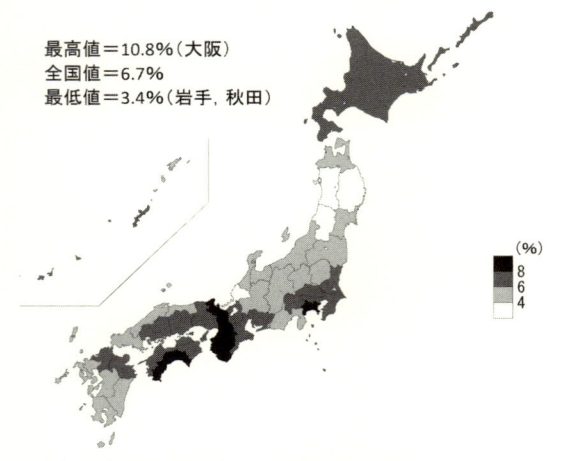

最高値＝10.8％（大阪）
全国値＝6.7％
最低値＝3.4％（岩手，秋田）

資料：文部科学省『全国学力・学習状況調査』（2010年度）

年度調査）。発達段階を上がると，朝食を抜く子どもが増えてくる。問題が深刻化する中学校3年生について，同じ比率を都道府県別に出し，値に依拠して塗り分けた地図をつくった（図表1-20）。朝食欠食傾向児率と呼ぼう。

全国値は6.7％であるが，県によって数値は異なる。最も高いのは，大阪の10.8％である。本府では，公立中学生の1割が朝食欠食傾向児である。黒色は8％を超える県であるが，神奈川，京都，大阪，奈良，和歌山，および高知が該当する。6〜7％台の準高率地域の分布も加味すると，比較的都市的な地域において，朝食を抜く子どもの比重が高いようである■19。このような地域では，学校における食育の重要性もひときわ高いといえよう。

子どもの朝食欠食頻度が社会的な条件に規定されることが分かったが，朝食欠食は，子どもの心身に影響を及ぼす。よく知られているのが，学力水準との関連である。「朝食パワーで学力アップ！」というようなフレーズをよく聞くけれども，両者の関連は如何。2010年度調査の公表結果を私なりに加工して，様相を浮かび上がらせてみた。

朝食を「食べている」者をⅠ群，「どちらからといえば食べている」者をⅡ群，「あまり食べていない」者をⅢ群，「食べていない」者をⅣ群とする。この4グループについて，算数B（小6），数学（中3）の四分位成績分布がどう違うかを明らかにした（図表1-21）。この科目は，算数・数学の応用的な事項を問うものであり，成績分散が最も大きい。

■19――――図表1-20の県別朝食欠食傾向児率を，2010年の人口集中地区居住率（都市化率）と関連づけたところ，+0.623という相関が認められた。都市県ほど朝食欠食率が高い傾向は，統計的に有意である。

1-21 朝食の摂取頻度と算数・数学Bの平均正答率（％）の関連

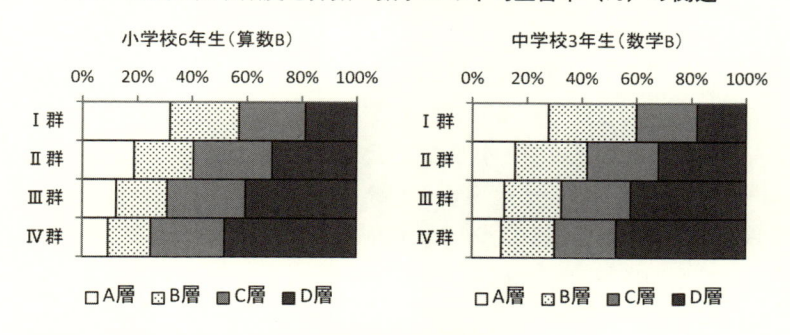

小学校6年生（算数B）　　　中学校3年生（数学B）

□A層　■B層　■C層　■D層

資料：文部科学省『全国学力・学習状況調査』（2010年度）

　朝食摂取頻度と成績分布の間にきれいな相関がみられる。小6では，Ⅰ群の3割がA層（上位25％）である。逆に，朝食を摂っていないⅣ群では，半分近くがD層（下位25％）である。中3でみても，左下がりの傾斜が劣らず大きいのである。

　むろん，学力の最も大きな規定因子は家庭の貧困というようなものであり，上図の相関は，それを介した見かけものではないか，という疑いを持たねばならない。しかし，朝食を抜くと授業に集中できない，諸活動に精力的に取り組めないということは事実であろうから，因果関係的な部分もあると考えてよいだろう。少なくとも，それがゼロであるとは断言できまい。

　後で述べることになるが，朝食欠食率は，通塾率のような指標よりも，子どもの学力と強く相関している。子どもの心身を好ましい方向に仕向けて行く上でも，土台の部分をしっかりさせることが求められるのである。昔の人が聞いたら「何を当たり前のことを…」と失笑されるであろうが，現代にあっては，そういう反応を返せる人間は多くはないだろう。

■3　手伝い

　1989年（平成元年）の学習指導要領改訂によって，小学校低学年の教育課程に「生活科」が新設された。なぜ，このような教科ができたか。一言でいうならば，子どもの生活技能の低下を憂えてのことである。

　いみじくも，この年の『我が国の文教施策』（文部白書）は，次のようなデータを提示し，危機感を露わにしている。ア）果物の皮むきがほとんどできない

第4節　生活

児童が9.9%，イ）ボタン付けがほとんどできない児童が8.8%，ウ）鉛筆削りがほとんどできない児童が8.2%，等々。このデータをもとに，白書は，「生活上必要な技能では『果実の皮むき』，『ボタンつけ』などについてかなりの児童が『ほとんどできない』と回答」しており，「生活上必要な技能が身に付いていない」という趣旨の記述をしている。

10％弱という数字が「かなり」といえるかどうかは疑問であるが，昔に比べたら，これらの技能が身についていない子どもが増えていることは確かであろう。その原因はいろいろあるだろうけれども，家で子どもが「手伝い」をする機会が減ってきていることが大きいのではないかと思う。

手伝いとは，子どもが大人の労働に参加して，補助的な役割を果たすことである。ここでいう労働としては，まず家業が考えられるが，自営業や家族従業が著しく減少した今日，子どもが家業を手伝うことはほとんどなくなっている。食事の準備・後片付けや掃除などの家事労働にしても，家電機器の普及により，

1-22　時間帯別の子どもの家事実施率

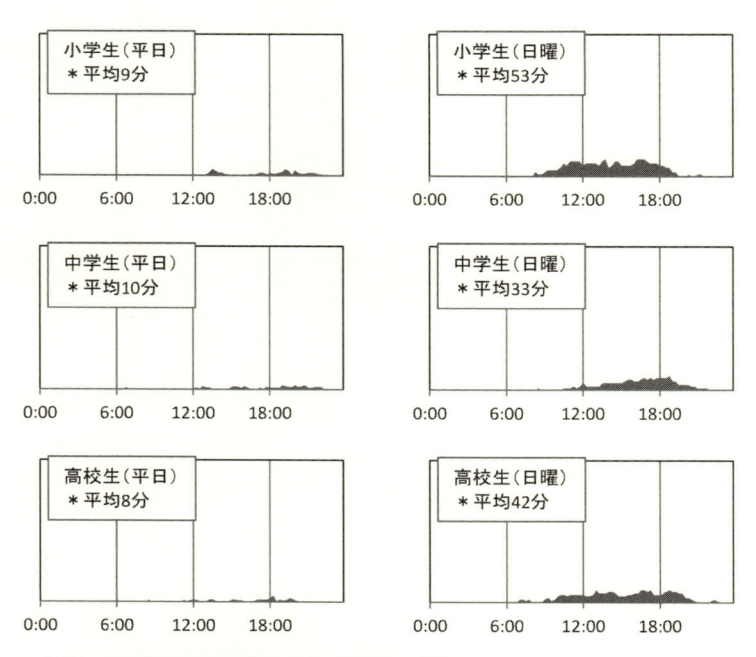

資料：NHK放送文化研究所『2010年・国民生活時間調査』

かなり省力化が進んでおり，子どもが参加する余地はあまりない。そうであるなら，学校において，そういう体験をする機会を意図的に設けねばならない。平成初頭の教育改革は，こういう背景を持っていたとみられる。

さて，子どもの1日の中で，手伝いをする時間はどれほどのウェイトを占めるのだろうか。NHKの『国民生活時間調査』をもとに，1日の各時間帯における，家事をしている者の割合をみてみよう。**図表1-22**は，2010年の上記調査の結果から作成したものである。縦軸の目盛は示していないが，6つの図とも，0〜100％の目盛幅にしてある。

まず左側の平日をみると，どの時間帯でも，手伝いをしている者はほとんどいない。発達段階を問わず，である。日曜では，その量がちょっと増えるが，夕刻の時間帯でも，手伝いをしている者の比率は1割弱というところである。

＊のついた数字は1日あたりの平均時間であるが，平日は10分ほどでしかない。新聞取り，ゴミ出しといった程度のものであろう。日曜になると平均時間は長くなるが，私が驚くのは，年少の子どもの実施時間が長いことである。年が上がるほど，できることが増え，家族内での責任も増すであろう。ゆえに，手伝いの時間も長くなるであろうと踏んでいたが，データによると，小学生が53分と圧倒的に長いのである。中高生になると，「手伝いなどしなくていいから，勉強しろ」という親が多くなるためであろうか。子どもの生活の「学校化」は，こういうところにも看取される。

次に，現代の子どもの特徴を見出すため，昔との比較をしてみよう。上記のNHK調査が最初に実施されたのは，1941年（昭和16年）である。第1回調査では，この年の11月の平日における，国民学校初等科5年生の1日が明らかにされている。私は，各時間帯の「用事」実施率に注視した。「用事」とは，ほとんどが家事労働である。**図表1-23**は，国民学校初等科5年生男女■[20]の用事

1-23 平日の時間帯別手伝い実施率（％）

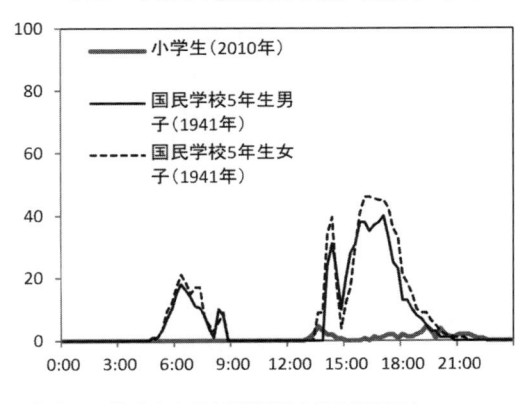

― 小学生（2010年）
― 国民学校5年生男子（1941年）
--- 国民学校5年生女子（1941年）

資料：NHK放送文化研究所『国民生活時間調査』

実施率と，2010年の小学生の家事実施率の，時間帯別曲線を描いたものである（平日）。2010年の調査対象の小学生は10歳以上であるから，年齢はほぼ同じである。

　図をみると，今と昔の違いが一目瞭然である。昭和初期では，朝では2割，夕刻では4割近くの者が手伝いをしている。炊事や風呂焚きなどに，今とは比べ物にならないほど労力を要した当時にあっては，子どもも貴重な労働力であったことがうかがえる。「勉強などするでない，手伝いをせい！」と，今とは真逆のことを言われる子どもも多かったことと思われる。そのことは，当時の子どもの不幸を表象する。

　「昔はよかった」などと言うつもりはないけれど，現代の子どもの生活において，「手伝い」という領分はほぼ無きに等しいことが分かった。「時代が変わった」と言われればそれまでである。何もかも機械がやってくれる現代にあって，果物の皮をむくとか，ボタンを付けるとかいう技能を習得する必要は必ずしもない。しかるに，手伝いは，そうした生活技能の習得にだけつながるものではない。就労意識を子どもに据え付ける，自分は家族にとって必要な存在であるという自己有用感を感じさせる，ということにも寄与する。若者の就労不全や，家族の連帯低下というようなことがいわれるが，その一因は，家族という小社会において，子どもに明確な役割（role）が付与されないことにある。

　家族とは，いうなれば小社会である。この社会を支える成員として，それを維持存続せしめるために貢献する機会を，人生の初期に逸することの損失は大きい。後々，もっと大きな社会の成員になった時，そのダメージが出てくる。時代を戻すことはできない。しかし，現代という時代にあってもやれることはある。学校における意図的な生活科教育やキャリア教育などは，そこに位置する。しかるに，意図的に設けられた機会だけというのは，何とも白々しい。学校とは違った基底的な性格を持つ，第一次集団としての家庭において，自然な形でそれが供されることが，もっと先にくるべきであろう。

(前ページ)
■ 20―――ここで用いるのは，村落の国民学校初等科5年生のデータである。原資料では，都市と村落に分けて集計されているが，当時は村落居住者が多かった事情を考慮してのことである。

■4 学業

 大人の本分が仕事であるなら，子どもの本分は学業である。ここでいう学業には，学校での教育課程に属する授業ならびに各種の活動と，学校外での学習の双方が含まれる。子どもの1日において，学業はどれほどのウェイトを占めているのだろうか。前項と同様，NHK放送文化研究所の『国民生活時間調査』のデータを使って，それを可視的に表現してみよう。

 1日の各時間帯（15分刻み）における，小・中・高校生の学業実施率は，**図表 1-24** のようである。学校での授業・活動と，学校外学習とで分けている。縦軸の目盛幅は，いずれの図も0〜100％である。四角形全体（1日の生活時間）における，グレーの部分（学業時間）の比重を読み取ってほしい。

 図表 1-22 とは図柄が全く異なっている。手伝いとは違って，子どもの生活

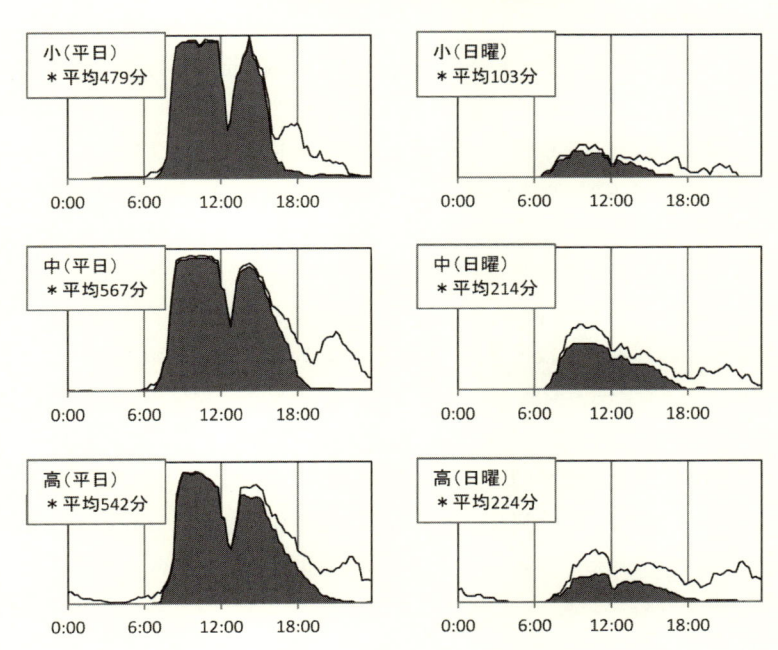

1-24　時間帯別の子どもの学業実施率

小（平日）
＊平均479分

小（日曜）
＊平均103分

中（平日）
＊平均567分

中（日曜）
＊平均214分

高（平日）
＊平均542分

高（日曜）
＊平均224分

■ 学校での授業・活動　□ 学校外学習

資料：NHK放送文化研究所『2010年・国民生活時間調査』

第4節　生活

に占める学業時間のウェイトは大きい。平日の昼間に，ほぼ全ての者が学校に行っているのは当然であるが，学校が終わった後も，自宅学習や通塾に勤しむ者が少なからずいる。中学生では，21時（夜9時）という時間においても，4割の者が校外学習をしている。多くが学習塾であろう。

　学校がない日曜日でも，前項でみた手伝いに比べれば，学業の領分は大きい。中高生の場合，部活動をする者が多いのだろう。学校外学習をする者の比重は，発達段階が上がるほど大きくなる。日曜日の主な生活の場は学校ではなく，家庭や地域社会であるように思われるが，家族との交流や地域行事参画というような行動よりも，「学校的」な行動のシェアのほうが大きいのである。

　上級学校への進学率の上昇により，成人するまでの在学期間が伸びている。これを「タテ」の学校化というなら，学校的な行動が子どもの日常生活で多くを占めるようになることは「ヨコ」の学校化といえる。そのことは，学業が日々の生活を侵食するというような目に見えることだけでなく，学校的な価値観（勉強第一…）が子どもの心を侵食するという，目には見えないことをも含意する。この点について，少しばかり述べてみよう。

　一般に子どもの生活は，家庭，学校，そして地域社会という，性質を異にする3つの場で営まれている。家庭は「くらし・いやし」の場，学校は「まなび」の場，地域社会は「あそび」の場，といえばよいであろうか。実をいうと，このように，それぞれの生活の場が性質を異にしていることが重要なのであって，仮に，これらの全てが同一の価値観で染められているならば，子どもの生活は大変息苦しいものになる。しかるに現状はどうかというと，子どもの生活領分の多くが，物理的にも精神的にも「学校」に浸食されてしまっている。

　現在よくいわれる「学校・家庭・地域社会の連携」という政策方針について考えてみよう。「学校・家庭・地域社会の連携」とは，教育法規や政府の政策文書によく出てくるフレーズである。たとえば，教育基本法第13条は，「学校，家庭及び地域住民その他の関係者は，教育におけるそれぞれの役割と責任を自覚するとともに，相互の連携及び協力に努めるものとする」と定めている。また，教育課程の国家基準である学習指導要領は，その総則にて，教育課程実施上の配慮事項の一つとして，「学校がその目的を達成するため，地域や学校の実態等に応じ，家庭や地域の人々の協力を得るなど家庭や地域社会との連携を深めること」という事項を掲げている。

　なるほど，文句のつけようのない美辞麗句であるが，少しうがった見方をす

ると，家庭や地域社会の方々には，学校の教育方針をご理解いただき，くれぐれも子どもの前で，学校の教師と違うことをいわないでいただきたい，というメッセージが込められているようにも思える。しかるに，先にも述べたことであるが，子どもにとって，それぞれの生活の場が異なる性質を持っていることも重要なのである。仮に，学力向上という目標に向けて，学校・家庭・地域社会が団結し，学校での授業，家庭での自宅学習管理，地域社会でのボランティア等による補習指導，というようなことが課せられたら，子どもは窒息してしまうであろう。これは極端な例であるけれども，要は，異なることをいう大人がいてもよい，いや，そのほうがよいのである。子どもにしても，違った価値観が幅を利かせている異空間が併存していたほうが，自分にとって心地よい居場所をみつけることが容易になる。

　現状は残念ながら，そうした状況が具現されているとはいえない。このような子どもの生活構造の歪みは，彼らの心身にも影響する。この点については，第5節にて，関連する統計が提示されるであろう。

■5　スポーツ

　近年，スポーツの振興に向けた各種の施策が打ち出されている。2011年7月には，従前のスポーツ振興法が全面改正され，新たにスポーツ基本法が成立した。この法律は，国民の誰もがスポーツに親しめるようになるための条件整備を，国や地方公共団体に義務づけている。

　また，2012年4月には，そのための基本指針を示したスポーツ基本計画が策定された。この計画は，できる限り早期に「成人の週1回以上のスポーツ実施率が3人に2人(65％程度)，週3回以上のスポーツ実施率が3人に1人(30％程度)となること」，および「成人のスポーツ未実施者（1年間に一度もスポーツをしない者）の数がゼロに近づくこと」という数値目標をも明示している。

　スポーツの効用はいろいろあるが，子どもを想定するなら，「体力を向上させるとともに，他者を尊重しこれと協同する精神，公正さと規律を尊ぶ態度や克己心を培い，実践的な思考力や判断力を育む等人格の形成に大きな影響を及ぼすもの」であるといえる（スポーツ基本法前文）。またスポーツは，文化としての側面も有している。本稿を認めている現在，2012年ロンドン・オリンピックが開催されている最中であるが，こうした国際競技大会は，国際親善に大きく寄与している。次代を担う子どもをして，スポーツに親しませることの意義

1-25　実施率が高い種目ベスト5（2011年）

	男子			女子		
	小学生	中学生	高校生	小学生	中学生	高校生
1位	水泳58.4	野球35.3	ボウリング27.6	水泳54.2	水泳26.8	ウォーキング・軽い体操27.9
2位	サッカー49.2	ジョギング・マラソン35.3	サッカー26.8	ウォーキング・軽い体操29.7	ウォーキング・軽い体操26.3	ボウリング19.4
3位	野球45.6	サッカー33.3	野球26.0	バドミントン26.9	ジョギング・マラソン25.1	ジョギング・マラソン19.1
4位	ボウリング30.3	水泳33.0	ジョギング・マラソン24.7	ボウリング26.7	バレーボール20.4	バドミントン15.3
5位	ジョギング・マラソン29.8	ボウリング27.7	器具使用のトレーニング19.9	ジョギング・マラソン22.0	バドミントン19.1	バレーボール15.1

資料：総務省『社会生活基本調査』(2011年版)

は，とても大きいというべきだろう。

　さて，当の子どもは，どれほどスポーツに親しんでいるのか。学校の体育の授業があるので，実施率という点でいうならほぼ100％であろう。しかるにここでみたいのは，子どもが自発的にスポーツを行う頻度である。総務省『社会生活基本調査』の中に，このねらいに沿うデータがある。

　本調査では，調査日の直前の1年間における，スポーツ実施率が集計されている。最新の2011年調査の場合，2010年10月20日〜2011年10月19日までの1年間において，何らかのスポーツを実施した者の率が明らかにされている。ここで分子に据えられているのは，自由時間の中でスポーツを行った者であり，体育の授業で行ったという者は含まれていない（部活は含む■21）。この指標は，自発的な意味でのスポーツ実施率，言い換えれば，子どもがスポーツに親しんでいる度合いを測るものとして使える。

　2011年調査から，上記期間におけるスポーツ実施率を拾うと，男子では，小学生が94.1％，中学生が92.8％，高校生が84.5％である。女子は順に，84.5％，81.8％，66.5％である。自発的なスポーツ実施に限定したのであるが，実施率は高い。子どもにすれば，スポーツは「あそび」という側面を持ってい

■21──先に用いたNHKの生活時間調査では，部活は拘束行動に含められているが，総務省の『社会生活基本調査』では自由時間の中での行動とみなされている。

1-26　都道府県別の男子小学生の人気スポーツ実施率（％）

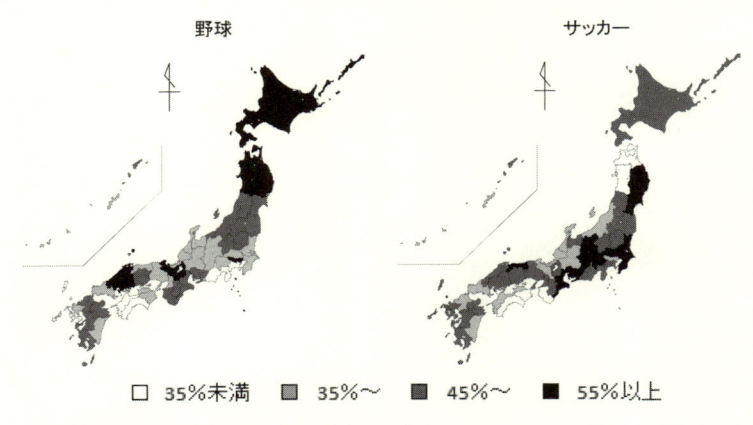

野球　　　　　　　　サッカー

□ 35％未満　■ 35％〜　■ 45％〜　■ 55％以上

資料：総務省『社会生活基本調査』（2011年）

るので，当然といえば当然かもしれない。

　属性差をみると，時間的な余裕がある年少の子どもほど，自発的な意味での実施率は高い。小学生については，「ギャング・エイジ」というように，群れ遊びを好む時期が位置していることも大きいと思われる。男女差もある。女子では，高校生になると率がガクンと落ちるのが気にかかる。

　なお，スポーツといってもいろいろあるので，種目別の実施率もみてみよう。上記調査では，22の種目を提示し，1年間で行ったものを全て選んでもらっている。各属性について，上位5位までを示す（図表1-25）。

　小学生では，男女とも，半数以上が水泳をしている。夏休みに市民プールに行ったという程度のこともカウントされているためであろう。高校生ではボウリングが上位にあるが，これは仲間内で遊びに行ったというものであろう。私もよく経験した。

　表を全体的にみると，男子ではサッカーや野球というような定番スポーツが顔をのぞかせ，女子では，ウォーキングやジョギングというような軽めのものが比較的多いのである。

　最後に，地域差という観点を据えてみよう。気候や遊び場（広場）の多寡というような，遊びの頻度と連関する条件は，地域によって違っている。私は，男子小学生について，定番の2大種目の実施率を都道府県別に計算し，上の地図をつくった（図表1-26）。

第4節　生活

野球の実施率は北国で高くなっている。雪が積もる冬場では困難であるが，それ以外の季節では，広大な広場があるというような条件が，それを補っているのだろうか。しかるに，東京のような大都市の率も高いので，そうした条件が決定的に重要というわけでもなさそうである。サッカーの地図をみると，関東から中部・東海地方に高率ゾーンが広がっている。こちらも，先ほどの挙げた条件指標で説明できるような単純な構造にはなっていない。

　この種の自然的・社会的条件よりも，各地域の政策というような人為的な条件の影響が色濃いように思える。たとえば，スポーツ集団の結成にどれほどテコ入れしているか，啓発活動をどれほどしているかなどである。仮にそうであるなら，子どもをスポーツに親しませるに際して，各自治体の責任はひときわ大きいことになる。国レベルの施策を具現化するのは，それぞれの地域の役目である。とくに，県や市区町村といった行政的地域は，国と，校区のような小地域の中間に位置する結節点として，戦略的にも重要な役割を負うことになる。自県や自市の状況を絶えず点検し，人為的に動かせる環境の整備・改善を図っていく必要がある。

　こうした実践的努力の積み重ねが，総体としての「スポーツ立国」■22 の実現につながることと思われる。

■6　読書

　現在の学校現場では，子どもの読書活動推進に向けた取組が盛んである。2001年には，子どもの読書活動の推進に関する法律が制定されている。その第2条をみると，「子ども（おおむね18歳以下の者をいう）の読書活動は，子どもが，言葉を学び，感性を磨き，表現力を高め，創造力を豊かなものにし，人生をより深く生きる力を身に付けていく上で欠くことのできないものであることにかんがみ，すべての子どもがあらゆる機会とあらゆる場所において自主的に読書活動を行うことができるよう，積極的にそのための環境の整備が推進されなければならない」とある。

　現代の子どもを取り巻く環境は，さまざまな刺激に溢れ，落ち着いて読書に集中しにくい面もあるけれど，このような社会的状況を共有しながらも，本を比較的多く読む子もいれば，全くそれをしない子もいる。ここでは，後者の，

■22ーーーーー2010年8月に，文部科学省は『スポーツ立国戦略』を策定している。

本を読まない子どもがどれほどいるかを明らかにしようと思う。

文部科学省の『全国学力・学習状況調査』では、対象の児童・生徒に対し、「家や図書館で、普段（月曜〜土曜）、1日あたりどれくらいの時間、読書をしますか」と尋ねている。2010年度調査の結果をみると、この問いに対し、「全くしない」と答えた者の比率は、公立小学校6年生で20.7％、公立中学校3年生で38.1％となっている。後者では、おおよそ5人に2人が、平日に全く読書をしていないことになる。

1-27　平日に全く読書をしない生徒の比率（％）

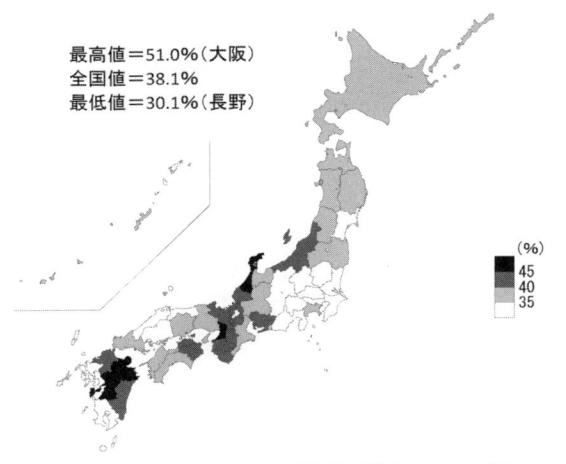

最高値＝51.0％（大阪）
全国値＝38.1％
最低値＝30.1％（長野）

資料：文部科学省『全国学力・学習状況調査』（2010年度）

なお、本を読まない子どもの割合は、地域によって違っている。公立中学校3年生について、上記の指標を都道府県別に出して、濃淡に塗り分けた地図をつくってみた（図表1-27）。

先ほどみたように全国値は38.1％なのであるが、県別にみると、最高の51.0％から最低の30.1％まで大きな開きがある。近畿地方や九州地方が濃い色に染まっていることから、何らかの地域性のようなものも感じられるが、県レベルの差は、各県の読書活動推進施策に起因する部分も大きいと思う。

しかるに、それとは違った、子どもの読書行動を規定する社会的要因をうかがわせる統計もある。図表1-28は、公立中学校3年生について、学校の設置主体別、地域類型別に、平日に本を全く読まない生徒の比率を計算したものである■23。

1-28　平日に全く読書をしない生徒の比率（％）

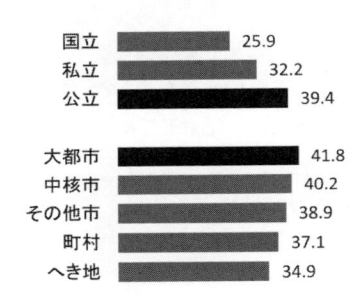

国立　25.9
私立　32.2
公立　39.4

大都市　41.8
中核市　40.2
その他市　38.9
町村　37.1
へき地　34.9

資料：文部科学省『全国学力・学習状況調査』（2009年度）

第4節　生活

まず地域類型別にみると，本を読まない子どもの量は，都市性の度合いときれいに連関している。比率は，都市地域ほど高い。大都市ほど，子どもが読書に集中するのを妨げる各種の刺激が多いためと推測される。

次に，国公私別にみると，本を読まない子どもの率は，国立＜私立＜公立，という傾向である。これは，子どもの読書行動と社会階層の関連をにおわせる。データは次の章で示すが，国・私立校は，公立校に比べて富裕層の生徒の比率が高い。経済資本のみならず文化資本にも恵まれた家庭に生まれ，幼少期より書物に囲まれて育ったという者もいると思われる。ブルデューの文化的再生産論を引くまでもなく，そういう子どもとそうでない子どもとでは，書物への親和性が大きく異なる。学校の設置主体間の差は，こうした視点から読むべきであろう。

子どもの読書活動の推進を総体的に進めるにあたっては，こうした読書行動の社会的規定性の面にも注意を払わねばならない。とくに，家庭間の文化資本の違いに由来する「読書格差」ともいえる現象については，図書施設を増やすというような条件整備のレベルで解決できるものではない。より突っ込んだ，意図的な働きかけも要請される。それがどういうものかは，219頁の「文化的再生産」の箇所で述べることとしよう。

1-29　2007年11月の通塾率（％）

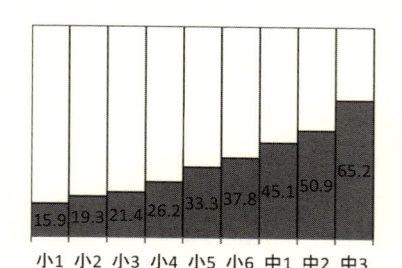

小1 15.9　小2 19.3　小3 21.4　小4 26.2　小5 33.3　小6 37.8　中1 45.1　中2 50.9　中3 65.2

■通塾者　□非通塾者

資料：文部科学省『子どもの学校外での学習活動に関する実態調査』（2008年）

■ 7　通塾

よく知られていることであるが，今日の子どもの多くは，学習塾という「第2の学校」に通っている。文部科学省の実態調査によると，2007年11月時点の公立小・中学生の通塾状況は，**図表1-29**のようである。なお，ここでいう通塾には，お習字などの習い事は含まれていない。

通塾率は，小1では15.9％であったのが，学年を上がるにつれて上昇し，

(前ページ)
■ 23————2009年度までの『全国学力・学習状況調査』は悉皆調査であったので，この種の細かい集計データも公表されている。地域類型別の数値は，公立校の生徒のものである。

義務教育最終学年の中3では65.2％にまで達している。中学校3年生では、3人に2人が塾通いしていることになる。

これは全国の統計であるが、東京のような大都市に限れば、通塾率はもっと高くなることであろう。地方県は、その反対であろうと思われる。各県の教育関係者にとって、自県の子どものどれほどが通塾しているかは大きな関心事であると思うので、都道府県別の通塾率の統計を提示しよう。

1-30　都道府県別の公立中学校3年生の通塾率（％）

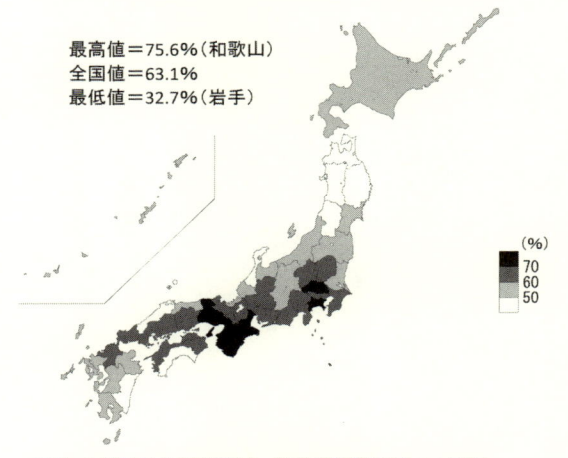

最高値＝75.6％（和歌山）
全国値＝63.1％
最低値＝32.7％（岩手）

資料：文部科学省『全国学力・学習状況調査』（2010年度）

文部科学省の『全国学力・学習状況調査』では、対象の児童・生徒に対し、「学習塾（家庭教師を含む）で勉強していますか」と尋ねている。2010年度の公立中学校3年生の場合、この設問に対し、「学習塾に通っていない」と答えたのは全体の36.9％である。しからば、塾通いしている者は、これを裏返して63.1％ということになる。先ほどみた、文科省実態調査の数値とほぼ等しい。この値を通塾率とみなし、全都道府県の数値を明らかにした。**図表1-30**は、結果を地図で表したものである。

首都圏や近畿圏の黒色と、東北の白色のコントラストが目を引く。総体的にみると、通塾率は都市県で高く、地方県（農村県）で低い傾向にあるようだ。これはまあ、よく知られていることであるが、最高の県と最低の県で倍以上の開きがあることには驚かされる。地方では塾が少ないこと、また、塾通いの費用を負担できない家庭が比較的多いという、経済的な条件も関与している■[24]。

次なる関心は、通塾率の高低によって、子どもの育ちがどう違うかである。

■24―――それぞれの県の学習塾事業所数（中学生千人あたり）と通塾率の相関をとったところ、＋0.613という有意な係数値が算出された。また、1人あたり県民所得と通塾率は＋0.581の相関関係にある。学習塾事業所数は、2010年の経済産業省『特定サービス実態調査』から得た。県民所得は2009年度のもので、総務省統計局『日本統計年鑑2012』より得た，

第4節　生活

1-31　公立中学校3年生の平日の起床・就寝時間分布（％）

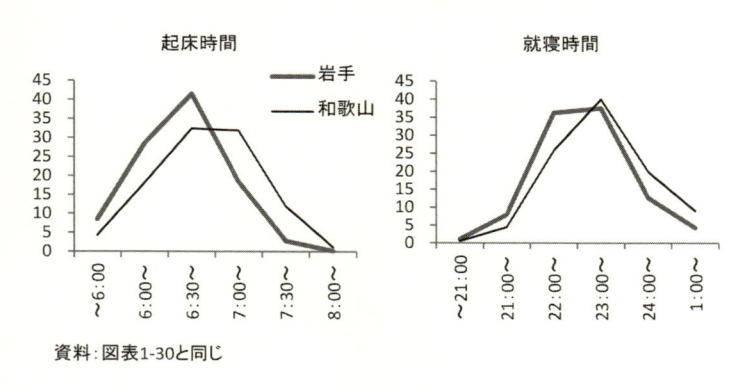

資料：図表1-30と同じ

まず興味が持たれるのは，子どもの学力との関連であろう。「通塾は子どもの学力アップにつながるか？」。この問題は，次の節で検討することとして，ここで考えてみたいのは，子どもの生活総体への影響についてである。早寝早起きが重要であるというが，通塾率が最高の和歌山と最低の岩手とで，生徒の起床時間と就寝時間がどう違うかをみてみよう。**図表1-31**は，両県の公立中学校3年生の時間分布である。

ご覧のように，岩手において，起床時間と就寝時間とも，早い時間のほうに多く分布している。同じ中学校3年生でも，通塾率が低い地域において，早寝早起きを実施している生徒は多いのである。

塾通いが生活に及ぼす（悪）影響は，他にも考えられる。家庭生活や地域生活の崩壊である。私は，158頁において家族密度を測る指標として，家族と夕食を食べるという生徒の比率を県別に明らかにしている。『全国学力・学習状況調査』の「家の人と普段（月〜金曜日），夕食を一緒に食べていますか」という問いに対し，「している」と答えた生徒の比率である。公立中学校3年生の県別数値が，先ほど明らかにした通塾率によってどう変異するかを調べてみた。**図表1-32**をみてほしい。

撹乱はあるけれど，2つの指標の

1-32　通塾率と家族との夕食摂取率
（公立中学校3年生）

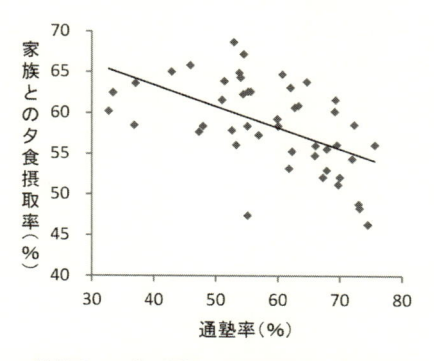

＊横軸は2010年，縦軸は2009年のデータである。
資料：文部科学省『全国学力・学習状況調査』

間には−0.537という相関関係が認められる。ここで観察されるのは，通塾率が高い県ほど，家族と夕食を摂取する生徒の率が低い，というマクロ的な傾向である。家庭という第1次集団での夜の団欒も難しくなるようだ。このことは，子どもの主要な生活の場である家庭を「空洞」ならしめ，そこでの情緒安定機能を阻害し，子どもの育ちも影響することになるだろう■25。

　次に地域生活に関していうと，最近，地域社会において，群れをつくって遊ぶ子どもの姿をあまり見かけなくなった。通塾により，各人のスケジュール調整が難しい，という事情によると思われる。同年齢集団による群れ遊びは，子どもが自治や自律の精神を学ぶよい機会なのであるが，こうした，いわゆる「ギャング・エイジ」の喪失が，子どもの社会性の欠如に影響している側面もある。

　以上のようなことは，子どもの発育にとって望ましいことではない。家庭での「くらし」や地域社会での「あそび」という，子どもの生活構造の重要部分が侵食されることになるからである。くらし（家庭），まなび（学校），あそび（地域社会・仲間集団）という要素の均衡がとれているとき，子どもの生活構造は健全であると判断される。過度の通塾は，こうした均衡を崩す要因となり得る。これから先，通塾率がどうなるかは分からぬが，この点に留意する必要があるかと思う。今日ほど，子どもの健全な発達の条件として，生活総体の見直し（建て直し）が求められている時代はないのだから。

■8　ケータイ

　携帯電話（以下，ケータイ）は，テレビと同様，現代の偉大な発明品である。どこにいても通話することができ，各種の情報収集・発信を行うことが可能である。この文明機器は，大人のみならず，子どもにも相当出回っているようである。

　しかしながら，このことが教育の現場によからぬ事態をもたらしていることも，またよく知られている。授業中に生徒がメールやゲームをするなど，学校の教授活動に支障が出るケースも少なくないと聞く。こうした問題を認識した文部科学省は，2009年1月30日の通知■26にて，小・中学校ではケータイ

■25　　　この点については，159頁を参照していただきたい。
■26　　　「学校における携帯電話の取扱い等について」と題する通知である。

1-33 ケータイの所有率（%）

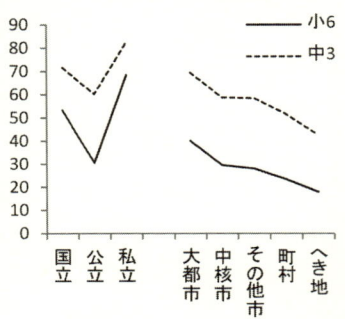

資料：文部科学省『全国学力・学習状況調査』（2009年度）

の持込みを「原則禁止」，高校では「使用制限」という方針を打ち出したところである。

しかるにケータイは，外部社会の有害情報と子どもを直に接触させるツールでもある。大人社会と子ども社会のボーダレス化（境界喪失）がいわれるが，このことにケータイが一役買っていることは，疑い得ないところである。学校にいる間だけ使用禁止にすればよいという，単純な話ではなさそうだ。

このように，いろいろと問題をはらむケータイであるが，子どものどれほどがそれを持っているのか。文部科学省の『全国学力・学習状況調査』の結果から割り出してみよう。本調査では，対象の児童・生徒に対し，「携帯電話で通話やメールをしているか」と尋ねている。2009年度調査の結果を引くと，この設問に対し，「携帯電話を持っていない」と答えた者の比率は，小学校6年生で69.1％，中学校3年生で39.0％である。裏返すと，前者の30.9％，後者の61.0％がケータイを持っていることになる。この値をもって，ケータイ所有率ということにする。小6で3割，中3で6割である。

悉皆調査であった2009年度調査では，学校の設置主体別，地域類型別の集計もなされている。こうした環境変数によって，子どものケータイ所有率がどう変異するかをみると，**図表1-33**のようである。

学校の設置主体別にみると，公立よりも国私立校でケータイの所有率は高くなっている。私立では，小6の児童でもおよそ7割がケータイを有している。公立の倍以上である。幼い子どもを遠方に通わせる関係上，安全確認の手段として，ケータイを持たせる保護者が多いためと思われる。次に地域類型別の曲線（公立のみ）をみると，こちらは都市性の度合いときれいに関連し，都市地域ほど所有率が高い。

続いて，都道府県別のケータイ所有率をみてみよう。公立中学校3年生の県別数値を出し，地図上で塗り分けた（**図表1-34**）。

黒色は60％を超える県であるが，首都圏や近畿圏が黒く染まっている。その一方で，東北や九州では，半分（50％）に満たない県がほとんどなのである。

県別データからも，都市的環境とケータイ普及度の関連の強さがうかがわれる。

さて，わが国の内部には，ケータイの普及度が異なる47の小社会（県）があるのだが，この事実を利用して，ケータイの使用が子どもの育ちにどう影響するかを検討してみようと思う。先にも述べたが，ケータイは，子どもをして外部社会の有害情報と直に接触せしめるツールである。当局は，ケータイの使用によって，子どもが悪の世界へと引きずり込まれることを危惧している。私は，県単位のマクロデータを用いて，子どものケータイ利用度と非行少年の出現率の相関関係を調べることとした。

1-34　公立中学校3年生のケータイ所有率（％）

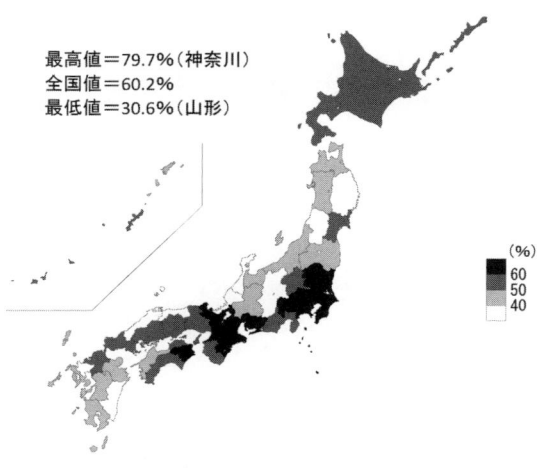

最高値＝79.7％（神奈川）
全国値＝60.2％
最低値＝30.6％（山形）

文部科学省『全国学力・学習状況調査』（2009年度）

「所有率」を「利用度」と言い換えていることには理由がある。ケータイを持っていても，それをどれほど使うかは，各人によって異なる。毎日のように各種のサイトを閲覧する者もいれば，緊急時の連絡用というように，用途を厳格に制限されている者もいる。このようなバラエティを考えるなら，所有／非所有というような2区分は乱暴にすぎる。上記の文科省調査では，「携帯電話で通話やメールをしているか」という問いに対し，「ほぼ毎日」，「ときどき」，「全く，または，ほとんどしない」，「携帯電話は持っていない」，という4択で答えてもらっているので，この程度尺度を使って，各県の子どものケータイ「利用度」を測定する指標をつくってみた。

神奈川県の公立中学校3年生の上記設問への回答分布は，「ほぼ毎日」が43.6％，「ときどき」が29.5％，「全く，またはほとんどしない」6.5％，「携帯電話は持っていない」が20.3％，である（2009年度調査）。「ほぼ毎日」に3点，「ときどき」に2点，「全く，または，ほとんどしない」に1点，「携帯電話は持っていない」に0点という点数を与えると，当県の公立中学校3年生の平均点（average）は，次のようにして算出される。

第4節　生活

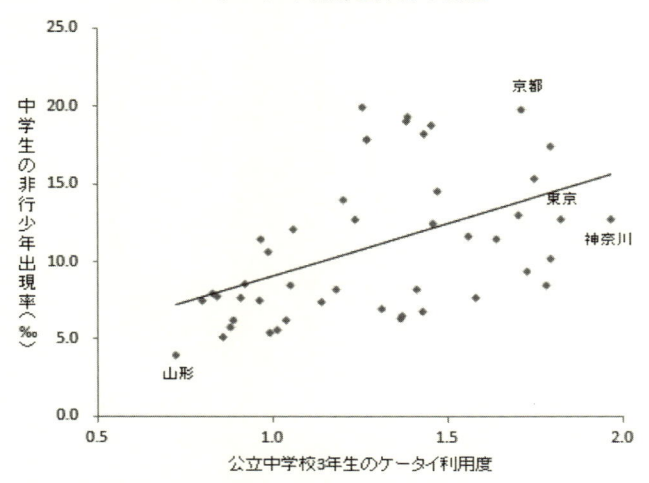

1-35　ケータイ利用と非行の関連

縦軸：中学生の非行少年出現率（‰）
横軸：公立中学校3年生のケータイ利用度

資料：警察庁『犯罪統計書』〈2009年〉
　　　文部科学省『学校基本調査』〈2009年度〉
　　　文部科学省『全国学力・学習状況調査』〈2009年度〉

$\{(3点 \times 43.6人) + (2点 \times 29.5人) + (1点 \times 6.5人) + (0点 \times 20.3人)\} \div 100人 ≒ 1.96点$

　この値をケータイ利用度とし，2009年の中学生の非行少年出現率との相関をとった。後者は，同年中に刑法犯で警察に検挙・補導■[27]された中学生が，中学生全体のどれほどか，というものである。分子は警察庁『犯罪統計書』，分母は文部科学省『学校基本調査』から得た。47都道府県データを使って，公立中学校3年生のケータイ利用度と，中学生の非行少年出現率の相関関係を図示すると，図表1-35のようになる。

　撹乱があるものの，総体的には，ケータイ利用度が高い県ほど非行が多いという，正の相関関係が認められる。相関係数は＋0.486であり，47というデータ数を考慮した場合，1％水準で有意な相関と判定される。

　私はこれまで，各県の非行率と関連する統計指標を探査してきた経緯がある

■[27]————14歳に満たない触法少年の場合，検挙とはいわず「補導」という。

が，ここまで強く相関する指標にお目にかかったことはあまりない。ケータイは偉大な発明品ではあるが，それを使うのが子どもである場合，よからぬ機能をも果たしかねないことが，マクロな統計分析の結果から示唆される。

　こうした事態を防ぐため，当局は，有害情報をブロックする「フィルタリング」機能を子どものケータイに備えつけることを推奨している。しかるに，100％完全とまではいっていないのが現状である■28。

　外部からの働きかけも大事であるが，有害情報を選別するというような資質・能力を，子どもの内に育むことも必要であるようだ。いわゆる「情報モラル」であり，この中には，「他者への影響を考え，人権，知的財産権など自他の権利を尊重し情報社会での行動に責任をもつこと」に加えて，「危険回避など情報を正しく安全に利用できること，コンピュータなどの情報機器の使用による健康とのかかわりを理解すること」という要素も含まれる（『小学校学習指導要領解説：総則編』2008年）。情報化社会において，この種の「力」を身につけさせることの必要性は，どれほど強調しても足りることはない。

[第5節] 心身

　心身とは，ココロとカラダという意味であるが，ここでは，人間の中身という取り方をしよう。子どもの内に，彼が属する社会が期待するところの諸資質や能力を据え付けること，これが教育の役割である。「知徳体」という観点から，学力，体力，および道徳意識を取り上げることとしよう。子どものココロの状態を診るに際しては，自尊心に注目する。

　これらに関連する分析課題を設定し，追究する。主に用いるのは，都道府県

■28―――ケータイを持っている児童・生徒のうち，フィルタリング機能を使っている者の比率は，小学生で32.3％，中学生で51.9％，高校生で47.0％という水準である。半数にも満たない。内閣府『平成23年度・青少年のインターネット利用環境実態調査』による。

単位のマクロデータである。

■1 学力

　一般に学力とは，教科の学習で形成された能力のことをいうが，それには知識の多寡のみならず，新しい知識や技能を自ら獲得していく力や，生活上の諸問題を解決していく力など，さまざまな側面が含まれている。

　こうした意味での「学力」を子ども期に身につけることは，高度化した現代社会を生きていくこと，将来誰にも従属することなく自律的な生活を営んでいくことの前提条件に位置している。このことの集積が，結果として，社会の維持・存続，さらには更新をも可能にするのである。

　近年，学力に対する社会的な関心がとみに高まっており，2007年以降，公的な全国学力調査(『全国学力・学習状況調査』)が毎年実施されている。その目的は，①「義務教育の機会均等とその水準の維持向上の観点から，全国的な児童生徒の学力や学習状況を把握・分析し，教育施策の成果と課題を検証し，その改善を図る」こと，②「教育に関する継続的な検証改善サイクルを確立する」こと，③「学校における児童生徒への教育指導の充実や学習状況の改善等に役立てる」こと，と説明されているが(文部科学省)，教育社会学の研究者は，本調査のデータを使って，学力を規定する社会的な因子を析出することに多大な関心を寄せている。

　本調査の結果のデータは，国立教育政策研究所のホームページ上で公開されており，誰でも利用することができる。47都道府県別の結果を私なりに解析したところ，明らかにし得たことがある。ここでは，それを報告したい。

　『全国学力・学習状況調査』の対象は，小学校6年生と中学校3年生であり，彼らに4科目のテストを課している■29。国語と算数（中学生は数学）をAとBに分かった4科目である。Aでは基礎的事項，Bでは応用的な事項が問われる。2010年度調査の結果をもとに，これら4科目の平均正答率の都道府県差を整理すると，**図表1-36**のようである。

　全国値もさることながら，平均正答率は，47都道府県で最も高い県と最も低い県とでは，かなりの開きがある。表中の極差とは，前者から後者を差し引いた値であるが，中学校3年生の数学AとBでは，実に20ポイント以上も

■29────2012年度調査では，理科も調査科目に加えられている。

1-36　全国学力調査の平均正答率（％）の都道府県差

	公立小学校6年生				公立中学校3年生			
	国語A	国語B	算数A	算数B	国語A	国語B	数学A	数学B
全国値	83.3	77.8	74.2	49.3	75.1	65.3	64.6	43.3
最大値	89.3	84.8	83.2	59.0	79.8	71.7	72.4	52.9
最小値	79.8	73.5	68.8	44.6	67.7	57.9	51.0	30.0
極差	9.5	11.3	14.4	14.4	12.1	13.8	21.4	22.9
標準偏差	1.67	1.97	2.33	2.43	1.93	2.49	3.17	3.43

資料：文部科学省『全国学力・学習状況調査』(2010年度)

の差が観察されるのである。極差でみると，小学生よりも中学生のほうが，学力の地域差は大きいようである。全都道府県間の散らばりを考慮した標準偏差でみても然りである。

　さて，このようにかなりの違いがある各県の平均正答率と関連する指標を探索するのであるが，ここで説明変数として据えるのは，各県の住民のうち大卒者が何％いるとか，ホワイトカラー就業者が何％いるとか，県民所得がどれほどとかいう，社会階層の指標ではない。では何を充てるのかというと，通塾率である。通塾率とは，同年度の文科省同調査の質問紙調査において，「学習塾には通っていない」と答えた者の比率を，全体から差し引いたものである。詳細は，63頁をみていただきたい。

　進学塾にせよ補習塾にせよ，通塾とは，学力の向上を目的とするものである。ゆえに，常識的には，通塾率が高い県ほど平均正答率が高い傾向がみられると思われるが，現実はどうか。各県の公立小学校6年生の通塾率と，国語Aの平均正答率の相関関係をとった

1-37　通塾率と国語A平均正答率の相関

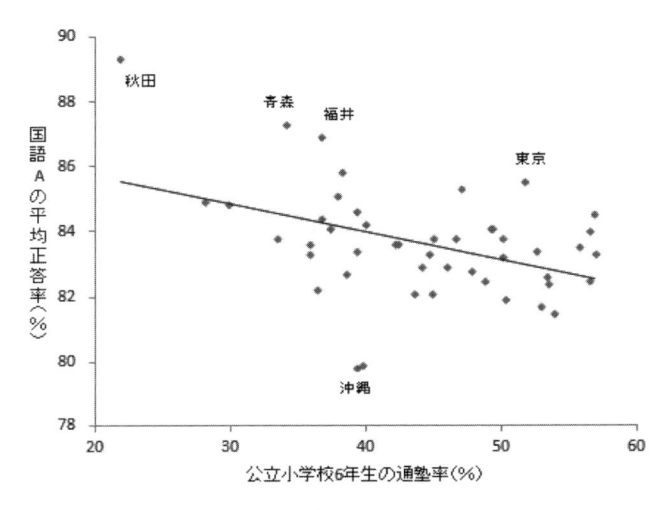

資料：文部科学省『全国学力・学習状況調査』(2010年度)

第5節　心身

1-38　47都道府県の平均正答率と関連する要因

		公立小学校6年生				公立中学校3年生			
		国語A	国語B	算数A	算数B	国語A	国語B	数学A	数学B
通塾率	小6	-0.420	-0.301	-0.265	-0.159				
	中3					-0.311	-0.292	0.082	0.005
朝食摂取率	小6	0.470	0.486	0.308	0.307				
	中3					0.599	0.688	0.296	0.428

資料：文部科学省『全国学力・学習状況調査』(2010年度)

ところ，図表1-37のようになった。

　予想に反して，負の相関である。総体的には，通塾率が低い県ほど平均正答率が高い傾向である。相関係数は－0.420であり，1％水準で有意である。他の科目の平均正答率との相関はどうか。図表1-38は，相関係数をまとめたものである。アミがしてあるのは，5％水準以下で統計的に有意であることを意味する。

　通塾率は，小学生の算数や中学生の国語の正答率とも負の相関である。中学生の数学の正答率との関係はそうではないが，有意な正の相関には向いていない。県単位の統計ではあるが，常識的に予想されるような，塾通いと学力の正の相関関係は見出されなかった。

　学力と正の相関関係にあるのは，表の下段の朝食摂取率といった指標である。この指標は，同年度の文科省同調査の「朝食を食べているか」という問いに対し，「している」ないしは「どちらかといえば，している」と答えた者の比率である。前節の第2項で計算した，朝食欠食傾向児率を反転させたものである。朝食摂取率のほうは，小・中学生の全科目の正答率と有意な正の相関関係にあるのである。

　ここで明らかにしたのは単なる相関関係であり，因果関係とは限らないことに注意しなければならない。学力が高い地域（秋田，福井など）には，たとえば学校で分かりやすい授業が実践されているというような，別の要因があることも想定される。こちらが真因であり，上表の相関は，それを介した疑似相関ではないか，という疑いも持たねばならない。私はそれを払いのける根拠を有してはいないが，上記の関係が因果関係である可能性がある，という前提を置いてコメントするならば，やはり「基本的な生」が重要である，といいたい。

　寝る，食べる，遊ぶ，学ぶ，交流する…。何のことはない。ただ，「フツー」に生きる，というだけのことである。受験一辺倒の学力ではなく，近年，文部

科学省が重視しているような「確かな学力」（知識や技能はもちろんのこと，これに加えて，学ぶ意欲や自分で課題を見付け，自ら学び，主体的に判断し，行動し，よりよく問題解決する資質や能力等まで含めたもの）を身につけるには，今述べたような要素から成る「基本的な生」をバランスよく営むことが重要であると思われる。

過度の塾通いは，この中の「学ぶ」の領域のみを肥大させ，他の領域を侵食してしまう恐れがある。マクロデータでみた，通塾率と学力の負の相関は，このような面から解釈できるのではないかと，私は考える。

■2　体力

続いて，「体」の側面のチカラである。機械化・オートメーション化の進行により，人間が重労働に従事することは格段に少なくなったとはいえ，生涯にわたって健康な生活を営んでいく上でも，子ども時代にしっかりとした体力を身につけることが望まれる。

学力と同様，子どもの体力に対する関心も高まっている。文部科学省の委託を受けて，公益財団法人日本レクリエーション協会は，「子どもの体力向上ホームページ」なるものを立ち上げ，各種の情報を提供している。2008年と2009年に全面改訂された新学習指導要領も，改訂の基本的な考え方の一つとして，「豊かな心や健やかな体の育成のための指導の充実」を掲げ■30，これに伴い，体育や保健体育の授業時数も増やされることとなった。前節の第5項でみたように，スポーツ振興に向けた全社会規模での取組が盛んであるが，子どもの体力への関心の高まりは，こうした時代の潮流を受けたものともいえる。

さて，子どもの体力水準を計測する公的な調査として，文部科学省の『体力・運動能力調査』がある。この調査は，1964年（昭和39年）から実施されており，子どもの体力の長期変化をたどるのに用いることができる。私は，長期的な推移を知ることができる6種目について，平均記録がどう変わってきたのかを調べた。9〜13歳の男児のデータである（**図表 1-39**）。

6つの曲線をみるとどうだろうか。おおよその傾向をいうと，握力は1990年代初頭をピークとして，以後は減少している。短距離走と持久走も，90年代前半以降，走破するのにかかる秒数が増えている。立ち幅跳びに至っては，

■30ーーーー中央教育審議会答申「幼稚園，小学校，中学校，高等学校及び特別支援学校の学習指導
　　　　要領の改善について」（2008年1月17日）を参照。

1-39 男子児童・生徒の体力テスト平均記録の推移

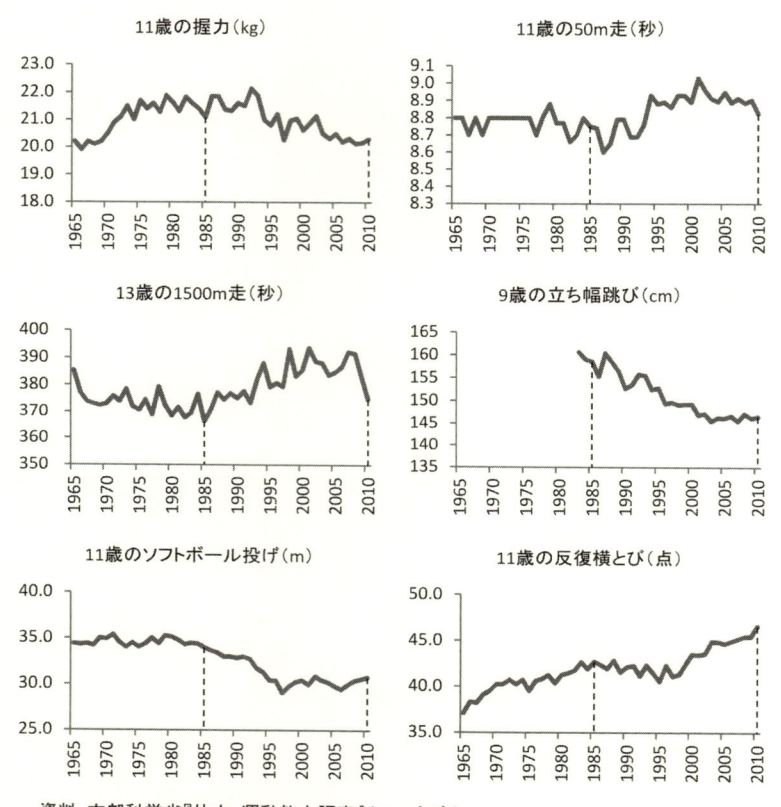

　　11歳の握力（kg）　　　　　　　　　11歳の50m走（秒）

　　13歳の1500m走（秒）　　　　　　　9歳の立ち幅跳び（cm）

　　11歳のソフトボール投げ（m）　　　　11歳の反復横とび（点）

資料：文部科学省『体力・運動能力調査』(2010年度)

一貫した低下傾向。ソフトボール投げは，90年代の低下，近年の微増傾向。反復横とびは上昇傾向である。

　こうみると，敏しょう性については問題ないが，筋力やパワーというような面での体力の低下が顕著であるといえる。

　ちなみに，**図表 1-39** のグラフでは，1985年（昭和60年）と2010年（平成22年）の記録に点線を引いているが，これには理由がある。2012年4月に策定された「スポーツ基本計画」は，子どものスポーツ機会の充実を図り，その結果として，「今後10年以内に子どもの体力が昭和60年頃の水準を上回ることができるよう，今後5年間，体力の向上傾向が維持され，確実なものとなること」

を政策目標として掲げている。要するに、2本目の点線の長さを、1本目と同じにしよう、というのである。

それはさておいて、大局的にみて、子どもの体力が低下傾向にあることを知ったのであるが、実をいうと、先ほど述べたような、子どもの体力への関心の高まりは、この問題を危惧してのことでもある。

子どもの体力はなぜ低下したか。この問いに対しては、公的な見解として、以下のことがいわれている。①外遊びやスポーツの重要性の軽視など国民の意識、②子どもを取り巻く環境の問題、③就寝時刻の遅さ、朝食欠食や栄養のバランスのとれていない食事など子どもの生活習慣の乱れ、である[31]。私としては、②の環境要因に興味を持つが、これについては、ア）生活が便利になるなどの子どもの生活全体の変化、イ）スポーツや外遊びに不可欠な要素（時間、空間、仲間）の減少、ということが指摘されている。

1-40 平日の時間帯別にみた外遊びをしている者の比率（％）

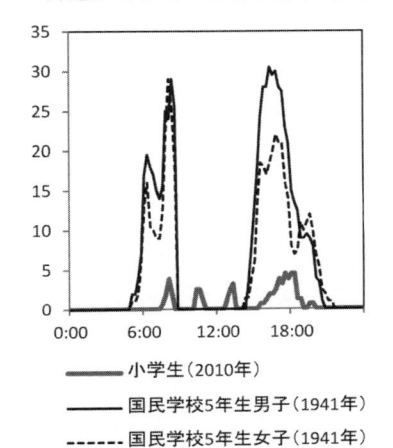

― 小学生（2010年）
―― 国民学校5年生男子（1941年）
------ 国民学校5年生女子（1941年）

資料：NHK放送文化研究所『国民生活時間調査』

イ）については、「サンマ（間）」の減少というように表現されることが多い。なるほど。今の子どもは、放課後といえどもお稽古や塾通いなどに忙しいし、遊ぶための空き地や広場もない（とくに都市部）。また、お互い多忙で、スケジュール調整の問題もあり、集団遊びに必要なメンバーを揃えることも難しい。こういう条件は、時代とともに色濃くなってきている。

53頁の**図表1-23**と同じ資料を使って、昔と今の子どもが、平日の各時間帯において、どれほど外遊びをしているかを調べてみた[32]。**図表1-40**をみると、時代による違いが一目瞭然である。昭和初期では、早朝や夕食前の時間では、

[31] ――― 中央教育審議会答申「子どもの体力向上のための総合的な方策について」（2002年9月30日）を参照。
[32] ――― 1941年は、「遊ビ」をしている者の比率である。この中には、「紙芝居、映画、競技観戦」も含まれるが、多くは「遊戯、運動、競技」というような外遊びであると仮定する。2010年は、「スポーツ」をしている者の率である。この中には、学校でのクラブや部活動によるものは含まれていない。自発的になされる「体操、運動、各種スポーツ、ボール遊び」というものである。

第5節　心身

3割近くの子どもが外遊びをしていた。今はというと、夕方の時間でも、5％ほどしか外遊びをしていない。先ほどみたような「サンマ」条件の違いが、明確に反映されているとみてよいだろう。

脚注31の中教審答申は、遊びや運動の「機会、場、仲間の確保」をすべく、①不特定の子どもが集まってスポーツや外遊びができる「スポーツふれあい広場」を各地域で発掘を進める、②地域住民等の協力を得ながら学校開放を一層推進するとともに、個人単位で気軽に利用できる工夫を促す、③個人や企業が所有する未利用地や運動場などの活用を促す、という施策の必要性を説いている。空理空論ではなく、現代社会の状況を踏まえた、妥当な筋道であると思う。

60頁で述べたことと関連するが、こうした条件整備は、各県や市町村といった個々の地域単位でなされるべきものである。それぞれの地域の取組の進展具合を評価する技法のようなものも開発されて然るべきであろう。このことは、子どもの体力向上のための条件整備についてだけ言い得ることではない■[33]。

■3　道徳意識

「知」と「体」に続いて、今度は「徳」の面である。388頁でみるように、今後、わが国では少子高齢化が確実に進行する。また、2011年3月11日には東日本大震災が起こり、将来的にも、首都圏直下型地震が起こるのではないか、という懸念がある。地理的にみて、日本は、地震をはじめとした天変地異に見舞われやすい位置にある。

こういう状況だからというのではないが、人を思いやる、互いに助け合うという心性を身につけることが重要となる。加えて、社会の運営に必要不可欠なルールを守るというような規範意識の育成も求められる。これらは、人間としての最もプライマリーな資質であり、先ほどみた学力や体力の前に位置するものといえる。学校の教育課程において、道徳教育は、各教科の学習と並んで重要な位置を占めている。今述べた資質を、ひとまず「道徳意識」と括ることにしよう。

さて、学力や体力とは違って、子どもの道徳意識を数量的に計測しようという試みはあまりない。いや、そのようなことは望ましくない、という見解もあ

■[33]──────拙著『47都道府県の子どもたち－あなたの県の子どもを診断する－』武蔵野大学出版会（2010年）は、こうした視点のもとで著したものである。

る■34。しかるに,本書の主眼は子どものすがたを計量的に診ることであるので,敢えてそれをしてみようと思う。

　文部科学省の『全国学力・学習状況調査』では,道徳意識・行為に関する,以下の設問が設けられている。①「学校のきまりを守っていますか」,②「友達との約束を守っていますか」,③「人が困っているときは,進んで助けていますか」,④「近所の人に会ったときは,あいさつをしていますか」,⑤「人の気持ちが分かる人間になりたいと思いますか」,である。私は,前著『47都道府県の子どもたち』(2008年)において,2007年度調査の回答結果を使って,47都道府県の公立小・中学生の道徳意識を数量的にあぶり出したことがある。そこでのデータを再分析し,各県の子どもの道徳意識を多角的・視覚的に表現することを試みた。

　調査対象となった公立小学校6年生と中学校3年生のうち,上記の各問いに対し,肯定の回答■35を寄せた者の比率に注目する。東京都でいうと,①が33.5%,②が55.8%,③が22.1%,④が58.5%,⑤が66.3%,である。設問によって肯定率の水準がかなり異なるようなので,各々を同列に扱えるような工夫をする。OECDの幸福度調査のやり方に依拠して,5つの設問への肯定率を,0.0～1.0の範囲に収まるスコアに換算した。計算式は以下である。

(当該県の指標値－47県中の最小値)／(47県中の最大値－47県中の最小値)

　これに基づいて,東京都の①の肯定率をスコア化すると,0.19となる■36。②は0.33,③は0.51,④は0.57,⑤は0.43,である。全県中で最高の値は1.00となり,最低の値は0.00となる。このような操作をすることで,ある県について,どの面での道徳意識が優れているのか,あるいはそうではないのかを,同じ基準(全県分布の中での位置)で比較することが可能になる。このスコアを使って,6都府県の子どもの道徳意識を,5極プロフィール図の形で表現したのが,**図表1-41**である。

■34 ─── 学習指導要領の上では,学校における道徳教育では,数値による評価は行わないこととされている。

■35 ─── 「あてはまる」という回答である。4択の回答のうち,最も強い肯定の回答のみを拾っている。「ややあてはまる」までを含めると地域差が薄れるので,こうした措置をとった。

■36 ─── ①の肯定率の全県中の最大値は45.6%,最小値は30.7%である。よって,(33.5－30.7)／(45.6－30.7) ≒ 0.19である。

1-41　公立小・中学校の道徳意識（6都府県）

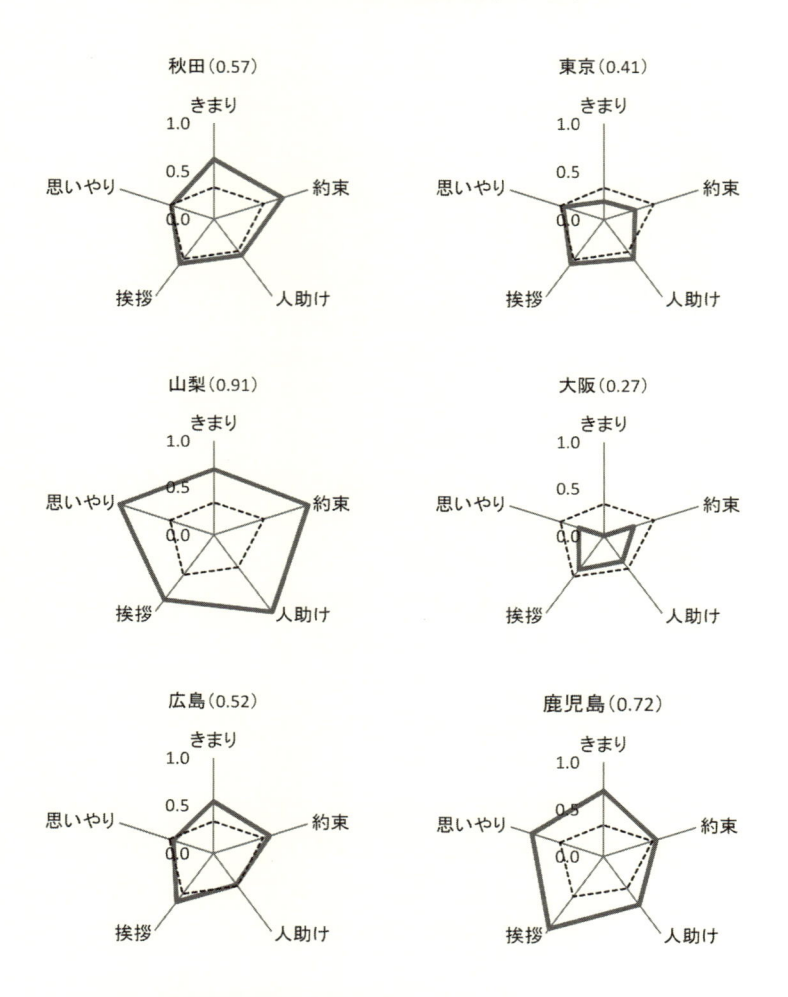

秋田(0.57)　　　東京(0.41)

山梨(0.91)　　　大阪(0.27)

広島(0.52)　　　鹿児島(0.72)

各図の軸：きまり、約束、人助け、挨拶、思いやり

資料：文部科学省『全国学力・学習状況調査』(2007年度)

　太線は当該都府県，点線は全国の図形である。大都市の東京と大阪は，総じて図形の面積が小さい。大阪は，決まり遵守のスコアが0.00であり，全国最低である。一方，中部の山梨は，どの面のスコアも高く，全国の図形をすっぽり覆う形になっている。約束，人助け，および思いやりという3指標のスコアが1.00であり，全国最高である。相対評価であるが，当県の子どもの道徳

意識は高いと判断される。私の郷里の鹿児島は，全国水準との対比でいうと，挨拶と思いやりの2項が突出している。子どもの学力上位で注視される秋田の突出項は，決まりや約束の遵守といった規範意識の項である。広島は全国の図形とほぼ重なっているが，子どもの決まり遵守意識が比較的高い。

1-42　公立小・中学校の道徳意識（総合点）

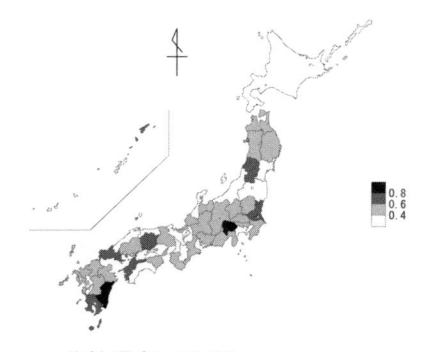

資料：図表1-41と同じ

　上図のカッコ内の数値は，5項目のスコアを均したものである。5つの観点をひっくるめた，総合評価尺度と考えてほしい。これによると，山梨は0.91であり，東京の2倍，大阪の3倍を超える。当県のこの値は全国1位である。この平均スコアを全県について出し，地図化すると**図表1-42**のようである。

　黒は0.8を超える県であるが，山梨と宮崎が該当する。色が濃いほど，子どもの道徳意識が相対的に高い県であるが，このような県はあるゾーンに集中しているのではなく，あちこちに点在している■37。都市性の程度と直線的に連関しているというような，単純な話でもない。

　このことは，子どもの道徳意識は，各県の土台的な社会経済特性からは独立した，家庭での躾，学校での道徳教育，ならびに地域社会参画というような，広義の教育実践の在り様と関連していることを示唆する。道徳意識にあっては，上図のような傾向をもって，如何ともし難い社会的現実のようなものと受け取るべきではないだろう。そうではなく，子どもの道徳意識の変革にあたって，教育実践が関与し得る余地は十分あるという，希望的な事実とみなすべきであると，私は考える。

■4　自尊心

　先の3項では，「知徳体」という観点からした，子どもの資質・能力を測ってみた。続く本項では，子どものココロの状態を診てみたい。この項で検討するのは，子どもの自尊心の程度である。

■37―――ただ，スコアが低い白色の県が近畿圏に固まっている傾向はある。

第5節　心身

日本の子どもの自尊感情（self-esteem）は，他国と比べて低いといわれている。その訳はいろいろあるだろうけれども，学校において繰り返しテストの機会にさらされ，そこで悪い点ばかり取っているうちに，「自分はダメなのだ」という劣等感を植えつけられる子どもが多い，ということがあるのだと思う。

　本来，学校のテストというのは，子どもの理解度を測定し，今後の指導の改善に役立てるためのものである。「できる子」と「できない子」を選り分けることが主目的ではない。しかしながら，実際のところ，前者よりも後者が前面に出されることがしばしばである。この傾向は，学年を上がるほど濃厚になっていくものと思われる。

　文部科学省の『全国学力・学習状況調査』では，対象の児童・生徒に対し，「自分には，よいところがあると思うか」と尋ねている。この設問に対し，「あてはまる」ないしは「どちらかといえば，あてはまる」と答えた者の比率は，公立小学校6年生で74.4％，公立中学校3年生で63.1％だそうである（2010年度調査）。小学生から中学生にかけて，肯定率が10ポイント以上下がるというのは，先ほど述べたようなことと関係していると思われる。

　さて，このような子どもの自尊心の多寡がどういう要因とつながっているのかを吟味するのであるが，県レベルのマクロデータを用いて，この問題に接近したい。私は，上記の設問への肯定率を都道府県別に計算した。全県でみると，公立小学校6年生では68.8％から80.7％までの開きがあった。公立中学校3年生では55.6％から69.6％までの開きが観察された。中学生になると，自尊心の程度の地域差も広がる。差が大きい中学校3年生の自尊心の程度を地図化すると，**図表1-43**のようである。

　「自分にはよいところがある」と考えている生徒が多い黒色の県は，秋田，山形，群馬，富山，福井，長野，および愛媛である。一方，首都圏と近畿圏は白一色であり，子どもの自尊心が相対的に低いことが知られる。

　上図のような差は，各県の何の違い

1-43　公立中学校3年生の自尊心

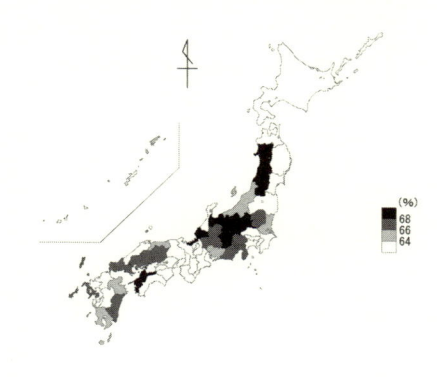

資料：文部科学省『全国学力・学習状況調査』
　　　（2010年度）

1-44 学力と自尊心の相関の変化

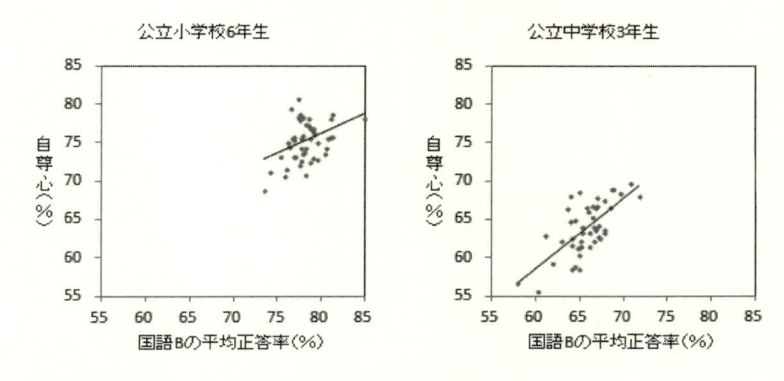

公立小学校6年生　　　　　　　公立中学校3年生

資料：文部科学省『全国学力・学習状況調査』(2010年度)

を反映しているのか。まず思いつくのは，生徒の学力水準である。個人単位でいえば，学力が高い生徒ほど自尊心が高い，という仮説を立てることができる。上記の地域単位の統計をみても，秋田や福井など，学力テストで上位の県が，子どもの自尊心上位の県に含まれているのである。

試みに，同年度調査の国語Bの平均正答率と，各県の児童・生徒の自尊心を関連づけてみると，図表 1-44 のようである。

小学校6年生でみても中学校3年生でみても，教科の平均正答率が高い県ほど，子どもの自尊心の程度が高い傾向にある。回帰直線の傾きから，加齢に伴い，両者の相関が強くなることがうかがわれる。事実，相関係数は小6が 0.408，中3が 0.684 であり，明らかに後者で高いのである。

図表 1-44 のような正の相関は，国語B以外の正答率を横軸に据えても見受けられる。4科目の平均正答率と自尊心の相関係数を掲げよう。なお，学力は違った要因との相関もみるため，前項で明らかにした，道徳意識・行為に関する設問への肯定率の県別数値[38]とも関連づけてみた。図表 1-45 に示された相関係数をみていただきたい。

県別のデータではあるが，ご覧のように，子どもの自尊心の多寡は，学力だけでなく道徳意識とも正の相関関係にある。しかるに，小6から中3にかけ

■38────77頁で記した①〜⑤の設問に対し，「あてはまる」と答えた児童・生徒の比率である。こちらは，2007年度の『全国学力・学習状況調査のデータである。

第5節　心身

1-45 自尊心と学力・道徳意識の関連

		小6自尊心	中3自尊心
小6学力	国語A	0.455	
	国語B	0.408	
	算数A	0.306	
	算数B	0.285	
中3学力	国語A		0.613
	国語B		0.684
	数学A		0.478
	数学B		0.570
小6道徳意識	きまり	0.611	
	約束	0.571	
	人助け	0.109	
	挨拶	0.457	
	思いやり	0.328	
中3道徳意識	きまり		0.448
	約束		0.614
	人助け		0.433
	挨拶		0.142
	思いやり		0.314

資料：文部科学省『全国学力・学習状況調査』

ての変化という点でいうなら，ある傾向が観察される。アミをかけた数値をみてほしい。学力でみると，4科目とも，小6から中3にかけて相関係数の値が軒並み上昇する。しかし道徳意識はというと，5つの設問への肯定率のうち，自尊心との正の相関が強まるのは2つだけなのである。

学力の4科目の相関係数を均すと，小6は0.364，中3は0.586である。道徳意識の5つ肯定率の相関係数を均すと，小6は0.415，中3は0.390である。加齢に伴い，子どもの自尊心は学力との関連を強める一方で，道徳性との関連は弱くなるのである。

地域単位の統計ではあるが，上記の事実をどう解釈したものか。自尊心と学力が全くの無相関である場合，それは危惧すべき事態であるといえる。子どもたちが，学校（それも義務教育学校）での勉学をどうでもいいと考えていることを意味するからである。かといって，相関係数が0.8から0.9にまで及ぶのであるなら，子どもの自尊心の基盤があまりに狭いものになっているのではないか，という懸念が持たれる。上記のデータは，こうした対極の事態の中間に位置するものであり，ちょうどよいといえるのかもしれない。

しかし，小6から中3にかけて，自尊心が学力に規定される度合いが強まるというのは，気がかりでもある。中学校3年生といえば，自分の個性をある程度自覚し，自分はどういうことに向いているのか，何が得意なのか，ということに思いを馳せる時期である。自尊心の基盤は，年齢を上がるにつれて多様化していくべきものであり，それが一元化されるようなことはあってはならないと考える。

子どもの自尊心が学力以外のさまざまな要因とも関連しているというのであれば，どうということはない。しかし，加齢とともに学力との関連が強まり，道徳意識との関連が弱まるというのは，いま述べたような，自尊心の基盤の一

元化（矮小化）傾向があるのではないか，という疑いを持たせるのである。

この点についての検討は，大変重要な課題である。もっと多くの要因を考慮に入れた，精緻な重回帰分析のような手法も待たれる。子どもの自尊心の規定要因というのも，教育社会学の重要な主題であると思う。長期間の学校教育を経て，劣等感を植えつけられた人間が大量生産されることは，何とももったいないことであるからだ。

[第6節] 逸脱

逸脱行動とは，社会規範，ないしはそれが具現化された法や規則からズレた行為の総称をいい，それは大きく，反社会的逸脱と非社会的逸脱に区分される[39]。前者は，字のごとく，社会に「反」する行いのことであり，具体的にいうと，攻撃性が他者（外部）へと向けられた問題行動をさす。後者は，社会的存在に「非」ざる行いのことであり，①攻撃性が内部（自己）に向けられるもの，②不適応行動，③各種の神経症的症状，というようなものが想起される。

このような枠組みのもと，本節では5つの逸脱行動を取り上げ，各々に関連する統計データを提示する。政府の公表データを私なりに加工してつくった統計をもとに，議論をしたい。

■1 非行

非行とは，未成年者による法の侵犯行為の総称をいう。上記の枠組みでいう，反社会的逸脱の典型に位置する。簡単にいえば，子どもの「悪さ」である。いつの時代でも子どもは「悪さ」をするものであり，そういうことをしながら大

---

[39] 正常とみなす基準の置きどころによって，逸脱行動の範囲はいかようにも変異するが，そのような議論はここではしないこととする。

1-46 犯罪率の国際比較（2005年）

	a 成人	b 少年	b／a 倍率
日本	2.6‰	9.9‰	3.81
アメリカ	55.6	51.2	0.92
ドイツ	29.2	31.4	1.08
フランス	19.1	25.4	1.33
ロシア	10.4	7.3	0.70

資料：UNODCホームページの統計

人になっていく側面もあるが，度を過ぎた悪さは「非行」として，社会から咎められることとなる。以下では，少年犯罪ということにしよう。

ここにて，子どもがどれくらいの確率で犯罪を犯すかとか，過去に比して少年犯罪が増えているかとかいう議論をする気はない。そのようなことは，当局の白書の類で十分なされている。私がしてみようと思うのは，国際比較の観点から，わが国の少年犯罪事情の特異性を浮かび上がらせることである。この作業を通じて，わが国の世代関係の特異性なるものも明らかになると思う。

国連薬物犯罪事務所（UNODC）のホームページ上にて，世界各国の犯罪検挙人員数の統計が公表されている。私は，73か国について，2005年の少年（Juveniles）の検挙人員数を収集した。少年の年齢的な定義は国によって異なるが，10代の中の年齢であることは間違いないと思われる（日本は，14〜19歳）。これを各国の10代人口で除して，少年の犯罪者の出現率を計算することとした■40。ベースとして使った10代人口は，国連による2005年の人口推計結果のものである。

これらの国際統計を使って，73か国の少年の犯罪者出現率（以下，犯罪率）を明らかにした。なお，成人（Adults）の犯罪率と比べてどうかという，相対水準も勘案するため，成人の犯罪率も算出した。成人の検挙人員数を20歳以上人口で除したものである。分子，分母とも，資料は少年と同じである。

手始めに，日本を含む主要5か国（日，米，独，仏，露）の犯罪率を比較してみると，上表のようである。犯罪率の単位の「‰」とは，ベース人口千人あたりという意味である。

日本の少年の犯罪率（9.9‰）はロシアよりは高いが，他の3か国よりは低くなっている。表中の欧米3か国は，いずれも2ケタである。アメリカの率が高い。この国では，2005年の少年の検挙人員数（延べ数）が，10代人口全体の5.1％（20人に1人）に相当する。

■40―――日本の場合は，14〜19歳の検挙人員数は123,715人，ベースの10代人口は1,253万人であるから，少年の犯罪者出現率は9.9‰となる。

しかし，日本でズバ抜けて高い数字がある。少年の犯罪率が成人の何倍かという倍率だ。日本では，少年の犯罪率は成人の3.8倍である。これは，成人の犯罪率が際立って低いためである。日本の成人の犯罪率(2.6‰)は，ロシアをもはるかに下回る。

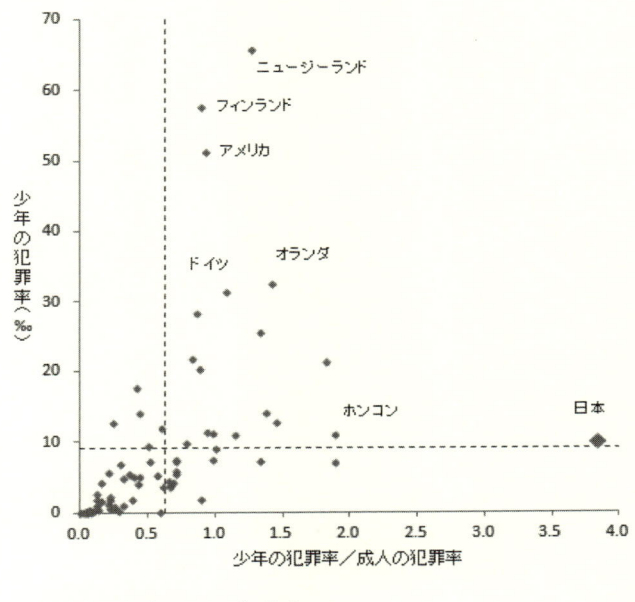

1-47 少年犯罪の国際比較（73か国）

(縦軸：少年の犯罪率(‰)、横軸：少年の犯罪率／成人の犯罪率)

ニュージーランド、フィンランド、アメリカ、ドイツ、オランダ、ホンコン、日本

資料：UNODCホームページの統計

日本の少年の犯罪率は，絶対水準は低いものの，成人と比べた相対水準は際立って高いようである。このことは日本の特徴であると，強く言ってよいものか。比較の対象をもっと広げてみよう。図表1-47は，縦軸に少年の犯罪率，横軸に少年の犯罪率が成人の何倍かを示す倍率をとった座標上に，世界の73か国をプロットしたものである。各国の少年の犯罪率を，絶対水準と相対水準（対成人）の2軸において吟味できる仕掛けになっている。点線は，73か国の平均値をさす。

73か国の中でみても，日本は特異な位置にある。少年の犯罪率は全体平均よりもちょっと高い程度だが，成人の犯罪率に対する相対倍率が群を抜いて高い。多くの国において，少年よりも成人の犯罪率が高くなっている。少年が成人を上回るのは，73か国中12か国。しかるに，少年の犯罪率が成人の倍以上，それも4倍近くにも及ぶというのは，まぎれもなく日本だけである。少年と成人の犯罪率の差が大きいことは，わが国の特徴であることが知られる。

繰り返すが，日本の少年の犯罪率は高くはない。にもかかわらず，メディア等で「少年が悪い，悪い」といわれるのは，大人と比べた場合の犯罪率の高さ

第6節 逸脱

が問題視されているためと思われる。大人は文字通り「大人」しいのに、少年が悪事を働く、けしからん、という論法である。しかし、そういう見方をとらない論者がいる。私の恩師の松本良夫先生である。松本先生は、1999年に、「わが国の犯罪事情の特異性」という論文を公表している（『犯罪社会学研究』第24号）。そこでは、少年の犯罪率が高いことではなく、成人の犯罪率が異常に低いことに関心が向けられている。

　少年と成人が同じ社会状況のもとで暮らしているのに、両者の犯罪率が大きく異なるのはどういうことか。わが国では、子どもと大人が社会生活を共有しているのか。子どもと大人の間に断絶ができているのではないか。大人が自分たちのことは棚上げして、子どもばかりを厳しく取り締まっているから、少年犯罪の異常多、成人犯罪の異常少という、国際的にみても特異な構造ができ上がっているのではないか。このような問題が提起される。松本先生の言葉を借りると、少年の「犯罪化」、成人の「非犯罪化」の進行である。

　犯罪の原因は、逸脱主体に関わるものだけではない。悪事を取り締まり、それに「犯罪」というラベルを貼る統制機関の有様も、犯罪の量に影響する。私服警備員を多く配置するほど、万引き犯が多く捕まるというのが好例である。この伝でいうと、大人の世界では、慣れ合いや癒着などの形で不正が隠ぺいされているのに対し、少年については、些細なワルも厳しく取り締まられている、というような事態が想起される。「子どもがおかしい」、「道徳教育の強化を！」という道徳企業家たちの声も、それを後押ししていると考えられる。

　わが国は、このような「病理的」な状態になっているのではないか、という懸念が持たれる。松本先生は、別の論稿において、「わが国の社会病理は、少年犯罪『多』国の病理というよりも、成人犯罪『少』国の病理といえる」と指摘している■41。この点についても、なるほどと首肯させられる。

　戦後にかけて、こういう事態が進行してきたことは、少年（14～19歳）と成人の犯罪率の推移をたどってみると分かる。警察庁『平成22年中における少年の補導及び保護の概況』という資料の110頁にそれが載っているので、グラフをつくってみた（図表1-48）。ここでの少年の犯罪率は、14～19歳人口をベースに出したものなので、先ほどの国際統計の日本の値より高くなっていることに留意してほしい。

■41――――松本良夫「少年犯罪ばかりがなぜ目立つ」『望星』2001年4月号、36頁。

戦後初期の頃は，少年と成人の犯罪率に大きな差はなかったが，1950年代の後半あたりから，両者の差が開いている。1997年には，少年の犯罪率は成人の10倍を超えた。最近は，少年の犯罪率減少，成人の犯罪率微増によって，差が縮まっている。しかしそれでも，少年と成人の乖離の度合いが，国際的にみれば格段に大きいことは，先ほどの国際統計でみた通りである。

1-48　日本の犯罪率の推移（‰）

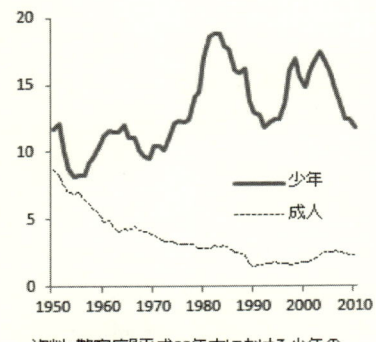

資料：警察庁『平成22年中における少年の補導及び保護の概況』

25頁でみたように，人口構成の変化により，子どもが減り，大人が増えている。よって，子どもに対する社会的な眼差しの量が増えていると考えられる。このことも，先ほど述べたような事態の進行に寄与しているものと推測される。

わが国では，共に支え合い，共存すべき子どもと大人の間に，大きな断絶ができているのではないだろうか。子どもと大人が互いにいがみ合うような事態になっている，といったほうが適切かもしれない。2010年7月に策定された，『子ども・若者育成支援推進大綱（子ども・若者ビジョン）』は，基本理念の一つとして，「子ども・若者は，大人と共に生きるパートナー」というものを掲げている。おかしいように聞こえるだろうが，この理念の実現の度合いは，少年と成人の犯罪率の差という尺度で計測できるかもしれない。

少年の非行は，生活構造の乱れ等による当人の生活態度の不安定化，当人を悪へと引きずり込む有害環境といった要因によって引き起こされるのは確かである。しかるに，少年らに注がれる社会的な眼差しによって人為的に「つくられる」側面をも併せ持っている。このような構造があることを知らずに，「少年が悪い！」と声高に叫ぶばかりでは，統制強化→少年犯罪増→統制強化→少年犯罪増…という無限ループに突入するだけである。

少年の非行問題を考えるにあたっては，人口構成の変化による世代関係の歪みという，基底的な構造にも目配りする必要がありそうだ。今から20年後，30年後には，そうした必要性がもっと大きくなっていることであろう。

第6節　逸脱

■2 いじめ

　いじめは，子どもの「現代的」な問題行動の最たるものであり，世間から最も注視される。本稿を認めている現在，滋賀県大津市の中学生いじめ自殺事件を受けて，この問題に対する社会的な関心が高騰している。

　それはさておいて，いじめ問題に対する社会的関心というのは，何か重大事件があると急騰し，その後，ほとぼりがさめると小さくなり，また事件が起きると沸騰し，ちょっと経てばまた潮が引く，というような不安定な傾向を呈している。問題の論じ方にしても，個々の事件を題材にした，個別的・事例的なアプローチが多く，計量的・俯瞰的な視点を持ったものは少ないのである。

　そもそもいじめというのは，計量化するのに馴染まない現象である。いじめが他の問題行動と異なるのは「見えにくい」ということであり，そのことが，この問題の解決を難しくしている。この「見えにくい」現象を可視化し，数量化するというのは容易なことではない。文部科学省が毎年実施している『児童生徒の問題行動等生徒指導上の諸問題に関する調査』では，当局が認知したいじめの件数が計上されているが，この数をもって，子どもの世界で実際に起きているいじめの数の代理指標とみなすことはできない。当局が認知し得ず，闇に葬られたいじめの数は，さぞ膨大であることだろう。いわゆる「暗数」というものである。

　この伝でいうと，上記の文科省調査で公表されている，いじめ件数というのは，別の視点で読まなければならない。児童・生徒千人あたりのいじめ認知件数を県別にみると，毎年，熊本県がダントツでトップなのであるが，このことは，本県がいじめの把握に本腰を入れているという，名誉の証と解するべきである。

　いじめの発生頻度を計測するにあたって，文科省の認知件数の統計は使えない。ここでは，いじめとは外部から「見えにくい」ものであることを念頭に置き，当事者の意識をフィルターに据えてみよう。

　文部科学省の『全国学力・学習状況調査』の中に，「いじめは，どんな理由があっても絶対にいけないことだと思いますか」という設問が含まれている。用意されている選択肢は，「当てはまる」，「どちらかといえば，当てはまる」，「どちらかといえば，当てはまらない」，「当てはまらない」の4つであるが，ここでは「当てはまらない」と答えた者の量に注視する。要するに，いじめを容認

している者の比率である。以下では，いじめ容認率ということにする。

2009年度調査の結果によると，中学校3年生のいじめ容認率は2.4%である。この年の全国の中学校生徒数は360万人であるから，この比率を適用すると，わが国には，いじめを容認している中学生が8.6万人ほどいることになる。東京の稲城市の全人口に匹敵する量である。

この数値は中学校3年生全体のものであるが，生徒をとりまく環境条件に応じて，変異をみせるものと思われる。図表1-49は，学校の設置主体別，地域類型別に，今みた値がどう変わるかを図示したものである■42。点線は，全体の値（2.4%）を示唆する。

まず学校の設置主体別にみると，公立よりも，国立や私立学校において，いじめを容認する生徒が多い。私立のいじめ容認率は3.6%であり，公立の1.5倍以上である。2009年度の文科省『学校基本調査』によると，中学生全体に占める国立・私立生徒の比率は8.1%である。わが子がいじめに遭わないようにと，中学受験をさせる保護者も多いのだろうが，話はそう単純ではなさそうである。

次に地域類型別にみると，こちらは都市性のレベルときれいに関連している田舎よりも都市において，いじめを容認する生徒は多い。よそよそしい人間関係が比較的強い都市部の環境も影響していると思われる。

図表1-50は，都道府県別のいじめ容認率である。こちらは公立中学校3年生の数値であり，国私立校は除外さ

1-49　中学校3年生のいじめ容認率（%）

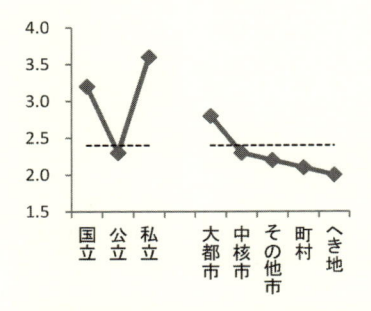

資料：文部科学省『全国学力・学習状況調査』（2009年度）

1-50　公立中学校3年生のいじめ容認率（%）

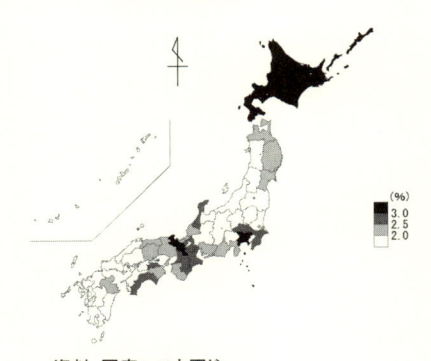

資料：図表1-49と同じ

■42―――地域類型別の数値は，公立中学校3年生のものである。

第6節　逸脱

れていることに注意されたい。色が濃いほどいじめ容認率が高い県であるが，3％を超えるのは，北海道，東京，神奈川，そして京都である。おおよそ，首都圏や近畿圏で色が濃くなっている。先ほどのデータからも分かることだが，ここでも，都市的環境といじめ意識の連関がうかがわれる。

しかるに，そうした基底的な特性に加えて，各県の道徳教育実践の在り様も影響していることであろう。また，各県の平均的な学校（学級）規模や新任教員の割合というような，制度レベルの要因も関与していると思われる。要因解析はここでの課題ではないので深入りしないが，それぞれの県におけるいじめ問題の深刻度を診るに際しては，当局の認知件数の統計よりも，こうした生徒の意識に注目するのがよいと思う。

さて，ここで明らかにした生徒のいじめ容認度と，当局のいじめ認知件数の統計を照らしわせることで，「いじめの把握度」なる指標を計算することが可能になる。当局の統計が，実際に起きているいじめのどれほどを掬っているかという，いうなれば「がんばり度」尺度である。これを47都道府県について算出し，比較する作業を手がけてみよう。

人口が最も多い東京都を例に説明する。上記のデータによると，東京の公立中学校3年生のいじめ容認率は3.0％である。同年度の『学校基本調査』によると，東京の中学校生徒数は311,305人。ゆえに，いじめを容認している中学生の実数は，前者の比を後者に乗じて，9,339人と推し測られる。

同年度の『児童生徒の問題行動等生徒指導上の諸問題に関する調査』から分かる，東京の中学校でのいじめ認知件数は1,968件であり，いじめ容認生徒数（9,339人）の2割ほどに相当する。2009年度の東京の場合，当局が把握し得たいじめは，全数の推計値の2割ほどであったと評される。いじめを容認する生徒数に対する，いじめ認知件数の比をもって「いじめの把握度」とし，各県のがんばり度を計測する指標とする。数値が大きいほど，いじめがよく把握されていると考える。

同じやり方で，この指標を全県について出したところ，上位5位は，熊本(1.46)，岐阜(1.42)，宮崎(1.22)，静岡(0.91)，栃木(0.81)であった。下位5位は，低い順に，和歌山(0.04)，福島(0.07)，佐賀(0.07)，京都(0.09)，そして滋賀(0.10)である。

全県のいじめ把握度を地図化すると，**図表**1-51のようである。0.2の区分で塗り分けてみた。色の濃い，いじめ把握度が高い県は，中部地方に多くなっ

ている。反対に，近畿地方は奈良を除いて白一色であり，いじめ把握度が低い府県が多いのである。

　政府も，この種の測度を定期的に計算して，各県の利用に供したらいかがだろうか。それぞれの県が自県の状況を知り，今後の施策を立てる際の指針として役立つものと思う。

　いじめ問題は，都市化社会・私事化社会というようなマクロな社会状況の所産でもあるが，それを所与とした場合の解決策の最前方に位置づけられるのは，子どもの道徳意識の涵養である。この点については，2008年，2009年に改訂された新学習指導要領でも十分意図されている。次なる視点は，先にも述べたが，学級規模や新任教員比率，学級成員の成績構成といった，制度レベルの要因への介入である。この部分の要因は，マクロ（社会状況）とミクロ（教育実践）の中間に位置するものであり，政策的にも変更可能である。この部分にメスを入れるには，「どういう学級でいじめが多いか」という問題を実証的に解明することが前提条件となる■43。

　あと一点，いじめは集団現象であることにかんがみ，その集団が解体されるよう，外部から働きかけをなすことである。森田洋司教授の「いじめの四層構造論」がいうように，いじめとは，被害者と加害者のみが構成する現象なのではなく，周りではやし立てる観衆や，「見て見ぬふり」をする傍観者など，多様な要素を含んでいる■44。とりわけ，数的に多数を占める傍観者をして，如

1-51　中学校のいじめ把握度

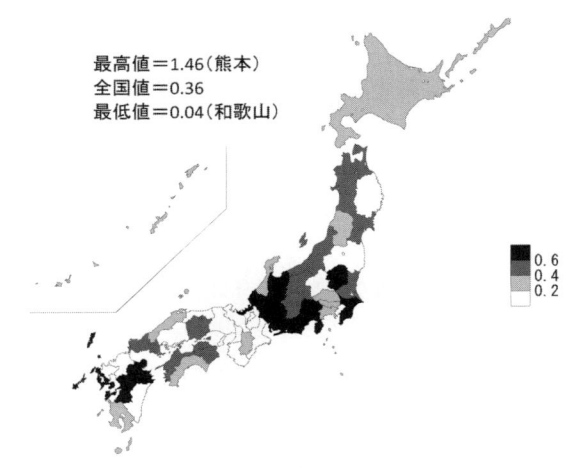

最高値＝1.46（熊本）
全国値＝0.36
最低値＝0.04（和歌山）

資料：文部科学省『全国学力・学習状況調査』（2009年度）

■43―――そのためにも，文部科学省の『全国学力・学習状況調査』のデータが，県単位のみならず，市町村単位，さらには学校単位で利用可能になることが望まれる。この種の要因分析は，あまりに大きい集団単位でなしても意味はない。
■44―――森田洋司・清永賢二『いじめ―教室の病』金子書房（1994年）。

何にして仲裁者ないしは申告者に転換せしめるかが重要となる。定期的ないじめアンケートの類は、このことに寄与する。上記のいじめ把握度は、この面での実践がどれほど進んでいるかを教えてくれるものである。

実践を行うにあたっては、自らの立ち位置を絶えず点検し、今後の指針を知ることが重要である。統計とは、このようなことに役立てられるべきであると考える。

■3 長期欠席

最近、学校に行かない子どもが増えているといわれる。しかるに、学校に行かない子どもというのは、昔もいた。いや、昔のほうが多かった。文部省『日本の教育統計』(1966年)によると、戦後初期の1952年度(昭和27年度)において、学校を50日以上欠席した小・中学生の数は340,546人となっている。この年の小・中学生全体の2.1％に相当する数である。今はどうかというと、1998年度について同じ値を計算すると1.2％となる■45。20世紀後半期にかけて、子どもの長期欠席率は減少していることが知られる。

ところで、この半世紀の間の変化をもっと仔細に観察すると、興味深い事実が出てくる。その1は、長期欠席率のカーブの形状である。長欠率は、過去から現在に至るまで直線的に低下してきたというのではない。その2は、長欠の理由構成の変動である。児童・生徒が学校を長期間休むことの理由はさまざまであるが、政府の統計では、①病気、②経済的理由、③不登校、④その他、という理由カテゴリーが設けられ、これらの理由ごとの長欠者の数が計上されている。理由の内訳も分かる形で長欠率のカーブを描くと、時代の変化というものが刻印された模様がみられるのである。

私は、1952年度以降の時期について、小・中学生の長欠率のカーブを描いてみた(**図表1-52**)。長欠率とは、年間50日以上欠席した児童・生徒が全体に占める比率である。グラフにおいては、上記の4つの理由の組成も分かるようにした。なお、長欠の基準の変更により、1999年度以降は年間30日以上欠席者の数しか知ることができないのであるが、この年度以降については便法■46で年間50日以上欠席者の数を推し測り、2010年度現在までグラフを何

■45————文部科学省『学校基本調査』による。1999年度以降は、年間30日以上欠席者の数しか知ることができない。

1-52　小・中学校の理由別長期欠席児童・生徒数の推移（1万人あたり）

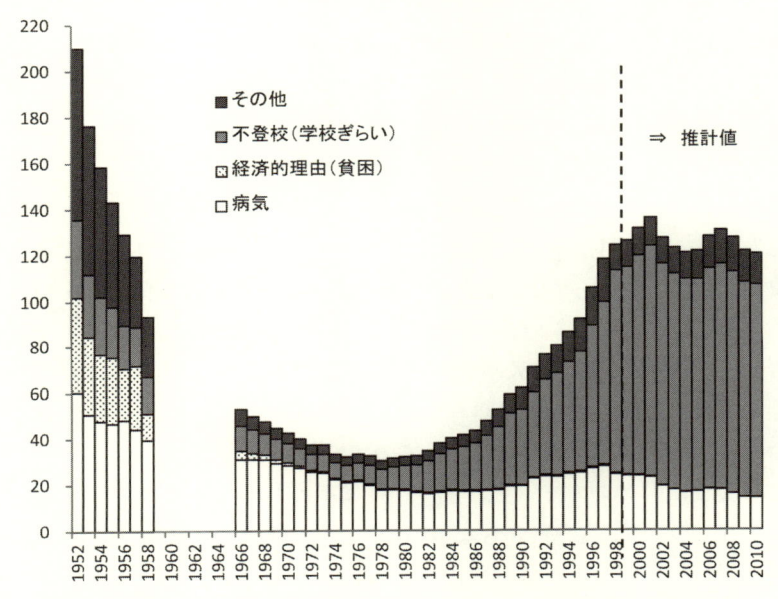

凡例：
- その他
- 不登校（学校ぎらい）
- 経済的理由（貧困）
- 病気

⇒ 推計値

資料：文部省『日本の教育統計（昭和23～40年）』(1966年)，文部科学省『学校基本調査』

とか伸ばした。

　図表 1-52 には，長欠率の推移がベース1万人あたりの長期欠席児童・生徒数によって描かれている。1959年度から1965年度については，理由別の長欠者数が明らかでないので，この期間は空白にした。

　まず，全理由を累積した長欠率の水準変化をみると，始点の1952年度以降みるみる下がり，1978年度をボトムに反転し，今世紀の初頭まで上昇している。これが，青少年問題の研究者の間でよく知られた，長欠率のU字カーブである。

　なぜこのような形状になるかは，長欠の理由構成の変化をみることで推測することができる。終戦後間もない1950年代の前半では，病気や貧困という理由で学校を長欠する子どもが多かったようである。メジャーな理由に括られな

(前ページ)
■ 46 ──── 1991年度から98年度までの期間においては，①年間30日以上欠席者と②年間50日以上欠席者の双方を知ることができる。この期間のデータをもとに両者の関係を割り出し，それを99年度以降の①に適用し，②を推し測ったという次第である。

第6節　逸脱

い「その他」の比重も高いのであるが，その中には，子どもを学校にやることの価値を認めない，親の無理解というものがあったようである。年長の子どもにあっては，学校に行かせず働かせて，家計の足しにしていた保護者も多かったことであろう■47。しかるに，時代の経過とともに，貧困やその他の比重はどんどん低下し，前者については，1970年代になるとグラフの上で識別するのも困難なくらい小さくなる。

　さて，先にみたように，1978年度をボトムにして，長欠率は上昇に転じるのであるが，その主因は，不登校の増加である。文科省の定義によると，不登校とは「何らかの心理的，情緒的，身体的，あるいは社会的要因・背景により，児童生徒が登校しないあるいはしたくともできない状況にあること」とされる■48。不登校による長欠は80年代以降激増し，90年代からは長欠理由の首位に位置するようになり，現在に至っている。2010年度においては，長欠理由の8割近くを不登校が占めているのである。

　このように内実をのぞいてみると，長欠率のU字カーブの意味するところが分かる。つまり，終戦後間もない混乱期から，経済の高度成長期を経る中で，貧困や親の無理解など，外的理由による長欠が減ってきた。代わって，1970年代後半以降，受験競争の激化，いじめや校内暴力などの学校病理現象が噴出する中，今度は，当人が学校を嫌う不登校による長欠が増えてきた，と解される。いみじくも，20世紀後半期の長欠のターニング・ポイントは，ちょうど中間の1970年代半ばであったことが知られる。余談であるが，私が生まれた頃である。

　こうみると，どうだろうか。昔の長欠は，就学条件の是正や学校側の働きかけで，解決できる側面を含んでいた。しかるに，今日にあっては，そうしたことをすればするほど，北風と太陽のごとく，問題がこじれていく恐れが多分にある。その理由は，上述のような学校病理現象だけにあるのではない。社会が豊かになり，情報化も著しく進んだ今日，そもそも子どもたちは，学校で勉強することの意義を見出しにくくなっているのだから。各種の情報ツールが普及している今日，勉強は学校以外の場でもできるのである。いくらでも。

■47————1952年度の中学生の長欠者は181,779人であるが，そのうちの51,816人（28.5％）は，「家庭の無理解」という理由によるものと記録されている。文部省『日本の教育統計』（1966年），98頁。
■48————以前は，「学校ぎらい」といっていた。

近年，学校外の教育施設（フリースクールなど）での学習やIT学習などを行うことで，学校の指導要録上，出席扱いされることが可能になっている。こうした柔軟な対応は，賢明であると思う。「教育は社会に応じて変わる」。これは教育社会学が拠り所とするテーゼである。かの脱学校論者■49が説いたような，学校が全廃されるというような事態にはならないであろう。しかるに，学校だけが（正規の）教育の場であり続けることは，今後はできなくなっていくであろう。現代日本は成熟社会・情報化社会であり，これから先，その度合いはますます高まっていく。こうした状況のなか，学校という四角い空間が教育を独占することは不可能であると考えるべきである。

　本書では構成の関係上，逸脱行動という枠組みの中において，長期欠席という現象を取り上げているが，このような枠組みに疑義が出される時代が到来するものと思う。それはどういう時かというと，学校とは別の，オルタナティヴな教育機会が今日以上に普及した時である。それが具体的に何年後になるかを言うには，現実の推移をもう少し観察する必要がある。

■4　暴力

　学校で荒れ狂う子どもの存在は，教員にとって頭痛の種である。全国的に校内暴力の嵐が吹き荒れたのは1980年代の前半であるが，当時に比べれば，生徒の暴力行為の発生頻度は低下しているものと思われる。しかるに1998年の1月に，栃木県の黒磯市の中学校で，1年生の男子生徒が女性教員をナイフで刺し殺す事件が発生し，それ以降，「キレる子ども」というフレーズが広がった経緯がある。これは極度の事件であるが，子どもの暴力の問題が，以前に比して鎮静化しているという根拠はない。

　文部科学省の『児童生徒の問題行動等生徒指導上の諸問題に関する調査』では，暴力行為■50を起こした児童・生徒の数が計上されているのであるが，計上の基準の変更が度々なされているため，その長期的な推移をたどることができない。であるが，最近10年間の変化を見出すことは可能である。上述のように，「キレる子ども」というようなことが言われ始めた時期に相当する。短

■49―――たとえば，イリイチ（東・小澤訳）『脱学校の社会』東京創元社（1977年，原典刊行は1970年）。イリイチは，情報化が進んだ社会では，学校を廃止して，人々の自発的な学習ネットワークを構築すべきであると説く。
■50―――対教師暴力，生徒間暴力，対人暴力，および器物損壊の4種類からなる。

1-53 暴力加害児童・生徒出現率

	a 2000年	b 2010年	b／a 増加倍率
小1	0.4	2.6	6.1
小2	1.2	4.4	3.7
小3	1.1	6.1	5.5
小4	1.8	9.0	5.1
小5	2.6	13.7	5.2
小6	5.6	20.4	3.6
中1	46.9	102.7	2.2
中2	94.1	141.5	1.5
中3	131.1	136.1	1.0
高1	56.4	59.4	1.1
高2	32.9	36.3	1.1
高3	20.2	19.9	1.0
合計	33.9	45.8	1.4

＊出現率の単位は一万人あたりである。
資料：文部科学省『児童生徒の問題行動等生徒指導上の諸問題に関する調査』

期観測ではあるが，そこでのデータは，問題の今日的な特徴を教えてくれるものとなっている。

上記の文科省資料には，公立の小学生から高校生までについて，暴力行為の加害児童・生徒の数が学年別に掲載されている。これを，各学年の全児童・生徒数で除して，暴力加害児童・生徒の出現率を計算した。2010年の公立中学校1年生でいうと，加害生徒は11,191人，ベースの全生徒数は1,089,924人であるから，暴力加害生徒出現率は1万人あたりでみて102.7人となる。約分すると，97人に1人である。2010年の各学年の率を，10年前の2000年と比べてみよう。**図表**1-53をご覧いただきたい。公立学校の統計である。

暴力加害生徒出現率（以下，暴力発生率）は，中学生で高くなっている。小6から中1にかけて率が急増するのであるが，これは，「中1ギャップ」現象■51の表われと解される。暴力発生率のピークは，2000年は中3，2010年は中2となっている。年齢でいうと，14〜15歳。ちょうど思春期にさしかかる時期であり，親や教員の言うことに反抗する第2次反抗期もここに位置している。こうした発達段階的な視点から，この時期に暴力が多いというのはうなずける。しかし，その嵐はいつまでも続くのではなく，高校段階になると鎮静化する。

表の右欄の数値は，2010年の率が10年前に比して何倍に増えたかを表す倍率である。これをみると，出現率の絶対水準とは違った側面が看取される。この10年間の増加幅という点では，おおよそ，低学年の子どもほど高い。全学年でみた増加倍率は1.4倍であるが，小3〜小5では5倍を超え，最年少の小1では実に6倍を超えるのである。2001年以降の各学年の暴力発生率が，

■51————中学校に上がるや否や，各種の問題行動が大幅に増える現象である。暴力のみならず，いじめや不登校の件数も急騰する。

2000年の何倍に当たるかを計算し、結果を等高線図で表してみた。塗り分けの濃淡の違いから、倍率の高低を読み取られたい（図表1-54）。

最近3年間にかけて、小学生の部分に怪しい朧が広がってきている。黒色は5倍超を意味するが、2009年以降の小1、小3〜小5がこのゾーンに浸食されている。暴力発生率、キレる子どもの「増加」という点でいうなら、低年齢の子どもに注視しなければならないことを教えている。

1-54　暴力行為加害児童・生徒出現率の増加倍率

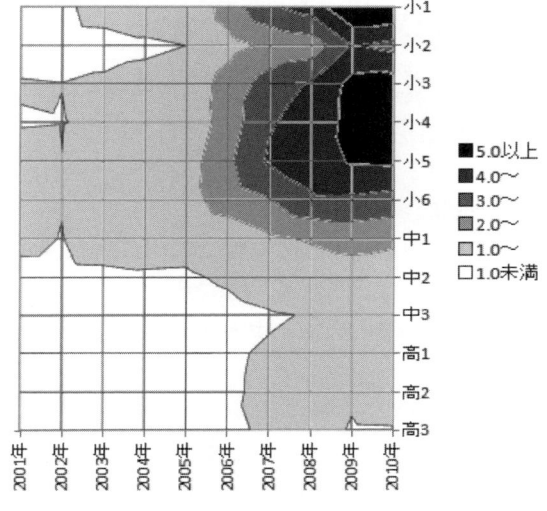

■ 5.0以上
■ 4.0〜
■ 3.0〜
■ 2.0〜
■ 1.0〜
□ 1.0未満

＊2000年の出現率を1.0とした増加倍率である。
資料：図表1-53と同じ

「中1ギャップ」という現象を先に紹介したが、近年、それと並んで「小1プロブレム」という現象も注目されている。要するに、学校に上がって間もない小1児童の不適応行動の総称であるが、この現象の量を調査した東京都教育委員会の調査■52 の定義を借りると、「入学後の落ち着かない状態がいつまでも解消されず、教師の話を聞かない、指示通りに行動しない、勝手に授業中に教室の中を立ち歩いたり教室から出て行ったりするなど、授業規律が成立しない状態へと拡大し、こうした状態が数ヵ月にわたって継続する状態」である。この都教委調査によると、こうした「小1プロブレム」が、都内の公立小学校の4分の1で起きていたという。**図表1-54**に示される傾向は、このような現象の延長線上にあるものともいえる。

小1児童の不適応、「小1プロブレム」に関連してよくいわれることは、幼児期における社会化不全の問題である。この時期に親から虐待を被る子、外で

■ 52———『東京都公立小・中学校における第1学年の児童・生徒の学校生活への適応状況にかかわる実態調査』（2009年11月）。

第6節　逸脱

友人と群れて遊んだ経験がない子など，幼児期の発達課題■53を克服し得ないまま，小学校に上がってくる子どもも増えていると思われる。問題の基底には，このような条件も潜んでいるとみてよいだろう。

　これから先，青少年問題，子ども問題の研究者の関心は，より低年齢の児童に向けていくことが求められるかもしれない。

■5　自殺

　自殺とは，自らの意志によって，自己の生命を断つ行為をいい，結果的に死に至った場合は自殺既遂，死に至らなかった場合は自殺未遂となる。非行や暴力などの反社会的逸脱とは逆の方向を向いた，非社会的逸脱行動の典型に位置する。

　2010年の厚生労働省『人口動態統計』によると，同年中に自殺で命を絶った10代少年の数は514人となっている。同年の10代人口はおよそ1,198万人であるから，10万人あたりの自殺者数は4.3人と算出される。約2万3千人に1人■54。確率的にはとても低いが，子どもの自殺は社会病理現象としての側面を強く持っている。子どもは，外部社会からの働きかけを一方的に被る度合いが強いからである。全体社会はもちろん，生まれ落ちた家庭，あてがわれた学校（学級）というような，彼らを直にとりまく部分社会までもが，自らの意志で選ぶことができない強制的な環境である。子どもの自殺率は，彼らの「生きづらさ」の程度を表現するとともに，社会も病理性の度合いをも測らせてくれる。このようなことを念頭に置きながら，私は，20世紀初頭から現在に至るまでの100年以上にわたる，10代の自殺率の長期的推移を明らかにした。

　自殺率とは，自殺者の数をベースの人口で除した値である。分子の自殺者数は，戦前は内閣府『大日本帝国人口動態統計』，戦後は厚労省『人口動態統計』から得た。分母の人口は，総務省統計局ホームページの「長期統計系列」から得た。なお，1919年以前の時期については，年齢層別の人口を知ることができるのは，1918年，1913年，1908年，1903年，1898年に限られる。これ

■53―――たとえば，心理学者エリクソンは，生後間もない乳児期の発達課題は，他者への基本的信頼感を獲得することであると説く。この時期に虐待を被ることは，他者への不信感という，真逆の状態をもたらすことになる。
■54―――同年の人口全体の自殺率は，10万人あたり23.1人である。

1-55　10代の自殺率の長期推移（10万人あたり）

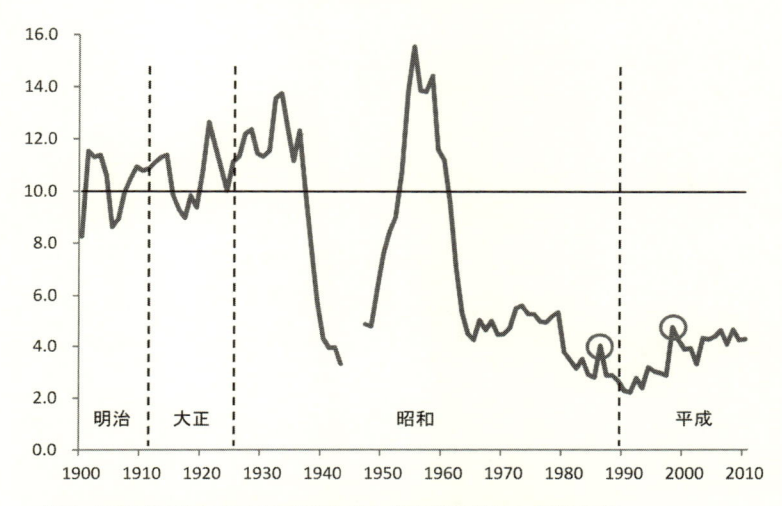

資料：内閣府『大日本帝国人口動態統計』，厚生労働省『人口動態統計』
　　　総務省統計局ホームページ「長期統計系列」

らの間の各年については，単純な按分推定■55 によって，10代人口を推し測った。

　このような手続きにて，1900年から2010年までの各年について，自殺率の計算に必要な分子と分母のデータを揃えた（1944〜46年は除く）。図表1-55 は，この期間中における，10代少年の自殺率のカーブを描いたものである。

　長期的にみると，子どもの自殺率はかなりの波動を描きながら推移している。10万人あたり10人というラインを引くと，この危険水域を越えた時期は，① 1901〜1904年，② 1907〜1914年，③ 1920〜1937年，④ 1953〜1960年，である。明治期から昭和初期では，子どもの自殺率は総じて高かったようである。戦前期のピークは，1933年（昭和8年）の13.8である。

　日中戦争が勃発した1937年以降，子どもの自殺率は急落し，太平洋戦争の最中の1943年には3.3にまで下がる。19世紀の西洋諸社会の自殺率を観察し，戦争期ではどの社会でも自殺率が低下する傾向を見出したのはデュルケムであ

■55―――1903年の10代人口は883万人，1908年のそれは949万人である。1904年の10代人口は，両者の差を5分した値（a）を，前年の数に加算して推し測った。1905年の10代人口は，1904年の数にaを足したものである。

第6節　逸脱

るが，東洋のわが国における子どもの自殺率でみても，そのような傾向がみられる■56。

子どもの自殺率は，第2次世界大戦の終結後，急激に上昇し，1955年（昭和30年）には15.6と，観察期間中で最も高い値に達する。終戦後間もない混乱期における生活窮乏という事情もあるだろうが，もっと基底的な部分からも考えることができる。1955年といえば，日本が高度経済成長へと離陸を遂げようとしていた時期である。都市化・産業といった，社会の基底構造の変化に加えて，その上で暮らす人々の生活習慣，慣行，および価値観も大きく変わりつつあった頃である。10代，とりわけ10代も末にさしかかった青年の中には，こうした「大変化」に大きな戸惑いを覚えた者も少なくなかったことと思われる。私はここにて，作家の西村滋氏が，戦争孤児を描いた著作（『お菓子放浪記』）の中で，登場人物に繰り返し言わしめている，次のフレーズを想起する。「人間が生まれ変わるなんて，そんな器用なことができるのか？」。

また当時は，戦前の旧い慣習と戦後の新しい慣習とが同居していた頃である。相思相愛の間柄にもかかわらず，旧来の「イエ」の慣行により，交際や結婚を阻まれた青年男女の無理心中なども起きていた。激変の時代は，「希望」の時代であると同時に「危機」の時代であるというけれども，このようなことも，上記の曲線から見て取ることができる。

こうした激変の時代を通り過ぎ，社会が安定化してくるに伴い，10代の自殺率は大きく低下する。70年代の初頭にちょっと上がるのは，オイルショックなどの動乱があったためと思われる。その後は低下し，80年代にかけて下降傾向をたどる。ところで，80年代の半ばに，ペコンと突き出ている年がある。1986年（昭和61年）だ。アイドル通の方はお分かりと思うが，この年の4月8日に，人気歌手の岡田有希子が飛び降り自殺し，その後，ファンの後追い自殺が頻発したといわれている。この年の10代の自殺者は782人。前年の534人よりも248人増。メディアの報道姿勢も問われた社会現象の影響である。

10代の自殺率は，90年代の後半にグンと跳ね上がる。具体的にいうと，97年から98年にかけてである。山一證券が倒産したのが97年。この時期に日

■56――― **図表1-55**をみると，日露戦争（1904〜1905年）や第1次世界大戦（1914〜1919年）の時期においても，自殺率は低下をみている。共通の目標ができることで，国民の連帯感が強まるためと解される。デュルケム（宮島喬訳）『自殺論』中公文庫（1985年，原典刊行は1897年）による。しかるに，太平洋戦争中の自殺率の急降下は，当局の資料の不備による可能性も否定できない。

本の経済状況は大きく悪化し，リストラによる50代男性の自殺者が急増した経緯がある。「98年問題」は，子どもの世界にも影を落としたことが知られる。その後は，2002年まで低下した後，再び上昇に転じ，今日に至っている。

いじめ自殺などがあって，子どもの自殺に対する社会的な関心が強まっているが，子どもの自殺確率は昔に比べてかなり低下してきている。しからば，この

1-56　10代の自殺原因の内訳（％）

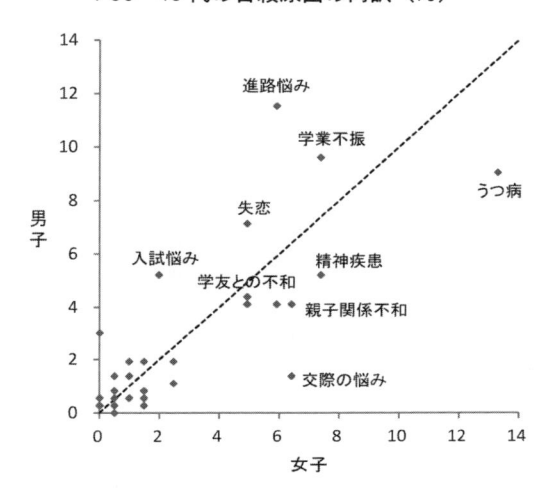

資料：警察庁『平成23年中における自殺の状況』

問題を放置していいのかというと，そういうことではない。量的にはとても少なくなったとはいえ，子どもの自殺の中には，時代の病理が凝縮されている。なすべきことは，それを探り出し，取り除くことである。最後に，そのための手がかりとして，現代の子どもの自殺原因がどういうものかをみてみよう。

警察庁は，遺書などの分析によって自殺者の自殺原因を推定し，それをまとめた統計を作成している。2011年の公表資料によると，同年の10代の自殺者について検出された自殺原因の数（延べ数）は，男子が364，女子が203である。ここでの関心は，その内訳がどういうものかである。**図表1-56**は，各原因が全体に占める比率を図示したものである。横軸に女子の中での比率，縦軸に男子の中での比率をとった座標上に，各原因がプロットされている。

図中の斜線は均等線である。この線よりも下にある場合，男子よりも女子で比重が高い原因であることを示唆する。上にある場合は，その逆である。この基準に注視すると，女子では「うつ病」，「親子関係不和」，「友人との不和」というものの比重の高さが目立つ。男子では，「学業成績」や「進路の悩み」というようなものが幅をきかせている。大雑把にいうと，女子では精神疾患や対人関係の悩みが多く，男子では将来展望に関わる悩みが多いといえる。

昔は「厭世」というような，もっと大きな社会全体への不満のようなものが

第6節　逸脱　　　　　　　　　　　　　　　　　　　　　　　　　　　　　　**101**

自殺原因の首位を占めていたのであるが，今日にあっては，家庭や学校というような，身近な部分社会に関わることにスケールが濃縮されてきていることに注意しよう。男子で多い「学業成績」や「進路の悩み」などは，子どもの世界の学校化が進行した今日的な状況をよく反映している。

それと，女子で多くを占めている「友人との不和」であるが，この中には「いじめ」のようなものも含まれていることであろう。95頁で述べたように，現代は，成熟社会・情報化社会である。学校で勉強しなければならないことの必然性は薄れている。こうした状況のなか，学校という四角い空間に無理にしがみつかなくてもよいよう，それとは別のオルタナティヴな教育機会の整備が求められる。それは，「ここでなければダメ」というような思い込みから子どもを解き放つことでもある。

本章のまとめ

　この章では，教育の受け手であり，社会的存在へと発達を遂げる子どもの様相について，限られた側面ではあるが，統計でもって観察した。まず身体の発育であるが，昔に比べて栄養状態がよくなったことがあって，子どもの体位は格段に向上してきている。しかるに，それが高じて肥満化する子どもや，反対にやせ過ぎになる子どもが増えるなど，体型の歪みも目立ってきている。また，近視のような疾患を患う者が増えている傾向も看過できない。

　このことは，現代の子どもの生活の有様と深く関連していることだろう。生活とは字のごとく「生きる活動」のことであり，子どもの場合，「食・学・遊・寝」というような基本要素からなる。けれども，今の子どもにあっては，この諸要素の均衡が崩壊しており，「学」の部分だけが量的にも質的にも肥大してしまっている。要するに，原義的な意味合いでの「生活」から遊離してしまっているのであるが，そのことが，彼らの育ちによからぬ影響を及ぼしている。このことの一端は統計でも確認できるのであり，たとえば，中学受験をする（させら

れる）子どもが多い地域ほど，近視の率が高い傾向にある（図表1-10）。

　なお，子どもをとりまく環境の影響もあり，子どもの肥満率を都道府県別に出すと，明らかに北国で高い。積雪により冬場は屋外で運動できないというような自然条件がきいているとみられる。また，やせすぎの者の出現率は思春期以降の女児で高いのであるが，これなどは，痩身を美とする社会風潮に流されたためであることは否定し得ない。

　さらに社会的な要因との関連でいうなら，子どもの発育の歪みは，社会的な格差の引き写しである側面も有している。東京都内の地域別でみると，子どもの未処置の虫歯の保有率は，各地域の住民の富裕度と関連している。貧困家庭では，子を医者にみせるのもままならない，というような問題が存在することが示唆されるのである。社会的な格差と子どもの健康の格差が連動する「健康格差」の問題は，米国ではよく知られているけれど，わが国においてもそれは現出している。あと一点，近年注目されている子どもの学力にしても，属する家庭環境（社会階層）によって大きく規定されることを記しておこう。これなどは，教育社会学の分野において嫌というほど明らかにされてきた事象である。

　外的な諸条件に由来する，子どもの育ちの格差を総称して「教育格差」というが，格差社会化が進行する現在（第6章），この問題は，わが国の教育問題の主要な位置を占めるといっても過言ではあるまい。教育は社会の影響を被るのであり，日本社会の現代的な状況は，この領域に深刻な影を落としている。

　次に，加齢に伴い子どもがどのような変化を遂げるかであるが，本章で明らかにしたことは，小学校6年生から中学校3年生にかけて，自尊心が大きく低減することである。具体的に観察された事象は，「自分にはよいところがある」と考える生徒の比率が，この期間にかけて下がることである。教育の役割は，社会生活に必要な知識や技術を子どもに教授することであるが，それと同時に，各人の内に潜む個性や適性を自覚せしめ，それに見合う方向に段階的に導いていくことをも重要な任務としている。それが遂行されているなら，子どもの自尊心は高まるはずであるが，現実には真逆の傾向が観察される。このことは，由々しき問題であるといわねばならない。日本の学校では，受験学力の育成ばかりが志向され，それとは外れたことができても「それができて何になるのだ」と一蹴される。この傾向は，受験が近くなる上級学年ほど強くなる。すなわち，自尊心の基盤が一元化されるのであり，そのことが多くの子どもの自尊心を低落せしめていると考えられるのである。

本章のまとめ

最後に，児童・生徒の問題行動についてであるが，現代の子どもの生活総体の中には，各人の生活態度を不安定化させる条件が数多くある。ここで強調したいのは，よくいわれるような，当人らの心理状態や彼らを直にとりまく行為環境（有害環境）ではなく，彼らの逸脱を取り締まる統制側の要因である。人口構造の変化により，子どもの絶対量・相対量ともに著しく減じたことに伴い，子どもに注がれる社会的な眼差しの量が増えている。子どもの逸脱は社会的に「つくられる」側面もあるのであり，わが国の犯罪が少年層に異常に集中しているような事態（85頁）は，ある意味，このような社会過程の所産であるともいえる。

　これから先，少子高齢化がますます進行することは不可避であり，50年後のわが国は，子どもと成人の人口比が「1：9」というような社会になっているかもしれない。そうなった時，社会の側が「粗さがし」をするかのごとく，子どもの一挙一足をあげつらい，「＊＊問題」，「＊＊問題」というようなラベルを貼ったりしないかどうか。未来の日本は子どもが手厚く保護される社会になるだろうけれど，反面，子どもにとって「生きにくい」社会になっている可能性も否定できない。後者の面を減らすためにも，今述べたような社会過程があることを認識しておく必要があると思う。

　以上がこの章で明らかにしたことのまとめであるが，さしあたりなすべきこととして，3つの点を指摘したい。まずは，子どもの生活総体の見直しである。「生」という原点に立ち戻り，「食・学・遊・寝」という要素の均衡がとれた状態に意図的に近接せしめる必要がある。このことには，家庭，学校，および地域社会というような，主要な生活の場の均衡がとれることも自ずと伴う。それは，子どもの健全な発育にとっての最も基本的な条件であり，生活態度の不安定化をも防ぐことにもなり，結果として非行予防■57の一翼をも担うことになる。

　その2は，長きにわたる教育の過程において，子どもの自尊心の基盤を徐々に拡大せしめるような実践を行うことである。実のところ，制度の上ではそのための仕掛けは整っており，初等教育から段階を上がるにつれて教育課程は分化の度を高めてくるし，生徒各人の自由な選択の余地も増してくる。中学校に

■57―――非行予防の2本柱は，子どもの健全育成と有害環境除去からなる。ここで述べたことは，前者の健全育成のための条件となる。

なれば選択教科が導入され，高校段階になれば多様な学科も設けられている。このような既存の条件を殺すのではなく，活かすことが求められる。

　そして最後は，子どもの問題行動への対処の視点であるが，先ほど述べたこととの兼ね合いでいうなら，大人の側は，謙虚な姿勢でもって，子どもの世界に寄り添ってみることが求められる。自らが完成した存在であるかのごとく振る舞い，上から目線で子どもに文句や不平をいうばかりでなく，自分とて未完成であり，子どもと共に学ぶ，時には彼らから学ぶ存在であるのだと考えることである。このことは，決して子どもを野放しにすることではない。

第2章
家庭

教育の使命と実態―データからみた教育社会学試論―

[第1節] 家庭の構造

　家庭とは，血縁関係にある家族が，精神的・心理的一体感をもって，消費生活を共にする場であると解される。情緒的・情愛的な人間関係が支配的である第1次集団としての家庭は，子どもの社会化に際して，学校や地域社会のような他の集団ではなし得ない，重要な役割を果たす。しかるに，この最も基本的な集団たる家庭に，大きな構造変化が起きている。次節以降において，家庭における子育てや諸々の家族問題についてみるのに先立って，現代の家庭のすがたを概観しておこう。

■1　小規模化

　最初にみるのは，家庭のサイズである。それは，居住している家の大きさではなく，成員の数でもって測られる。総務省が5年おきに実施する『国勢調査』では，対象世帯の成員数（世帯人員数）について調査されている。世帯とは，「住居と生計を共にしている人の集まり」■1 のことである。住居と生計を共にする人とは，ごく例外的なケースを除いて，血縁関係にある家族であると考えてよいだろう。それゆえ，官庁統計でいう「世帯」とは，家庭の概念に通じるものであると考えて差し支えない。

　わが国で最初の『国勢調査』が実施されたのは1920年（大正9年）であるが，当時の一般世帯は1,112万世帯であった■2。それが，2010年現在では5,184万世帯にまで増えている。この90年間で，世帯の数，すなわち家族が居を共

■1─────『国勢調査』の用語解説による。なお，人の集まりではないが，「一戸を構えて住んでいる単身者」も世帯として扱われる。いわゆる単身世帯である。
■2─────一般世帯とは，世帯全体から，施設や宿舎等の世帯を除いたものである。世帯の大半は一般世帯である。

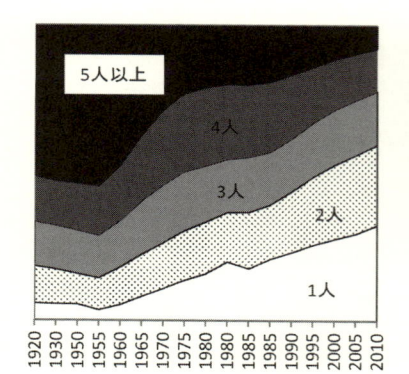

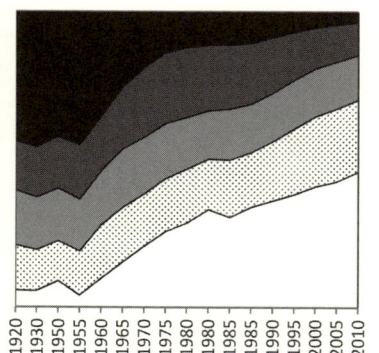

2-1　世帯人員数別一般世帯数分布

全国　　　　　　　　　　　東京

資料：総務省『国勢調査報告』

にする家庭の数は4.7倍になったわけであり，この期間中の人口の増加率をも上回る。このことは，少人数の世帯が増えたことを示唆する。

それでは，『国勢調査』が実施された各年について，一般世帯の世帯人員分布を明らかにしてみよう。1935〜45年の統計は存在しないことを申し添える。**図表2-1**は，全国と大都市・東京の状況変化を図示したものである。

結果は予想通りであり，世帯（家庭）の小規模化が一目瞭然である。左側の全国のグラフをみると，戦前期から戦後初期の頃までは，5人以上の世帯が全体の半分以上を占めていた。しかし，高度経済成長期にかけてその比重はみるみる低下し，1975年には4人世帯が最も多くを占めるようになる。その後は，それよりももっと少人数の世帯が増え，1990年には単身世帯が量の上で最も多くなる。それから20年を経た今日では，単身世帯が全体の32.4%を占め，全体の8割近くが3人以下の世帯なのである。大都市の東京では，こうした傾向がより顕著に表れている（右側）。

わが国では，人間の最も基礎的な集団単位である家庭の「小規模化」が進行しているのであるが，このことの原因は2つある。1つは，次の項でみるように，数世代が同居する拡大家族が減っていることである。2つは，子ども数の減少である。昔は，7人兄弟や8人兄弟もザラであったというが，今日では多くてもせいぜい3人というところであろう。**図表2-2**は，2010年の『国勢調査』のデータをもとに，子どもがいる一般世帯の子ども数をみたものである■[3]。

みての通り，2人以下の世帯が全体の8割を占め，およそ半分が「一人っ子」世帯なのである。この点については，地域の差はない。全国も東京も同じである。

ここにて可視化した家庭の「小規模化」が，子どもの育ちに与える影響について一考してみよう。まず，**図表2-2**でみた子ども数の減少は，子どもの側にすれば，兄弟姉妹数の減少である。家庭では，子どもは親から保護される位置に置かれ，それゆえに，被保護者としての役割を演じることとなる。しかるに，兄弟間の関係は，そうした親子関係とは性格を異にしている。長子は下の子の面倒をみるという役割を負わされるし，中子は上と下の間を取り持つという役割も期待される。末子は，そのようなことは比較的少ないであろうが，親子関係の場合のように，全面的な依存・従属的な位置に置かれるのではない。兄弟間関係では，ある程度自律的な役割遂行が期待される。要するに，兄弟数の減少は，家庭において，多様な役割を演じる機会を，個々の子どもから奪っている。そのようなことは，同輩集団や異年齢集団が多い学校ないしは地域社会に任せればよいと言われるかもしれないが，子どもにとっての基本的な生活の場である家庭において，それが果たし得なくなっているのが現代である。

次に，親の養育態度の歪みという問題がある。2000年4月に出された中央教育審議会答申「少子化と教育について」は，少子化が教育に及ぼす影響についていくつか指摘しているが，その中の一つに，「親の子どもに対する過保護，過干渉を招きやすくなること」というものがある。ここでいう「過保護」とは，親の養育態度があまりに保護的に過ぎることである。「過干渉」とは，子どもにかまい過ぎること，子どもを1人の自律的な人間とみなさず，何から何までやってしまおうとするようなことと解される。子どもが少なくなった今の家庭では，一人一人の子どもに親の目や手が行き届きやすくなっているので，こ

2-2　子どもがいる一般世帯の子ども数分布

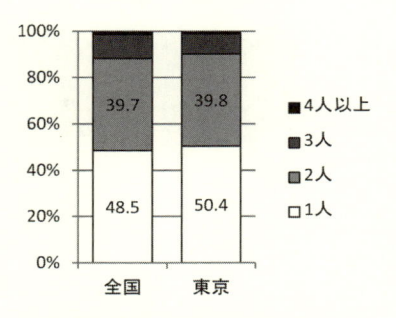

	全国	東京
1人	48.5	50.4
2人	39.7	39.8
3人		
4人以上		

資料：総務省『国勢調査報告』（2010年）

(前ページ)
■3────集計対象は夫婦がいる一般世帯であり，母子世帯や父子世帯は含まれていないことに注意されたい。

第1節　家庭の構造

うした養育態度の歪みが生じやすくなっている。**図表 2-2** でみたように，現在では，子どもがいる世帯の半分は「一人っ子」世帯である。多かれ少なかれ，現代にあっては，子どもがいる家庭において，今しがた述べたような問題が起きていることであろう。

他にも指摘したい点があるが，次項において，「核家族化」という構造変動を押さえた後で，もう少し深めてみたい。

■2　核家族化

核家族とは，夫婦のみないしは，夫婦とその未婚の子女とからなる家族のことをいう。夫婦が両親（子からすれば祖父母）と同居している場合は，拡大家族といわれる。今日，結婚後も親と住み続ける若者が少なくなっていることから，いわゆる核家族化が進行しており，このことが，前項でみた家庭の小規模化に寄与している。

わが国における核家族化の進行を可視化してみよう。**図表 2-3** は，親族世帯■4 の組成の変化を面グラフで表したものである。

親族世帯に占める核家族世帯の比重は，半世紀前の 1960 年では 63.5％であったが，その後じわじわと上昇を続け，2010 年現在では 84.6％にまで達している。逆にいえば，数世代が同居しているような，核家族以外の世帯は減少しているのである。

2-3　親族世帯の構成の変化

むろん，成人したら親元を離れるのが当然とされているヨーロッパ諸国に比べれば，わが国の核家族世帯率は低いと判断される。親族世帯に占める核家族世帯の比率（2001 年）は，イギリスは 94.6％，フランスは 99.0％，ドイツは 97.0％である■5。しかるに，これから先は，日本もこうした西洋型の社会に近づいていくものと思われる。

さて，上のような状況であるから，今

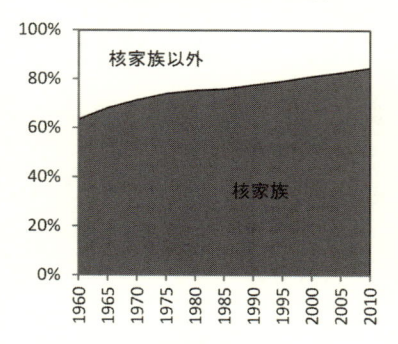

資料：総務省『国勢調査報告』

■4────一般世帯は，親族世帯，非親族世帯，および単独世帯から構成される。
■5────国立社会保障・人口問題研究所『人口統計資料集 2012』を参照。

2-4　18歳未満の所属世帯（%）

		市部	郡部	総数
核家族	夫婦のみの世帯	0.0	0.0	0.0
	夫婦と子供から成る世帯	71.9	60.1	70.8
	男親と子供から成る世帯	0.9	0.8	0.9
	女親と子供から成る世帯	9.0	7.2	8.8
核家族以外	夫婦，子供と両親から成る世帯	5.6	11.1	6.2
	夫婦，子供とひとり親から成る世帯	5.7	8.7	6.0
	夫婦，子供と他の親族（親を含まない）から成る世帯	2.1	3.2	2.2
	夫婦，子供，親と他の親族から成る世帯	2.6	5.9	2.9
	その他	2.1	2.9	2.2
	合　　計	100.0	100.0	100.0

＊非親族世帯，単独世帯は除く。
資料：総務省『国勢調査報告』(2010年)

日の子どもの多くは核家族世帯の住人であることは疑い得ない。18歳未満の子どもが属する世帯の内訳を，世帯の区分を少し細かくして明らかにしてみよう。また，市部と郡部という地域類型間の比較もなしてみよう（図表2-4）。

　ご覧のように，子どもの所属する世帯の7割が，夫婦と子どもだけからなる世帯である。母子世帯と父子世帯も合わせた核家族世帯でいうと，全体の8割をも占める。しかるに，郡部ではこの比率は相対的に低い。その分，郡部の子どもの家庭では，親や兄弟以外の親族（祖父母等）が同居している割合が高くなっている。核家族世帯以外の世帯の比率は，郡部では31.8%，市部では18.2%である。

　とはいえ，総体的な傾向でいうなら，今の子どもの大半が核家族世帯の住人であることは明白である。このことは，家庭という場において，子どもが経験する人間関係が狭くなりがちになることを示唆する。子どもが，父母よりも一回り上の祖父母の口から，昔の生活のこと，たとえば悲惨な戦争体験などを聞くようなことはほとんどなくなっている。また，高齢者との接し方を肌身で体得するというような機会もなかなか得難い。要するに，第一の生活の場である家庭において，多様な見解に触れ，多様な関係を取り結ぶ経験も持つことが難しいのである。

　家庭の成員の「核」化（単純化）は，父母の子育てにも影響を及ぼし得る。現在，「育児の孤立化」ということがいわれる。そのことには，ヨソの家の子育てには干渉せずというような私事化傾向と同時に，数世代が居を共にする拡大家族が減少していることも影響している。今の父母は，自分の親（子からすれば祖父母）

第1節　家庭の構造

から子育てのサポートを得ることが難しい。それゆえ，育児に孤軍奮闘しなければならないわけであるが，その一方で，自らの子育ての成果に対する要求水準は高い。「少なく産んで大事に育てる」考えを持った親，たとえば「一人っ子」家庭の親の間において，「パーフェクト・チャイルド願望」なるものが蔓延しているという。しかるに，そのような願望（期待）と，現実の条件から生み出される成果との間にはギャップがあることがしばしばであり，そのことに由来する心的葛藤が増し続ければ，虐待のような病理現象が発生することの素地となる可能性がある。

　前項でみたことを併せて考えると，現代の家庭にあっては，子どもの発達に働きかける人的条件が昔に比べて脆弱になっている。そうした状況を所与とした上で，それを補う手立てが，家庭とは別の場でなされている。たとえば，このほど改訂された新学習指導要領は，学校の教育課程編成に際して，地域の高齢者等と異世代交流する機会を積極的に設けることを要請しているし，地域において子育てサークルのような団体も結成されている。

　昔の家庭は，消費のみならず，生産，子育て，介護など，さまざまな機能を担っていた。わが国の諸々の社会制度は，そのことを前提に設計されてきた経緯を持つ。しかるに，家庭の構造変化が，そうした社会に疑義を突きつけるようになり，上述の諸機能は，家庭の外にどんどん「外部化」されてきている。子育ての機能とて，それを免れる聖域ではない。情緒的・情愛的な人間関係が支配的な第1次集団としての家庭でしかなし得ないことはある。それを尊重しながら，適度の機能分担が図られること。それが，未来の子育ての現実的なすがたであろうと考えられる。

■3　共働き

　「かぎっ子」という言葉をご存知だろうか。両親が共働きなどの理由により，下校後，親が帰宅するまでの間，大人がいない家庭で過ごす子どものことである。自宅の鍵をぶら下げて（持参して）登下校することから，このように呼ばれる。共働きの増加により，この手の「かぎっ子」もさぞ多くなっていることであろう。ここでいう「共働き」化も，子どもの教育という点からした場合，押さえておくべき，現代家庭の基底的な構造の一つである。

　現代において，共働き世帯の子どもは全体のどれほどを占めるか。2010年の『国勢調査報告』によると，核家族世帯■6に属する0～14歳の子どもは

約1,218万人である。このうち，夫婦とも就業しているという者は600万人ほどである。全体の半分が共働き世帯の子どもである。これは，0～14歳と広く括った場合の数値であるが，子どもの年齢ごとに細かくみると，値はかなり変異する。

共働き世帯児率は，0歳の乳児では27.9％であるのが，3歳になると40.1％になり，小学校に上がる6歳では47.4％，中学校に入る12歳では62.3％になり，学齢の最後の14歳では65.7％に達するという次第である。加齢につれて，共働き世帯児率は上昇する。育児の手間がだんだん少なくなってくるためと思われる。この様相をグラフ化したのが，**図表2-5**である。

2-5 年齢別にみた共働き世帯の子ども比較（％）

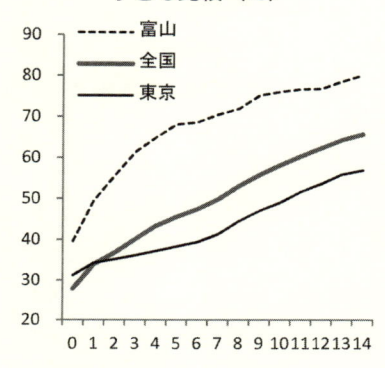

＊核家族世帯のデータである。
資料：総務省『国勢調査報告』(2010年)

全国の曲線に加えて，全体的に率が高い富山と，大都市の東京の曲線も描いてみた。北陸の富山では，生後間もない乳児にして，共働き世帯児率が4割である。当県では，いわゆる「0歳保育」に対する需要も大きいことと思う。

2-6 6～9歳の共働き世帯の児童率

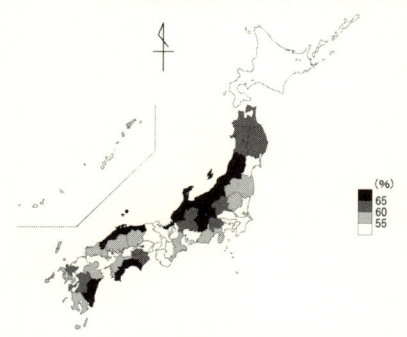

資料：総務省『国勢調査報告』(2010年)

右上がりの傾向は，地域を問わない。しかし，その傾斜は違っている。富山では，小学校に上がる6歳にして，共働き世帯の子どもが7割を占める。私は，大都市の東京において共働きが多いのではないかと踏んでいたが，現実はそうではないようだ。

もっと多くのデータを観察してみよう。**図表2-6**は，47都道府県について，小学校低～中学年（6～9歳）の児童の共働き世帯児率を明らかにしたもので

(前ページ)
■6―――夫婦と子からなる世帯である。母子世帯や父子世帯は含んでいない。

第1節　家庭の構造

ある。5％の区分で塗り分けている。色が濃いほど、率が高い県である。

　北陸や山陰など、日本海沿岸に黒色が多い。これらの県では、年少の児童にして、共働き世帯児率が65％を超える。一方、首都圏や近畿圏は白一色である。こうした都市部では、共働きの子どもの比率が比較的低いのである。宮城や福岡といった地方中枢県も白色である。都市ほど共働きが多いという、常識的な説はここにおいても覆される。

　それはさておいて、父母ともに働いている子ども（かぎっ子）については、そうではない子どもと比べた場合の問題点がある。よくいわれるのは、家族団らんの機会が少ないことによる情緒不安定や、親の監視が行き届かない時間や空間を多く持てることによる各種の問題行動、ということである。このことにかんがみ、おおむね10歳未満のかぎっ子のために、放課後児童健全育成事業、いわゆる学童保育が児童厚生施設などを使って実施されている。学童保育とは、「小学校に就学しているおおむね10歳未満の児童であつて、その保護者が労働等により昼間家庭にいないものに、政令で定める基準に従い、授業の終了後に児童厚生施設等の施設を利用して適切な遊び及び生活の場を与えて、その健全な育成を図る事業」をいう（児童福祉法第6条の3）。

　全国学童保育連絡協議会の調査によると、2010年5月1日時点において、学童保育に入所している児童は804,309人いるという。先ほどの『国勢調査』のデータから分かる、6～9歳の共働き世帯児数（1,682,595人）の47.8％に相当する。小学校低・中学年の共働き世帯児のおよそ半分がこの制度を利用していることが知られる。

　なお、この制度の利用状況には地域差がある。6～9歳の共働き

2-7　6～9歳の共働き世帯児の学童保育利用状況

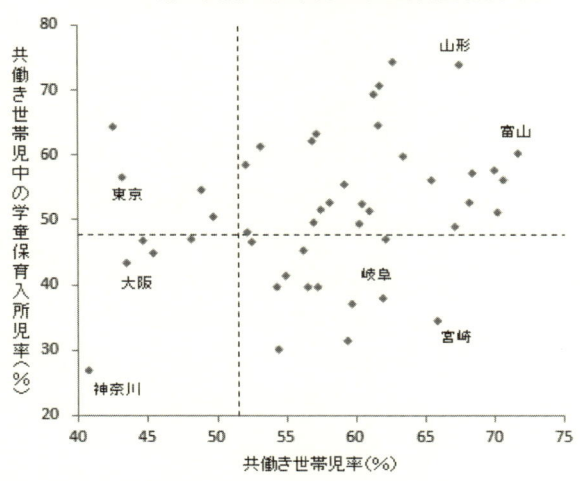

資料：総務省『国勢調査報告』〈2010年〉
　　　全国学童保育連絡協議会『学童保育実態調査』〈2010年〉

世帯児の学童保育入所率を県別に出し，先の**図表 2-6** でみた，同年齢の共働き世帯児比率と関連づけてみた（**図表 2-7**）。

　点線は全国値を意味する。右上のゾーンに位置するのは，2 変数とも，全国水準より高い県である。共働きが多い富山や山形では，学童保育制度の利用率も高い。山形では，共働き世帯の子どもの 7 割以上が学童保育に入っている。全国で共働きが最も多い富山は，6 割ほどである。しかるに，九州の宮崎は，山形と同程度に共働き世帯率が高いにもかかわらず，学童保育の利用率は低い位置にある。図の右下にあるのは，共働きが多いにもかかわらず，学童保育の利用率が低い県である。本制度の普及や利用啓発が，より一層なされるべき県といえるかもしれない。

　夫婦の「共働き」化は時代の趨勢である。今後，こうした意味での家庭の構造変化はますます進行していくであろう。**図表 2-5** の曲線は，上にシフトすることはあれ，その逆はあり得まい。このような時代変化に即応した制度構築が要請される。この点については当局も認識していることであり，文部科学省と厚生労働省は「放課後子どもプラン」なるものを大々的に推進しているし，乳幼児教育については，幼保一元化を志向した，認定子ども園の制度も創設されている。そこでは，長時間保育を持ち味とする「保」の側面が強調されている。

　このような実践が進展することを願うものであり，各地域（県，市町村）の実践の進み具合を評価する尺度が開発されることも併せて希望する次第である。

■ 4　職住分離

　あと一つ，現代日本の家庭の構造を言い表すタームとして，「職住分離」というものを紹介せねばなるまい。職住分離とは，字のごとく，住居と職場とが分離していること，離れていることである。391 頁の**図表 6-3** にみるように，戦後初期の頃までは，日本は，就業者の大半が農業に従事する農業社会であった。それゆえ，働き方としては，自営業や家族従業が多く，職場と住居が一致していること（職住一致）がほとんどであった。しかるに，その後の産業化・雇用労働化の進行により，こうした就業形態は影をひそめ，現在にあっては，就業者の多くが自宅から（遠く）離れたオフィスで働いている。すなわち，職住分離の形態が支配的になっているわけである。

　このことが子どもの育ちにどういう影響を与えるかを述べる前に，職住分離の程度を表すデータをみていただこう。2010 年の総務省『国勢調査』による

第 1 節　家庭の構造

2-8 就業者の従業地構成（%）

	全体		30代	
	全国	東京	全国	東京
自宅で従業	10.4	8.3	4.4	3.9
自宅外の自市区町村で従業	44.3	25.2	42.6	19.7
他市区町村で従業	42.7	57.1	49.3	62.7
従業地不詳	2.5	9.4	3.7	13.7
合計	100.0	100.0	100.0	100.0

資料：総務省『国勢調査』(2010年度)

と，わが国の就業者は 5,961 万人であるが，従業地の内訳を出すと，自宅が 10.4％，自宅外の自市区町村内が 44.3％，他市区町村が 42.7％，である（残りは不詳）。自宅就業者は全体の1割に過ぎず，残りの9割の者は，住宅と職場が離れているわけである。なお，大都市の東京や，子育ての最中にある親年代の就業者に限定すると，職住分離の程度はさらに顕著になる（図表2-8）。

東京の30代の就業者でいうと，自宅就業はたったの3.9％であり，6割以上の者が他の市区町村で働いている。大都市の親世代にあっては，多くの者の職場が，自宅どころか，身近な地域社会からも離れていることが知られるのである。

このような構造条件により，今の子どもは，親が働く姿（労働のモデル）を目の当たりにすることがなくなっている。目にするのは，夜や休日，疲れてゴロ寝している親の姿だけ，というようなこともザラであろう。「子どもは親の背中をみて育つ」というけれど，仕事とは何か，働くとはどういうことか，さらには自分は何に向いているのかを，理屈ではなく，肌身を通して体感する機会を，主な生活の場である家庭において，ほとんど持ち得なくなっているのである。現在，フリーターやニートのような，若者の就労不全兆候が顕著になっているというが，労働市場の状況とは別の遠因として，このような問題が位置しているといえる。

ここにて，面白い国際データを紹介しよう。義務教育を終えたばかりの15歳の生徒のうち，父親の職業を明確に答えられない者の比率である。OECDの国際学力調査 PISA2006 の生徒質問紙調査では，対象の15歳の生徒に対し，父親の職業を問うている。職業の名称を記入してもらい，それを後から分類するアフターコード形式である。私は，有効回答のうち，以下の2つのカテゴリーに振り分けられた回答がどれほどを占めるかに注目した■7。

　　　　　Do not konw（分からない）

Vague（会社勤めなど，記述が曖昧で分類のしようがないもの）

　日本の場合，この問いに有効回答を寄せたのは5,475人である。このうち，「分からない」は204人，「曖昧」は621人であり，両者を足すと825人となる。ゆえに，父の職業を明確に知らない者の比率は，825／5,475≒15.1％と算出される。およそ7人に1人である。

　あと一つ，同じくPISA2006の「30歳あたりの時点で，どのような職業に就いていたいと思うか」という設問（アフターコード式）への回答を分析し，上と同じやり方によって，将来の職業志望が定かでない者の比率も出してみた。日本の15歳生徒の場合，この比率は21.4％である。

　さて，この2つの数値は，国際データの布置構造の中でどのような位置を占めるか。図表2-9は，横軸に父職業不明率，縦軸に志望職業未定率をとった座標上に，わが国を含む56か国をプロットした図である。

　日本は，最も右上に位置している。つまり，父の職業を答えられぬ生徒，将来の志望職を明言できぬ生徒の双方とも多い，ということである。先に述べたことをもって，この統計図の解釈とさせていただくことにしよう。家庭における労働モデルの喪失ということである。

　しかるに，職住分離という，構造条件ばかりを強調するわけにはいかない。わが国と同程度にそれが進んでいるとみられる，主要先進国においては，状況が異なるからだ。家庭において，

2-9　15歳生徒の父職業不明率・志望職業未定率

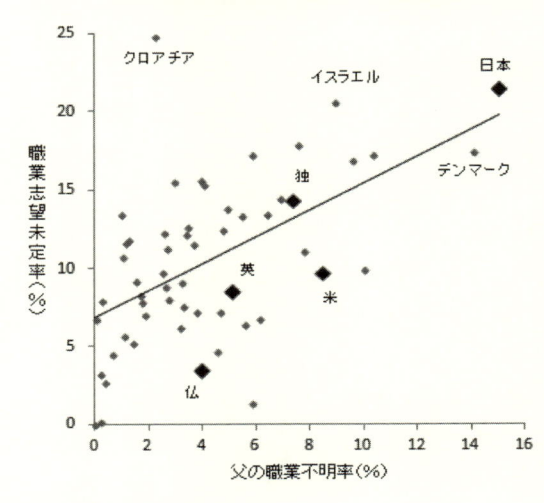

資料：OECD"PISA2006"

(前ページ)
■7―――OECDのホームページより，回答結果が入力された段階のローデータをダウンロードし，私が独自に分析を行ったことによる。

第1節　家庭の構造　　**119**

日頃親が自分の職業のことについて子に話すか，働くことについて親子が会話を交わすか，というような要因も大きいものと思われる。父親の職業を答えられない生徒が多いのは，わが国の家庭が，内実を伴わない「空洞家族」のようなものになっていることを示唆している（156頁）。キャリア教育を広義に捉えるなら，家庭においてもやってもらうことはありそうである。機能分担の視点をいうなら，学校では職業技術というような技能面に焦点を当てるのに対し，第1次集団としての家庭では，勤労観・職業観というような態度的側面の涵養に力点を置くべきであると考えるが，いかがだろうか。

[第2節] 子育て

　家庭は，血縁に由来する情緒的・情愛的な人間関係を内包する。こうした第1次集団としての家庭は，成員の情緒安定機能（癒し）と同時に，子どもの社会化機能を担うことが期待される。後者は，平易な言葉でいえば「子育て」である。現代家庭における子育てに関連して，取り上げたい事項は数多いが，少数のトピックに限定することとした。

　まずは，子育て相談に関する統計を眺めてみよう。その次に，早期教育や教育費にまつわる問題について，データをもとに考えてみよう。

■1　子育て相談

　児童相談所という機関をご存知だろうか。児童福祉に関する相談に応じ，必要に応じて，当該の児童や家庭に対し調査や指導を行う機関である。2011年12月20日時点でみて，全国に206存在する。均すと，一つの県につき4〜5というところである。

　この機関には，家庭や学校などから，各種の児童相談が寄せられる。2010年度の厚生労働省『福祉行政報告例』によると，同年度中に児童相談所に寄

せられた相談の件数は 370,848 件となっている。同年の 20 歳未満の子ども人口は 2,293 万人ほどであるから，20 歳未満の子ども人口千人あたりの件数にすると，16.2 件となる。

図表 2-10 は，この数値の推移をとったものであるが，時代と共に値は上昇している。とくに，1990 年代以降の増加が顕著である。昔に比べて児童相談所が身近な機関になったこともあるだろうが，この統計は，家庭において，子育てに関する各種の悩みが増えていることを示唆する。子ども人口あたりの件数もさることながら，単純計算でみて，1 日に千件をも越える相談が専門機関に寄せられていることにも驚かされる。

2-10　児童相談件数の推移
（子ども人口千人あたり）

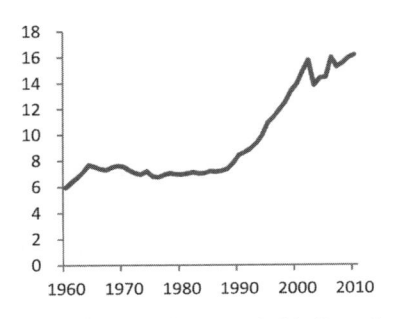

資料：厚生労働省『福祉行政報告例』(2010年度)

さて，上記の厚労省の資料では，子どもの年齢別に相談件数が集計されている。2010 年度に寄せられた相談のうち最も多いのは，3 歳の子どもに関連する相談である。その数は 28,481 件で，全体の 7.7％を占める。その次は 14

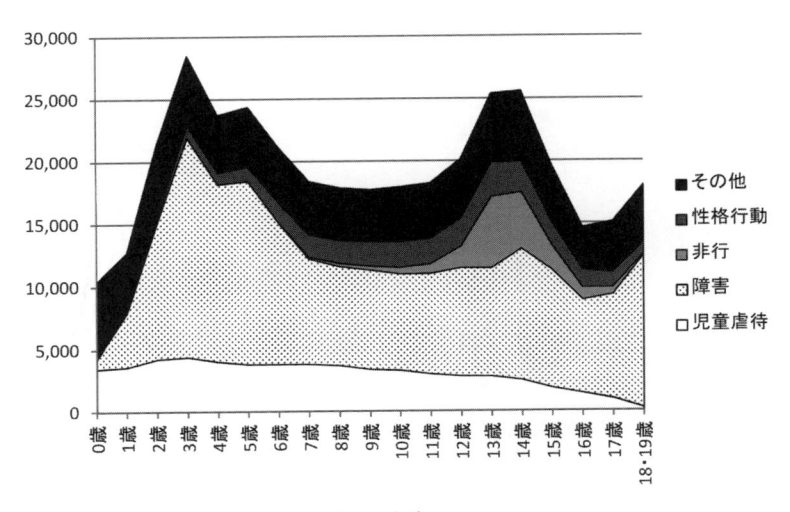

2-11　年齢別・事由別の児童相談件数

資料：厚生労働省『福祉行政報告例』(2010年度)

第 2 節　子育て

歳である。後で述べるが，いずれも反抗期の只中にある「難しいお年頃」だ。それだけに，子育てにまつわる保護者の苦労や悩みも多い，ということであろう。子どもの年齢別の相談件数を図示すると，**図表 2-11** のようである。この図では，数が多い相談事由の内訳も分かるようにした。

相談件数が 2 万 5,000 件を超えるのは，3 歳と 13 〜 14 歳である。奇しくも，発達心理学がいうところの，第 1 次反抗期と第 2 次反抗期に該当する。事由の内訳をみると，どの年齢でも障害が多くを占めるが，12 〜 15 歳あたりでは，非行の比重も大きくなっている。児童虐待関連の相談は，低年齢の子どもで多いようである。

次に，各事由の相談件数が年齢別にどう分布しているのかをみてみよう。こうすることで，各年齢にまつわる子育ての危機の様相が，より一層はっきりするはずである。私は，**図表 2-11** の 4 つの事由に，「不登校」，「適性」，「育児・躾」，および「いじめ」を加えた 8 つ事由について，相談件数の年齢別構成比を出し，折れ線グラフを描いてみた。8 本の曲線を一つの図にすると繁雑になるので，グラフは 2 つに分けてある（**図表 2-12**）。

まず注目されるのは，非行に関する相談件数の偏りである。この事由の相談

2-12　児童相談の年齢別構成（％）

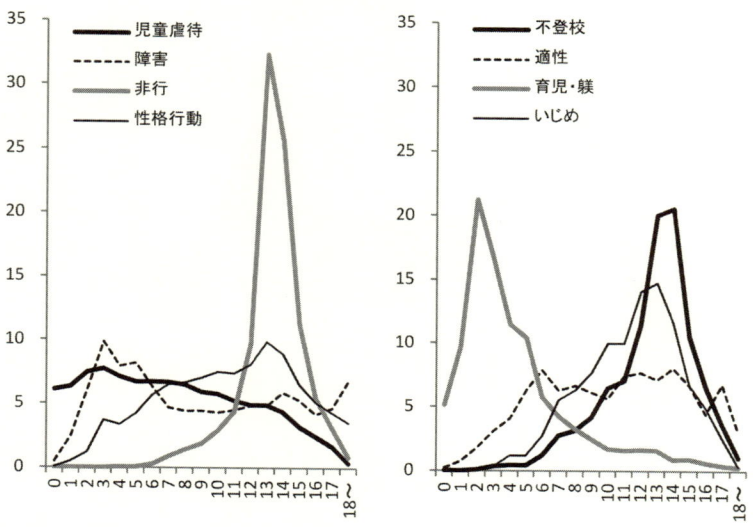

資料：厚生労働省『福祉行政報告例』（2010 年度）

は，13歳だけで全件数の3割以上が占められている。デンジャラス・エイジとでもいえようか，いじめと性格行動の件数のピークも，この年齢に位置している。曲線の目立った山が他にないか探してみると，育児・躾関連の山が2歳にある。この年齢の件数だけで，全体のほぼ2割が占められているのである。

　児童相談の年齢統計に基づいて俯瞰していうと，子育てが大変な時期というのは，おおよそ「2〜5歳」の時期と，それから10年を経た「12〜15歳」の時期といえる。前者の時期では「育児・躾」関連，後者の時期では「問題行動」関連の苦労がついてまわる。先にも述べたが，前者は「第1次反抗期」，後者は「第2次反抗期」に相当する。第1次反抗期の子どもは，自由に体が動かせるようになり，また自我も芽生えてくることから，それまでの親への全面的な依存から離れて，自分のやりたいことをしようと思うようになり，そのことが，しばしば親への反抗となって表われる。第2次反抗期は，親離れを志向し始める時期であり，親を否定し，場合によっては親と激しく衝突するようになる。親のいうことを無視する，口をきかない，暴言を吐く，さらには暴力を振うなど，さまざまな形態の反抗がみられるとされる。なるほど。上記のデータは，このような一般的な見解と合致しているといえよう。

　しかるに，こうした反抗もやがては終息する。事実，非行相談はピークを過ぎると潮が引くかのごとく，急激に減少する■8。子どもが反抗期を迎えると，親は戸惑うことが多いが，反抗期を経ることは，子どもが自我を確立し，大人になるために必要なことでもある。この年齢の子どもがいる家庭は大変であろうが，わが子だけが異常なのだと思うのは間違いである。この時期の苦労は，多くの家庭が経験することであり，危機はやがては過ぎ去り，再びやってきては，また過ぎ去る…。こうした長期的な展望を持つことが大切である。それがないと，現状に対する焦りや苛立ちばかりが高じ，虐待や家庭内暴力のような病理現象も起きやすくなる。

　狭い生活世界で生きている個々人に俯瞰的な視野を与えてくれること。マクロな統計の効用は，こういう部分にあるものと考えている。

■2　早期受験

　現代家庭の子育てを論じるにあたって，いわゆる早期受験現象に触れないわ

■8―――学年別の暴力発生件数の統計（図表1-53）からも，同じことがいえる。

2-13 私立生の比率の推移（％）

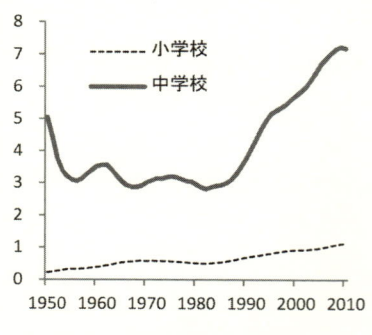

資料：文部科学省『学校基本調査報告』

けにはいかない。大抵の子どもが受験を初めて経験するのは，15歳の春である。このことは，高等学校より先は義務教育ではなくなることと対応している。しかるに，時代を下るにつれて，それよりも早い段階にて受験をする子どもが増えてきている。国・私立の義務教育学校を受験する子どもたちである。国・私立の中学校を受験する児童もいれば，それよりもさらに早期の段階にて，国・私立の小学校を受験する（させられる）幼児もいる■9。これらの幼児・児童やその保護者を対象とした，受験産業が隆盛していることもよく知られている。

　子どもたちの間で，早期受験現象がどれほど広がっているか。小・中学生全体に占める，私立校生の比率を尺度にして考えてみよう。図表2-13は，文部科学省『学校基本調査』の長期統計をもとに作成したものである。

　中学生全体に占める私立生徒の比率は，戦後初期の頃は5％ほどであったが，その後低下し，1960年代から80年代の初頭あたりまで3％前後で推移する。しかるに，80年代の後半からぐんぐん上昇し，2010年現在の7.2％に至っている。小学生の私立児童率は，中学校に比べれば値はかなり低いが，こちらも上昇傾向であることは変わりない。2010年の値は1.1％である。要約すると，中学生100人中7人，小学生100人中1人が私立生である。

　この値は都市地域ではもっと高くなる。同年の東京の統計でいうと，私立生の比率は，小学生で4.5％，中学生で26.2％となっている。この大都市では，中学生の4人に1人が私立生である。解釈の仕方には幅があるだろうが，早期受験はごく一部の子どもだけに関わる現象ではないし，今後，その浸透の範囲はますます広がっていくであろう，という見方を私はとる。

　早期受験が子どもの育ちにどう影響するかについては，巷でいろいろいわれているけれども，本書の34頁では，地域単位の統計に基づいて，中学受験と近視（目が悪くなること）のつながりについて明らかにした。また，89頁においては，

■9―――小学校受験は，「お受験」ともいわれる。

2-14　東京の中学受験地図（2010年春）

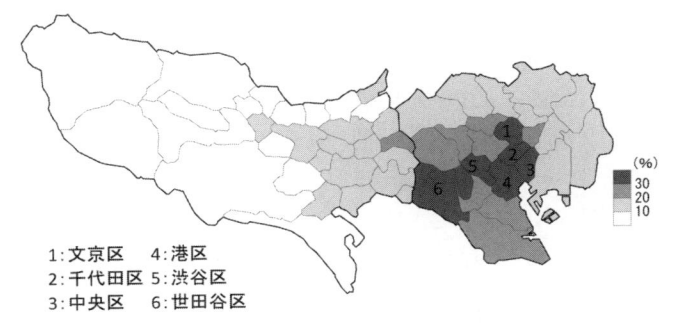

1：文京区　　4：港区
2：千代田区　5：渋谷区
3：中央区　　6：世田谷区

資料：東京都教育委員会『公立学校統計調査報告：進路状況調査編』（2010年度）

公立中学校よりも私立中学校でいじめを容認する生徒が多いことをみた。

　ところで，早期受験現象に関わって論じるべきは，このようなことだけではない。教育社会学の立場からすると，もっと重要な論点がある。それは，誰が早期受験をするのか，ということである。保護者がわが子に早期受験をさせるのは，特定の宗教教育[10]を受けさせたいとか，いじめに遭わないようにとか，早い段階にてエスカレーター系列の学校に入れて，後はのびのび育てたいとかいう思いがあってのことであろう。しかるに，有名大学への進学が有利になるように，という動機もあると思われる[11]。

　仮に，このような戦略をとる（とれる）家庭が富裕層に偏しているとしたら，「教育とは，社会移動（social mobility）を図るための，公平にして正統な手段である」という大前提への信頼が揺らぐことになる。こうした問題を吟味する上でも，早期受験をする子ども（させる家庭）がどういう階層に属するかを，実証的に明らかにする必要がある。

　手始めに，早期受験の先進地域である東京について，中学受験地図を描いてみよう。2010年春の公立小学校卒業生のうち，国・私立中学校に進学した者の比率である。**図表2-14**は，この指標の値に依拠して，都内の53市区町村（島

[10]　　私立学校では教育課程に宗教を設けることができ，この場合，これでもって道徳に代えることができる（学校教育法施行規則第50条2項）。本条文は小学校のものであるが，他の学校にも準用される。
[11]　　国の学習指導要領の拘束を受ける度合いが相対的に小さい私立校では，受験に特化した指導を行うことができる面もある。179頁でみるように，東京大学・京都大学の合格者の多くは，私立校出身者によって占められている。

部を除く）を塗り分けたものである。

　都心部ほど色が濃くて，周辺部にいくにつれて色が薄くなるという図柄ができている。最も濃い灰色は，中学受験をする児童が3割を超える地域である。千代田区，中央区，港区，文京区，世田谷区，そして渋谷区が該当する。最も高い文京区の中学受験率は43.3％であり，4割を越えるのである。

　さて，これらの地域がどういう地域かというと，所得という点では，明らかに富裕層が多い地域である。これら6区の，2010年度の1人あたり住民税課税額の平均値は29万円。都全体（14万円）の倍である■12。郡部を除く都内49市区のデータを使って，**図表 2-14**の中学受験率と1人あたり住民税課税額の相関係数を計算すると＋0.826にもなる。富裕層が多い地域ほど，中学受験率が高い傾向が明瞭である。これはもちろん相関関係にすぎないが，富裕層の早期受験志向を説明するデータであると読んでいいだろう。

　今みたのは地域単位のデータであるが，個人単位のデータも提示しよう。文部科学省の『子どもの学習費調査』から，私立小・中学校に子どもを通わせている世帯の年収分布を知ることができる。このデータを，同年齢の子がいると思われる世帯全体の年収分布と照合してみよう。後者は，世帯主が30〜40代である「児童（18歳未満）のいる世帯」の年収分布である■13。出所は，2010年の厚生労働省『国民生活基礎調査』である。

　図表 2-15によると，私立小学生では年収1千万以上の家庭が全体の58.3％，私立中学校では47.7％をも占めている。当然，このような富裕層は，同じ年頃の子どもがいる家庭全体では，わずかしかいない（13.3％）。反対に，全世帯では年収600万円未満の家庭が半分近くいるのであるが，私立小・中学生の家庭では，この層の比率は1割強しかいない。このような偏りは，右欄のような輩出率を計算するともっとクリアーになる。全世帯では7.4％を占めるに過ぎない年収1,200万以上の（超）富裕層が，私立小学生の家庭では42.1％をも占有している。つまり，この階層から私立小学生が出る確率は，通常期待されるよりも5.7倍高いことが示唆される（42.1／7.4≒5.7）。早期受験をする家庭というのは，明らかに富裕層に偏しているといえよう。

　このことが将来における地位達成の社会的格差，富の世代間再生産に寄与し

■12―――東京都『東京都税務統計年報』（2010年度版）による。
■13―――小・中学生の保護者は，30〜40代であろうという仮定に立っている。

ているという
ならば，看過
できる話では
ない。生まれ
が人生を規定
する階層社会
化を容認する
ことにもなり
かねないから
だ。

2-15 私立小・中学校の児童・生徒の家庭の年収分布

	年収分布(%)			私立児童・生徒輩出率	
	a	b	c	a/c	b/c
	私立小学校	私立中学校	児童がいる世帯	私立小学生輩出率	私立中学生輩出率
400万未満	3.4	4.1	22.5	0.15	0.18
400万〜	6.8	9.2	27.4	0.25	0.34
600万〜	14.8	17.5	23.5	0.63	0.75
800万〜	16.7	21.5	13.4	1.24	1.61
1000万〜	16.2	20.7	5.9	2.74	3.52
1200万以上	42.1	26.9	7.4	5.69	3.64
合計	100.0	100.0	100.0	**	**

資料：文部科学省『子どもの学習費調査』(2010年度)
厚生労働省『国民生活基礎調査』(2010年)

聞くところによると，タイでは相続税がなく，「生まれ」によって人生がある程度決まってしまうそうである。日本では，そういうことはない。金銭や家の相続に際しては，税が課される。しかし，親から子に引き継がれる財には，「見えない」ものもある。教育とは，そうした「見えざる」財の典型に位置する。

教育は，人間の幸福を実現するための最上のツールであるが，既存の社会の不平等構造を，咎められないやり方で維持・存続させるためのツールとして使われる危険性も併せ持っている■14。いうなれば，諸刃の剣である。教育社会学は，どちらかといえば，後者の側面の解明に力点を置く学問であると私は理解している。

■3　東大生の家庭

家庭環境が子どもの教育達成に大きく影響することは，名門大学の学生にどういう家庭の者が多いかをみることでもよく分かる。前項では家庭の収入と早期受験の関連についてみたが，ここでは，親の職業という点に焦点を当ててみよう。

東京大学は毎年，『学生生活実態調査』を実施している。日本学生支援機構の『学生生活調査』の東大版といえるものである。本調査から，東大生の主たる家計支持者の職業を知ることができる。主たる家計支持者の多くは父親であるが，母親というケースもあるので，双方の職業分布をみてみよう。2010年

■14————この点については，219〜223頁の「文化的再生産」の議論も参考にされたい。

2-16　東大生の親の職業（％）

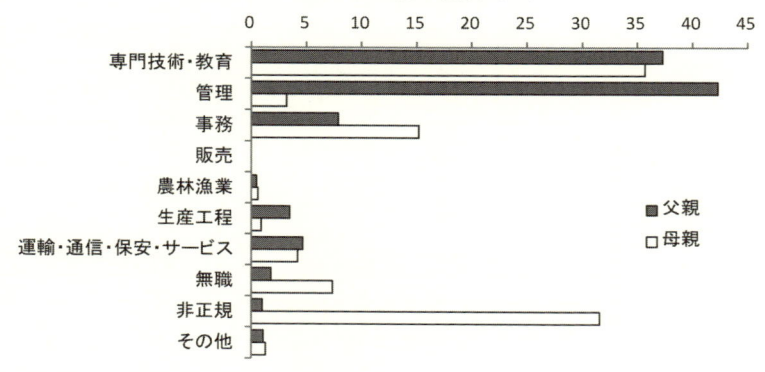

（棒グラフ：父親・母親別 職業分布）
- 専門技術・教育
- 管理
- 事務
- 販売
- 農林漁業
- 生産工程
- 運輸・通信・保安・サービス
- 無職
- 非正規
- その他

資料：『東京大学学生生活実態調査』（2010年度）

の調査データである（図表2-16）。

　まず父親の職業をみると，管理職が42.3％と最も多い。その次が専門技術・教育職（37.3％）。この2つだけで，全体の8割近くを占めている。母親は非正規が多いようだが，専門技術・教育職，管理職，および事務職といったホワイトカラーが全体の半分を占めている。

　このような職業分布は，大学生の年頃の子がいる家庭全体のそれとはかなり隔たっていることと思われる。大学生の親の年齢は，40代後半から50代前半というところであろう。2010年の総務省『国勢調査報告』から分かる，45〜54歳の男性（女性）の職業分布と，今しがた明らかにした東大生の親の職業分布を照らし合わせてみよう。まずは，この年齢の男性の職業分布と，東大生の父親のそれを比較する。前者でいう「非正規」とは，派遣社員やパート・アルバイトの形態で就業している者である。無職者は，他のカテゴリーの合算値を，人口全体から差し引いて計算した（図表2-17）。

　この表によると，両者の分布の違いが明らかである。管理職は，

2-17　東大生の父親の職業の偏り（％）

	東大生の父親	45〜54歳の男性
専門技術・教育	37.3	13.4
管理	42.3	3.7
事務	7.9	14.7
販売	0.0	11.6
農林漁業	0.5	2.1
生産工程	3.5	19.1
運輸・通信・保安・サービス	4.7	13.9
無職	1.8	15.1
非正規	1.0	5.0
その他	1.1	1.4
合計	100.0	100.0

資料：図表2-16の資料，総務省『国勢調査』（2010年）

45～54歳男性の3.7％しか占めないが、東大生の父親では実に42.3％をも占有している。逆に、生産工程・採掘職従事者は、前者では19.1％を占めるのに、後者ではほんの3.5％しか占めないのである。

東大生の親の職業の偏りを知るには、上記の統計だけで十分であろうが、偏りの程度を可視化する尺度を計算してみよう。前項の**図表2-15**でも取り上げた輩出率という指標である。たとえば管理職は、45～54歳男性では3.7％しか占めないが、東

2-18　親の職業別にみた東大生輩出率

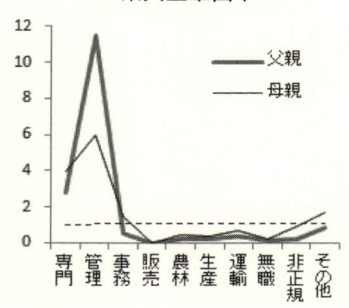

資料：図表2-17と同じ

大生の父親では42.3％を占める。この比を照らしあわせると、この階層から東大生が出る確率は、通常期待されるよりも11.5倍高いことになる（42.3／3.7≒11.5）。次に高いのは、専門技術・教育職で2.8倍である。この要領で、**図表2-17**の10階層の東大生輩出率を明らかにしてみよう。なお、母親についても同じデータを計算した。やり方は一緒で、東大生の母親の職業分布を、45～54歳女性のそれと照合して算出した数値である。結果は、**図表2-18**の2本の曲線に示されている。点線は、偏りがない場合の通常値（1.0）である。

父親でみても母親でみても、管理職や専門技術職の家庭から東大生が出る確率が際立って高いことは同じである。その一方で、他の階層からの輩出率はすこぶる低く、父親の場合、通常値（1.0）を上回るのはこの2つの職業だけなのである。総じて、父親の職業でみた場合のほうが、学生の家庭背景の偏りが大きいことが知られる。

前項での議論も併せると、このことは当然といえば当然である。名門大学に入るためには、幼いころから塾通いをし、早い段階から有名私立校に行くことが有利である、と考えられているであろう■15。そのための費用を負担し得る富裕層が有利になるのは道理である。しかるに、そうした経済面での資本だけがモノをいうのではない。文化的な面での資本の多寡も重要となる。たとえば、学校の教科書に盛られている抽象的な「教育知」に親和的なのはどういう家庭の子どもかを考えてみれば、合点がいくはずである。この点についての詳細は、

■15――――東京大学の合格者が有名私立校出身者に寡占されている傾向については、180頁を参照。

第2節　子育て

次の章の「文化的再生産」の項に譲ろう。

さて,あと一つの関心は,ここにてみてきた傾向(東大生の家庭背景の偏り)が,近年に固有のものかどうかである。計算には細かいデータを必要とするので,短期間の変化しかフォローし得ないが,2000年の上記東大調査によると,学生の家庭の主たる家計支持者に占める管理職従事者の比率は47.2%である。同年の『国勢調査』から分かる,45〜54歳男性に占める管理職従事者(臨時雇除く)の比率は5.3%である。ゆえに,10年前では,管理職家庭からの東大生輩出率は8.9であったことになる。2010年のこの数字は,先ほどみたように11.5であるから,富裕層からの東大生輩出率が上がっていることが知られる。すなわち,有力大学への進学可能性に家庭環境が影響する度合いが強まっていることになる。

このようなことは,局所的な傾向だろうと一蹴されるかもしれない。しかし,こうした局所の傾向の中に,わが国の階層社会化の進行が映し出されているようで,不気味な思いを禁じ得ない。それは,私だけではないだろう。

■4 教育費

子どもができたら必ずついて回る悩みがある。それは教育費である。日本の教育費の高さは世界的にも有名で,「子ども一人育てるのに数千万円」。こういうことが度々報道される。このような大金は到底負担できないということで,出産をためらう夫婦も数多い。教育費の高さは,次節でみる未婚化と並んで,わが国の少子化の元凶をなしている。私はここにて,わが国の「教育費の高さ」を,公的な統計資料に依拠して明らかにしてみようと思う。

文科省の『子どもの学習費調査』から,保護者が費やした教育費の平均額を,子どもの学年別に知ることができる。最新の2010度調査の結果を使って,幼稚園から高校までの学年別の教育費がどれほどかを調べてみた。原資料では「学習費」という言葉が用いられているが,ここでは「教育費」ということにする。ここでいう教育費には,学校教育費のほか,塾やおけいこ費用などの学校外教育費も含まれる。提示するのは,保護者が2010年度間に負担した額の平均値である。

なお,この調査では高校段階までの教育費しか調査されていないが,大学進学率が50%を超える今日,「子ども一人育てる」というのは,大学まで出すことを含意すると考えてよい。大学については,日本学生支援機構の『2010年

度・学生生活調査』で明らかにされている学費のデータを使うこととする。学費とは，「授業料，その他の学校納付金」および「修学費，課外活動費，通学費」から構成される。大学の学費は学年ごとに明らかにされていないので，1～4年とも，一律に全体の平均額を適用する。

図表 2-19 は，公立（大学は国立）と私立で分けて，学年ごとの額を示したものである。まず最下段の総額に注目すると，すべて公立（大学は国立）

2-19 学年別の教育費（万円）

	教育費（万円）		累積	
	公立*	私立	公立	私立
幼3歳	19	54	19	54
幼4歳	21	48	40	102
幼5歳	26	59	66	161
小学校1年	32	181	99	342
小学校2年	25	124	123	466
小学校3年	25	130	148	596
小学校4年	30	134	178	730
小学校5年	31	157	209	887
小学校6年	39	155	248	1,042
中学校1年	46	155	294	1,197
中学校2年	40	111	334	1,308
中学校3年	53	118	386	1,426
高校1年	46	108	433	1,534
高校2年	38	81	471	1,615
高校3年	33	86	504	1,702
大学1年	66	132	570	1,834
大学2年	66	132	636	1,966
大学3年	66	132	702	2,098
大学4年	66	132	768	2,230
合　計	768	2,230	**	**

*大学は国立の数値である。
資料：文部科学省『子どもの学習費調査』(2010年度)
　　　日本学生支援機構『学生生活調査』(2010年度)

の場合，およそ 768 万円である。すべて私立に通わせた場合は，2,230 万円。後者は前者の 2.7 倍なり。公私の差は，小学校段階で大きくなっていて，どの学年でも，4～5 倍の開きがある。義務教育無償の原則により，公立の小学校では授業料は徴収されないが，私立は，そうではないことによる。

表の右欄では累積を出しているが，すべて私立のコースの場合，子どもが義務教育を終える頃にして，既に 1,426 万円にも達している。すべて公立コースの額（386 万円）の 3.7 倍である。その後，高卒時点で 1,702 万円，大卒時点で 2,230 万円に達するという次第である。

まあ，幼稚園から大学まで全て私立校に通う子どもというのはごくわずかである。「早期受験」の項でみたように，小学生では私立児童の比率は 1.0％ほどに過ぎない。多くの子どもがたどるのは，幼稚園は私立，小学校から高校までは公立，大学は私立，というところであろうか。この標準コースの教育費総額を上表から出すと，1,127 万円となる。巷でいわれている「数千万円」というのはオーバーであるにしても，標準額でみても 1 千万円を超えるというこ

2-20　学年別の教育費の組成

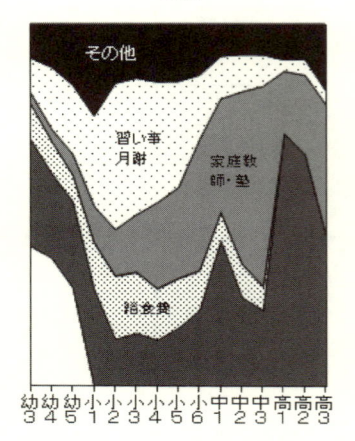

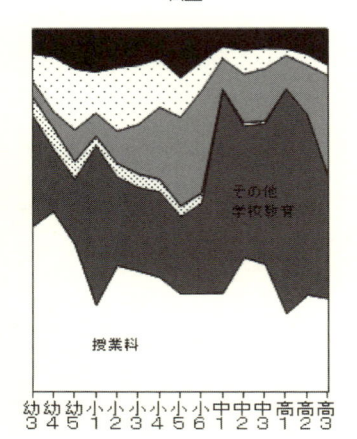

公立　　　　　　　　　　　　私立

資料：文部科学省『子どもの学習費調査』（2010年度）

とに，私としては驚きを禁じ得ない。子どもが荒れ始めたら，教育費の帳簿を見せつけてやるとよいかもしれない。

　さて，このように高額な教育費であるが，その組成は多様である。文科省の上記調査では，学校教育費として，授業料のほか，修学旅行・遠足費，児童・生徒会費，PTA会費，教科書費，学用品費，教科外活動費，給食費，などの費目が設けられている。学校外教育費の主な費目は，学習塾費，家庭教師費，体験活動・地域活動費，芸術文化活動月謝などである。

　子どもの発達段階に応じて，これらの内訳がどう変異するかを知りたい。私は原資料の細かい費目を，①授業料，②その他学校教育費，③学校給食費，④家庭教師・学習塾費，⑤習い事月謝■16，⑥その他，という6カテゴリーに簡略化し，各々の組成を学年別に明らかにした。**図表2-20**は，公立と私立に分けて，結果を面グラフで表したものである。タテの目盛幅は0～100％である。

　まず公立をみると，幼稚園段階では学校の授業料が最多であるが，小学校以降は，それはゼロとなる。義務教育無償の原則により，公立の小・中学校では

■ 16────原資料でいう「芸術文化月謝」，「スポーツ・レクレーション月謝」，および「教養月謝」の3費目を合算したものである。

授業料は徴収されない。また，2010年度から施行されている高校無償化政策により，公立高校の授業料も不徴収ということになっている。

代わりにどの費目の比重が増すかというと，家庭教師・塾費や習い事の月謝である。小学校では後者が，中学校では前者が最も多くを占める。受験を控えた中学校3年生では，家庭教師・塾費が全体の55.3％にもなる。平均額は年間29万2千円ほど，月あたりにすると2〜3万円である。受験が済んで高校に上がると，通学費や教科書代■17といった，授業料とは別の学校教育費が幅をきかせてくる。また，行き先が遠方になるため，修学旅行費や遠足費も小・中学校に比べて高くつく。

なお，給食費の比率も結構大きい。額でいうと，小学校では年間だいたい4万2千円ほどである。給食費の不払いが問題になっているが，貧困層の家庭にとってはバカにならない額である。モラルハザードによる不払いが多いのだろうけれども，切羽詰まって払えない，というケースも少なくないと思われる■18。

次に右側であるが，私立校の場合，授業料をはじめとした学校教育費がどの年齢でも多くを占める。私立の場合，施設・設備費のような学校納付金やPTA会費の類が公立に比して割高である。

わが国の教育費の高さの原因は，塾や習い事というような学校外教育への志向が保護者の間で強いことに加えて，授業料をはじめとした学校教育費が高額であることに由来する。前者はともかくとして，後者については相応の公費負担が要請されるところである。

しかるに日本は，世界的にみて多くの富を有している割には，教育にあまりカネを使わない社会である。OECD調査資料■19によると，教育への公財政支出がGDPに占める比率はわずか3.3％であり，OECD加盟国の中で最下位である（2008年）。その分，家庭の私費負担が大きくなっており，大学は国立でも年間授業料が50万円を超える事態になっている。私立はいわずもがなである。私学依存型■20の教育システムを持っているわが国において，このことの

■17――――高校段階では，教科書は有償である。
■18――――公立小学校に対する全国調査の結果によると，学校給食費の未納の主な原因としては，「保護者の責任感や規範意識」が53.2％，「保護者の経済的な問題」が43.5％，「その他」が3.4％，という認識の分布になっている。文部科学省『学校給食費の徴収状況に関する調査』（2010年度分，調査2011年，発表2012年）。
■19――――文部科学省『図表でみる教育（Education at a Glance）OECDインディケータ』（2011年版）による。

第2節　子育て

影響はとても大きい。

　むろん，政府も手をこまねいているのではなく，2010年度より高校無償化政策が施行され，公立高校の授業料は無償になり，私立高校の授業料には補助が得られることとなった。それにより，経済的理由による高校中途退学者が大幅に減じたこと[21]は，まことに喜ばしいことである。

　今後は，このような施策を高等教育機関でも段階的に施行していくことが求められる。大学で学ぶのは，18〜22歳の青年だけではない。学生の中には，職場から還流してくる社会人や，職をリタイアして余生の目標を勉学に定めたというような高齢者もいる。人口構成の変化に加えて，余暇社会化・生涯学習社会化が進行する中，このような人々はますます増えてくる。少子高齢社会，生涯学習社会において，あらゆる人々の学びのセンターとして，大学のような高等教育機関の果たす役割は大きい。そこでの学びが，経済的障壁によって阻まれることがあってはならない。

　憲法や教育基本法が規定する「権利としての教育」は，共通教育としての性格を強く持つ，初等・中等教育だけに適用されるものではないのである。

[第3節] 家庭の問題

　血縁に由来する情緒的・情愛的な人間関係がある，第1次集団としての家庭は，子どもにとっての憩い・癒しの場になると同時に，子どもの社会化機能を遂行することも期待されている。しかるに，第1節でみたような構造変化

(前ページ)
- [20]————日本の大学の8割近くは私立大学である。
- [21]————経済的理由による高校中途退学者は，2009年度は1,647人であったが，2010年度では1,043人にまで減少をみた。これは中退者全体（56,947人→55,415人）に比して，大きな減少幅である。文部科学省『児童生徒の問題行動等生徒指導上の諸問題に関する調査』の統計による。

もあって，現代の家庭はそのような機能を十全に果たし得なくなっている面が出てきている。さらには，子どもにとって紛争や葛藤の場になる，彼らの内に他者への信頼感ではなく不信感を植えつけてしまうというような，逆機能（病理）が生じる事態も見受けられる。この節では，現代の家庭の機能不全・逆機能を，5つのトピックを通して眺めてみることにしよう。

■ 1 未婚化

　よくいわれるように，わが国では少子化が進行しているのであるが，そのことの原因の一つは，前節の最後でみたような，教育費の高さに見出される。しかるに，それよりももっと前に位置するものがある。それは，家庭そのものが形成されないという，未婚化の進行である。この未婚化現象の中に，わが国の親子関係がはらむ問題を見て取ることができる。家庭の問題という文脈において，この現象を論じることの理由はここにある。

　まずは，わが国で未婚化がどれほど進んでいるかを統計で表現してみよう。総務省の『国勢調査』では，15歳以上の全国民について，配偶関係を調査している。未婚化の程度は，一度も結婚したことがないという未婚者が，全体のどれほどを占めるかという指標（未婚率）で測られる。私は30代後半であるが，この年齢層の男性の未婚率は，最初の『国勢調査』が実施された1920年（大正9年）では4.1％であった。戦後になり，1970年頃まではほぼこの水準で推移するが，その後上昇に転じ，1990年には19.0％になり，2010年現在では34.8％にまで高まっている。現在では，30代後半の男性でも，3人に1人が未婚者である。かくいう私もそのうちの1人。

　では，他の年齢層の傾向も加味して，わが国の未婚化の進行を総体的に俯瞰してみよう。私は，5歳刻みの各年齢層の未婚率を10年間隔で用意し，このデータを等高線グラフで表現した（**図表2-21**）。これによると，各年齢層の変化の様相を上から俯瞰することができる。色の違いに依拠して，各時代・各層の未婚率の水準を読み取ってほしい。2020年と2030年は，将来予測の数値を使っている。

　未婚率は基本的に年齢現象であるから，時代を問わず若年層ほど率が高い。しかし，時代による変化もみられるのであり，近年になるほど，色が濃い高率ゾーンが下に垂れてくる。たとえば，未婚率20％台のゾーンは，2000年には30代後半の部分にまで垂れ，2010年現在では40代後半までを侵食している。

2-21　男性の未婚率（%）

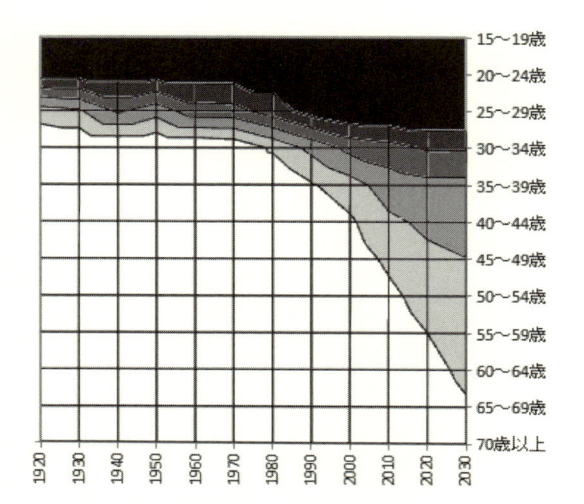

資料：総務省『国勢調査』
　　　国立社会保障・人口問題研究所『日本の世帯数の将来推計』

そして2030年には60代の前半まで達することが見込まれている。2030年では，60代の前半でも未婚率が2割を超えると予測されている。

ちなみに，社会全体の未婚化の程度を測る簡易な指標として，生涯未婚率というものがある。字のごとく，生涯未婚のままでいる人間が全体に占める比率であり，50歳時点の未婚率で代替される。この年以降で結婚する者はそうはいないであろうという前提に立った措置である。5歳刻みの未婚率から生涯未婚率を出す場合，40代後半と50代前半の数値を平均するという便法がとられる。この方法で各年の男性の生涯未婚率を計算し，推移をグラフにすると，**図表2-22**のようになる。

2-22　男性の生涯未婚率（%）

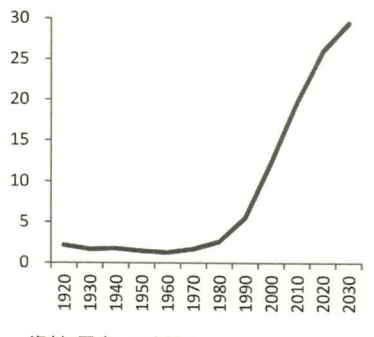

資料：図表2-21と同じ

男性の生涯未婚率は1980年代までは低い水準で推移していたが，90年代以降急上昇している。2010年現在の率は約2割であり，2030年にはこれが3割になるであろうと見込まれている。現在では5人に1人，近い将来では3人に1人が生涯未婚のままという状況になる。これでは，**図表1-1**でみたような，少子化傾向が進むであろうことは，火をみるより明らかである。

では，なぜ未婚化が進むか。この問い

に対しては，女性の社会進出が進んだとか，草食系の若者が増えたとか，いろいろなことがいわれるけれども，そのような一般論をここで反芻しても面白くない。家族社会学の観点からした，ユニークな見解を紹介しよう。

「パラサイト・シングル」という言葉をご存知だろうか。「パラサイト」とは，寄生を意味する。「シングル」は独身者である。両者を合わせた熟語を訳すと，「寄生する独身者」となる。何に寄生するかというと，親に対してである。自立が期待される年齢になっても親と同居し続ける独身者。山田昌弘教授は，現代日本において，このような人種が増えていることを明らかにしてみせた。1999年に刊行された『パラサイト・シングルの時代』（ちくま新書）はベストセラーとなり，以後，『国勢調査』において，親と子の同居・非同居に関する集計がなされるようになっている。

山田教授は，現代日本で進行する未婚化の原因を，このパラサイト・シングルの増加に求めている。親と同居していれば，家賃や食費など，生活の基礎経費は浮くので，給料のほとんどを自分の小遣いに充てることができる。調査データでみても，未婚の親同居者は，結婚して離家している既婚者に比べて，経済的ゆとり度や精神的ゆとり度が高いとのこと（上記文献，77頁）。このようなリッチな生活にどっぷりつかっていると，結婚して離家しようという欲求は当然下がってくる。言いかえると，結婚することに対する要求水準が高まってくる。とくに女性の場合，結婚相手の男性が，現在の（優雅な）パラサイト生活と同水準の生活を保障してくれるか，ということに関心がいくようになる。

しかるに，このご時世。そのような「白馬の王子様」に巡り会うなど，そうそうあるものではない。以前，電車の週刊誌のつり広告で，「20代の女性が結婚相手に求める年収は600万円」というフレーズを目にしたことがあるが，冗談も甚だしい。若い男性で，それほど稼いでいる人間はほんの一握りである。しからば結婚は見送りということで，男女ともいつまでも実家に居座り続け，結果としてパラサイト・シングルが増殖することになる。なるほど。現在進行している未婚化は，個々人のこうした行為の集積の結果であるといえなくもない。

ひるがえって昔はどうであったかというと，状況は違っていた。たとえば，私の好きな『夕焼けの詩：三丁目の夕日』（西岸良平作）は1950年代後半の物語であるが，当時は多くの家庭の生活水準が低く，かつ兄弟数も多かったので，よほど裕福な家でない限り，実家の一室をわが物にするなどはできなかった。

また,「あそこの＊＊ちゃん，まだ結婚しないの？」というような近隣の目も厳しかった頃である。しかし，もっと大きかったのは，結婚して離家したとしても,生活水準の上昇が望めたことだ。高度経済成長への離陸期にあった当時，時期による凹凸はあったにせよ，総じて，(男性)労働者の給与が右肩上がりに上がっていた。

　このような状況の中，多くの若者が積極的に家を出て，結婚に踏み切っていたとみられる。しかし，現在ではそのような条件は完全に失われているとみるべきであり，その結果が，山田教授のいうようなパラサイト・シングルの増加となって表れている。

　さて，現代日本では，どれくらいパラサイト・シングルがいるのだろうか。先に述べたように，最近の『国勢調査』では，親と子の同居・非同居の集計がなされている。最新の2010年の調査結果によると，20～49歳の男女の未婚親同居者は1,275万人となっている。これは東京都の人口に匹敵するくらいの数である。同年齢人口に対する比率は26.2%なり。若年から中年の4人に1人以上が，パラサイト・シングルであるとみられる。この比率は10年前(2000年)の25.6%よりも微増している。

　なお，30～40代の中年層では，パラサイト・シングル率の伸びはもっと大きく，この10年間で11.6%から16.5%にまで増えている。2010年の中年パラサイト・シングルの実数は約575万人である。このような中年層において，パラサイト・シングルが増えているのは気がかりである。定職があるならまだいいが，それがなく，何から何まで親に依存している「無職中年パラサイト・シングル」がその多くを占めるとしたら，空恐ろしい思いを禁じ得ない。親が元気なうちはいいが，やがて介護が必要になった時，亡くなった時に，どういう事態になるか。もう身辺の世話をしてくれる人はいない（逆に世話を求められる）。家を継ぐとしたら，相続税を払わねばならない。山田教授の比喩を借りると，今つかっている心地よい「ぬるま湯」が冷めて「水風呂」になる時期は確実にやってくる（上記文献，184頁）。

　わが国で進行する未婚化を食い止めるため，今述べたような悲劇的な結末を迎える中高年が増えるのを防ぐためになすべきことを，山田教授はいくつか提言している。その中の一つに，「親同居税」の創設というものがある（191頁）。親との同居を，自室の提供や家事の提供というような「贈与」を受けることとみなし，税を払わせようというのである。税額はどうであれ，この制度が施行

されれば，離家して結婚に踏み切る若者は増えてくるであろう。そうならずとも，いい年をして実家に住まわせてもらっているのは「贈与」を受けていることなのだと，自覚する者が増えてくるのは確かであると思われる。金持ちにも貧乏人にも一律に課される消費税の増額よりも，こういう面での課税を考えてみてはどうかという気もする。むろん，同居の理由が，親の介護をしているとか，家業を手伝っているとかいう場合は別である。

　未婚化現象は，女性の社会進出とか若者の意識の変化とかいう視点で論じられることが多いのであるが，わが国の親子関係の特異性という面からも解釈することができる。ここで「特異性」と書いたが，成人したら親元を離れるのが当然とされている西洋諸国からすれば，東洋の日本でパラサイト・シングル現象が蔓延っている様は何とも奇異に映ることであろう。「なぜ日本の親は，子をキックアウトしないのか（追い出さないのか）？」と。親離れできない子，子離れできない親。第１次集団としての家庭は，成員（子ども）を温かく包摂する機能を期待されているけれども，その過剰遂行が集積することで，社会全体の未婚化が帰結としてもたらされる。未婚化の進行は，現代の家庭において，機能不全や逆機能ならぬ，機能過剰の問題があることを示唆している。

■2　家族解体

　家族解体とは，血縁関係にある家族成員が戸籍の上において離れ離れになることである。むろん，そのような文面の上での変化がなくとも，物理的ないしは精神的に疎遠になっている状態をもって家族解体という向きもあるが，ここでは，行政記録の上での変化を伴う事態をもって，この言葉を使うことにしよう。

　家族の人間関係は，夫婦関係と親子関係からなる。単独親権制を採っているわが国では，夫婦関係が切れれば，子はどちらか一方の親に引き取られるから，子からすれば，親子関係の半分は消失することになる。よって，家族解体の頻度を統計で観察しようという場合，夫婦関係の破綻の頻度に注目するのがよいであろう。この項では，離婚率を指標として，現代日本における家族解体の様相を眺めてみよう。また，そのことが子どもの育ちに影響し得るかどうかを，非行少年の家庭環境をフィルターにして考えてみよう。

　2010年の厚生労働省『人口動態統計』によると，同年中の男性離婚者[22]は184,570人である。同年の『国勢調査』から分かる15歳以上の男性の数

2-23 男性の年齢層別離婚率（1万人あたり）

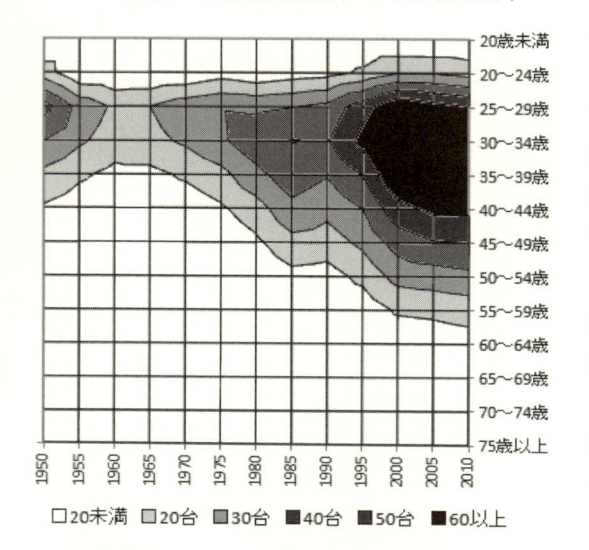

資料：厚生労働省『人口動態統計』，総務省『国勢調査』

で除すと，1万人あたり34.9人となる。この比率（ベース1万人あたりの数）を離婚率としよう。2010年現在の離婚率は，戦後の長期的なスパンでみても最も高い水準にある。今計算したのは，15歳以上の男性全体の離婚率であるが，これを年齢層別に出すとどうか。**図表2-23**は，1950年以降の5年刻みの年について，5歳刻みの離婚率を出し，結果を等高線図で表現したものである。各年・各年齢層の離婚率の水準を，塗り分けの濃さの違いに基づいて読み取っていただきたい。

時代の経過と共に，全般的に高率ゾーンが広がってきているのであるが，今世紀以降，20代後半から40代前半の箇所に黒色の膿が広がっている。現在のこの年齢層では，1万人あたりの離婚率が60を超えること示唆している。いみじくも，幼児から中学生くらいの子どもがいる年齢層である。上記の統計図は，家族解体に晒される子どもの量が増えていることをうかがわせる。

こういう状況において，実証的に明らかにすべきは，家族解体に遭遇することが，子どもの育ちにどう影響するかである。両親がいる者と，父母のいずれかがいない者とで，非行を犯す確率がどれほど違うか，という問題を立てて，それに答えるデータを提示しようと思う。

警察庁が毎年発刊している『犯罪統計書』には，警察に検挙・補導された少年（以下，非行少年）の数が，両親の状態別に掲載されている。2010年の資料によると，同年中に検挙・補導された非行少年は103,573人である（延べ

(前ページ)

■ 22―――― 2010年中に同居を止め離婚を届け出た者の数である。離婚率は男性（夫）の率でも女性（妻）の率でもよいが，ここでは前者の統計を用いることにする。

数）■23。両親の状態の構成をみると，①「両親あり」の者が65,791人，②「母あり父なし」の者が29,843人，③「父あり母なし」の者が6,893人，④「両親なし」の者

2-24　両親の状態別の非行少年出現率

	a 母数	b 非行少年数	b／a 出現率
両親あり	12,571,311	65,791	52.3
母あり父なし	1,284,964	29,843	232.2
父あり母なし	239,249	6,893	288.1

＊出現率の単位は1万人あたり。
資料：総務省『国勢調査』(2010年)，警察庁『犯罪統計書』(2010年)

が835人，⑤「不明」の者が211人，となっている。①が全体の63.5％と多くを占めるが，少年全体（母集団）でみても「両親あり」という者が大半であるから，これは当然である。各グループから非行少年が出る確率を明らかにするには，それぞれのグループの母数を考慮する必要がある。

2010年の総務省『国勢調査』によると，母子世帯（他の世帯員がいる世帯を含む）に属する6歳以上18歳未満の者は128万4,964人である。父子世帯に属する同年齢の者は23万9,249人。これらは，②と③の母数として使える。①については，同年齢人口からこれらを差し引いて得られる，1,257万1,311人を母数として充てることとする。④の「両親なし」のグループについても，非行少年出現率を出したいのだが，このグループの母数は明らかにしようがないので，ここでは見送る。では，①から③の各グループについて，非行少年数を母数で除した，非行少年出現率を計算してみよう■24。

結果は，**図表2-24**のようである。通常家庭＜母子家庭＜父子家庭，という構造になっている。母子家庭は通常家庭の4.4倍，父子家庭は5.5倍である。両親の状態により，非行を犯す確率が異なるであろうことは予想されることであるが，これほどの差があるとは驚きである。また，父がいないことよりも母がいないことの影響が大きいことも，私にとっては発見である。

次に，罪種ごとの数字を出してみよう。一口に非行といっても，万引きのような軽微なものから殺人のような凶悪犯まで，いろいろな罪種がある。グループ間の差が大きいのは，どの罪種であろうか。警察庁の上記資料によると，2010年の凶悪犯少年■25の家庭環境は，①両親ありが559人，②母あり父な

■23―――14歳未満の触法少年も含む。触法少年が警察に捕まった場合，検挙ではなく「補導」という。
■24―――母数には18歳と19歳の年長少年が含まれないが，ここでの関心は，各グループ間の相対的な出現率の差をみることなので，この点には目をつぶることにする。
■25―――殺人，強盗，強姦，および放火のいずれかの罪種で検挙・補導された少年である。

第3節　家庭の問題

2-25　包括罪種別の非行少年出現率
（両親ありの者を 1.0 とした指数）

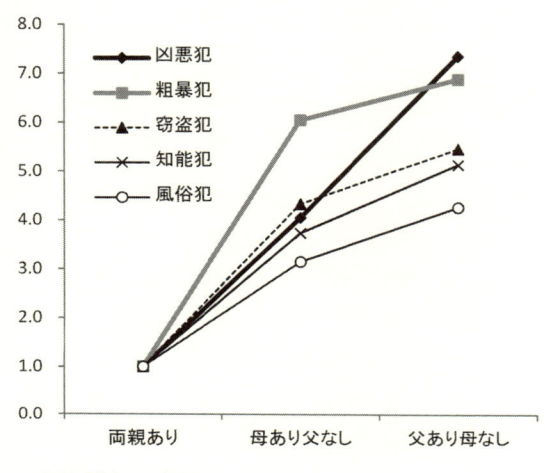

凡例：凶悪犯／粗暴犯／窃盗犯／知能犯／風俗犯

資料：図表2-24と同じ

しが 231 人，③父あり母なしが 78 人である。これらを図表 2-24 の母数で除すと，1 万人あたりの出現率は順に，0.4，1.8，3.3 となる。①に対する倍率にすると，②は 4.0 倍，③は 7.3 倍である。シリアスな凶悪犯に限定すると，両親の状態如何の差が大きくなる。他の 4 罪種についても同じ処理を施して，グラフを描いてみた。図表 2-25 から，罪種による，家庭環境の影響度の違いを看取されたい。

　各グループの値を結んだ線の傾斜がきついほど，差が大きいことを意味する。図をみると，両親の状態の影響は，粗暴犯や凶悪犯で相対的に大きいようである。粗暴犯は，通常家庭と母子（父子）家庭の断絶が明確であり，凶悪犯の出現率は，通常→母子→父子，というように直線的に増える傾向である。以上のデータから，非行少年の出現率は，罪種を問わず，家庭環境（両親の状態）と関連していることが知られるのである。

　あと一点，子どもの発達段階（年齢）によって，様相がどう変異するかをみてみよう。一般に，非行が最も多発するのは思春期の只中にある 15 歳であるが，この年齢の非行少年数を両親の状態別にみると，①両親ありが 12,576 人，②母あり父なしが 5,982 人，③父あり母なしが 1,404 人である。表 2-24 の母数あたりの出現率にして，①に対する倍率を出すと，②は 4.7 倍，③は 5.9 倍となる。

2-26　年齢別の非行少年出現率
（両親ありの者を 1.0 とした指数）

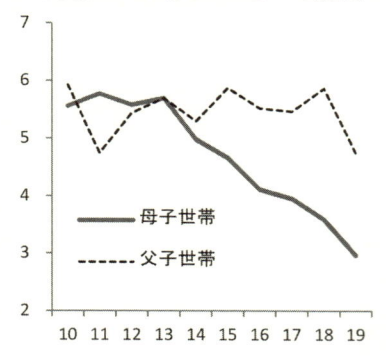

母子世帯／父子世帯

第 2 章　家庭

この年齢では，母子世帯からの非行少年出現率は通常家庭の 4.7 倍，父子家庭からのそれは 5.9 倍である。この倍率が年齢によってどう違うかを折れ線グラフにしてみよう（**図表 2-26**）。

　父子家庭の場合，非行少年の数（分子）が少ないので傾向が安定しないが，母子世帯庭の折れ線は右下がりを呈している。量的に多い母子世帯の傾向を汲むと，自我が未熟な年少の子どもほど，一方の親がいないことの影響は大きいものと解される。

　以上のデータから，家族解体に遭遇した子どもが非行を犯す確率は，そうでない子どもよりかなり高いことが判明した。**図表 2-23** でみたように，子どもがいる年齢層の離婚率が高まっている今日において，このような現実があることは看過し得ない。親の不在が非行と関連する経路としては，いくつか考えられる。まずは，主な生活の場である家庭において，情緒安定機能が十全に果たされないことである。T. パーソンズは，現代の核家族において成員の情緒安定を図る表出機能を担うのは母親であると説いたが，なるほど，母子家庭よりも父子家庭の非行出現率が高いことは，そのようなことを思わせる。このような生活の中で生活態度が不安定化した子どもが，心の空白を満たすべく盛り場などに繰り出し，何らかの非行誘発要因に遭遇した場合，当人が非行に傾斜する確率は相当に高いものといわねばなるまい。

　また，父母が離婚した場合，母親が子を引き取るケースが圧倒的に多いのであるが，母子家庭にあっては，経済的な困窮に陥るリスクが高い。むろん，衣食住にも事欠くような絶対的貧困に陥るのは稀だろうけれども，周囲と比した場合の相対的貧困が痛手となることも多い。思春期にもなれば，やれケータイだとかスマホだとか，仲間との交際にもカネがかかるようになり，それが叶わないとつまはじきにされる。そのことから，子どもが味わう疎外感は大きい。場合によっては，とてつもなく大きい。時系列データを用意できないが，両親の状態と非行との関連の強さは，以前に比して強まっているのではないか，という思いもする。

　最後に，親権の制度について一言。離婚の大半は協議離婚であるが，「父母が協議上の離婚をするときは，その協議で，その一方を親権者と定めなければならない」（民法第 819 条 1 項）。わが国では，このように単独親権制が採られているのであるが，片親から強制的に引き離された子どもが，精神的な不安定を呈することも少なくない。子どもの権利条約第 9 条 3 項がいうように，「子ど

もの最善の利益に反しないかぎり，定期的に親双方との個人的な関係および直接の接触を保つ権利を尊重する」ことが求められる。この点については，目下，離婚後も両親が共に親権を持つことを認める共同親権制の導入が提言されている。両親の状態と非行との関連を統計で眺めた今，このような主張に私も賛意を表したい。

■3 貧困

ここ数年において，子どもの貧困問題への関心が高まっている。ここでいう貧困とは，衣食住にも事欠くような絶対的貧困としての性格はあまり持っていない。あくまで現代日本の生活水準を所与とした場合の「相対的」な意味での貧困である。こう書くと，「昔の人はもっと…」，「発展途上国の人はもっと…」という声が必ず出てくるのであるが，そのように「後ろ（下）」を向いてばかりいると，全ての人間の生活水準が，競い合うようにして奈落の底に落ちていくことになる。貧困問題の議論のスタンスは，あくまで当該社会の状況を勘案した，相対的貧困の視点を据えることである。初めに，この点を押さえておこう。

さて，「現代日本」において貧困と判定される子どもの量を計測したいのであるが，私がここにて用いる指標（measure）は，教育扶助を受けている子どもの比率である。教育扶助とは生活保護の一種であり，生活保護法第6条2項が規定する「要保護者」のうち，義務教育学校就学年齢（学齢）の子がいる者に対してなされる援助のことをいう[26]。援助の対象は子ども本人ではなく保護者であるので，「受給率」という言い方は厳密には不正確であるが，煩雑さを避けるため，ここでは小学生（中学生）の受給率ということにする。

2-27 教育扶助受給率（‰）
　　　----- 小学生
　　　――― 中学生

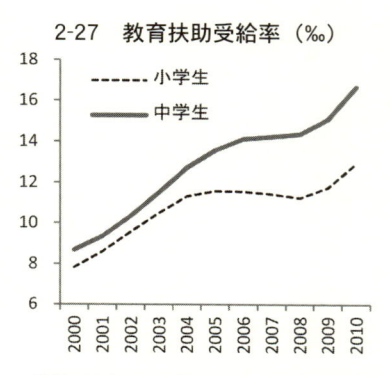

資料：厚生労働省『被保護者全国一斉調査』
　　　文部科学省『学校基本調査』

厚生労働省の『被保護者全国一斉調

■26───援助品目は，①義務教育に伴って必要な教科書その他の学用品，②義務教育に伴って必要な通学用品，③学校給食その他義務教育に伴って必要なもの，である（生活保護法第13条）。保護金品は，子どもが通う学校の校長に給付されることになっている（第32条2項）。

査』から，教育扶助を受けている小・中学生の数を知ることができる。2010年調査によると，同年7月1日時点の受給者数は，小学生が90,436人，中学生が59,250人である。この数を，同年の小学校児童，中学校生徒数で除すと，12.9‰，16.7‰という比率が得られる。‰（パーミル）とは千人あたりの数を意味する。中学生では千人あたりの受給者は16.7人，すなわち60人に1人が教育扶助を受けている計算になる。最近10年間において，この比率がどう推移したかをみてみよう（図表2-27）。

　小学生，中学生とも，教育扶助受給者の比率が右上がりに増えてきている。小学生の場合，この10年間で1.7倍の伸びである（7.8‰→12.9‰）。中学生の伸び率はもっと大きく，1.9倍（8.7‰→16.7‰）。格差社会化の進行が，子どもの世界に影を落としていることが知られる。

　次に，地域別の値を出してみよう。上記の厚労省資料には，47都道府県について，小・中学生の教育扶助受給者数が掲載されている。これを，文科省の『学校基本調査』に載っている県別の小・中学生数で除すことで，各県の小・中学生の教育扶助受給率を明らかにすることが可能となる。最新の2010年のデータを使って，小・中学生の受給率を都道府県別に出したところ，小学生では0.9‰から34.1‰，中学生では1.1‰から41.9‰までの開きが観察された。後者では，千人に1人という県もあれば，24人に1人という県もあることになる。地域差が大きい中学生の受給率を地図化すると，**図表2-28**のようである。

　5‰刻みで塗り分けている。白色は5‰（200人に1人）を下回る県であるが，中部地方が真っ白に染まっている。この地方の諸県では，子どもの貧困度が比較的低いようである。逆に，近畿地方は濃い色になっている。黒色は25‰（40人に1人）を越える県である。北海道，京都，大阪，および福岡がこの水準に達している。

　このような差は，何に由来するか。生活保護の認定基準が地域によって異なるというような，制度的な事情もあるだろうけれど，社会的な要因の影響も被っている。私は，2005年の『国勢調査』のデー

2-28　都道府県別の中学生の教育扶助受給率（‰）

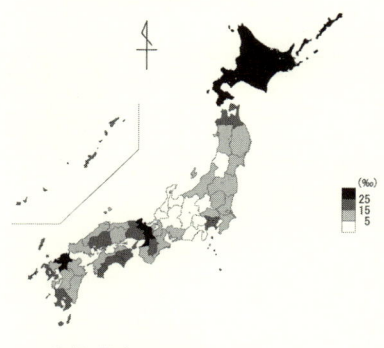

資料：図表2-27と同じ

タを使って，25〜34歳の青年層の失業率を県別に出したことがあるが[27]，この指標の地図と上記の地図はかなり似ている。中部・北陸のゾーンが真っ白であるのもそっくりである。この失業率は，ここで明らかにした小学生の扶助受給率と＋0.580，中学生の扶助受給率と＋0.616という相関関係にある。（親世代の）失業率が高い県ほど，子どもの教育扶助受給率が高いという傾向が明瞭である。子どもの状況は，社会の状況をストレートに反映するものだと思う。

次なる関心事は，教育扶助受給率で測られる貧困度の多寡に応じて，子どものすがたがどう違うかである。最初に，学力との関連を確かめてみよう。私は，東京都内49市区のデータを使って，失業率や一人親世帯率といった生活不安指標と，児童・生徒の学力テストの平均正答率の相関関係を調べたことがある[28]。そこでは，大変強い負の相関が観察された。これは，東京という局所のデータの知見であるが，分析の次元をより引き上げた県別のデータでも，このような相関がみられるかどうか，興味が持たれる。

各県の子どもの学力指標としては，文科省『全国学力・学習状況調査』（2010年度）の各科目の平均正答率（％）を用いる。公立小学校6年生の4科目（国語A，国語B，算数A，算数B），公立中学校3年生の4科目（国語A，国語B，数学A，数学B）の平均正答率である。71頁の図表1-36でみたように，2010年の全国学力調査の正答率水準は，県によってかなり違っている。先ほど明らかにした県別の教育扶助受給率と各科目の平均正答率の相関をとってみよう。結果は，図表2-29に整理した。

小学校6年生の学力は，子どもの貧困度と無相関であるが，中学校3年生の学力は，それによってかなり強く規定されている。中学校3年生の国語Bの正答率は，中学生の教育扶助受給率と−0.589という相関である。国語Bは，国語の

2-29　教育扶助受給率と学力の相関

		小学生の教育扶助受給率	中学生の教育扶助受給率
小6	国語A	−0.203	
	国語B	−0.186	
	算数A	−0.052	
	算数B	−0.066	
中3	国語A		−0.464
	国語B		−0.589
	数学A		−0.355
	数学B		−0.461

資料：文部科学省『全国学力・学習状況調査』（2010年）

---

[27]　拙著『47都道府県の青年たち―わが県の明日を担う青年のすがた―』武蔵野大学出版会，2010年，143頁。
[28]　拙稿「地域の社会経済特性による子どもの学力の推計」『教育社会学研究』第82集，2008年）。

2-30　中学生の教育扶助受給率と自尊心・逸脱の関連

　　　教育扶助×自尊心　　　　　　　　　　教育扶助×非行

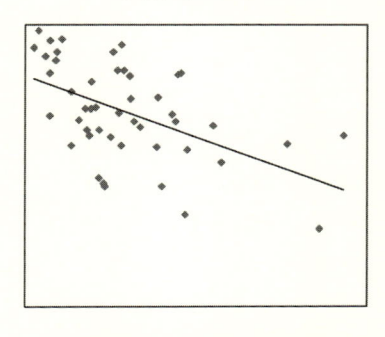

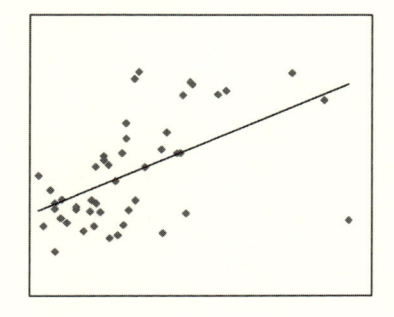

資料：図表1-35, 図表1-43, 図表2-28と同じ

応用的・活用的な問題を出題する科目であるが，こうした言語能力は，子どもの家庭環境に規定される部分が大きいものと思われる。

　また，各県の中学生の教育扶助受給率は，自意識や逸脱行動の発生頻度とも相関している。**図表1-43**では，子どもの自尊心の多寡を県別に明らかにしたのだが，公立中学校3年生の自尊心の程度と，中学生の教育扶助受給率は－0.520という相関関係にある。また，中学生の教育扶助受給率は，**図表1-35**でみた中学生の非行者出現率と＋0.538という相関関係にある。その様相を，散布図にて示しておこう（**図表2-30**）。横軸に教育扶助受給率，縦軸に「自分にはよいところがある」と思っている生徒の率，非行者出現率をとった座標上に，47県を位置づけたものである。

　中学校段階では，貧困という生活状況は，子どもの教育達成（achievement）を阻害するのみならず，彼らの自意識（自我）を傷つけ，ひいては逸脱行動を促進させる要因となることがうかがわれる。中学生は，自我がだんだんと固まってくる思春期の只中にあり，周囲と自己を比べたりすることも多くなる。この点は，前項の家族解体の議論とも連関する。

　ここでは，学力，自意識，および逸脱行動と貧困の関連をみたのであるが，貧困は，子どもの「生」のあらゆる面と相関していることであろう。文科省の『全国学力・学習状況調査』から，子どもの生活習慣，学校充実度，社会関心，および道徳性など，多様な側面を測る指標を県別に出すことができる。教育扶助受給率で測られる子どもの貧困度とこれらの指標の相関分析も，重要な分析

課題である。より一層，貧困が子どもの生に落とす影が明瞭になると思われる。誰でも利用できる（追試可能な）公的統計を使って，このようなエビデンスを集積していくことが，世論を喚起し，行政を動かすことにもつながるのである。

■4　児童虐待

　先にも書いたが，心理学者エリクソンは，乳幼児期の発達課題は，他者への基本的信頼感を獲得することであると説いた。生後間もない乳児は何もできない。であるからこそ，暖かな人間関係の中で全面的に保護されなければならない。そのことによって，当の乳児は，周囲の人間は自分の味方なのだ，自分を守ってくれる存在なのだという，信頼感を得るようになる。しかるに，最近の家庭では，そのような結果を阻害する病理現象が噴出している。その最たるものが児童虐待（child abuse）である。

　乳児の場合，叩かれても，それがなぜなのか把握できない。ただ猛烈な痛みを感じるだけである。このような状態が継続すると，周囲の人間は自分にとっての敵だ，自分を攻撃する存在なのだ，という観念が生じるようになる。それは，信頼感ならぬ不信感に他ならない。乳幼児期に被虐待体験を有する者は，他人に警戒的であったり，ちょっとしたもめ事に遭遇した時，必要以上に攻撃的になったり，さらには他人が自分を貶めようとしているなどと，根拠のない妄想を抱いたりするというけれども，それは故なきことではないのである。

　あと一点，虐待は子どもに深刻な劣等感を植えつけることがある。幼稚園に上がるくらいの年齢になれば，叩かれたとしても，自分が悪いことをしたからというように，その理由をある程度把握できるようになる。しかし，何もしていないのに見境なく叩かれるような状態が続くと，当人は当然理由を理解できないし，しまいには，その責を全て自分に帰すようになる。お母さんが叩くのは，自分が悪い子だからだ，というように。それが高じると，自分はただいるだけでも悪い存在なのだ，いるだけで他人に迷惑をかけてしまうのだ，というように，どんどん事態がこじれていく。

　滝本竜彦氏の『Ｎ・Ｈ・Ｋにようこそ！』という作品をご存知だろうか。作者の実体験をもとに，「ひきこもり」のリアルを描いた小説である■29。主人公

■29────アニメ化もされており，コミックやDVDも出ている。筆者は，コミック全巻，DVD全巻を買いそろえた。何度みても面白い。

は，大学中退無職ひきこもりの佐藤達広という青年。ある日，この男をひきこもりから脱出させてやろうという少女が現れる。名は中原岬。実は，この少女が，幼少期に義父から深刻な虐待を被った経験の持ち主なのであり，佐藤が冗談交じりで喧嘩の真似ごとをすると，即座に頭を覆い隠す仕草をする。また，後になって分かったことには，彼女が佐藤に接近したのは，ようやく自分よりも「ダメでどうしようもない人間」を見つけたから，

2-31　児童相談所が対応した児童虐待事件数（千件）

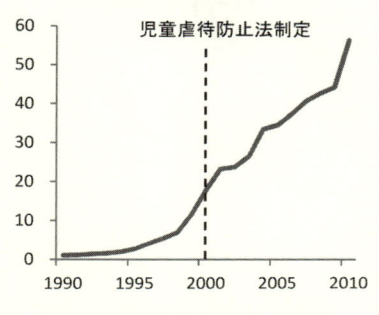

資料：厚生労働省『福祉行政報告例』

この男ならこんな自分でも必要としてくれる，という思いを抱いたためなのである。事実，佐藤が彼女から離れるようになると，自殺未遂事件まで起こしている。作者に意図があったのかどうか知らないが，この話は，被虐待経験と劣等感のつながりを示唆している。この小説が世人の関心をひいたのは，こういう部分を含んでいたためかもしれない。

　虐待が子どもの人格形成に及ぼす影響については，他にも触れたいことがあるが，これくらいにして，統計資料を眺めてみよう。まず，現在のわが国において，児童虐待がどれほど起きているかであるが，全国の児童相談所が対応した虐待事件の件数でもって測られるのが常である。この数値の推移をとると，**図表** 2-31 の通り，1990 年代以降，うなぎ昇りに上昇している。この 20 年間で，50 倍もの数になっている。

　むろん，この指標に全面的な信頼を置くのは単純に過ぎる。上図の曲線が示しているのは，実際に起きた虐待事件の数ではなく，児童相談所に通告され，対応にまで至った事件の件数である。行政の啓発などにより，通告が活発化すれば，当然ながら値は急騰する。2000 年の児童虐待防止法（正式名称は「児童虐待の防止等に関する法律」）制定以後，曲線の傾斜が急になっていることも，こうした可能性があることをうかがわせる。このような疑いを晴らすことができないにしても，**図表** 2-31 にみられるような傾向は看過できることではあるまい。児童虐待はまぎれもなく，今日の家庭，子育てにまつわる諸問題の一角を構成すると考える。

　なお，一口に児童虐待といってもいくつかのタイプがある。児童虐待防止法

第 3 節　家庭の問題

2-32　児童虐待の種別構成（％）

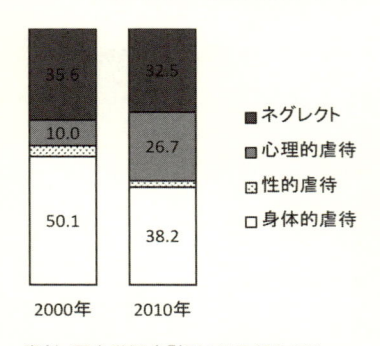

	2000年	2010年
ネグレクト	35.6	32.5
心理的虐待	10.0	26.7
性的虐待		
身体的虐待	50.1	38.2

資料：厚生労働省『福祉行政報告例』

第2条の規定によると，身体的虐待，性的虐待，心理的虐待，そしてネグレクトである。児童相談所が対応した件数でみた，これら4タイプの構成は**図表2-32**のようである。最近10年間の変化が分かるようにした。

両年とも，身体的虐待が最も多い。その次がネグレクトで，その次が心理的虐待である。このような構造に変化はない。しかるに，心理的虐待のウェイトが増しているのが今日の特徴である。10.0％から26.7％にまで増えている。子どもの人格を傷つけるような暴言を浴びせる親が増えた，ということだろうか。それもあると思うが，一番大きな要因は，2004年の児童虐待防止法の改正である。この改正により，心理的虐待の概念の中に，「児童が同居する家庭における配偶者に対する暴力（配偶者の身体に対する不法な攻撃であって生命又は身体に危害を及ぼすもの及びこれに準ずる心身に有害な影響を及ぼす言動）」も含まれることとなった。簡単にいえば，子どもの面前での夫婦喧嘩も，心理的虐待に相当する，という解釈が正式化したわけである。夫婦喧嘩は，子どもに直接危害を加えるものではないが，両親が口汚く罵り合う光景を見せられることは，子どもにすればたまったものではない。当人に，心理的な外傷を与えることにもつながるだろう。

いささか概論めいてきたが，私がここにて見ていただきたいのは，子どもがどれほどの確率で虐待被害に遭うか，という統計である。厚労省の『福祉行政報告例』には，児童相談所が対応した虐待事件件数が，被害を受けた子どもの年齢別に集計されている。2009年度■[30]の資料によると，同年度中に0～2歳の乳幼児が被害者である虐待件数は8,078件である。同年の0～2歳人口は約325万人であるから，乳幼児が被害者となった虐待件数は，乳幼児1万人あたり24.8件となる。この値を，以下では虐待被害率ということにする。他の年齢層についても，同じようにして虐待被害率を計算した。結果は，**図表**

■30―――最新の2010年度の資料では，東日本大震災に被災した地域の数が集計から除かれているので，2009年度の統計を使うこととした。

2-33のようである。

被害率が最高なのは，3歳から学齢前（小学校に上がるまで）の幼児である■31。その次が乳幼児，その次が小学生である。幼児の場合，1万人あたりの虐待件数32.6件。件数＝人数であると仮定すると，年間307人に1人の確率で被害に遭っていることになる。**図表2-33**でいう幼児は，第一次反抗期を迎える頃である。身体を自由に動かせるようになった幼児が，それまでの親の全面的な支配や干渉に反発するようになる時期であり，そのことに戸惑いや苛立ちを覚え，つい手を上げてしまう親もいることであろう。育児の孤立化や室内化が進行している今日，その頻度は増してきていることと思う。

2-33　年齢別の虐待被害率（1万人あたり）

	a 母数	b 虐待件数	b／a 虐待被害率
0〜2歳（乳幼児）	3,254,000	8,078	24.8
3歳から学齢前（幼児）	3,210,000	10,477	32.6
小学生	7,063,606	16,623	23.5
中学生	3,600,323	6,501	18.1

資料：厚生労働省『福祉行政報告例』（2009年度）
総務省『人口推計年報』（2009年）

ちなみに，この値は環境によって大きく変異する。先ほどと同じやり方で，各年齢層の虐待被害率を47都道府県別に計算してみた■32。結果の一覧を示す紙幅はないので，両端と標準偏差だけを掲げよう（**図表2-34**）。

被害率水準が最も高い幼児でいうと，最低の6.1から最高の70.5まで，まことに大きな開きが観察される。「1,639人に1人」という県もあれば，「142人に1人」という県もある。この指標の地域差については，県によって，虐待事件への児童相談所の対応方針が違うというようなことも考慮する必要があるが，環境によって，虐待被害率が異なるという事実は認めてもよいだろう。

教育社会学者の内田良氏は，「虐待は都市で起こる－児童相談所における虐待相談の処理件数に関する2次分析－」（『教育社会学研究』第76集，2005年）という題目の論文を公表している。常識的に考えて，よそよそしい人間関係が相対的に強い都市部では，育児の孤立化というようなことが起きやすくなり，結果と

2-34　虐待被害率の都道府県差（1万人あたり）

	最高	最低	標準偏差
0〜2歳（乳幼児）	49.8	5.1	11.0
3歳から学齢前（幼児）	70.5	6.1	14.9
小学生	42.5	4.4	9.5
中学生	34.1	2.1	7.4

資料：図表2-33と同じ

■31―――幼児の虐待被害率計算にあたって，分母に充てたのは3〜5歳人口である。
■32―――政令指定都市の分は，分子，分母とも，当該都市が所在する県の分に組み入れて計算した。

第3節　家庭の問題

して、虐待の発生頻度が増すという経路が想定される。都市化の程度を測る指標として、人口集中地区居住率がよく使われる。2005年の『国勢調査』から、この指標を県別に出し、各年齢層の虐待被害率の相関をとると、乳幼児の被害率と＋0.368、幼児の被害率と＋0.338、小学生の被害率と＋0.377、中学生の被害率と＋0.377、という相関関係にある。いずれも統計的に有意であり、都市地域ほど、子どもの虐待被害率が高い傾向が認められる。

　もう少し分析を続けよう。虐待は育児の孤立化と関連するというけれども、私は先の**図表2-6**にて、共働き世帯児率という指標を県別に明らかにしている。この図では、核家族世帯に属する6～9歳の子どものうち、共働き世帯の者が何％を占めるかを明らかにした。子の年齢幅を0～14歳に広げて、同じやり方で共働き世帯児率を県別に算出し、各県の虐待被害率との相関をとってみた。この指標と、4年齢層の虐待被害率との相関がどういうものかを、視覚的にみていただこう。**図表2-35**は、横軸に共働き世帯率、縦軸に各段階の虐待

2-35　共働き世帯児率と虐待被害率の相関

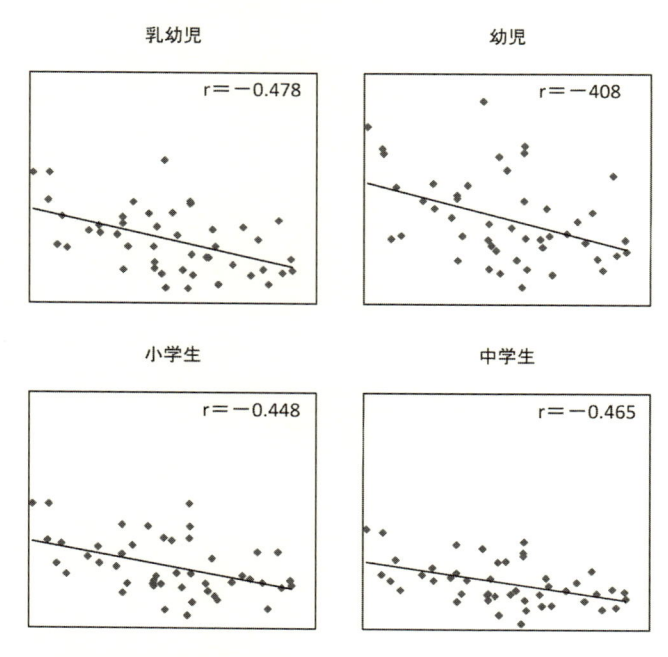

乳幼児　　　　　　　　　　　幼児
$r=-0.478$　　　　　　　　$r=-408$

小学生　　　　　　　　　　　中学生
$r=-0.448$　　　　　　　　$r=-0.465$

資料：図表2-6、図表2-33の資料

被害率をとった座標上に，47都道府県を位置づけたものである。4つの図とも，横・縦軸の目盛幅は揃えてある。

結果は，軒並み負の相関である。相関係数の絶対値はいずれも0.4を超えており，人口集中地区居住率との相関よりも強いことが知られる。共働き世帯が少ない地域ほど，虐待が多い。こういう傾向であるが，このことは，一方の親（多くは母親）が家にこもって子育てをするケースが多い県ほど，虐待が多いことを意味する。つまりは，育児の孤立化と虐待のつながりを示唆する。

前節でみたように，核家族化が進行する中，専業主婦の育児はまさに「孤軍奮闘」である。事実，虐待の主な加害者を，児童相談所が対応した虐待事件件数でみると，6割が実母である（2010年度）。この点については，家庭を越えた，近隣レベルでの育児の「組織化」が必要であるという，公的な見解に賛意を表したい■33。虐待の統計を眺めた後において，このような思いをさらに強くした次第である。

■5　親の養育態度と非行

第2項では，親がいないという条件と非行との関連を吟味したのであるが，家庭環境が子どもの育ちに及ぼす影響を考える場合，こうした形態面に注目するだけでは足りない。外から形態を眺めるだけでなく，内部における親子関係の有様にまで目を向けなければならない。家庭における子どもの人格形成は，血がつながった親子間の相互作用を通してなされる面が強い。とりわけ重要なのは，上位の立場にある親が，日々の生活において，どのような態度で子どもに接しているかである。

23頁でみたように，少子化が加速度的に進行している今日，過保護や溺愛というような，養育態度の歪みが起きやすくなっている。一方で，長時間労働や共働きにより，子どもをほったらかしにする親も増えているように思う。以前は，同居する祖父母や近隣地域の人々がこういう面を補ってくれたのであるが，核家族化や地域社会の崩壊が進む中，そのようなことはなかなか望み得ない。現在では，子を放任する親の問題も表出してきている。

■33――――東京都の江戸川区では，「子どもの養育が困難な家庭で児童虐待や育児放棄を防ぐため，子育てに関心のある住民が家庭を公費で手助けする」事業を開始するという。名付けて「おとなりさんボランティア」。こうした取組は，まことに重要であると思う。2013年2月5日の東京新聞Web版を参照。

2-36 非行少年の母親の養育態度

	実数	構成比（%）
放任	15,179	19.5
拒否	329	0.4
過干渉	1,119	1.4
気まぐれ	811	1.0
溺愛	1,351	1.7
該当なし	58,907	75.8
合計	77,696	100.0

資料：警察庁『犯罪統計書』(2011年)

　私はここにて，警察に検挙された非行少年の親の養育態度がどういうものかを明らかにしようと思う。この作業を通して，親の養育態度の有様が，子どもの育ちに及ぼす影響を垣間見ようという試みである。
　2011年の警察庁『犯罪統計書』によると，同年中に警察に検挙された14〜19歳の非行少年は77,696人となっている。繰り返し検挙される者もいるので，この数は延べ数である。この資料には，非行少年の家庭環境について仔細に調査した結果が掲載されており，その中の一つに，非行少年の保護者の養育態度に関する統計表がある。父親と母親のデータが載っているが，子どもと接する時間が長いと考えられる母親の養育態度の内訳をみてみよう（図表2-36）。
　放任，拒否，過干渉，気まぐれ，そして溺愛という5つのカテゴリーが設けられているが，全体の4分の3は，これらのいずれにも該当しない普通の養育態度を持った母親であることが分かる。養育態度の歪みの中で最も多いのは「放任」である。非行少年の5人に1人が，母親の養育態度が放任と判断されている。他のカテゴリーはごくわずかだが，溺愛が1.7%でこれに次いでいる。
　ところで，上表は全罪種をひっくるめた統計であるが，一口に非行といってもさまざまな罪種がある。多くは万引きのような非侵入盗であるが，殺人や強盗のようなシリアス度が高い罪種もある。当然，罪種によって親の養育態度はかなり異なるであろう。たとえば，殺人少年56人の場合，そのうちの25人（44.6%）が，放任的な母親のもとで育ったと判断されている。性犯罪の強姦については，全体の10.1%が溺愛である。全罪種でみた数値（1.7%）よりもはるかに高い値であることが分かる。
　他の罪種についてもみてみよう。母親の養育態度の歪みとして多いとされる，放任と溺愛の比率に注目する。横軸に溺愛，縦軸に放任の比率をとった座標上に，14の罪種を位置づけた図を作成した。点線は，上表でみた，全罪種の場合の比率を意味する。溺愛は1.7%，放任は19.5%である（図表2-37）。
　図の上にあるのは放任の比率が高い放任型，右にあるのは溺愛型といえる。放任型には，殺人，強盗，傷害など，アグレッシブな罪種ばかりが属する形になっている。これらの罪種に限ると，全検挙人員の4割ほどの母親が放任的

な養育態度と判定されている。強姦やわいせつといった性犯罪は、溺愛型として括られよう。

これをどうみるかであるが、一般に、放任的な親子関係のもとで育った子どもは、攻撃的な人格になる傾向にあるという■34。なるほど。放任された子どもは、欲求を充足してもらいたい場合、大声を出す、暴れるなど、攻撃的なアクションをしなければならないので、攻撃的な人格が形成されていく、ということは考えられ得る。また、早いうちから自立的に振る舞うことを求められるなかで、他者といがみ合う頻度も多くなることだろう。アグレッシブな非行と放任型の養育態度との関連を解釈する材料は、案外多い。

2-37 非行少年母親の養育態度（罪種別）

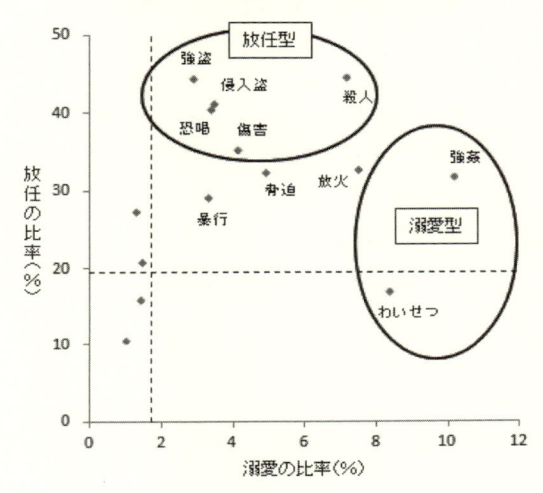

資料：図表2-36と同じ

溺愛と性犯罪のつながりについては、欲求が過剰に充足されるなかで育った子どもは、突発的な性衝動の抑制がきかない、ということなのかもしれない。一方、溺愛は歪んだ愛情であり、愛情欠如と表裏である。愛情に飢えた子どもが、性欲を抑えられない、という逆の経路も想起される。

冒頭に記したように、第1次集団である家庭においては、明確な意図はなくとも、日々の生活の中で繰り広げられる親子関係そのものが、人間形成の過程をなしている■35。子ども、とくに年少の子どもは、日々の生活の大半を家庭で過ごすだけに、その影響力は甚大である。しかるに、今日にあっては、子に対する親の養育態度に歪みが生じる条件が色濃くなってきており、そのことが、子どもの育ちに影を落とすこともある。現在の親は、こうした「意図せざる結果」が生じ得ることに、絶えず自覚的でなければならない。

■34──────無藤隆ほか『発達心理学』岩波書店、1995年、230頁
■35──────この意味で、家庭での教育は「無意図的教育」と性格づけられることが多い。対して、学校教育は「意図的教育」である。

第3節　家庭の問題

■ 6　空洞家庭

　これまで随所で書いたように，血縁で結ばれた成員からなる家庭は，情緒的・情愛的な人間関係が支配的な第1次集団である。この集団には，子どもの社会化機能とともに，成員の情緒安定機能を果たすことが期待されている。学校や職場では緊張（strain）を強いられることが多くても，家庭に帰ってくれば一息つける。父は堅苦しいスーツを脱ぎ，ステテコ姿になって晩酌。子どもはといえば，何の遠慮もいらない親兄弟に，学校であった嫌なことを洗いざらいぶちまけ，心の安定を得る。家庭というのはそういう場である。

　しかるに，現代の家庭の現実態は，それとは隔たっている感がある。同じ屋根の下に暮らしながらも，各人が自室にこもり，ろくに会話しない。食事も一緒にとらない。父は会社，母は地域活動，子は学校・塾というように，成員はそれぞれ外部関係を持っているけれど，今日ではその比重がことに高まり，家庭生活を圧迫している。父はいつも午前様，子は夜遅くまで塾通い…。こういうことがザラである。このことは，家庭が上述の機能を遂行するのを妨げる条件をなしている。それが現出した家庭は，外的な形態面では何ら問題はなくとも，内実はスカスカの「空洞家庭」と形容し得る。

　家庭の問題を扱う本節の最後にてなすことは，現代家庭の空洞化の程度を統計で可視化し，そのことが子どもの育ちにどう影響するかを吟味することである。日々の家庭生活において，子どもがどれほど家族との交流を持っているかに注目しよう。

　このような関心を持って，文部科学省の『全国学力・学習状況調査』（2009年度）の結果を眺めたところ，関連する事柄を対象の児童・生徒（小6，中3）に尋ねていることを知った。生活の状況を問う児童・生徒質問紙調査において，①「家の人と普段（月〜金曜日），夕食を一緒に食べていますか」，②「家の人と学校での出来事について話をしていますか」という設問が盛られている。4つの程度尺度を提示し，該当するものを選んでもらう形式であるが，最も強い回答（「している」）の比重を出すと，公立小学校6年生の場合，①が70.9％，②が40.5％である■36。この段階では，7割の児童が躊躇なく「家族と夕食を食

■36────「している」,「どちらかといえば，している」,「どちらかといえば，していない」,「していない」の4つである。この手の尺度設問の場合，中間のニュートラルな回答に偏る傾向があるので，肯定の測度としては，ためらいのない強い肯定の回答の比率に注目するのがよいと思う。

2-38　家族交流頻度の変化（47都道府県）

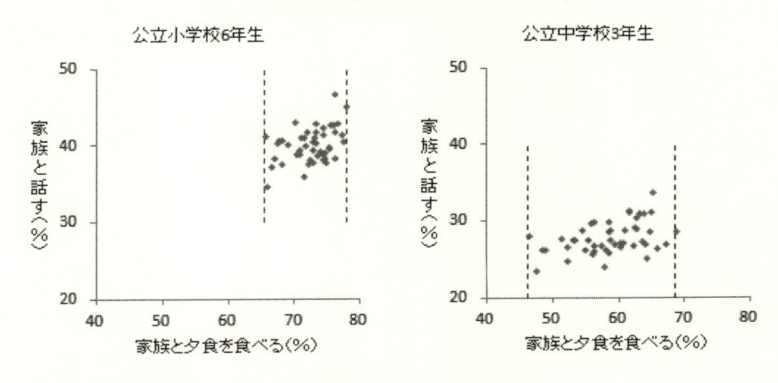

公立小学校6年生／公立中学校3年生
（縦軸：家族と話す(%)　横軸：家族と夕食を食べる(%)）

資料：文部科学省『全国学力・学習状況調査』（2009年度）

べている」と答え，4割の者が「家族と会話している」と明言している。しかるに，公立中学校3年生になると，①が56.3%，②が27.7%というようにかなり減じる。

　以上は，全国の全児童・生徒を一緒くたにした結果であるが，社会的な属性ごとに観察するならば，違った傾向も見出されるかもしれない。個々の児童・生徒が暮らす身近な小社会による変異に注意してみよう。ここでいう小社会とは，47の都道府県である。全県について，小学校6年生から中学校3年生にかけての変化を軒並み見て取ることのできる図をつくってみた。横軸に上記設問①（夕食食べる），縦軸に②（家族と話す）の肯定率をとった座標上に，47の都道府県のドットをプロットした図である。**図表2-38**の左側は小6，右側は中3のものである。

　小6から中3になるに伴い，47都道府県の群が右上から左下にシフトしている。全県において，夕食摂取という点でみても会話という点でみても，肯定度が下がっている。年齢を上がるに伴い，家族との交流度が減ること，つまり家庭の空洞化の程度が増すことは，地域を問わないようである。

　なお，図をよくみると，横軸の夕食摂取の肯定率において，小6から中3にかけて地域差が広がっていることが分かる。小6時では12.4ポイントのレインヂ（77.9%〜65.5%）であったのが，中3では22.4ポイントの差にまで拡大している（68.7%〜46.3%）。この点が気にかかるので，公立中学校3年生について，家族との夕食摂取の肯定率の県別数値を地図化してみた。**図表2-39**

第3節　家庭の問題

2-39 平日，家族と夕食を食べている生徒の比率

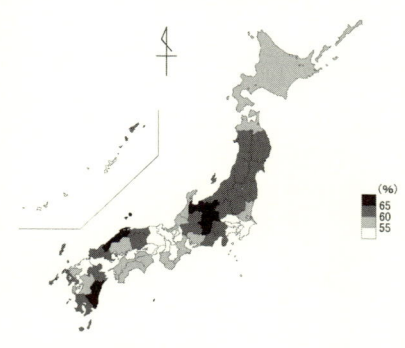

資料：図表2-38と同じ。

がそれである。

　5％刻みで塗り分けている。最高は富山の68.7％，最低は奈良の46.3％である。同じ日本でもこうまで違うことに驚かされるが，こうしたレインヂもさることながら，地図の模様をみると，首都圏と近畿圏が真っ白に染まっているのが注目される。大都市部では，子どもの塾通いが多いためであろう。また，雇用労働化や遠距離通勤というような事情から，親の帰宅時間も遅い，ということも想起される。

　さて，上の2指標は家族密度，もっといえば，家庭が子どもの情緒安定機能をどれほど果たし得ているかを測る客観指標と読むこともできる。興味が持たれるのは，この値の高低によって，各県の子どもの育ちがどう異なるかである。私はここにて，非行の発生頻度との相関をとってみようと思う。この問題が深刻化するのは思春期以降であるので，中学校3年生のステージに注目して，上で明らかにした2つの家族交流尺度が，非行者出現率とどう関連するかを明らかにするのである。ここで用いる県別の非行者出現率は，68頁の**図表1-35**のものと同じである。仔細な算出方法は，当該頁を参照してほしい。

　分析の結果をいうと，家族との会話をしている生徒の比率は，非行率と無相関であった。しかしながら，家族と夕食を食べている生徒の率と非行率との間には，統計的に有意な相関関係が認められた。その様相を散布図でみていただこう（**図表2-40**）。

　両指標は負の相関関係にある。傾向としては，家族と夕食を食べない生徒が多い県ほど非行が多い。相関係数は－0.622であり，1％水準で有意である。これは，都市性の度合いを介した疑似相関だろう，といわれるかもしれないが，都市化の指標（人口集中地区居住率）は，非行率とここまで強く関連していない。この相関関係は，因果関係的な部分も含んでいるのではないかと思われる。なお，68頁でみたところによると，中学生のケータイ利用度と非行率の相関係数は＋0.486であった。相関係数の絶対値からして，家族との夕食摂取率は，ケータイ利用度よりも強く非行と関連していることも知られるのである。

家庭での情緒安定機能の弱化（欠落）が，子どもの育ちに与える影響は大きいようである。いじめや受験競争など，現代の学校では，各種の緊張・葛藤が渦巻いている。それを癒してくれる場がないことは，子どもにとって痛手となるに違いない。余談であるが，昔は，父ないしは母がいないという家庭（当時でいう欠損家庭）から非行少年が出る確率が高かったのだが，今では，その度合いは弱まってきて

2-40　家族との夕食摂取頻度と非行の関連

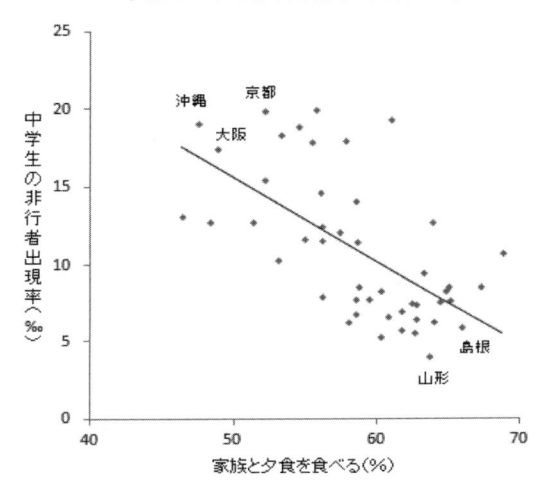

資料：図表2-38の資料，図表1-35の資料

いる。非行の「一般化」と呼ばれる現象である。このことは，家庭の形態面だけでなく，そこでの生活の内実にも注意しなければならないことを教えている。この節では，家族解体，虐待，そして親の養育態度の歪みというような事象をみてきたのであるが，これらは絶対量としては多くない。多いのは，この項で取り上げたような空洞家庭である。

　ところで，思春期以降の子どもは第2次反抗期を迎え，自我も固まってくる。家族から意図的に距離をとったり，反抗したりすることも多くなるけれど，それは大人になるために必要な道程でもある。その意味で，加齢に伴う家族交流度の低下は，生理現象としての側面も持っている。であるが，その程度が，子どもの情緒安定機能の遂行を阻害するまでになると，病理現象としての性格が強くなる。図2-40 に示される事実は，現実がそうなっていることを示唆しているといえまいか。

　このような状況を克服するには，会社，学校・塾というような，家庭の外の外部関係の比重を，意図的に小さくするようなことも必要ではないかと考える。そのことが，家庭の情緒安定機能を回復せしめるための基本的な条件となるからだ。突拍子もない提言に聞こえるかもしれないが，目下推進されている「ワーク・ライフ・バランス」の施策は，その一環とも位置づけられる。その上で，

家族間の密度が高まるような啓発をなすこと。必要なのは，このようなことである。

本章のまとめ

　子どもの社会化が最初に為される場は，いうまでもなく家庭であるが，そこでの社会化の過程は，学校のように明確な意図を持ったものではなく，多くが無意図的なものである。家庭という，最初に属する集団での生活そのものが，社会化の過程をなしている。
　具体的には，家庭内のプリミティヴな人間関係を経験することで，「役割」に関わる観念を子どもは獲得する。父母や祖父母とのタテの関係の中で年長者への敬意を学び，兄弟姉妹間のヨコの関係において，自治や協働の精神を植えつけられる。年長の者だったら，年少の者を保護・指導するというような役割も加わることになる。また，手伝い等を通して，自分が成員として属する集団の維持・存続に寄与する役割の萌芽を経験するし，さらには，働く親の姿を目の当たりにすることによって，労働という，将来誰もが求められるところの役割のモデルも付与されることになる。
　しかしながら，家庭のこうした社会化機能の遂行を妨げる条件が出てきている。今では家庭の小規模化が進行しているのであるが，兄弟姉妹もいない，祖父母もいない家庭では，子どもが経験する関係というのは親子関係くらいである。手伝いにしても，家電品の普及による家事の省力化により，子どもが参加する余地はあまりない。さらに労働の役割モデルの学習にしても，職住分離の進行により，今の子どもは親が働く姿を目にする機会がほとんどなくなっている。現代の家庭に備わっている，子どもの役割学習のための資源というのは，かなり貧弱化してきているといってよい。
　あと一つ，情緒的・情愛的な人間関係がある家庭に期待される，成員の情緒安定機能についてはどうか。実はこれとても怪しい部分があり，現代の家庭は，

成員が一息つける憩いの場というよりも，緊張や葛藤が渦巻く場としての性格を強めている面がある。親子関係に即していうと，子育てというのは人間の最も基本的な営為であるが，それは手ほどきなしに初めから上手くできるものではない。幼少の弟妹を世話した経験も持たぬ者が多い今の親世代にあっては，とりわけそうである。かといって，サポートしてくれる祖父母が同居しているわけでもない（核家族化）。こういう不利な条件があるにもかかわらず，子育ての結果に対する親の要求水準は高い。こうした願望の高さと，現実の不利な条件からもたらされる結果との間に必然的に隔たりが生まれるのであるが，このことが，虐待のような病理現象が発生することの素地となる可能性がある。この危険性は，共働きでない家庭でより大きく，一人家にこもって子育てをする親の苦境がうかがえる（**図表 2-35**）。

　家庭における社会化機能と情緒安定機能の障害，社会病理学でいうところの「家族の病理」であるが，本章では，統計によってこの様相を可視化してきたわけである。

　しかるに，こうした事態を現出せしめている社会状況（少子化, 核家族化…）は，如何ともし難い所与のものである。こうした状況下でなすべきことは，家庭において脆弱化した，子どもの社会化のための資源を外部社会が補うことであろう。その基本的な視点は，近隣社会で共に子どもを育てることである。そこには多様な人間関係（タテ，ヨコ，ナナメ…）があるので，子どもの役割取得も幅広いものとなるはずである。そして親の側は，自らの子育てを援助してくれる資源を得るのである。

　むろん，第 1 次集団としての家庭でしかなし得ないことはある。それを尊重した上で，育児をある程度において外部化することが必要になるだろう。ここでいう「外部化」とは，個々バラバラに分断された狭い空間内でなされていることを，ある程度において外に出すことであり，丸投げのようなことを意味するのではない■[37]。

　ところで，家庭が子どもの育ちに影響を及ぼさないかというと，そういうことではない。現実はその逆であり，子どもの教育達成という面でいうと，とり

■[37]　自民党の中長期政策体系『日本再興』（2011 年 7 月）では，「0 歳児については，家庭で育てることを原則とし，家庭保育支援を強化」と明記されている。これに対し，富山県・舟橋村の村長は「子どもが育ちやすい環境をみんなでつくり，みんなで子育てを支える。それが原則」と述べている（2012 年 12 月 19 日，朝日新聞 Web 版）。年少人口率日本一（21.8％）の自治体の首長の言である。

本章のまとめ

わけそうである。わが国では，子を上級学校に進学させるにあたっては膨大な費用がかかるし，有名大学合格のような高い教育達成を得ようとしたら，相応の学校外教育投資をも覚悟しなければならない。子育てをある程度外部化するといっても，こうした教育費負担は個々の家庭に委ねるしかない。このことが，早期受験をさせる家庭や東大生を輩出する家庭が富裕層に（著しく）偏る，というような事態をもたらしている。第6章でみるように，近年の日本では格差社会化が進行し，持てる者と持たざる者の富の差が開いてきている。家庭環境によって子どもの教育達成が規定される度合いは，昔に比べて高まってきており，今後もこの傾向が強まるのではないか，という懸念すら持たれるのである。これが極限まで進行すると，生まれが人生を規定する階層社会が到来することとなる。

　子ども本人の力では如何ともし難い，家庭環境による格差を意図的に縮めること。行政がなすのは，このことである。目下なされている代表的な施策は，奨学金の支給や学費の無償化（高校無償化）といったことであるが，個々の家庭に委ねられる教育費負担はまだまだ大きい。131頁でみたように，日本において1人の子を育て上げるのに必要な費用の標準額は1,000万円を越える。公的な教育費支出が少ないことにもよるだろう。先の議論に即していうなら，教育費負担の「外部化」を図る余地はまだまだあるのではなかろうか。

　血縁に基づく第1次集団である家庭は，子どもの教育に際して，学校や近隣社会ではなしえないことを担っている。子どもの初期社会化や情緒安定の機能である。しかし，その遂行を阻害する条件が出てきている。今日では，家庭だけに過剰な期待をかけてはいけない。本章にて私がいいたいのは，こういうことである。

第3章 学校

教育の使命と実態―データからみた教育社会学試論―

[第1節] 学校の構造

　学校は，われわれにすっかりお馴染みの機関であるが，その現代的な構造はどうなっているのか。自分が通った学校，自分の地域にある学校を想起すれば事足りるという話ではない。もっとマクロな視点を据えてみよう。この項では，文部科学省の『学校基本調査』のデータから，学校の数，設置者構成，および学校規模を明らかにする。続いて，後期中等教育段階（高等学校段階）における学校格差の様相を浮き彫りにしてみることにしよう。

■ 1　学校数

　学校教育法の上では，学校とは，「幼稚園，小学校，中学校，高等学校，中等教育学校，特別支援学校，大学及び高等専門学校とする」と規定されている（第1条）。これら8種の学校は，学校教育法第1条に規定されていることにかんがみ，「1条学校」ともいわれる。この中には，専修学校や各種学校は含まれない。この2種の学校は，わが国の職業教育において重要な役割を果たしているが，ここでは視野の外に置く。

　ではまず，上記の「1条学校」がどれほどあるかを数で把握してみよう。現在の特徴を明らかにするため，過去との対比も行う。新制度が発足して間もない1950年（昭和25年）の状況と突き合わせて，どういう構造変化が起きたかも押さえよう■1（**図表 3-1**）。

　まず全体の数字をみると，1950年では46,946校であったのが，2010年では53,641校となっている。現在では,全国に約5万4千校の学校が存在する。20歳未満の子ども人口425人に1校という割合である。1950年では819人

■1̶̶̶̶学校教育法では，短期大学は大学の一種と捉えられている（同法第108条）。

3-1 学校数の変化

	a 1950年	b 2010年	b/a 増加倍率
幼稚園	2,100	13,392	6.4
小学校	25,878	22,000	0.9
中学校	14,165	10,815	0.8
高等学校	4,292	5,116	1.2
中等教育学校	0	48	**
特別支援学校	161	1,039	6.5
高等専門学校	0	58	**
短期大学	149	395	2.7
大学	201	778	3.9
合計	46,946	53,641	1.1

資料：文部科学省『学校基本調査』

に1校であった。学校は、子どもにとって身近な存在になっている。なお、学校設置密度という点でいうと、2010年現在では、可住面積2.3km^{2}あたり1校である。東京ではさらに密度が高く、0.3km^{2}あたり1校となる。大都市・東京では、550m四方の区域に1校の割合で学校が存在することになる。

次に、学校種ごとの数をみると、当然ながら、全国津々浦々に設置されている小学校が最も多い。その数、2万2千校。中学校は、その半分の1万1千校。高等学校は、さらにその半分ほどの5千校という具合である。表の下段の高等教育機関3種は1,231校である。

これは2010年現在の数であるが、昔に比べてどういう変化を経験したかは、学校種によって大きく違っている。表では、2010年の数が1950年の何倍になったかを示す増加倍率を計算している。これをみると、幼稚園と特別支援学校■2は6倍以上の伸びである。義務教育機関の小・中学校は、少子化により数が減っている。現在、全国の各地で学校統廃合が行われていることはご存知であろう。高等教育機関の短大と大学は、数が増えている。大学はおよそ4倍。高等教育需要の高まりによる。

ところで、上表では1950年と2010年の状況を対比したのであるが、その間における変化の過程も知りたい。そこで、それぞれの学校種について、1950年の校数を1.0とした指数値のカーブを描いてみた■3。この図から、両端の比較だけでは知り得ないことも知ることができる（図表3-2）。

幼稚園の数は、1980年代の初頭あたりまでぐんぐん増加するのであるが、それ以降は減少に転じている。共働き世帯の増加などがあって、保育所への需要が高まったためである■4。短期大学の数は、1990年代後半以降減少してき

■2———1950年の特別支援学校の数は、盲学校・聾学校・養護学校の数である。2006年の学校教育法改正に伴い、これら3種の学校が特別支援学校に統合された経緯がある。
■3———高等専門学校と中等教育学校については、1950年当時は存在しなかったので、指数カーブを描くのは控えた。前者は1962年、後者は1999年に創設された学校である。
■4———現在では、幼稚園よりも保育所の在籍児のほうが多い。

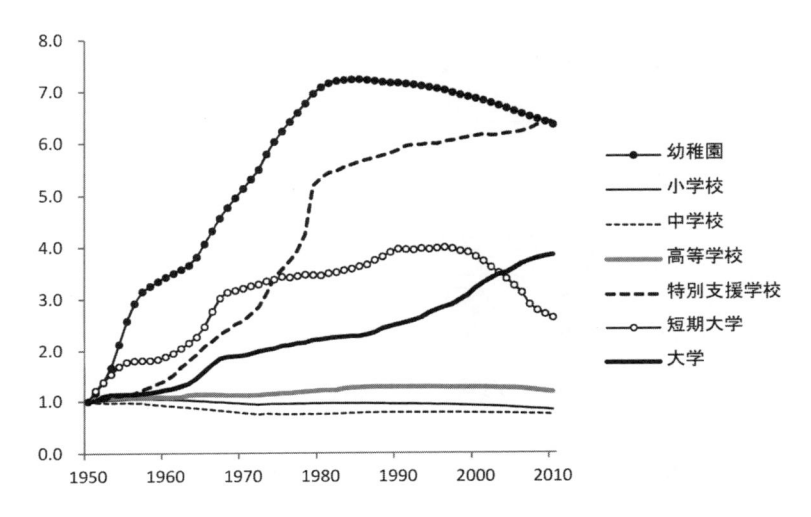

3-2 学校数の変化（1950年＝1.0）

　ている。大学のほうは一貫して増加しており，その速度が最近になって増している傾向すらある。先ほどの表でみた1950年と2010年の数値は，単純な直線で結ばれているのではない。各学校の量的規模の変化は，時代の状況に対応しているのである。

　わが国におけるこの60年間の学校数の変化から，特別支援教育，就学前教育，そして高等教育を担う学校の増加傾向をみてとることができる。重度の障害を持った子どもは，以前は，就学猶予ないしは免除の対象となっていた。こういうと聞こえはいいが，見方を変えると，彼らの就学の機会が奪われていたのである。こういう状況が時代とともに改善され，彼らにも教育の機会が開かれるようになってきた■5。特別支援学校（以前は盲・聾・養護学校）の指数カーブは，このことを示唆している。幼稚園や大学の増加も，より多くの幼児や青年に教育の機会が得られるようになったことを意味するが，そのことは，在学期間が上にも下にも伸びたことと同義である。一言で言うなら，「学校化」の進行である。この点については，次の節で詳細に論じることになるだろう。

■5────養護学校が義務化されたのは，1979年（昭和54年）である。

第1節　学校の構造

3-3　1条学校の設置者構成

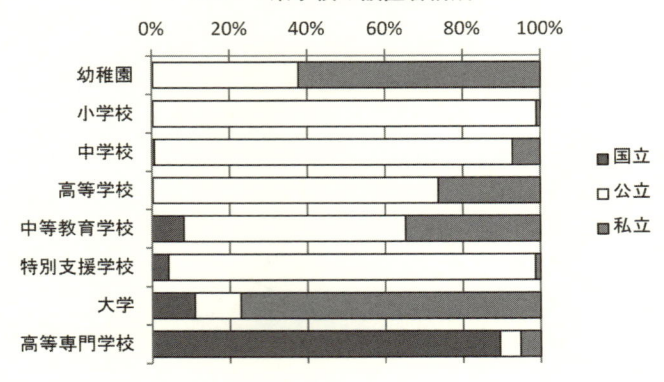

資料：文部科学省『学校基本調査報告』(2012年度)

■2　設置者構成

　学校は，国，地方公共団体，および学校法人のみが設置できる（学校教育法第2条1項）。設置主体が国の場合は国立学校，地方公共団体の場合は公立学校，学校法人の場合は私立学校である。

　図表3-3は，学校教育法第1条で規定されている，8種の学校の設置主体構成を帯グラフにしたものである。

　上図を全体的にみると，私立校の比重が結構大きいことが分かる。私立学校の比率は，上級学校ほど高い。小学校は1.0％，中学校は7.2％，高等学校は26.3％であり，大学では77.3％と8割に近くなる。また，就学前教育機関である幼稚園でも，私立の比重が大きい(62.2％)。このような設置者構成をもって，わが国の学校システムは「私学依存型」と形容されることがあるが，それは高等教育機関の大学にはぴったりと当てはまる。昔もこのような構造だったのだろうか。戦後初期の1950年から2012年現在までにかけて，国・公・私の大学の数がどう変化してきたかをたどってみた（図表3-4）。ここでいう大学とは4年制大学であり，短期大学は含まない。

3-4　大学数の推移

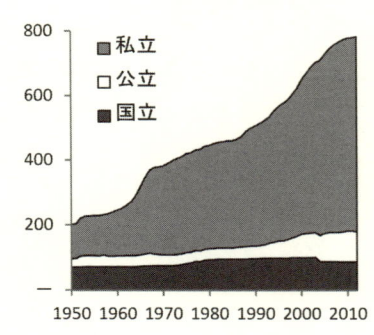

資料：図表3-3と同じ。

大学の数は1950年では201校であったが、それから60年を経た2012年現在では783校にまで膨れ上がっている。次節でみるように、大学生の数も激増している。高等教育の大衆化とは、こういうことである。それはさておいて、**図表3-4**から分かるのは、わが国の大学の増加は、明らかに「私学依存型」であることだ。国公立大学はそれほど増えていないけれど、私立大学の増加傾向はすさまじい。このことの結果、私立大学の比率は1950年では52.2％とほぼ半分だったのが、現在では、先にみたように8割近くにまで高まっているのである。

　予想されることであるが、私学依存型の学校システムを持っているわが国では、家庭の教育費負担が大きくなる。131頁では、子ども1人を大学まで出すのに必要な費用（教育費）の標準額を1,127万円と見積もったのであるが、そのことは、塾や習い事のような学校外教育への志向が保護者の間で強いことだけに由来するのではないのである。

　教育費は大きく公費と私費に分かれるが、今の日本では、私費負担の比率はどれほどなのかを明らかにしよう。文部科学省『教育指標の国際比較』（2012年度版）によると、日本の学校教育費総額に占める私費の割合は、初等・中等教育段階■6では10.0％、高等教育段階では66.7％となっている（2008年）。私学が多い高等教育段階では、私費の負担分がうんと大きくなる。この値を、国際データの中に位置づけてみよう。上記の資料から、日本を含む28か国について、同じデータを知ることができる。**図表3-5**は、横軸に初等・中等教育段階、縦軸に高等教育段階の私費負担率をとった座標上に、28か国をプロットしたものである。点線は、OECD各国の平均値を示唆する。

　日本は、両段階の私費負担率とも、OECD平均を越えている。高等教育段階の私費負担割合は28か国中3位である。総じて、わが国は、教育費負担を個々の家庭に依存する度合いが高い社会であるといえるだろう。一方、対極の原点に近いゾーンには、フィンランドやデンマークといった北欧諸国が位置している。フィンランドの私費負担率は、初等・中等段階では1.0％、高等段階では4.6％である。つまり、教育費の大半が公費で賄われていることになる。

　わが国も、上図の左下のゾーンに移行することが望まれるところである。む

■6────高等教育以外の中等後教育段階（6か月以上2年未満のプログラムである教育を指し、高等学校専攻科、大学・短期大学の別科がこれに相当）も含む。

3-5 学校教育費私費負担割合（%）

（縦軸：高等教育段階、横軸：初等・中等教育段階）

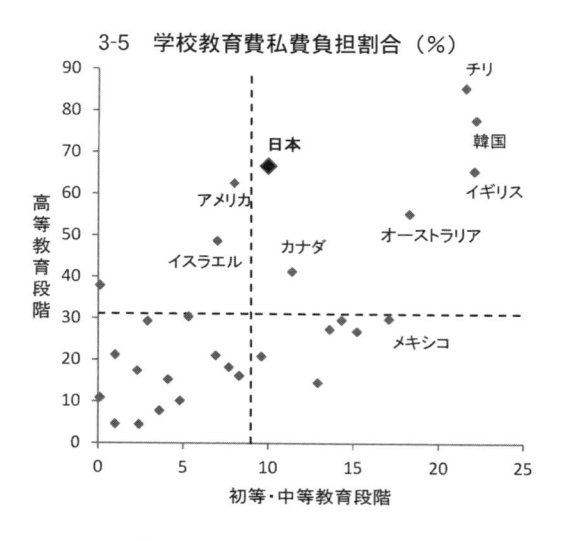

＊2008年のデータである。
資料：文部科学省『教育指標の国際比較』(2012年度版)

ろん，政府も手をこまねいているのではなく，2010年度には高校無償化政策が実施され，公立高校の授業料は無償になり，私立高校の授業料には補助が得られるようになった。上図のデータは2008年のものであるが，2010年以降のデータでみれば，日本の位置は大きく左にシフトしているものと思われる。今後は，高等教育段階においてもこのような施策が段階的に適用されることで，わが国のドットが除々に左下に移行していくことを願う。

　日本の学校における私立校の比重は大きい。このことは，多様で個性的な教育を行えることの条件をなしている。それを存分に活かすというねらいにおいて，私学助成のような制度と併せて，今述べたような施策も必要になってくるのではないだろうか。

■3　学校・学級規模

　次に，学校の平均的なサイズをみてみよう。学校規模という言葉が用いられるが，学校規模は一般に，1校あたりの学級数と1校あたりの児童・生徒数で計測される。また，児童・生徒が学校での時間の大半を過ごす学級の規模に注目されることも多く，こちらは1学級あたりの児童・生徒数で測られる。

　後で述べることであるが，これらの指標の値がどうであるかによって，当該学校での教育効果が左右される側面もある。それだけに，各学校の裁量に全面的に任されるわけではなく，一応の公的な標準値が定められている。それによると，小・中学校の学級数の標準は「12学級以上18学級以下」である（学校教育法施行規則第41条）。小・中学校の1学級あたりの児童・生徒数の上限は「40人」と規定されている（小学校設置基準，中学校設置基準第4条）。なお，公立の小・

3-6　小学校・中学校の学校規模の変化

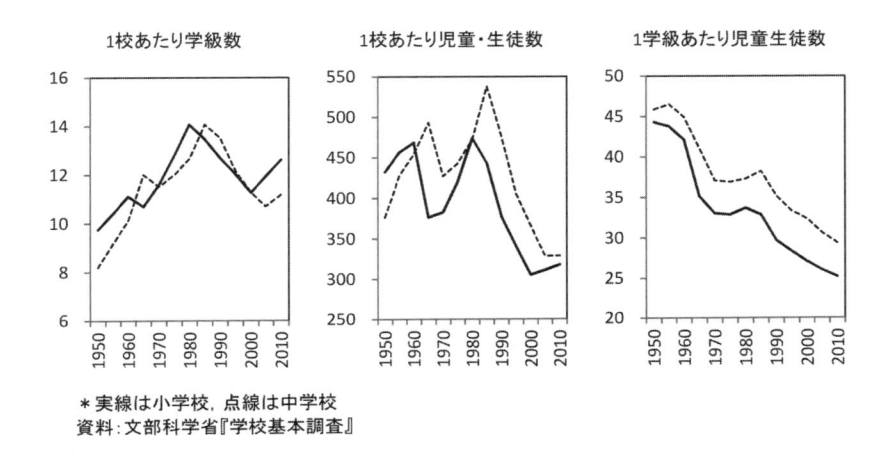

＊実線は小学校，点線は中学校
資料：文部科学省『学校基本調査』

　中学校については，もっと細かい規定があり，同学年で編制する1学級の児童・生徒数の標準は「40人」とされている■7。

　むろん，これらの規定はあくまで標準であって，各種の例外規定も設けられている。少子化が進んでいる現在，小・中学校において，1学級の児童・生徒数が40人に達するというようなケースはほとんどない。現実には，多くの学校の規模が，今述べた標準値を下回っている。

　義務教育学校について，①1校あたりの学級数，②1校あたりの児童・生徒数，および③1学級あたりの児童・生徒数が長期的にみてどう推移してきたかをみてみよう。①は，学級数を学校数で除した値である。②は，児童・生徒数を学校数で除した値である。③は，児童・生徒数を学級数で除した値である。1950年以降の5年間隔のデータを計算し，折れ線を描いた（図表3-6）。

　どの指標も，始点と終点が直線で結ばれるというような単純な傾向ではなく，それなりの凹凸をなしている。1校あたりの学級数をみると，小学校のピークは1980年，中学校のピークは1985年になる。時期的にみて，団塊ジュニア世代を吸収するために学級が増やされたとみられる。その後は減少し，最近になって微増に転じるのであるが，これは，少人数教育への要請の高まりから，

■7────公立義務教育諸学校の学級編制及び教職員定数の標準に関する法律第3条による。ただし，小学校第1学年の場合は「35人」である。

第1節　学校の構造　　　　　　　　　　　　　　　　　　　　　　　**171**

1学級あたりの児童・生徒数を減らす学校が多くなったためである。法規定の上でも，2011年に公立義務教育諸学校の学級編制及び教職員定数の標準に関する法律が改正され，小学校1年生については，1学級あたりの児童数の標準が「35人」に引き下げられている■8。真ん中の1校あたり児童・生徒数も似たようなカーブであり，最近，微増している。これは，学校統廃合の進行により，分母の学校数が減じているためと解される。

1学級あたりの児童・生徒数はといえば，こちらは，団塊ジュニア世代への対応の時期を除いて，一貫した減少傾向である。それには，少子化と同時に，少人数教育への要請の高まりという事情も関与している。戦後初期の1950年では，1学級に平均45人であったのが，2010年現在では，小学校が25.2人，中学校が29.4人にまで減っているのである。

むろん，今みた統計はあくまで全体値であって，個々の学校ごとにみれば分布の幅は広いのであるが，学校規模・学級規模が，昔に比べてかなり「小規模化」していることは確かである。このような構造変化が現場の教育実践にどう影響するかを考える前に，前項と同様，日本の現在値を国際データの中に位置づける作業をしてみよう。今度は，空間軸の上での相対化である。

前項でも使った文部科学省『教育指標の国際比較』（2012年度版）には，初等教育段階と前期中等教育段階について，1学級あたりの児童・生徒数の国際データが掲載されている。わが国の場合，初等教育は小学校，前期中等教育は中学校での教育に相当する。横軸に初等教育，縦軸に前期中等教育の値をとったマトリクス上に，35か国のデータをプロットした図を描いてみた（**図表3-7**）。点線は，OECD各国の平均値である。

日本は，初等教育，前期中等教育とも，学級の平均規模が国際的にみて大きい位置にある。初等教育は3位，前期中等教育は2位である。わが国と似たような社会として，韓国，チリ，そしてイスラエルがある。その対極には，ルクセンブルク，ギリシャ，そしてアイスランドといったヨーロッパ諸国が位置している。これらは，学級規模が相対的に小さい社会である。

時間軸とは違った空間軸を据えてみると，日本の小・中学校の学級規模はまだまだ大きいと判断される。少人数教育を徹底する余地はもっとありそうであ

■8―――法改正の趣旨として，「新学習指導要領の本格実施や，いじめ等の学校教育上の課題に適切に対応ができる」ようにした，といわれている（文部科学省）。

る。

　さて，一連のデータを眺めたので，学校規模・学級規模が教育効果に及ぼす影響について吟味してみよう。一般に，小規模校・小規模学級であることは，教育の効果を高からしめる条件として作用することが多いと考えられる。学力のような教育達成の面でいうと，少人数学級であるほうが多くの子どもに教員の目が届きやすくなるし，手取り足とりの指導もしやすく

3-7　1学級あたり児童・生徒数（2009年）

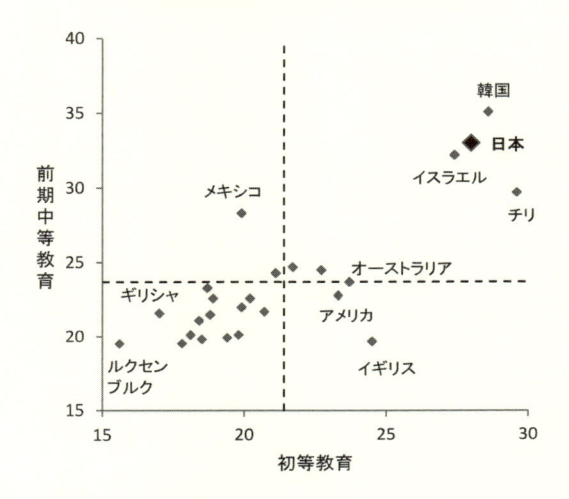

資料：文部科学省『教育指標の国際比較』（2012年度版）

なる。子どもの側にすれば，積極的に質問したり，納得いくまで討論を持ちかけたりすることもしやすくなるなど，いくらでも影響経路を想起できる。小規模校ほど，児童・生徒の学習状況は良好であり，学習理解度も高いことを実証的に明らかにした調査研究もある■9。

　また私は，東京都内の市区別，足立区内の学校別の学力調査データを使って，高学歴人口率が低い，一人親世帯率が高いなど，不利な社会条件であるにもかかわらず子どもの学力が高い地域を検出し，そういう地域の学校教育条件がどういうものかを検討したことがある。そこで析出されたことは，そのような「努力地域」では，学校規模や学級規模が相対的に小さい，という傾向である。このことは，小規模校・小規模学級という条件は，学力の絶対水準の向上という面のみならず，学力の社会的規定性の克服にも寄与し得ることを示唆する■10。

　とはいえ，ではひたすらに少人数化を推し進めればよいかというと，そう単純な話でもない。1学級あたりの子どもがあまりに少なくなることは，子ども

■9　　　　たとえば，岡田典子・山﨑博敏「学級規模とティーム・ティーチングの教育的効果」『広島大学大学院教育学研究科紀要（第3部）』第50号，2002年。
■10　　　　拙稿「地域の社会経済特性による子どもの学力の推計」『教育社会学研究』第82集，2008年。

同士の切磋琢磨の機会が失われる，集団の力学を用いた教育方法を実践できなくなるなど，負の側面も併せ持っている。

このような複雑な現実を何とかうまく束ねて，学校・学級の「適正規模」なるものを明らかにしようという試みもなされてはいるが，私が調べた限り，この問題に決着はまだついていないようである。この問題に接近するには，どれほどの規模の学級で子どものアチーブメントは最も高まるか，また，いじめのような病理現象が最も少なくなるか，というようなことが実証的に解明されなければならない。それは，大変重要な課題であるといえるだろう。

大雑把にいうと，子どもの学力にせよ，いじめのような病理現象にせよ，その社会的な要因は3段階に区別される。①全体社会の状況(マクロレベル)，②個々の子どもを直にとりまく環境（メゾレベル），そして③個々の子どもの資質・特性（ミクロレベル），である。このうち，①と③を動かすことはなかなか難しい。政策的な介入によって最も可変的であるのは，中間の②の要因である。いみじくも，本項で扱った学校規模・学級規模のような教育条件はこの層に属するのであり，政策によって最も動かしやすい。上において，私が「大変重要な課題」と書いたのは，このような意味を込めてである。

■ 4　学校格差①

図表3-1から分かるように，わが国においては，同一の段階だけでみても，数多くの学校が存在する。当然，個々の学校は多種多様であり，それぞれ特徴ある教育実践を行っている。しかるに，そうした学校ごとの違い（差）は，並列的なものである場合もあれば，「この学校が上，あの学校は下」というような序列的な意味合いを持つ場合もある。後者については，「差」ではなく「格差」という語をあてがうのが適当であり，これに学校という2字を冠すると，「学校格差」という熟語ができあがる。

学術的な定義によると，学校格差とは「制度上の同一の学校段階であるにもかかわらず，それぞれの学校の入学者の資質，教育的条件や教育的達成に差異があり，しかもそれに基づく社会的評価によって学校間が序列化され，学校歴の社会的価値に格差が生じている状態」をいう■[11]。このような意味での学校

■ 11─────日本教育社会学会編『新教育社会学辞典』東洋館出版社（1986年）の「学校格差」の用語説明を参照。

格差は，後期中等教育（高等学校）段階以降において顕著になる。この段階以降，公立校でも入学試験が行われるようになり，各学校の入試難易度を精緻に測る偏差値という尺度が出回るようになる。また，高校については，有名大学への合格可能性というような，卒業後の進路実績にも世人の関心がいくようになる。

わが国には約5千校の高校があるが，それぞれの高校がこうした尺度によって暗に階層化されていることは，教育関係者の誰もが知っている。私がここにてやろうとしていることは，高等学校段階について，上述の意味での階層的な構造（学校格差の形状）を目に見える形で明らかにし，そうした構造が，生徒の心身にどういう影響を及ぼすかを指摘することである。また，階層的構造の変革にあたって，政策がどう関与し得るかについても述べたい。

高校階層構造をあぶり出す視点はいくつかあるが，ここでは，有名大学合格率という指標をあてがうことにしよう。私は，サンデー毎日特別増刊号『完全版・高校の実力』（2010年6月12日）の資料にあたって，2010年春における，東京都内437高校の有名大学合格者数を調べた。有名大学とは，東大，京大，東工大，一橋大，お茶の水女子大，東京外大，早稲田大，慶応大，国際基督教大，上智大，そしてMARCH[12]の5大学を合わせた15大学である。これらの大学の合格者数を，各高校の卒業生数で除して，合格者出現率を計算した。437高校の平均値は30.8％であるが，値が最も高い高校だと262.5％にも達した。合格者数は延べ数であるので，卒業生の数を超えることもあり得る。

続いて，この合格者出現率に依拠して，各高校を11の階層に割り振った。A層（90％以上），B層（80％台），C層（70％台），D層（60％台），E層（50％台），F層（40％台），G層（30％台），H層（20％台），I層（10％台），J層（0.1％以上10％未満），K層（0％＝合格者なし），である。これらの各層に含まれる高校の数を図示すると，**図表 3-8** のようになる。これが，いわゆる高校階層構造である。

基本的には，下層部が厚く，上層部が薄い，ピラミッド型になっている。しかし，最上層（A層）の比重も結構あるので，上下に分極した分極型としての性格も有している。小・中学校のように，各学校に均質の生徒が入ってくるならば，E～G層あたりの中間層が出っ張った型になるはずであるが，東京の現実はそうはなっていない。上下に分極化していることに加えて，中間の各階層にも一定数の高校が割り振られている。このことは，有名大学合格率の学校

---

[12] 明治大学，青山学院大学，立教大学，中央大学，および法政大学である。

第1節　学校の構造

3-8 東京の高校階層構造

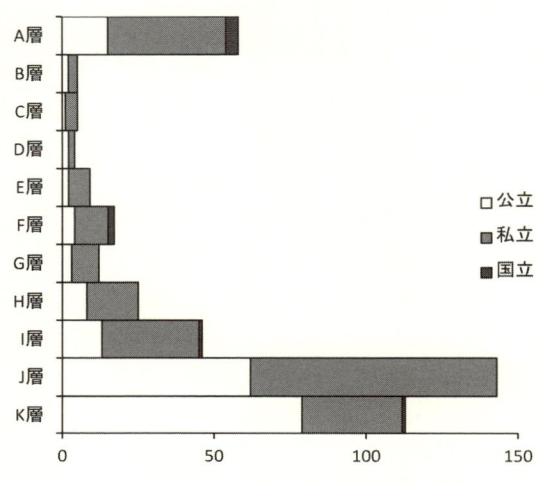

資料:『サンデー毎日特別増刊号・高校の実力』(2010年6月12日)

間分散が大きいこと，すなわち学校格差が大きいことに他ならない。

高校段階においては，進学指導に重点を置く学校もあれば，専門学科のように職業教育に力を入れる学校もある。よって，上図のような構造になるのは当たり前のことではないか，という意見もあるだろう。それに対して反論はしないが，学歴社会の土壌が強いわが国では，先の図のような階層的構造が生徒の姿に影響することがあるのであり，その影響力の強さは，学校現場における教育実践をも凌駕することだってあり得るのである。

私の頃は，中学校の進路指導担当教師が「進学校／中位校／底辺校」，「普商工農■13」というような言葉を平然と口にしていたものであるが，今はどうなのであろうか。今の現場では，そのような差別的なニュアンスを含む言葉はNGなのであろうが，生徒，親，教師，そして世間が，個々の高校をこうした見方でもって眺めていることを，自信と根拠を持って全面否定できる者は誰一人としていまい。それぞれの高校は，社会的な眼差しを被っているのであり，各校に入学した（配分された）生徒らは，そうした眼差し，いうなれば社会的役割期待に沿う形において社会化される。それゆえに，階層的構造の中のどの階層の高校に入るかに応じて，生徒の生活意識や態度は大きく分化 (differentiate) すると考えられるのである。

渡部真教授は，1982年の論稿において，有名大学進学率に基づく階層構造の中で下位の位置にある高校ほど，非行に親和的な下位文化が蔓延していること

■ 13——— 高校の学科の威信が，普通科，商業科，工業科，農業科，という順序で序列づけられている様を言い表した言葉。江戸時代の「士農工商」という身分制度にならったものである。

とを明らかにしている■14。その程度は，有名大学進学可能性に依拠した階層構造上の位置ときれいに比例している。このような現象は，個々の高校における生徒指導実践の差異ということで説明できるものではない。まぎれもなく，構造上の要因の産物である。中学時代までは普通であった少年が，下位ランクの高校に入るや否や，不良少年に転化してしまうことがある。当該校に蔓延する逸脱カルチャーに染まるというようなことに加えて，「あの高校だから…」というような世間の眼差し（役割期待）を意識した結果であるとも解される。各学校の制服は，そうした眼差しを受け止める，一種のシンボルとして機能する。いささか飛躍があるかもしれないが，渡部教授の調査研究の知見は，このようなことが現実に起こり得ていることを示唆しているようにも思う。

今述べた見方は，現場の実践など無力だといっているようで，あまり歓迎できたものではないだろう。私とて，それほどまでに偏った見方を提示するものではない。しかるに，各学校において子どもがどのような社会化を遂げるかは，当該校の教育実践によって規定されると同時に，当該校の成員であるという客観的な事実によっても規定を被る。社会学の観点からは，こうした集団の外的拘束性を強調しておきたいのである。

なお，高校階層構造の形状がどういうものかは，政策とも関連している。高校教育行政を担うのは，各都道府県であるが，各県の公立高校の通学区制の有様が大きな影響力を持つ。たとえば，公立高校の学区制で大学区制をとる場合，競争が全県規模になることから，高校格差が大きくなり，上層が細く，下層が分厚い，鋭利なピラミッド型ができるといわれる。反対に，かつての京都府のように，小学区制を採用するならば，各高校が比較的均質になり，極端な進学校や底辺校が少ない，中層が太った構造になると考えられる。

図表 3-8 にみるように，東京ではピラミッド型（分極型）の構造ができているのであるが，東京都は，2003 年度より公立高校の通学区を撤廃している。それ以降，高校格差が大きくなったというような指摘もある。東京に限らず，近年，多くの県において，公立高校の通学区を統合ないしは撤廃しようという動きがみられる。「生徒の選択の幅を広げる」という趣旨なのだろうけれども，

■14―――渡部真「高校間格差と生徒の非行的文化」『犯罪社会学研究』第 7 号，1982 年。非行下位文化とは，簡単にいえば，悪さを美徳とするような文化のことであり，上位校では，勉学に懸命に励んだり，教師の言うことに従順に従ったりすることをよしとする，向学校的文化が支配的であると推測される。

3-9　学区制と高校階層構造の関連の想定

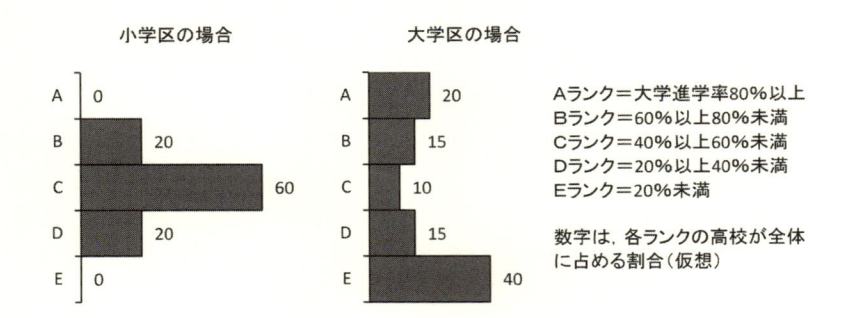

小学区の場合
- A: 0
- B: 20
- C: 60
- D: 20
- E: 0

大学区の場合
- A: 20
- B: 15
- C: 10
- D: 15
- E: 40

Aランク＝大学進学率80%以上
Bランク＝60%以上80%未満
Cランク＝40%以上60%未満
Dランク＝20%以上40%未満
Eランク＝20%未満

数字は，各ランクの高校が全体に占める割合（仮想）

　それには，学校格差の拡大という，重大な副作用が伴う可能性があることを忘れてはならない。このことについて，仮想モデルを使って考えてみよう。
　1～3程度の中学校区に1高校を設置し，学区内の全生徒をそこに通わせるという小学区制をとるならば，県内のほとんどの高校は，生徒の学力という点で，ほぼ均質になるはずである。上のモデルでいうと，県内の高校の6割ほどが，中レベル（Cランク）に属することになる。反対に，全県1学区というような極度の大学区制をとるならば，学力が高い生徒が集まる高校と，そうでない生徒が集まる（集められる）高校が数多くでき，**図表3-9**の右側のような，分極型の高校ピラミッドができてしまうことが予想される。このモデルだと，Aランクの高校が全体の2割できる一方で，Eランクの高校も全体の4割できてしまうことになる。
　一部の関係者が目論んでいるように，県全体の難関大学合格者数を増やしたいのであれば，学区を統合ないしは撤廃して，右側のような構造を作り出すのがよいであろう。優秀な生徒を集めて，彼らを集中的に鍛える，というわけである。しかるに，この構造のもとでは，同じく人為的に作り出された，Eランクの生徒たちの地位不満が著しく高まることであろう。ひいては，彼らによる非行の多発も懸念される■15。
　高校段階ともなれば，個性や適性によって生徒が分化するのは当然であり，それは望ましいことである。しかるに，そのような「ヨコ」の分化ではなく，「タ

■15―――高校格差が大きい県ほど，少年による暴力犯罪が多い。拙稿「高校教育の階層的構造と少年の非行発生」『武蔵野大学現代社会学部紀要』第9号，2008年。

テ」の序列的な性格を持つ分化が度を超えて顕著になるのは避けられねばならない。政策担当者には，複眼的な思考が求められるところである

■5　学校格差②

125頁において，有力大学合格者が私立校出身者に寡占される傾向にあると指摘した。ここでは，それに関する実証データを提示する。そのことは，設置主体間（国公私間）の学校格差を明らかにすることでもある。

サンデー毎日特別増刊号『完全版・高校の実力』（2010年6月12日）から，2010年春における，全国3,987高校の東大・京大合格者数を知ることができる■16。それを総計すると，5,928人なり。この5,928人の出身高校であるが，本当に私立校が多いのだろうか。

図表3-10によると，東大・京大合格者5,928人の48.9%が私立校出身者である。国立出身者を合わせると54.7%，半分以上が公立校以外の出身者ということになる。文部科学省『学校基本調査』から分かる，同年春の高校卒業生全体では，国・私立生は30.4%しか占めていない。右欄の輩出率は，aとbのズレを可視化したものである。国立高校からは，通常期待されるよりも20倍近くの高確率で東大・京大合格者が出ている。私立高校は通常期待値の1.6倍。母集団に比して，東大・京大合格者が国・私立校出身者に偏していることは明らかである。

なお，このような傾向は以前に比して強まっているようである。苅谷剛彦教授の『大衆教育社会のゆくえ』中公新書（1995年）の63頁の資料によると，1975年では，東大合格者に占める私立校出身者の割合は26%であった。また，東大合格者数ベスト20位の高校には，公立校も多く含まれていた。しかし，最近は**図表3-10**の通りで，合格者数の半分近く

3-10　東大・京大合格者輩出率

	a 東大・京大合格者の構成比（%）	b 高校卒業者の構成比（%）	a／b 輩出率
国立	5.9	0.3	19.7
私立	48.9	30.1	1.6
公立	45.3	69.7	0.6
合計	100.0	100.0	**

資料：『サンデー毎日特別増刊号・高校の実力』（2010年6月12日）
　　　文部科学省『学校基本調査報告』（2010年度）

■16―――この書物のデータは，教育社会学の研究者もたびたび利用しているものであり，信憑性あるものである。

3-11 東大・京大合格者上位20位の高校リスト

	都道府県	設置主体	高校名	合格者数
1位	東京	私	開成	170
2位	兵庫	私	灘	138
3位	奈良	私	東大寺学園	108
4位	奈良	私	西大和学園	105
5位	東京	国	筑波大附駒場	101
6位	兵庫	私	甲陽学院	100
7位	京都	私	洛南	99
8位	東京	私	麻布	93
9位	神奈川	私	聖光学院	69
10位	東京	私	桜蔭	67
11位	東京	私	駒場東邦	66
12位	愛知	公	旭丘	65
13位	神奈川	私	栄光学園	59
14位	京都	私	洛星	59
15位	愛知	私	東海	58
16位	東京	国	学芸大附	57
17位	愛知	公	岡崎	55
18位	千葉	私	渋谷教育学園幕張	54
19位	京都	公	堀川	54
20位	東京	私	海城	53

資料：『サンデー毎日特別増刊号・高校の実力』(2010年6月12日)

が国・私立校に寡占されている。一時，こうした寡占傾向を人為的に抑制すべきだという提案がなされたほどであるが，さもありなんという思いがする。

なお，東大・京大合格者を寡占している国・私立高校であるが，実をいうと，その数はごく少数である。2010年春の東大・京大合格者数上位20位の顔ぶれをみていただこう（図表3-11）。20校のうち，私立が15校を占めている。と同時に，これら20校だけで合格者の数が1,630人にもなり，全体（5,928人）の27.5％をも占有していることに驚かされる。これら20校は，3,987校の卒業生数のうちでは，わずか0.6％しか占めていないことを考えると，この寡占度は相当なものといってよい。上位50位まで幅を広げると，東大・京大合格者の46.8％，およそ半数がカバーされる。これらの高校は，卒業生全体ではほんの1.6％しか占めていないにもかかわらず，である。

これら50校の多くが，受験勉強や入学に多額の費用を要する国私立高校であることを思うと，公正の観点からしていかがなものか，という疑義が生じる。先にみたように，以前は，こうした上位校に公立校も結構含まれていたが，最近では，少数の国私立校に寡占されている状況となっている。

ちなみに，図表3-11から分かるように，上位20校は全て都市部に立地している。このことは，東大・京大合格確率の著しい地域格差をもたらしている。全国統計でいうと，2010年春の東大・京大合格者数は5,928人，同年春の高卒者数は1,069,129人であるから，東大・京大合格率は5.5‰となる。千人あたり5.5人，約分すると182人に1人である。しかるに，この値は県によっ

て著しく変異する。**図表3-12** は，都道府県別の東大・京大合格率マップである。

まず両端をみると，最大は奈良の 27.5‰，最低は青森の 0.6‰ である。奈良では 36 人に 1 人であるのに対し，青森では 1,667 人に 1 人。確率の違いが歴然としている。なお，高率地域は，近畿圏に固まっている。一方，北日本の諸県では，軒並み値が低い。実

3-12　都道府県別の東大・京大合格率（‰）

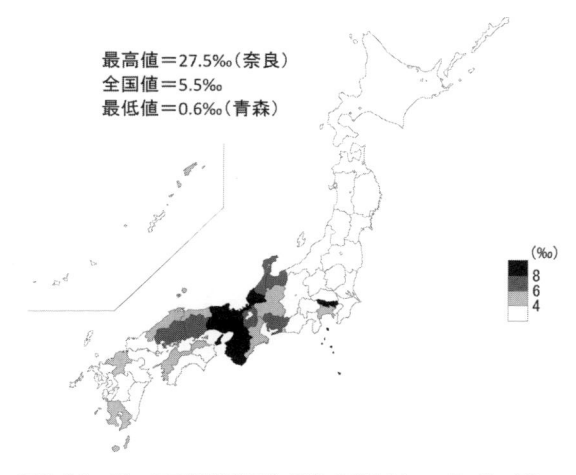

最高値＝27.5‰（奈良）
全国値＝5.5‰
最低値＝0.6‰（青森）

資料：『サンデー毎日特別増刊号・高校の実力』（2010年6月12日）

態として，東大・京大への進学機会には，相当の地域差があるとみてよい。**図表 3-11** に掲げられているような有力国・私立高校が，都市部に偏在しているためであることは明白であろう。

わが国のエリート候補生は，出身高校の上でも，出身地域の上でも，「単色化」しつつある。社会全体の多様な人間構成をあまり反映していない。今後，国際化，グローバル化，少子高齢化というような社会変動にさらされる中，異質な他者への共感性を持った指導者が求められるようになるだろう。私見であるが，上記の事実は，こうした時代のながれに背いているように思われる。

話がやや逸れたが，東大・京大合格可能性という点からみた，設置主体間の学校格差が甚だ大きいことが明らかになった。127 頁でも述べたが，教育とは，誰にも咎められることのない，公正にして正当な社会移動のための手段としての面を有している。しかるに，それにはいくつかの「抜け道」が存在する。多額の資金を投じて，早い段階からわが子を有力私立学校に入れるなどは，その一つである。また，第 3 節で触れるような，学校で教授される教育内容の文化的特性（偏り）という点も看過し得ない。この種の「抜け道」が今後ますます太くなっていくならば，わが国は，生まれが人生を規定する階層社会と化していくことになる。そうならないためにも，一見，正当に機能しているように

第1節　学校の構造

思える教育の基底において，どのような事態が進行しているかに絶えず目を光らせる必要がある。もっと目を凝らせば，未だ知られていない「抜け道」や，教育の「逆機能」の様相が解明されるかもしれない。教育社会学の役割とは，こういうことではないかと，私は理解している。

[第2節] 就学

　この節では，学校に通う子どもの量に注目する。学校に通うことは，専門用語で「就学」という。義務教育学校に通うことに限定してこの言葉を使う向きもあるが，ここでは，それ以外の学校に通うことをも意味する，広い概念と捉えることとする。まずは，現在日本において，どれほどの子どもが学校に就学しているのかを明らかにしよう。そこにおいては，子どもの世界の「学校化」の様相が可視的にされる。しかるに，こうした状況下においても，学校に就学することが叶わない子どもも存在する。これら双方の視点からの接近によって，子どもの就学にまつわる問題について，均衡のとれた見方を得ることを目指す。

■ 1　就学率

　学校に通っている子どもの割合のことを就学率という。義務教育学校に通う年齢帯（学齢）の場合，就学率は当然100％に近くなる。それより上の後期中等教育以降の段階はこの限りでないが，よく知られているように，高校進学率，さらには大学のような高等教育機関への進学率は，昔に比べて著しく上昇している。文部科学省『学校基本調査報告』によると，1955年（昭和30年）の高校進学率は51.5％，大学，短大，専修学校専門課程などの高等教育機関進学率■17は10.1％であった。これが2012年現在では，96.5％，79.3％にまで増えている。
　この2つの進学率を使って，各世代の最終学歴（就学歴）構成がどう変わっ

てきたかを可視的に表現してみよう。私の世代（1976年生まれ）が中学校を卒業したのは1992年であるが，この年の中学校卒業者数はおよそ177万人であり，このうち，高校に進学したのは95.0%。よって，私の世代（1992年中学卒業）でいうと，中学止まりは全体の5.0%となる（①）。この177万人のうち，3年後の1995年春に，大学，短期大学，専修学校専門課程などの高等教育機関に進学したのは64.7%である(②)。よって，高校止まりであった者の比率は，「100 − （①＋②）＝30.3%」となる。

私の世代（1992年中学卒業）の就学歴は，中学までが5.0％，高校までが30.3％，高等教育機関までが64.7％，という内訳となる。中学校の同窓会に50人集まったとすると，2人が中卒，15人が高卒，残りの33人が高等教育卒，という構成になるということである。この就学歴のプロフィールは，当然，時代とともに大きく変化してきたことと思う。私は，1955年中学校卒業世代から，2009年中学校卒業世代までの就学歴を，上記と同じやり方で明らかにした。

図表3-13は，結果を視覚的な統計図で表現したものである。

1955年に中学校を出た世代（1939年生まれ）は，中学までが48.5％，高校までが40.8％，高等教育機関までが10.7％，という構成であった。高校まで行く者が半分，高等教育機関まで進む者はたったの1割。それが1975年中学卒業世代（1959年生まれ）では，8.1％，41.9％，50.0％，

3-13　就学歴の変化

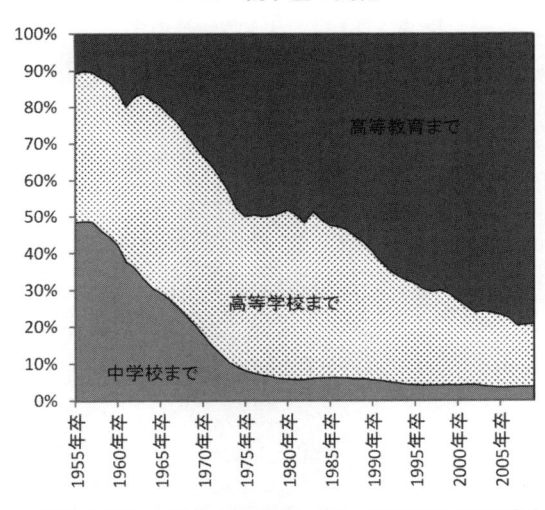

資料：文部科学省『学校基本調査報告』，『文部科学統計要覧』

(前ページ)
■17————分子の高等教育機関入学者には，当該年よりも前の高校卒業者（いわゆる浪人経由者）も含まれる。当該年の高校卒業者からも，浪人を経由して高等教育機関入学に至る者が同じくらい出るであろう，という仮定が置かれている。分母には，3年前の中学校卒業者（同世代人口）が充てられている。

第2節　就学

という構成に変化する。この世代にして，高等教育まで進む者がちょうど半分。そして 2009 年の中学卒業世代 (1993 年生まれ) は，3.7％，17.0％，79.6％，という内訳になる。

今日では，中学校や高校までで教育を終える (離れる) 者は相当のマイノリティーであり，飛躍を承知でいうなら，高等教育進学が暗に義務化されている感すらある。グラフの始点の 1955 年当時において，このような状況が到来することを予期した者がいたであろうか。まさに「学校化社会」である。教育を受けることは権利として保障されているので，各人が進学を欲するならば，その希望は尊重されるべきである。しかし，社会的同調の圧力が生じ，好むと好まざるとに関係なく上級学校への進学が強いられる社会というのは，まことに「生きづらい社会」というほかない。偏った見方はよくないが，私のみるところ，現代の日本は，そういう社会になりつつあるように思える。

現在の状況を，別の角度からも眺めてみよう。総務省の『国勢調査』では，1 歳刻みの年齢ごとに，各学校に就学している者の数が明らかにされている。私はこのデータを使って，2010 年現在における，年齢別の就学状況を明らかにした。図表 3-14 は，0 ～ 29 歳の子ども・青年の年齢別就学状況である。

学齢 (6 ～ 14 歳) では，全ての子どもが小・中学校に就学しているが，その

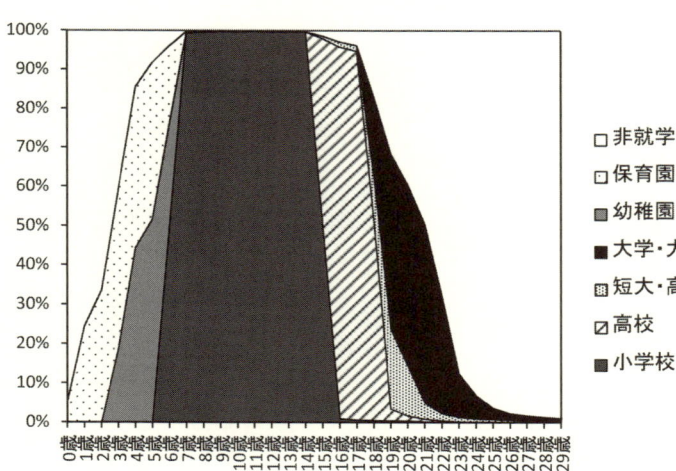

3-14　年齢別にみた就学状況

資料：総務省『国勢調査報告』(2010年)

上下の段階においても，就学者のウェイトが高くなっている。図を総体的にみると，就学者と非就学者の領分は，ちょうど半々というところだろうか。しかし，下は2歳，上は22歳において，就学者率が3割を超えるというのは，今日的な特徴といえよう。「三丁目の夕日」(1958年) や「コクリコ坂から」(1963年) の時代では，10代後半になると，在学者の比率が6割ほどまで減少すると思われる。昔の統計を使って同じ図を描いたら，模様は全く違ったものになることは間違いない■18。

　上図の模様は，多くの子どもや青年に教育の機会が開かれたという意味において，他の社会に誇れるものといえるかもしれない。しかるに，上述したように，好むと好まざるとに関係なく上級学校への進学を社会的に強制される問題や，子ども・青年の実生活からの乖離という問題も看過し得ない。また，最高レベルの教育を受けた人材が社会の中に活躍の場を見出せない状況も顕在化してきている。図表3-14をみると，25歳以上でも就学者の領分が少しあるが，多くが大学院博士課程の在学者であろう。博士課程修了者の進路については353頁で詳しく紹介するが，彼らの行く末については懸念が持たれるところである。

　話がちょっと逸れるが，教育の拡大（就学率上昇）というのは，高度な人材に対する社会的需要の高まりとか，個人の勉学意欲の高まりとか，機能的な観点から説明されることが多い。このような説明は，教育の普及の萌芽期（わが国でいうと明治初期頃）にはかっしりと当てはまるが，現代日本のように，教育がかなりの普及をみた社会については，当てはまりが甚だよくない■19。仮に，機能的な説明が妥当性を強く持っているなら，大学院で最高レベルの教育を受けた博士人材の無職問題など起こり得るはずがない。

　現在のわが国における教育拡大（就学率上昇）は，大学などの高等教育機関が己の維持存続のために学生を集めるとか，企業が採用活動において，応募者の資質や適性を見分けるための手ごろなシグナルとして学歴を用いるなどの要因で説明され得る面が強い。2番目について少し詳しくいうと，学歴とは，企業の側からすれば，間違いがないであろう人間を簡単に選り分けることを可能にする，一種のシグナルとしての機能を果たしている。仮に，このシグナルに依

■18――――『国勢調査』において，年齢別の就学状況の集計がなされているのは，2010年の調査以降である。よって時系列比較は残念ながら叶わない。
■19――――ただし，就学前段階における幼稚園や保育所への就園率の高まりは，長時間保育への要請や，幼児期からの早期社会化の必要など，機能的必要に依拠している面が比較的強い。

存しないとすれば，企業は細かい人物査定をもっぱら自前で行うことになり，大きなコスト負担を強いられる。それは不経済であるから，人材選抜のシグナルとして，応募者の学歴を利用する，というわけである。このような考え方は，シグナリング理論といわれる。

他に考えられることといえば，社会内部の職業集団が，自分たちの集団の地位を少しでも高くするために教育を利用している，ということである。たとえば，必要な技能水準の向上というような機能的必要に迫られているのではないが，われわれは他の集団よりも上であるのだぞ，ということを顕示するがために，新規参入者に求める学歴水準を高くしたりする。現在，教員養成の期間を4年から6年に延ばし，教員になろうとする者には修士の学位を取らせよう，という案が出されている■[20]。このことは，子どもに教える知識内容の高度化というような機能的必要に迫られてのことではない。現在，保護者のほとんどが大卒であるので，教員の学歴水準をもう一段高くして保護者より優位に立たせたい，という意図が込められている■[21]。

今述べたようなことに踊らされて，教育の拡大，子どもの世界の「学校化」が際限なく進行している側面がある。それがために，今の子どもたちは，目的がないにもかかわらず，上級学校への進学を社会的に強制されている。機能的な必要が何らないにもかかわらず，一人前の社会人となるためのハードルが人為的に押し上げられ，保護者の側にすれば，子ども1人育て上げるのに要する教育費が高騰する，というような事態になってもいる。

このような問題が限界にまで達し，「学校化」の進行に歯止めがかかるのか，それとも，**図表3-14**にみる就学者の領分が上下にますます広がっていくのか。現段階ではまだ，今後の趨勢を予測するのは難しい。もう少しばかりの時間を要する。ただいえるのは，教育を受ける権利，学ぶ権利というものが，強制的に行使させられるのではなく，自らの意志で行使できるような社会になることが望まれる。そのためには，企業の側も，人材の採用や査定にあたって，学歴という安易なシグナルだけに依存することは慎むべきであろう。

■[20]————中央教育審議会答申「教職生活全体を通じた教員の資質能力向上について」（2012年8月28日）など。
■[21]————この点は，中教審委員や国会議員の発言からも看取することができる。朝日新聞2009年11月21日など。

■2 就学猶予・免除

　学齢（6〜14歳）の子どもを持つ保護者は，子どもを義務教育学校に通わせることが義務づけられている。これを就学義務という。しかし，学校教育法第18条の規定により，「病弱，発育不完全その他やむを得ない事由のため，就学困難と認められる者の保護者」は，この義務を猶予ないしは免除されることが可能である。

　この規定により，就学を免除ないしは猶予されている学齢の児童生徒は，1990年では1,238人であった（文部科学省『学校基本調査報告』）。それが，10年を経た2000年では1,809人になり，2012年現在は3,523人と一気に倍近くに増えている。

　ところで，就学免除・猶予の対象となった児童生徒の数を，もっと長期にわたって跡づけてみると，昔は現在の比ではなかったことが分かる。**図表3-15**をみていただきたい。文部科学省『学校基本調査』の時系列統計をもとに作成したものである。

　1950年（昭和25年）の数は33,972人であり，2012年現在の9.6倍である。その後，数は減少し，1970年で2万人余，私が生まれた頃の1975年で1万人余となった。

　戦後初期の就学免除・猶予の主な理由は，障害（disorder）である。昔は，障害のある子どもが通う学校として，盲学校，聾学校，および養護学校があった

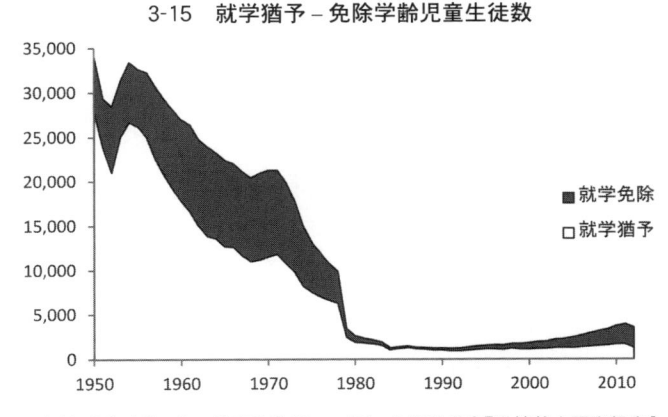

3-15　就学猶予 – 免除学齢児童生徒数

■ 就学免除
□ 就学猶予

資料：文部省『日本の教育統計』(1966年)，文部科学省『学校基本調査報告』

3-16 就学猶予・免除の理由

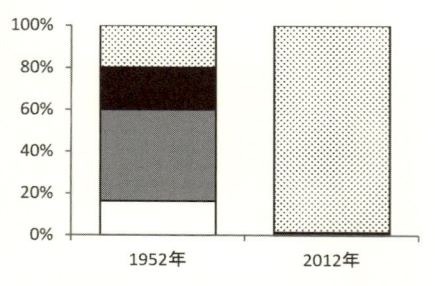

□肢体不自由　■虚弱　■知的障害　▨その他

資料：図表3-15と同じ

が[22]．このうち，養護学校は義務教育学校とはみなされていなかった。よって，肢体不自由児，病弱児，知的障害児の保護者に対し，学校教育法第18条の規定が適用され，**図表3-15**のような事態になっているわけである。

このことは，就学免除の理由の内訳を一瞥するだけで分かる（図表3-16）。今から60年前の1952年では，理由のほぼ8割が障害によるものであった。1979年に養護学校が義務化され，それ以降，肢体不自由児や知的障害児なども，学校に就学することとなり，就学免除・猶予の対象者は激減することとなった。

現在では，障害を理由に就学を免除・猶予される子どもはわずかである。しかし，以前はそうではなかった。障害児の学ぶ権利が安易に奪われていた時代があった。このような歴史的事実を認識しておくことは重要であると思う。

ひるがえって，現在の就学猶予・免除の適用状況であるが，先ほどみたように，対象の児童生徒数は3,500人ほどで，その理由の多くは障害とは別のものである。**図表3-16**でいう「その他」という理由カテゴリーであるが，文部科学省の制度解説[23]によると，以下のような事由が考えられるという。

①：児童生徒の失踪
②：児童自立支援施設又は少年院に収容されたとき
③：帰国児童生徒の日本語の能力が養われるまでの一定期間，適当な機関で日本語の教育を受ける等日本語の能力を養うのに適当と認められる措置が講ぜられている場合
④：重国籍者が家庭事情等から客観的に将来外国の国籍を選択する可能性が

[22] 盲学校，聾学校，および養護学校は，現在では特別支援学校に一本化されている。また，障害を持つ子どもの教育は，以前は特殊教育といっていたが，現在では特別支援教育という名称になっている。
[23] 文部科学省ホームページ「就学義務の猶予又は免除について」を参照。

強いと認められ，かつ，他に教育を受ける機会が確保されていると認められる事由があるとき

　文部科学省の担当者に電話で確認したところ，この4つのうち多くを占めるのは，③と④とのことである。国際化・グローバル化が進んだ現代の状況に対応しているのである。しかるに，数的にはわずかであろうが，①と②に該当する児童生徒の存在も看過し得ない。
　就学免除・猶予の他にも教育を受ける機会を失っている子どもがいる。不就学や長期欠席の状態である。この問題は昔もあったようであり，1955年（昭和30年）9月30日に，「義務教育諸学校における不就学及び長期欠席児童対策について」と題する通知が文部省より出されている。そこにおいては，「保護者および一般に対し，義務教育の重要性ならびに児童生徒の不就学および長期欠席状態の解消のために必要な児童福祉，生活保護，年少労働保護の重要性について周知徹底させること」，「児童生徒の校内および校外における生活について，指導，保護および監督をじゅうぶんに行い，不就学または長期欠席の防止を図るとともに，その早期発見につとめ，すみやかに適切な措置を講ずること」などが関係諸機関に要請されている。
　貧困や家庭事情により，不就学や長期欠席を余儀なくされる子どもが少なくなかった戦後初期の頃の状況を反映した内容であるが，それから半世紀を経た現在においても，同様の取組が求められるような社会状況になってきている。時代がいかに変わろうとも，普遍なものがある。子どもの就学問題とは，その典型であり，絶えず目を向けられなければならない。

■3　高校非進学

　義務教育は，中学校までである。よって，勉強は好きでない，早く社会に出たいというのであれば，高校に行く必要は必ずしもない。昔は，高校に行かない生徒が結構いた。「三丁目の夕日」は1958年（昭和33年）の物語であるが，この年の中卒者に占める高校進学者の比率は54％である（文部科学省『平成22年・文部科学統計要覧』）。逆にいえば，46％の者は中学校を卒業して，すぐに社会に出ていたことになる。
　しかるに，今日では，高校に進学しないという「自由」を行使することには，大きな勇気が要るだろう。2012年春の高校進学率は96.5％であり，高校に進

学しない者は，同世代の 3.5％しかいないことになる。完全なマイノリティーである。こうなると，中卒者は，就くことのできる職種が極めて限られる，劣悪な条件で働かされるなど，大きな不利益を被ることになる。

こういうこともあってか，高校までの教育機会は公的に保障しようということで，2010 年 4 月より，高校無償化政策が施行されている。公立高校の授業料を無償にし，私立高校生には授業料の補助を行う，というものだ。好きで進学しないというならまだしも，貧困という外的要因により高校に行けない，ということはあってはならないことであるので，賛意を表する。

さて，この政策によって，貧困による高校非進学はなくなったのだろうか。検討に用いるデータは，東京都内 49 市区の高校非進学率である。高校無償化政策施行前と施行後において，各市区の高校非進学率はどう変化したか，各市区の非進学率と貧困指標の関連はどう変わったのかを明らかにすることで，この問題に接近しようと思う。

高校非進学率とは，公立中学校卒業者のうち，高校ないしは高等専門学校等に進学しなかった者の比率である。私は，東京都内 49 市区について，政策施行前の 2009 年春，および施行後の 2011 年春の卒業生の高校非進学率を計算した。図表 3-17 は，横軸に 2009 年，縦軸に 2011 年の高校非進学率をとった座標上に，49 の市区を位置づけたものである。図中の 45 度の斜線は均等線であり，この線よりも下に位置する場合，高校非進学率が下がったことを意味する。均等線よりも上にある場合は，その反対である。

図表 3-17 によると，この 2 年間の変化の様相は地域によってさまざまであるが，高校非進学率が下がった地域のほうが多いようである。均等線との垂直距離は変化の大きさを示唆

3-17　東京都内 49 市区の高校非進学率の変化

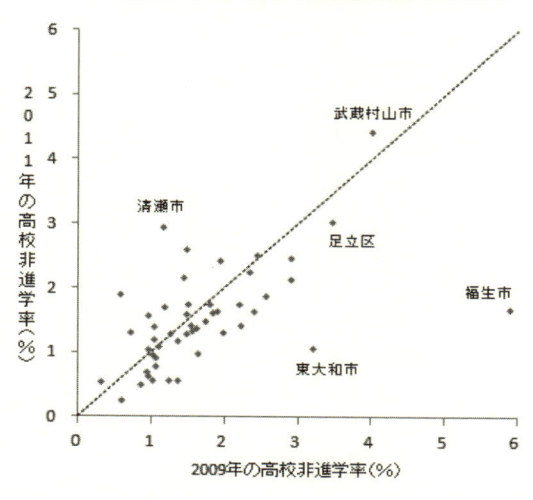

資料：東京都教育委員会『公立学校卒業者の進路状況調査』

するが、福生市の場合、高校非進学率が5.9%から1.7%へとかなり減少している。東大和市も、非進学率の低下が比較的顕著である（3.2%→1.1%）。

図表3-17から分かるように、2009年でも2011年でも、高校非進学率は地域によって異なる。この地域差が、各市区の貧困指標とどう関連しているか。関連の様相が、無償化政策施行前と施行後でどう変わったかを明らかにする、という段取りを踏もう。

高校非進学率との相関をとる貧困指標として用いるのは、1人あたり住民税課税額と1人親世帯率である。前者は、住民1人あたりの都民税・市区民税課税額がいくらかである。後者は、母子・父子世帯が一般世帯に占める比率である。前者が低いほど、後者が高いほど、当該の市区の貧困度が高い、というように読む。双方とも2010年の数値を使う。では、この2指標が、政策施行前の2009年春の高校非進学率とどう関連しているかをみてみよう（**図表3-18**）。

高校非進学率は、各市区の住民税課税額と負の相関関係にある。相関係数は−0.353であり、5%水準で有意と判定される。一方、1人親世帯率とは正の相関関係であり、こちらは+0.594と相関係数の絶対値が高い。高校無償化政策施行前の2009年では、高校非進学と貧困要因が関連していたことがうかがわれる。さて、こうした関連、すなわち高校非進学の社会的規定性は、2010年、2011年でも保たれているのか。2010年、2011年の高校非進学率が、上記の2つの貧困指標とどう関連しているのかを調べた。相関係数は、**図表3-19**に

3-18　2009年の高校非進学率の社会的規定性

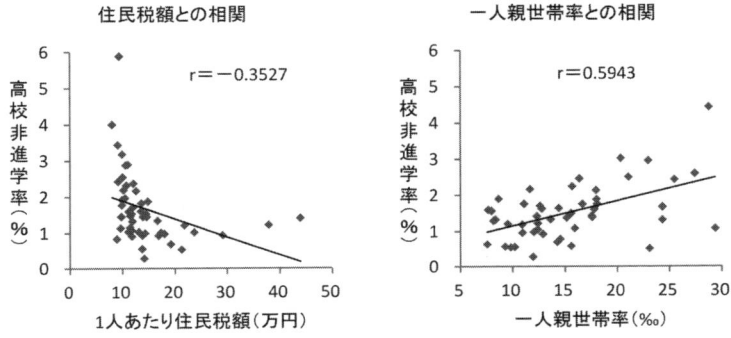

住民税額との相関　　　　　　　　一人親世帯率との相関

r＝−0.3527　　　　　　　　　　　r＝0.5943

資料：東京都教育委員会『公立学校卒業者の進路状況調査』(2009年度)
　　　東京都『東京都税務統計年報』(2010年度)
　　　総務省『国勢調査』(2010年)

3-19 高校非進学率との相関係数

	一人あたり課税額	一人親世帯率
2009年	-0.3527	0.5943
2010年	-0.2429	0.5924
2011年	-0.1568	0.5158

資料：図表3-18と同じ

示す通りである。

網かけは，相関係数が統計的に有意であることを示唆する。高校非進学率と住民税課税額（住民の経済的富裕度）の有意な負の相関は，政策施行後の2010年には消えている。直近2011年では，係数の絶対値がさらに下がっている。公立高校の授業料を無償にし，私立高校の授業料には補助[24]を出す高校無償化政策は，経済的事情による高校非進学を減少せしめたことを，マクロデータから認めてもよいだろう。

しかるに，一人親世帯率との相関は依然として強く，係数の絶対値は0.5を超えている。当人の意向とは異なる，高校非進学の（社会的）要因としては，経済事情のほかにも，保護者が進学に理解を示さないことや，家庭での勉学環境など，さまざまなものが想起される。高校非進学率と一人親世帯率の相関の残存は，経済的負担の軽減に加えて，このようなもっと広い部分へのケアが要請されることを教えているように思える。このような障壁が段階的にのぞかれていくことが望まれる。

それがどれほど達成し得たかは，私がここにて行ったような分析作業によって明らかにされる。政府の白書において，こうした定点観測作業の結果を毎年度記録するようにしてみたらどうか。それによって政策を評価し，必要とあらば軌道修正を図る。社会的不平等の解消は，こうした実践の積み重ねの上に実現されるものであると考えている。

■4 大学進学格差

先の**図表3-13**でみたように，現在のわが国では，同世代の8割ほどが高等教育機関に進学する。このことには，大学に進学する者が著しく増えたことが影響している。このような状況をして，子ども期の「学校化」の進行と形容し，好むと好まざるとに関係なく，全ての子どもが上級学校への進学を強いられる社会であると，批判的に捉える意見もある。私もそのような見方を持っており，子ども期において，もっと多様なオルタナティブが認められて然るべきである，

■24────補助の額は年額11万8,800円であるが，保護者の所得に応じて加算されることもあり得る。

と考えている。

　しかるに，そればかりを強調するのは一面的なのであり，現在においても，上の学校に進学できるか否かは，諸々の社会的な要因の影響を被るという現実にも目を向けねばならない。前項では，高校進学行動の社会的規定性の一端を垣間見たのであるが，大学進学の場合，その程度は格段に大きいものと推察される。この項では，大学進学行動の社会的規定性に関連するデータを提示する。前々項では義務教育段階，前項では後期中等教育段階における就学格差の問題をみてきたが，本項では高等教育段階に焦点を合わせることになる。

　大学進学率というのは，完全失業率や自殺率にも劣らぬほど，世間の耳目をひく統計指標である。高校卒業者のうち，どれほどが大学に進学したかという意味の指標ととられることもあるが，一般には，同世代人口（18歳人口）が分母に充てられる。ベースの18歳人口としては，3年前の中学校■25 卒業者数が用いられることが多い。たとえば，2010年春の大学進学率を計算する場合，3年前の2007年春の中卒者数が分母に充てられる。分子となるのは，当該年の春に大学に入学した者の数である。分子の大学入学者数には，当該世代よりも前の世代（いわゆる浪人経由者）も含まれることになるが，当該世代からも浪人を経由して大学入学に至る者が同じくらい発生するであろうと仮定し，両者が相殺するものとみなす。したがって，このやり方で算出される大学進学率とは，浪人込みの進学率となる。同世代のうち，どれほどが大学に進学するかを的確に測る指標として，公的に採用されているものである。

　2010年春の大学入学者数は619,119人であり，同時点の推定18歳人口（2007年春の中卒者数）は1,215,843人である■26。したがって，同年春の大学進学率は50.9％と算出される。現在では，同世代のちょうど半分が大学に行く状況になっていることが分かる。この指標の時系列推移をとると，図表3-20のよう

3-20　大学進学率の推移（％）

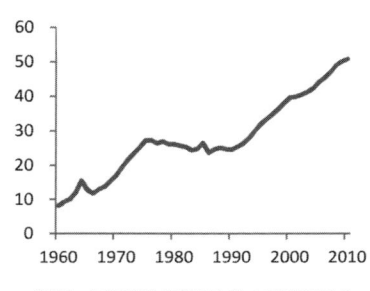

資料：文部科学省『学校基本調査報告』

■25―――中等教育学校前期課程修了者を含む。
■26―――文部科学省『学校基本調査報告』による。

である。1960年から2010年までの半世紀間のカーブが描かれている。

　グラフの始点の1960年では，大学進学率は1割にも満たなかった。それが高度経済成長期にかけて上昇し，私が生まれた1976年には27.3％にまで達する。しかしそれ以降，80年代にかけて大学進学率は停滞する。大学とは別のオルタナティブな進学先として専修学校が創設されたことや，大都市部において大学設置抑制政策が施行されたことの影響による。しかるに，80年代の末に，第2次ベビーブーマーによる18歳人口激増に対処するため，そのような抑制政策が緩和され，90年代以降の進学率上昇の素地ができることになる。加えて，90年代以降の進学率の伸びは，少子化という人口変動からも説明され得るだろう。90年には24.6％であった大学進学率は，世紀の変わり目の2000年には39.7％になり，それから10年を経た2010年現在では，先ほど計算したように50.9％，ほぼ半分に至っているわけである。

　さて，全国統計においては，大学進学率はちょうど半分（50％）なのであるが，この値は地域によって大きく異なる。文部科学省の『学校基本調査』から，先に説明したやり方において，大学進学率を都道府県別に計算することができる。県別の場合，分子となるのは，当該県所在の高校卒業者のうち，大学に入学した者の数である。2010年春の大学進学率を全県について出すと，最低の33.5％（岩手）から最高の73.1％（東京）まで，甚だ大きな開きが観察される。岩手では同世代の3人に1人であるが，東京では4人に3人である。全国統計では見えないことであるが，大学進学率は地域によって大きく異なるのである。

　問題は，ここで見出された地域差が，社会的要因の影響をどれほど被っているかである。仮に，個々人の意向や資質の集積の結果というのであれば，それは単なる「差」であり，社会問題としての性格はあまり持たない。しかるに，そうではない場合，それは政策が関与すべき「格差」ということになる。まずは，大学進学には莫大な経費がかかることを念頭に置いて，各県の住民の所得水準が大学進学率とどう関連しているかをみてみよう。**図表3-21**は，2009年度の1人あたり県民所得と，2010年春の大学進学率の都道府県地図である。

　一見して，2つの地図の模様が似ていることが分かる。首都圏や近畿圏の色が濃く，周辺にいくにつれて色が薄くなる傾向は瓜二つである。事実，両指標の相関係数を計算すると＋0.803とまことに高い。所得が高い県ほど，大学進学率が高い傾向が明瞭である。

別の指標との関連も吟味してみよう。子どもの大学進学に際しては、保護者の意向も影響する。自身も大学を出ているという保護者は、わが子の大学進学に積極的な価値を見出す度合いが高いであろう。難しい言葉でいうと、家庭の経済資本だけでなく、文化面での資本にも注意する必要がある[27]。このような視点において、各県の学校卒業人口に占める大学・大学院卒業者（大卒人口率）を計算し[28]、大学進学率との相関をとったところ、＋0.882という相関が認められた。所得との相関係数よりも高い値である。

あと一点、各県にどれほど大学が所在するかも、各々の大学進学率を左右する基本的な条件である。自宅から通える範囲に大学が

3-21 県民所得と大学進学率の地図

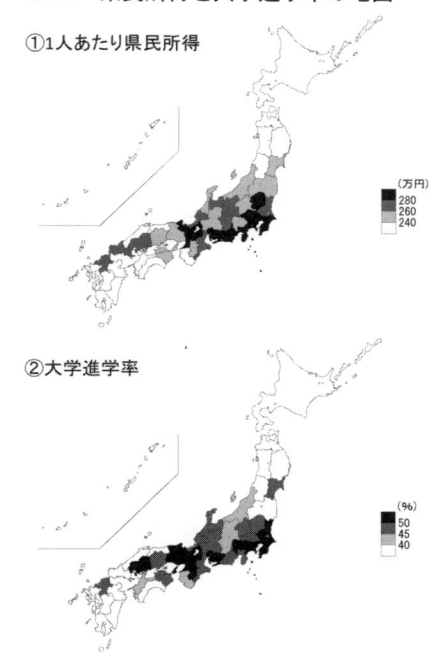

①1人あたり県民所得

②大学進学率

資料：内閣府『県民経済計算年報』（2009年度）
　　　文部科学省『学校基本調査報告』（2010年度）

なく、下宿を強いられるなら、その分の費用もかさむことになる。各県の18歳人口に対し、どれほどのイスが用意されているか。この点を可視的に測る指標として、大学収容力というものを計算した。各県に所在する大学への入学者数（イスの量）が、18歳人口のどれほどに相当するかである。私の郷里の鹿児島県の場合、2010年春の同県内の大学への入学数は3,938人。同年春の当県の推定18歳人口は19,142人。よって鹿児島の場合、用意されているイスの数（入学枠）は、18歳人口の20.6％に相当する。5人につき1個のイスである。この値を東京について出すと、142.6％にもなる。都内の18歳人口全員が座っ

■27────この点については、次節の「文化的再生産」の項を参照されたい。
■28────15歳以上人口のデータである。分子、分母とも、2010年の総務省『国勢調査』（抽出速報集計結果）から得た。分母の学校卒業人口とは、全体から在学者や未就学者を差し引いた値である。県別の大卒人口率のレンジは、9.1％～25.9％である。

たとしても，まだイスが余る勘定となる。大学が都市部に集中していることに由来する現象である[29]。この値を全県について出し，大学進学率との相関をみたところ，＋0.793という相関であった。こちらも，係数の絶対値がまことに高い。

ところで，ここにて大学進学率との相関をとった3指標は，互いに強く関連している。たとえば，各県の所得水準と大卒人口率は＋0.750という相関関係にある。よって，所得と進学率が相関しているといっても，それは，大卒人口率を媒介にした疑似相関ではないか，という疑いが持たれる。そこで，大学進学率を目的変数，3指標を説明変数に見立てた重回帰分析を行い，各要因の独自の影響力を析出することとしよう。重回帰分析とは，複数の説明変数を投入して，目的変数を推測する重回帰式をつくるものである。今，県民所得を X_1，大卒人口率を X_2，大学収容力を X_3 とおくと，各県の大学進学率（Y'）を予測する重回帰式は，以下のようになる。

$$Y' = 0.0062X_1 + 1.0281X_2 + 0.0724X_3$$

この式から算出される各県の大学進学率の予測値（Y'）と，先ほど計算した大学進学率の実測値（Y）の関係は，**図表3-22**のようになる。多くの県が，斜線（均等線）の周辺に収束している。このことは，ほとんどの県において，進学率の予測値と実測値が近似していること，すなわち上記の回帰式の予測の精度が高いことを示唆する[30]。

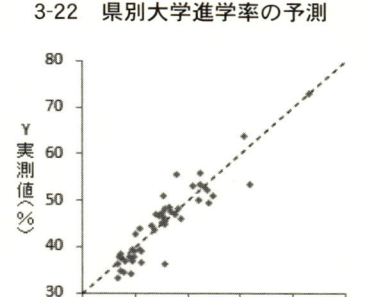

なお，目的変数の予測に際しての各要因の影響力は，各々の係数から知られるのであるが，3要因の単位が異なることを考慮して，係数を標準化する必要がある。標準化された係数は，標準化偏回帰係数（β値）といわれるものであり，上記の式でいうと，X_1 は0.2588，X_2 は0.5094，X_3 は0.2400，

3-22　県別大学進学率の予測

[縦軸: Y 実測値(%)，横軸: Y'予測値(%)]

■29────2010年の全国の大学数は778校であるが，そのうちの138校が東京都内に立地している。東京の大学だけで，全体の17.7％が占められていることになる。
■30────さらに加えるなら，3指標によって，大学進学率の都道府県分散のかなりの部分が説明される，ということである。

となる。この値から，各県の大学進学率を最も強く規定しているのは，2番目の大卒人口率であることが分かる。個々の家庭の経済資本も重要であるが，それ以上に，文化面での資本が重要であることがうかがわれる。ちなみに，女子の大学進学率を目的変数にした重回帰分析をすると，β値は，所得が0.2261，大卒人口率が0.4374，大学収容力が0.3312，となる。大卒人口率の影響が最大であるのは先と同じであるが，女子の進学率にあっては，所得よりも大学収容力に影響される面が大きい。女子の場合，保護者が自宅外に出すのをためらう傾向が強い，ということであろう。

ここで明らかなのは，大学進学率の都道府県差は，単なる「差」ではなく，社会的諸要因の影響を強く被った「格差」であることだ。地域レベルのマクロデータにおいて，このような傾向が検出されるのであるから，個人単位でみれば，大学進学行動の社会的規定性はより一層クリアーであることだろう■31。

私は，高卒者の全てが大学に進学すべきであるなどと主張する気はない。大学進学率が50％という現状についても，185頁で述べたように，社会の機能的必要とは無関係に大学が自己増殖していることを思うと，いささか高すぎるのではないか，という考えすら持っている。しかるに，大学のような高等教育機関で学びたいという意向があり，それに足る能力をも有しているにもかかわらず，それとは別の外的な諸条件によって，進学機会が制約されるようなことがあってはならない。教育基本法第4条1項は，「すべて国民は，ひとしく，その能力に応じた教育を受ける機会を与えられなければならず，人種，信条，性別，社会的身分，経済的地位又は門地によって，教育上差別されない」と規定し，同条文3項では，「国及び地方公共団体は，能力があるにもかかわらず，経済的理由によって修学が困難な者に対して，奨学の措置を講じなければならない」と定められている。この規定は，義務教育段階ないしはそれに準じる程度に義務化された後期中等教育段階の学校にのみ適用されるのではない。高等教育の機会の均等をも想定した法規定である。しかるに現実はどうかというと，このような理想態からかなり隔たっていることが，本項での統計データから示唆されるのである。

何度もいうように，現在の日本は，子ども期が「学校化」された社会である

■31────たとえば，東京大学大学院教育学研究科大学経営・政策研究センター『高校生の進路追跡調査・第1次報告書』（2007年9月）の69頁のグラフでは，大学進学を予定している生徒の比率が，家庭の年収ときれいに比例している傾向が浮き彫りにされている。

（図表 3-13，3-14）。しかし，その中にあっても，就学機会の社会的不平等という問題が厳として存在する。わが国の高等教育は，私学依存，大都市偏在という構造的特性を持っている。それだけに，この段階での就学機会の格差が大きいものと解される。「学校化」された子ども期に風穴を開ける試みが，この問題をこじらせることにつながってはならない。

■5　落第

　学校の教育課程は，1年単位の学年ごとに細分されている。子どもが学校に就学する過程というのは，下から上へと学年を上がっていく過程と同義である。こうした進級の方式には2通りあって，その1は，学習の成果がどうであろうとも加齢とともに全員を進級させる年齢主義であり，あと一つは，課程の内容の習得状況に応じて進級の可否を決定する課程主義である。わが国では，義務教育を過ぎた後期中等教育段階以降において，後者の課程主義の考え方がとられており，高等学校では毎年，わずかではあるが，原級留置者（落第者）が出ている■32。大学については，言わずもがなである。

　しからば，小・中学校といった義務教育学校では原級留置（以下，落第）はないかというと，そうではない。学校教育法施行規則第57条は，「小学校において，各学年の課程の修了又は卒業を認めるに当たつては，児童の平素の成績を評価して，これを定めなければならない」と規定している（他の学校にも準用）。したがって，義務教育学校においても，成績不良者や長期欠席者の落第はあり得る，ということになる。であるが，わが国では，義務教育学校にて落第の措置がとられることはまずない。法規定はともかく，実際のところは，加齢と共に自動的に進級させる，年齢主義の考え方が採用されている。

　しかるに，他国はそうではない。初等教育段階であろうと，上述の課程主義の方針をとっている国がほとんどである。この項では，われわれが常識であると信じて疑わない就学過程の有様を，国際データによって相対視してみようと思う。具体的には，初等教育および前期中等教育段階における，落第確率の国

■32　　　原級留置とは，ある学年の教育課程を修めたものの，その成果が不十分であり進級が認められず，当該の学年に留め置かれる措置をいう。2010年度の全日制普通科高校の原級留置者は7,386人であり，生徒全体の0.3％に相当する。定時制高校では，この比率は3.2％にもなる。文部科学省『児童生徒の問題行動等生徒指導上の諸問題に関する調査』。

際比較を実施する。用いる統計は，OECD の国際学力調査 PISA2009 の結果である。

PISA2009 の生徒質問紙調査の Q7 では，対象の 15 歳生徒に対し，初等教育段階，前期中等教育段階において，同じ学年（grade）を繰り返したことがあるかと尋ねている。日本の制度に即していうと，初等教育は小学校，前期中等教育は中学校に相当する。例外もあるだろうが，前期中等教育までを義務教育としている国が多いと思われる。ゆえに，この設問の回答結果をもとに，義務教育段階での落第経験率の国際比較を行うことが可能となる。

私は，OECD のホームページから PISA2009 のローデータをダウンロードし，69 か国について，15 歳生徒の落第経験率を明らかにした。まずは，一つの国を事例として，この指標の計算過程をご覧いただこう。その国とは，フランスである。私的な理由で恐縮だが，学部の「比較教育論」の授業で，フランスでは小学校でもガンガン落第させる，という話を聞いた覚えがあるからだ。**図表 3-23** は，フランスの 15 歳生徒の落第経験状況を段階ごとに示したものである■[33]。

落第経験率は，初等教育段階は 17.0％，前期中等教育段階は 23.1％となる。大雑把にいうと，小学校では 6 人に 1 人，コレージュでは 4 人に 1 人の生徒が落第する，ということである。なるほど。「ガンガン」という表現は大げさだろうが，西欧のこの国では，義務教育段階でも落第は結構あることが知られる。

では，69 か国の 15 歳生徒の落第経験率をみていただこう（**図表 3-24**）。**図表 3-23** と同様，「1 回ある」＋「2 回以上ある」が，有効回答全体に占める比率である。ちなみに，本設問には，日本の生徒は回答していない。しかし，両段階の経験率とも，限りなく 0％に近いとみてよい。他国は如何。69 か国の 2 段階の落第経験率をベタに提示する紙幅はな

3-23　フランスの 15 歳生徒の落第経験

	実数		構成比(%)	
	初等教育段階	前期中等教育段階	初等教育段階	前期中等教育段階
ない	3,301	3,035	83.0	76.9
1回ある	653	892	16.4	22.6
2回以上ある	24	19	0.6	0.5
合計	3,978	3,946	100.0	100.0

資料：OECD"PISA2009"

■33―――無回答，無効回答は分析から除外している。両段階で，表の最下段（有効回答者数）の値が違っているのは，このことによる。

3-24　15歳生徒の落第経験率国際比較

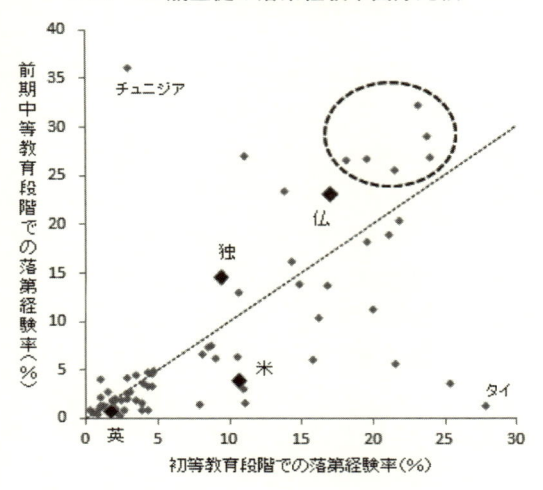

いので、表現法を工夫する。横軸に初等教育段階、縦軸に前期中等教育段階での落第経験率をとった座標上に、69か国を位置づけた図をつくってみた。

初等教育段階の落第率が最高なのはタイであり、27.8％の生徒が小学校段階において落第を経験している。前期中等教育段階での落第経験率が最も高いのは、チュニジアの36.1％となっている。北アフリカのチュニジアでは、日本でいう中学校段階において、3人に1人の生徒が落第するようである。これは、「ガンガン」というに相応しい状態といえよう。右上の丸囲いの中にある6国は、マカオ、ブラジル、モーリシャス、コスタリカ、コロンビア、およびウルグアイである。多くは発展途上国であるが、これらの国では、両段階とも落第経験率が高い。おそらくは、児童労働の問題も絡んでいることだろう。

しかるに、ドイツやフランス等、先進国でも落第率が高いケースが多々みられる。経済発展の程度と直線的に関連するというような、単純な傾向でもない。子どもの教育に対する、考え方の違いも影響していよう。

ちなみに、図中の斜線は均等線であり、この線よりも上にある場合、前期中等教育での落第率が、初等教育段階より高いことを意味する。数でいうと、初等教育段階の落第率のほうが高い国が多くなっている。基礎・基本をしっかりさせないと後々困る、という考え方もあると思う。

どうだろう。周知のように、日本では、義務教育段階で落第措置がとられることはほぼ皆無なのであるが、それは、国際的にみたら特異なことであることが分かる。われわれが常識と信じて疑わないことが、国際比較によって相対化されるわけである。

わが国において、落第の措置がためらわれるのは、当の子どもに恥をかかせ

たくない，という思いが強いためである。確かに，同年齢の友人が進級していくなか，自分だけ取り残され，年下の者と机を並べることの屈辱感は，決して小さなものではない。「横並び意識」の強い日本では，なおさらだ。しかるに外国では，当該学年の課程の内容をきちんと習得させないまま進級させることこそ，当人のためにならない，という見方がとられている。要は，課程の内容の習得状況を徹底的に重視するのであり，逆をいうなら，優秀な生徒は「飛び級」だって認められる。

対して日本はというと，重視するのは年齢である。まさに，冒頭で述べたところの「年齢主義」であり，この方針が徹底されていることが，いわゆる「7・5・3」現象（授業内容を理解している者の比率は小学校で7割，中学校で5割，高校で3割）のようなものをもたらしている。わが国の子どもの就学過程は，形式だけで中身がないという，由々しき問題である。「当該学年の課程の内容をきちんと習得させないまま進級させることは，当人のためにならない」という理念を，もっと取り入れる余地はある。

そのための手段は落第制の厳格適用ということにとどまらない。補充的な指導の充実や，後々の学年においても随時，前の学年の内容を定着させる機会を設けるなど，策はいろいろある。実をいうと，2008年，2009年に改訂された新学習指導要領では，このような視点が盛り込まれている。たとえば，高校新学習指導要領では，「義務教育段階の学習内容の確実な定着を図るための指導を適宜取り入れるという工夫の例を明示し，そうした取組を一層重視した」とある■34。小・中学校でも，算数や数学といった，積み重ねが重要な教科については，随時，前の学年の内容の繰り返し指導を行うこともいわれている。大切なことは，「当該学年の課程の内容をきちんと習得させないことは当人のためにならない」という理念を，わが国の長年の土壌にそう形において具現化させることである。ここでみた国際データは，このようなことを要請しているとみるべきであり，日本の義務教育段階の落第率はもっと高くてもいい，というようなことを主張するがために用いられるべきではない。

■6　成人の就学

これまでは，子どもの就学率をみてきたのであるが，学校に通うのは子ども

■34―――『高等学校学習指導要領解説（総則編）』2009年。

だけではない．そこでの教育の対象には，成人も含まれる（本項で使う「成人」とは，伝統的就学年齢を過ぎていったん社会人になった「おとな」という意味である）．この点について，理論的な背景を交えながら，概説しよう．

「生涯学習」という言葉がある．英語でいうと"life-long learning"，字義通り，生涯にわたって学習する，という意味である．教育を受けることや学習をすることは，人生の初期（子ども期）で完結するのではなく，人は生涯にわたって学び続ける存在である，という考えが根底にある．以前は「生涯教育」といっていたが，それだと，人間を生涯にわたって管理するというような，上からの押し付けの感が強いので，現在では「生涯学習」といわれるようになっている．「学習」という言葉が使われることで，人間の主体的・能動的な側面が強調されていることに注意されたい．

現在のような変動の激しい社会では，子ども期に学校で学んだ知識や技術はたちまち陳腐化してしまう．社会の変化に適応していく（追いついていく）ためにも，現代人は，生涯にわたって絶えず学習をする必要に迫られているといえる．これは社会的な要因であるけれど，個人の側にしても，余暇時間が増えるなか，学習や創作活動などを行うことにより，自己実現を図りたい，という欲求が高まっているものと思われる．

このような背景から，人々の生涯学習を支援・推進すべく，さまざまな施策が打ち出されている．臨時教育審議会が，21世紀の教育改革の目玉ポイントの一つとして，「生涯学習体系への移行」の方針を明言したのは，1987年のことである．その後，1990年に生涯学習振興法が制定され，生涯学習推進のための都道府県の施策等について規定された．最近では，2008年2月の中央教育審議会答申■35にて，「学習成果の評価の社会的通用性の向上」など，国民の生涯学習を支援するためのより具体的な方策が提言されるに至っている．これから先，少子高齢化が確実に進行する．生涯学習の重要性は高まることはあれ，決してその逆はないはずである．

さて，生涯学習の形態はいろいろあるのだが，大学や専門学校といった，組織的な教育機関（学校）に入学して学ぶというのも，そのうちの一つをなしている．「社会人入学」である．こうした形で，学校に就学している成人は，ど

■35――――『新しい時代を切り拓く生涯学習の振興方策について－知の循環型社会の構築を目指して－』と題するものである．

れほどいるのだろうか。総務省『国勢調査』の労働力状態集計には、「通学のかたわらで仕事」と「通学」というカテゴリーが設けられている。これらに該当する者が、大学をはじめとした、何らかの組織的な機関で学んでいるとみられる。伝統的な就学年齢を過ぎた30歳以上の成人■36について、この2カテゴリーに当てはまる者の数の推移をとると、**図表3-25**のようである。

3-25　30歳以上の通学人口（万人）の推移

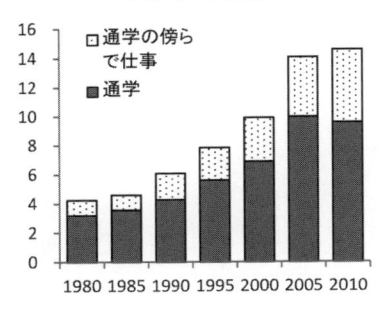

資料：総務省『国勢調査報告』

　30歳以上の成人の就学者は、1980年では4万人ほどであったが、その後年々増加し、2000年には10万人近くになり、2010年現在では、14万6千人ほどになっている。この30年間で、3.4倍に増えたわけである。むろん、高齢化の進行により、この期間中に30歳以上人口が増えていることを考慮せねばならないけれど、当該年齢人口あたりの出現率（1万人あたり）でみても、1980年の6.6人から2010年に16.1人にまで増加をみているのである。先に述べたように、1990年代以降、生涯学習推進のための条件整備が加速化している。大学の社会人入学枠拡大というのも、その中に含まれていよう。また、情報化に象徴される社会の高度化により、再学習の欲求に目覚め、再び学校の門を叩くという成人が増えたことも大きいと思われる。

　しかるに成人の場合、学校に就学するにあたっての阻害条件が多い。教育有給休暇を認めないどころか、仕事を終えた後、夜間に学校に通うことにすら渋面をつくる事業主も多いことだろう。また、就学に必要な金銭面の問題もあるし、もっと根本的には、通える地域内に大学などの機関がない、ということも考えられる。とくに地方ではそうだろう。このことは、成人の通学人口出現率の地域格差となって表われている。上で示したように、2010年の30歳以上の通学人口出現率は、1万人あたり16.1人である。この値を県別に出し、上位5位と下位5位の顔ぶれを掲げると、**図表3-26**のようになる。

■36―――20代までは、一度も社会に出ていない大学生や大学院生（伝統的学生）が多く含まれてしまうので、ここでは成人をして30歳以上とみなす次第である。

第2節　就学

3-26 30歳以上の通学率の都道府県差

京都	29.2
沖縄	28.7
東京	25.3
奈良	19.5
福岡	19.2
:	:
福島	9.0
山形	8.1
岩手	7.8
福井	7.4
秋田	5.9

資料：図表3-25と同じ

　上位群と下位群の差が大きいこともさることながら，前者は都市県，後者は地方県で構成されていることも注目される。言うまでもなく，交通網が発達し，大学なども多く立地している前者では，成人の就学に有利な条件が備わっている。他にも考えられる要因はあるが（後述），上表のような地域格差は，こうした条件の差の反映ととることができよう。
　今みたのは地域単位のマクロデータであるが，伝統的就学年齢を過ぎ，社会に出た成人の場合，学校で学ぶことを希望しつつもそれが叶わないでいる，潜在的進学志望者も多いことと思われる。大きくいうと，生涯学習の希望と現実のギャップという問題である。統計でもって，この様相を可視化してみよう。2010年現在において，組織的な教育機関（学校）に通っている30歳以上の成人は，14万6千人ほどということが分かっている。今からなすことは，それを希望している30歳以上の成人の量を出し，この14万6千人という数字と照合することである。
　2012年7月の内閣府『生涯学習に関する世論調査』■37では，Q15において，「あなたは，どのような生涯学習をしたいか」と尋ねている。複数の選択肢から，当てはまるものを選んでもらう形式だ。そこにて提示されている選択肢の一つに，「学校（高等・専門・各種学校，大学，大学院など）の正規課程での学習」というものがある。私が属する30代の対象者の場合，この選択肢を選んだ者の比率は5.2％と報告されている。この比率を，2010年の『国勢調査』から分かる当該年齢人口（1,813万人）に乗じると，およそ94万人となる。この数が，当該年齢層において，大学等の正規課程での学習を希望している者の近似値であると判断される。私は，同じようにして他の年齢

3-27 30歳以上の生涯学習希望の実現率

	a 希望者	b 実現者	b/a 実現率(%)
30代	942,648	87,924	9.3
40代	1,375,548	26,694	1.9
50代	636,021	10,541	1.7
60代	547,423	8,695	1.6
70代以上	168,284	12,116	7.2
合計	3,669,924	145,970	4.0

資料：図表3-25と同じ

■37―――対象は全国の20歳以上の国民であり，個別面接により，今後の生涯学習の意向等を尋ねたとある。有効標本数は1,956であり，年齢層別の内訳は20代が160，30代が290，40代が317，50代が330，60代が463，70代以上が396，となっている。

層についても希望者を出し，就学を実現している人間■38 の数と照らし合わせてみた。**図表3-27**は，その結果である。

　まず，30歳以上の成人全体についていうと，就学を実現している者は14万6千人であるが，希望者のほうはそれをはるかに上回る367万人である。前者を後者で除した値が，成人（30歳以上）の就学希望実現率であるが，この値はわずか4.0％である。現代日本では，30歳以上の成人の場合，組織的な機関への就学を希望する者の25人に1人しか，それを叶えていないことになる。ちなみに，働き盛りの中高年層では，この希望実現率はもっと低く，2％（50人に1人）にも満たぬ。70代以上になると，退職者が多くなるためか，率は高くなる。しかるに，それでも7.2％であり，その絶対水準は高いとはいえまい。

　このような構造がわが国に固有のものであるかは知らぬが，是正が図られるべきであろう。この年齢層は仕事が忙しいから，という理由で片づけられる問題ではない。「権利としての教育」の思想は，子どものみならず，成人にも等しく適用されるべきものである。学習希望の実現率が2％にも満たぬなどという事態は，教育を受ける権利が侵害されていることの数字的な表現に他ならない。

　教育期と仕事期を自由に往来できるリカレント教育システムの構築の必要性がいわれている。人の一生というのは，子ども期（C），教育期（E），仕事期（W），そして引退期（R）に大きく区分されるが，わが国では，「C→E→W→R」という直線コースが明らかに支配的である。対してリカレントシステムでは，EとW(R)の間を自由に往来できるようになる。このような制度が実現すれば，後からでも教育は受けられる，学びたい時に学ぶ，という考えを持つ人間が増え，人生の初期（子ども期）において，万人が無目的に大学に殺到するような事態も緩和されることだろう。この制度の効用は，成人の学習権の保障ということにとどまらない。それを具現する条件（社会人入学枠拡大，教育有給休暇制導入…）も出てきているが，目下，甚だ不十分であるという感を拭えないのである。

　あと一点のことを述べよう。**図表3-25**でみたように，時代とともに，組織的な教育機関で学ぶ成人は増えてきている。しかるに注意すべきことは，大学への再入学等を内包する，生涯学習への参加は，各人の自発的意志にもっぱら

■38―――2010年の『国勢調査』の労働力状態集計において，「通学のかたわらで仕事」ないしは「通学」というカテゴリーに該当する者である。

委ねられていることである。放置するならば，それに参加する人間の社会的属性が著しく偏る恐れがある。具体的にいうと，富裕層や高学歴層への偏りである。

生涯学習というのは，人々が「自発的な意志」に基づいて，生涯にわたって学ぶことなのであるから，このようなことは問題にすべきではない，といわれるかも知れない。しかし，生涯学習政策は，子ども期に何らかの事情で教育機会に恵まれなかった人々に対し，「学び直し」の機会を与えるという，社会的公正の機能をも果たすことが期待されている。このような見方からすると，生涯学習への参加者の属性が（富める者に）偏るというのは，望ましいことではない。生涯学習によって，教育格差が是正されるのではなく，拡大再生産されていることになるからだ。

実をいうと，わが国では，このような状況が現出してしまっている。先ほど，成人（30歳以上）の通学人口率の都道府県差を出したけれど，私は以前，この現象の要因を解析したことがある■39。その結果，県民所得が高い県ほど，高学歴の人間が多い県ほど，学校に就学している成人（30歳以上）の率は高く，さらには，そうした傾向が昔に比べて強まっていることが明らかになった。図表3-26にみる，通学人口率の都道府県差は，生涯学習による教育格差の拡大再生産が厳として存在することの，マクロ的な表われと読むべきだろう。

アメリカのピーターソンは，"Education more Education"という法則があると指摘している■40。直訳すると「教育が教育を呼ぶ」ということだが，ここでの文脈に沿うようにいいかえると，既に高学歴を得ている者ほど，成人後の学習を継続する可能性が高い，ということになる。人生の初期に多く学んでいる者ほど，学習へのレディネスができているのだから，当然といえば当然である。しかるに，子ども期の教育格差が，生涯学習を通じて拡大再生産されるというのは，いかがなものだろうか。

2010年の統計によると，大学院修士課程入学者の9.6％，博士課程入学者の32.7％，専門職学位課程入学者の40.6％が社会人となっている（文部科学省『学校基本調査（高等教育機関編）』）。実数にして合計すると，およそ1万7千人。こ

■39———拙稿「成人の通学行動の社会的諸要因に関する実証的研究」『日本社会教育学会紀要』No.45，2009年。

■40———Peterson, R. E. "Implications and Consequences for the future." Peterson, R. E. and Associates, *Lifelong Learning in America*, Jossey-Bass Publishers, 1979.

の1万7千人のほとんどが，既に高い学歴も持っている高学歴者なのではないかと推察されるのである。

　生涯学習とは，各人が「自発的な意志」に基づいて，生涯にわたって学ぶことを意味する。不登校の子どもを無理やり学校に引っ張っていくがごとく，低学歴の者に対し，生涯学習への参加を強制するわけにはいかない。しかし，諸々の啓発活動や情報提供を行うことは可能である。いわゆる，「アウトリーチ政策」というものだ。18歳人口が減少するなか，大学は今後，成人学生を顧客に据えざるを得なくなってくるだろう。その際，生涯学習には，社会的公正の実現という機能が期待されていることを勘案し，上記のようなアウトリーチ政策にも力を注ぐ必要がある。そのような実践的努力の積み重ねが，真の意味での「学習社会（learning society）」の実現につながるに違いない。

[第3節] 受験競争

　後期中等教育段階以降の学校では，入学に際して試験が課されるようになる。「選びさえしなければどこかに入れる」といわれるように，フタを開けば，用意された入学枠（イス）の数と志願者数はほぼ近似するのであるが，少しでも威信の高い学校に入ろうと，皆が皆，「小刻み」な競争を展開している。このような受験競争が，次節でみるような，学校における教育過程を規定している側面がある。

　しかるに，少子化が進んでいる現在，昔に比べて受験競争は緩和されてきているといわれる。大学の合格率と，そこへの入学者の構成の変化をフィルターにして，現代の学校教育の有様を規定する条件としての「受験」の今を眺めてみよう。

■1　受験地獄

「四当五落」という言葉がある。4時間しか寝ない受験生は試験に通るが，5時間も寝る者は不合格になる，という格言だ。大学受験の時，この言葉を合言葉にして，勉学に勤しんだ経験を持たれる方も多いと思う。かくいう私も，高校3年の時，担任教師からこの言葉を何度も聞かされたものである。

受験地獄とはよく言ったものであるが，大学受験に関係する，悲惨な事件も過去に起きている。今から約30年前の1980年11月29日，20歳の男子予備校生が，金属バットで両親を殴り殺すという事件が起きた。浪人生活2年目の加害者が，金銭の使い込みや飲酒を咎められて，逆上したことによるものである。長期にわたる浪人生活で生活態度が不安定になっていたところに，親の叱責というきっかけ要因が結びついたが故の犯行といえるだろう。

この加害者は，犯行時，浪人生活2年目（2浪目）であったとのことである。ということは，1979年（現役時）と80年（1浪目）の春の受験に失敗していることになる。文部科学省の『学校基本調査報告』によると，1979年の大学入学志願者（浪人含む）は，約64万人。この年の春の大学入学者は41万人ほどであるから，単純に考えて，差し引き23万人が不合格になったことになる。

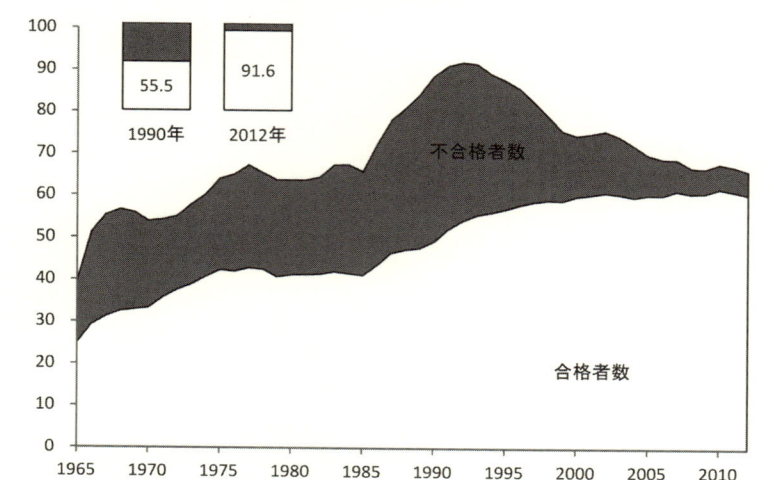

3-28　大学合格者数・不合格者数の推移（万人）

55.5　1990年
91.6　2012年

不合格者数

合格者数

資料：文部科学省『学校基本調査報告』

志願者の36％が辛苦を舐めた，ということである。本事件の加害者もそのうちの1人であった。

今しがた述べたことは，今から30年前の状況であるが，他の時期ではどうだったのだろうか。私は，大学入学志願者（浪人含む）と大学入学者の統計を時系列でつなぎ合わせて，**図表3-28**を作成した。

図の合格者とは，当該の年の大学入学者である。不合格者は，大学入学志願者数から入学者数を差し引いて得たものである。両者の差分の全てが，不合格者であるとは限らないが，おおよその近似値としては使えるだろう。この図から，各時期の受験競争の激しさをうかがうことができる。

志願者全体に占める不合格者の比率（不合格率）が4割を超えるのは，1966〜69年と，1987〜92年である。最高は1990年の44.5％で，この年では，志願者の半分近くが試験に失敗したことになる。当時は，第2次ベビーブーマーが受験期にさしかかった頃であり，受験競争がひときわ激しかったことが知られる。ちなみに，私はこれより少し後の1995年春の受験生である。しかし，その後，志願者の数の減少と歩調を合わせるがごとく，不合格者も減ってゆき，2012年春の結果は，不合格1：合格9という構成になっている。図の左上に，1990年と2012年の構成図を載せたが，両者の違いは一目瞭然。「大学全入時代」，さもありなんである。

このように，大学合格率という指標でみる限り，受験競争の激しさの程度はかなり緩和されているのであるが，このことは，下の段階の学校における教育過程に，どのような影響を及ぼしているか。競争というのは，教育を破壊する元凶であるから，結構なことではないか，という見方が多いようであるが，逆の見解もある。受験競争の圧力が減ったがゆえに，今の子どもは勉強しなくなった，学校での勉強に意義を見出せなくなった，というものである。この点から，近年の子どもの学力低下，さらには不登校の増加までをも演繹しようという向きもある。

競争の（逆）機能に関わる論争にエビデンスを添えようというなら，次のようなアプローチが考えられる。競争が最も激しかった1990年春に大学受験を経験したのは，現役生だと1971年生まれ世代である。この世代は，子ども期にかけて厳しい競争を課せられてきたわけだが，このことが，彼らの人格形成や社会化のありように，何かしら影響した，という側面はないのか。「ゆとり世代」と揶揄される今の学生世代と比べて，何か顕著に異なるところがあるの

第3節　受験競争

か。この問題を吟味するのである。

　本項の主題と外れるが，非行統計を頼りにして，この問題に接近してみよう。最も激しい競争にさらされた1971年生まれ世代は，1981年に10歳となるが，この年に警察に補導[41]された10歳少年は3,742人。翌年は11歳になるが，この年に補導された11歳少年は5,249人。以後，年を重ね，1990年に19歳となるが，この年に警察に検挙された19歳少年は9,030人。こうしたデータをつなぎ合わせて，この世代の非行歴を整理してみた(図表3-29)。この表から，当該の世代が，10代の間にどれほど非行を犯してきたかを知ることができる。統計の出所は，警察庁の『犯罪統計書』である。

　10歳から19歳の合計は246,111人なり。延べ数であるが，10代の間に24万6千人もの非行者を輩出し，世間に迷惑をかけた勘定になる。この世代の人口は約198万人であるから，10代の間の非行少年輩出率は12.4％となる。およそ8人に1人。分子が延べ数であることに注意が必要であるが，非行少年をどれだけ出したかを測る尺度としては使えるだろう。

　ゆとり世代と称される1991年生まれ世代について，同様のやり方にて，10代の間の非行者輩出率を出すと9.8％である。激戦世代の71年生まれ世代の値よりも低くなっている。ちなみに，62年から92年生まれの各世代について，この方式で10代の間の非行者輩出率を軒並み出したところ，上位5位は，68年生(14.0％)，69年生(13.9％)，66年生(13.9％)，70年生(13.3％)，そして71年生(12.4％)，であった。いずれも，80年代の後半から90年代の初頭の激戦期に，大学受験を経験した世代である。

　この知見からする限り，競争の逆機能の面が支持されるのであるが，もっと多様な面のデータが収集されねばならないことはいうまでもない。子ども期の生活経験が，その後（成人後）の

3-29　1971年生まれ世代の非行の軌跡

年	年齢	非行者数
1981年	10歳	3,742
1982年	11歳	5,249
1983年	12歳	13,310
1984年	13歳	33,791
1985年	14歳	52,979
1986年	15歳	47,854
1987年	16歳	41,289
1988年	17歳	25,736
1989年	18歳	13,131
1990年	19歳	9,030
非行者合計		246,111

資料：警察庁『犯罪統計書』

■41────14歳未満の触法少年の場合は「補導」といい，14歳以上の犯罪少年の場合は「検挙」という。

人生にどう影響するかという問題は，社会学の重要主題でもある。方法としては，個別訪問の形で1人1人に面接するというものがメインになるであろうが，マクロな統計の面からも接近可能である。ここにて試みた世代データからのアプローチは，その一事例である。

■2　大学入学者の現役・浪人比率

　大学全入時代の到来により，大学に入りやすくなっているといわれる。18歳人口（需要層）の減少にもかかわらず，大学数（供給層）は増えているわけであるから。前者について具体的な数を示すと，18歳人口は，ピーク時の1992年では205万人であったのが，2012年では119万人にまで減っているのである。こうした状況の中，大学入学者に占める，いわゆる「浪人生」の比重もかなり減じているものと思われる。私の頃は，周囲に浪人経験者が結構いた。中には，4浪という猛者も。一般に，3浪以上のことを「多浪」と括るようだが，こうした多浪（タロウ）くんにお目にかかることも少なくなかった。はて，現在ではどうなのだろうか。

　文部科学省の『学校基本調査（高等教育機関編）』では，大学入学者の数が，高校の卒業年別に集計されている。2012年春の入学者は605,390人であるが，このうち，①2012年春の高卒者（現役生）は508,166人である。②2011年春卒業生（1浪）は63,995人，③2010年春卒業生（2浪）は9,533人，④2009年春卒業生（3浪）は2,400人，⑤2008年春以前の卒業生（4浪以上）は4,568人，となっている。過年度卒業生の全てが，現役時の試験に失敗した経験を持つ再トライ組（浪人）であるとは限らないが，ここでは浪人の量を測る目安として，②～⑤の合算値を浪人と括ることにする。すると，2012年春の大学入学者のうち，浪人経由者は80,496人であり，全体に占める比率は13.3％となる。④と⑤を合わせた多浪人生の比率は1.2％である。

　これは2012年春の統計であるが，この比率は過去に比して大きく減じてきていることであろう。文部科学省の上記調査の時系列データをつなぎ合わせて，1980年以降の大学入学者の構成を明らかにしてみた■42（図表3-30）。

　このグラフの期間中において，大学入学者の数は，41万人から61万人へと増えている。その構成をみると，現役生の比重の増加が明らかである。浪人

■42────図中の「その他」というカテゴリーは，外国の学校卒業者や大検経由者などである。

3-30 大学入学者の構成の変化

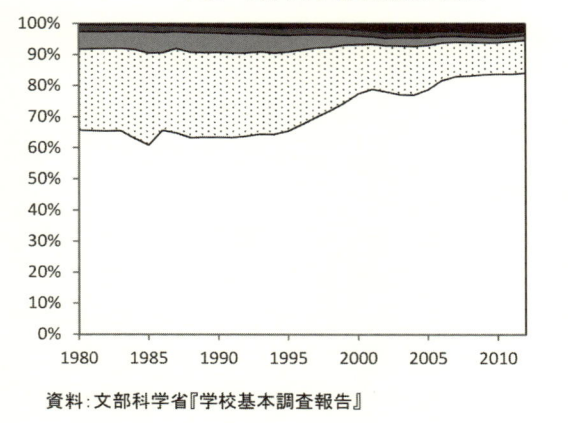

資料：文部科学省『学校基本調査報告』

生（1浪〜多浪）の占める比率が最も高かったのは，1985年の38.5％である。この年では，入学者の約4割が浪人生だったことになる。しかし浪人生比率は，1990年代半ば頃から減少の速度を速め，近年の1割強という水準にまで減じている。

ところで，浪人が多いかどうかは，男女によって相当の違いがあるだろう。図表3-31は，浪人生（②〜⑤）の比率を男女別にたどったものである。どの年においても，男子の率のほうが高い。浪人率がピークであった1985年では，男子は44.5％，女子は20.9％であり，比率に倍以上の性差があったことが知られる。しかし，90年代後半以降，男子の浪人比率が急落したことにより，性差が縮まり，現在では10ポイントほどの差になっている。ここにて提示したデータは，前項と同様，受験競争が緩和されてきていることを示唆する。

しかるに，事はそう単純ではない。数の上では，大学に入りやすくなったことは確かであるけれども，多くの生徒たちは，少しでも威信の高い大学に入ることを目指して，「小刻み」な競争を展開している。図表3-32は，難易度の高い国立大学と，その中でも最難関といわれる国立大学医学部医学科について，2011年春の入学者の構成を図示したものである。左端の大学入学者全体の模様と比べていただきたい。

入学者全体では，浪人生の比率は13.3％であるが，国立大学では22.2％であり，国立大学医学部では52.0％にもな

3-31 浪人率の推移（％）

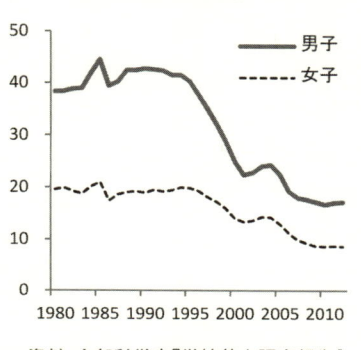

資料：文部科学省『学校基本調査報告』

る。国立大学の医学部医学科では，現在においても，入学者の半分以上が浪人経由者である。多浪生も1割以上いる。

これは局部をかいつまんだ傾向であるが，大学（学部）によって，入試競争の熾烈さの度合い異なることを，もっと総体的に明らかにしてみよう。私は，2011年の春において，入学者の数が500人を越える150の学部について，入学者の構成を調べた。それぞれの学部の入学生について，浪人生（1浪以上）の比率と，多浪生（3浪以上）の比率を計算した。図表3-33は，横軸に浪人生率，縦軸に多浪生率をとった座標上に，150の学部を位置づけたものである。点線は，大学入学者全体でみた比率を意味する。

3-32　大学入学生の構成比較

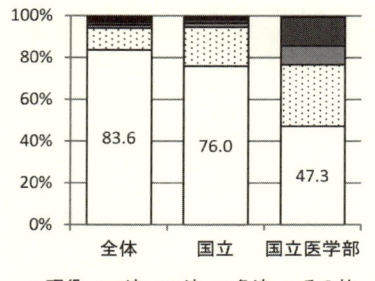

資料：文部科学省『学校基本調査』（2011年度）

3-33　150学部の浪人率・多浪率（2011年春入学生）

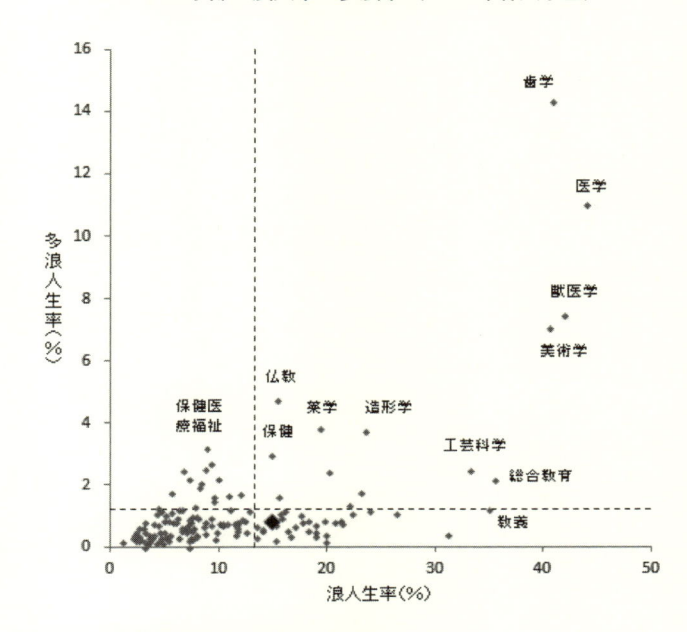

資料：文部科学省『学校基本調査』（2011年度）

右上に位置するのは，浪人生，多浪生ともに多い学部である。歯学部や医学部が位置している。歯学部では，入学者のうち浪人生が40.8％，多浪生が14.3％を占める。全体の水準（13.3％，1.2％）との差が明白である。また，医療系の学

第3節　受験競争

部に加えて，美術学部や造形学部といった芸術系の学部も，入試の難易度が高いことが知られる。

　反対に，図の左下にあるのは，入試競争の激しさが低い学部と解される。入学生の数が多い文学部などは，このゾーンに位置している。ちなみに，黒色の大きいドットは，私が出た教育学部である。浪人生率14.9%，多浪生率0.8%。2次元上の位置から評価すると，入試競争の激しさは普通より少し上というところであろうか。教員という専門職を養成する学部であるので，歯学部や医学部と同様，図の右上に位置するものと予想していたが，予想外であった。教員免許状は，理容師や調理師の免許よりも出回っているのであるが，さもありなんである。それはさておき，大学の学部によっては，入試競争の激しさはまだまだ健在であることを押さえておこう。

　最後に，浪人生の減少傾向について，一言したい。かつては，少なからぬ生徒（男子では約半分）が経験した，大学受験浪人という時期なのであるが，今日では，それを経る者が少なくなってきている。浪人生活を経ることに対し，一定の教育的意義を付与する見方もある。私の卒論指導学生の中に，「浪人生が勉強以外に学ぶものは何か」という論文を書いた者がいるのであるが，それによると，耐性がついた，視野が広がった，苦労を共にした生涯の友人ができたなど，さまざまな効用があることが明らかにされている。研究者による学術研究でも，この問題を取扱ったものがある（塚田守『浪人生のソシオロジー』大学教育出版，1999年）。塚田教授の研究でも，浪人生活には上述のような意義があることが指摘され，「不安な状況で人生について『哲学する』ことになれば，（浪人生活の）1年間は，その本人にとっては貴重な経験として残るであろう」といわれている（168頁，括弧内は引用者）。その上で，「子どもには1年ぐらいの浪人を経験させてはいかがでしょうかと，筆者としては薦めたい気分である」と書かれている（169頁）。

　ストレートな人生をまっしぐらに歩んだ者は，一度挫折すると，なかなか起き上がれないという。大学生の組成が，現役生一色で染まっていく傾向は，いかがなものかという気がしないでもない。現在，就職失敗を苦に自殺する大学生の存在が問題になっているが，このことは，浪人経験の喪失ということとつながっているかもしれない。受験や浪人は，教育を歪める元凶や無駄として捉えられることが多いけれど，それとは別の視点があることも知っておきたい。

[第4節] 教育過程

　これまでは学校を「外」からみてきたのであるが，この節では，学校の「内」に目を向けることになる。現代日本では，子どもは長期の間，学校に就学するのであるが，その間において，各人がどのような変容を被るのか。それは，時間軸の上での一つの過程であることから，教育社会学の用語で「教育過程」と呼ばれる。

　むろん，現代学校における教育過程の全容を明らかにするなどは，私のような者の手に負える仕事ではない。ここでは，公的調査の結果を手掛かりにして，義務教育学校在学中の数年間において，子どもの生活意識や行動の有様が，どう変化するかを観察する。また，公平で公正な競争の場と考えられている学校において，文化を媒介にした「見えざる」不平等が存在する可能性があることを指摘しようと思う。

■1　教育の効果

　生まれたばかりの人間は，本能のままに生きる存在である。教育の役割は，こうした個人的存在（自己中心的存在）を，他者との社会生活が営める社会的存在へと化けさせることである。これを専門用語で「社会化」という。英語でいうと，Socializationとなる。

　教育によって人間はよくなるということは，疑う余地のない大前提であるように思える。しかるに，そうではないとする見方もある。かの有名なJ.J.ルソーは，著作の『エミール』の冒頭において，「創造主の手をはなれるときはすべてが善いが，人間の手にわたるとすべてが悪くなる」と述べている。人間の善なる自然的本性が，人間の手によって堕落させられる危険がある，ということだ。この人物が，理性の発達に先んじた余計な教育を施すべきではないとする，

「消極教育」を初期教育の原理に据えたことは，よく知られている。

　教育によって，子どもはよい方向に仕向けられるものなのか。それとも，その逆なのだろうか。この問題を考えるには，同一の子ども集団を長期にわたって追跡し，意識や行動の有様がどう変化するかを観察する必要がある。

　文部科学省の『全国学力・学習状況調査』は，小学校6年生と中学校3年生を対象としている。第1回の2007年度調査の対象となった小学校6年生は，3年後の2010年度には，中学校3年生となる。つまり，2010年度の調査において，再び調査対象に据えられているわけである。2007年度調査の対象となった小学校6年生と，2010年度調査の対象となった中学校3年生は，ほぼ同一の集団であると解される。両者の調査結果を比較することで，3年間の教育の効果がどういうものかを検証することができる。ここで検討対象とする集団は，2007年度に小学校6年生（12歳）ということであるから，1995年4月〜1996年3月生まれ世代ということになる。子どもの意識や行動の有様が，小6から中3にかけてどう変化するかを，この世代を例に明らかにしてみようと思う。

　上記の文部科学省調査では，教科の学力に加えて，生活意識や普段の行動等についても調査されている。2007年度調査と2010年度調査の質問項目は，共通しているものが多い。私は，29の質問項目の回答が，小6（2007年度）から中3（2010年度）にかけてどう変わるかを調べた。図表3-34の数字は，各項目について，「そう思う（当てはまる）」と答えた者の比率（％）を整理したものである。どの項目の回答選択肢も，肯定，準肯定，準否定，否定，というような4択になっている。表に掲げられているのは，肯定の回答の比率である。

　ここで挙げられている，意識・行動の項目は，どれも好ましいものばかりである。しかるに，ほとんどの項目の肯定率が，小6から中3にかけて下がっている。表の右端には増減ポイントを示しているが，10ポイント以上減の場合，アミかけをしている。減少幅が最も大きいのは，「算数（数学）の勉強は大切だと思う」の肯定率である，小6では70.7％だったのが，中3では44.9％にまで減っている。25.8ポイントの減である。ほか，「将来の夢や目標を持っている」，「家で学校の宿題をしている」，「学校で好きな授業がある」，「今住んでいる地域の行事に参加している」の肯定率も，減少幅が20ポイントを超えている。加えて，「いじめはどんな理由があってもいけないと思う」の肯定率が下がっていることにも注意しよう。このことは，いじめを容認する子どもが加齢とと

3-34 小6から中3にかけての意識・行動の変化（肯定率・%）

観点	意識・行動	小6	中3	増減
生活習慣	毎日，朝食を食べている	86.3	83.6	-2.7
	毎日，同じくらいの時刻に寝ている	36.9	29.4	-7.5
	毎日，同じくらいの時刻に起きている	58.8	56.7	-2.1
積極性	物事を最後までやりとげて，うれしかったことある	70.6	66.8	-3.8
	難しいことでも，失敗を恐れないで挑戦している	23.2	14.6	-8.6
自尊心	自分には，よいところがあると思う	29.5	20.5	-9.0
	将来の夢や目標を持っている	66.7	44.2	-22.5
家族交流	家の人と，普段一緒に夕食を食べている	67.8	57.3	-10.5
	家の人と，学校の出来事について話す	37.5	31.4	-6.1
	家の手伝いをしている	28.1	20.4	-7.7
勉学習慣	家で学校の宿題をしている	82.9	58.5	-24.4
	家で学校の授業の予習をしている	11.8	9.8	-2.0
	家で学校の授業の復習をしている	14.4	14.2	-0.2
学校充実	学校で友達に会うのは楽しいと思う	82.8	76.6	-6.2
	学校で好きな授業がある	77.1	54.8	-22.3
社会関心	新聞やテレビのニュースなどに関心がある	26.3	23.9	-2.4
	今住んでいる地域の行事に参加している	33.0	11.1	-21.9
道徳性	学校のきまり（規則）を守っている	31.5	44.1	12.6
	友達との約束を守っている	59.5	59.1	-0.4
	人が困っているときは，進んで助けている	23.4	18.9	-4.5
	近所の人に会った時は，挨拶をしている	62.0	50.8	-11.2
	人の気持ちが分かる人間になりたいと思う	65.5	69.1	3.6
	いじめは，どんな理由があってもいけないと思う	76.1	62.5	-13.6
	人の役に立つ人間になりたいと思う	66.3	64.6	-1.7
勉学嗜好	国語の勉強は好き	22.0	19.9	-2.1
	国語の勉強は大切だと思う	62.6	52.3	-10.3
	読書は好き	45.5	44.0	-1.5
	算数（数学）の勉強は好き	35.6	27.3	-8.3
	算数（数学）の勉強は大切だと思う	70.7	44.9	-25.8

資料：文部科学省『全国学力・学習状況調査』

もに増えていることを示唆する。

さて，29もの項目をバラバラにみていても変化の様相をつかみにくいので，各項目を9のカテゴリーにまとめ，どのカテゴリーの肯定率の減少が激しいのかを明らかにしよう。各カテゴリーに含まれる項目の肯定率の平均値が，小6から中3にかけてどう変わるかをみてみる。たとえば，「自尊心」の場合，小6の肯定率の平均値は，「(29.5 ＋ 66.7)／2≒48.1%」となる。この要領で，9カテゴリーの項目の平均肯定率を出し，小6と中3で比較すると，**図表3-35**のようになる。

中3の図形は，小6のそれよりも萎んでしまっている。▼をつけたカテゴリーは，肯定率の平均値が10ポイント以上落ちていることを意味する。自尊

3-35 観点別の肯定率の平均値（%）

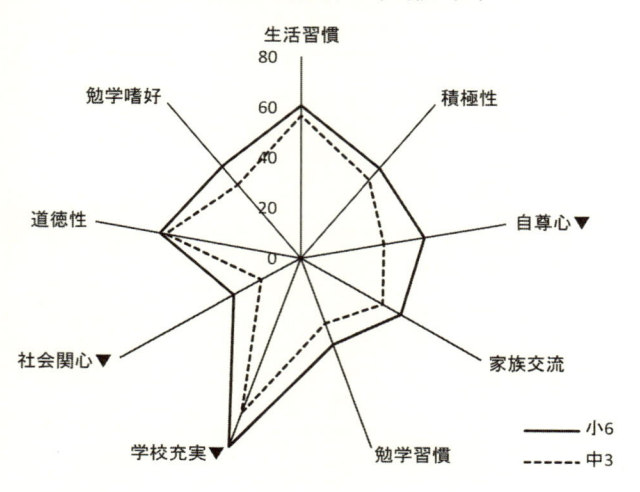

（図：レーダーチャート。項目：生活習慣、積極性、自尊心▼、家族交流、勉学習慣、学校充実▼、社会関心▼、道徳性、勉学嗜好。実線 小6、破線 中3）

資料：図表3-34と同じ

心，学校充実度，および社会関心である。減少幅が最大なのは，自尊心で，15.8ポイントも減っている。

一世代の事例ではあるが，小6から中3にかけて，あまり好ましい変化が起きているとはいえないようである。むろん，こうした変化の原因の全てを，学校教育の有様に帰すことはできない。たとえば，家族交流の頻度が減るのは，第2次反抗期を迎える中学校3年生にあっては，ある意味，普通の生理現象であるといえる。しかるに，自尊心が剥奪されたり，勉学嗜好が減じたりするというのは，今日の学校教育の有様と関連している面が強いのではないだろうか。周囲と比した自己の無能さを思い知らされるテストの連続，必要性や意義も分からぬまま押しつけられる無味乾燥な数学等々，具体的な事情はいくらでも想起されよう。

私がとりわけ問題であると感じるのは，自分の長所を自覚している者や，将来の夢や目標を持っている者の減少傾向である。82頁でも述べたが，自尊心や将来展望が依拠する基盤というのは，年齢を上がるにつれて多様化していくべきものであり，（無目的な）上級学校進学を可能ならしめるだけの学力だけに矮小化されるべきではない。個々の児童生徒が，自分のやりたいことや夢を表明した場合，「そのようなことができて何になるのだ」などと一蹴することはしないで，現実の諸条件も勘案した上において，それを尊重し，伸ばしていくような指導が求められるだろう。逆の面でいうなら，無目的に最高学府まで進んだとしても，悲惨な末路が待っているだけであることを，生徒らにしっかりと伝えることも必要になる。353頁に掲げた，大学院博士課程修了生の進路を

描いた統計図を拡大して，高校の進路指導室の壁に貼ってみてはいかがか。教育の本来の機能は，個々の子どもの内にある可能性を引き出すことであって，それを萎ませることではないのである。

■2　文化的再生産

　私事であるが，毎年度，小学校の教員採用試験対策用の参考書を執筆している。小学校の試験では，9教科の内容のほかに，学習指導要領についても出題される。学習指導要領とは，各学校が教育課程を編成する際に依拠すべき国家基準のことである。各教科の目標や内容のほか，指導にあたっての配慮事項なども，事細かに記載されている■43。

　小学校学習指導要領の図画工作の章をみると，同教科の内容は，大きく「表現」と「鑑賞」に分かれている。後者の指導内容に目をやると，高学年においては，「我が国や諸外国の親しみのある美術作品，暮らしの中の作品などを鑑賞して，よさや美しさを感じ取ること」というものが見受けられる。芸術作品の「よさや美しさを感じ取ること」など，教師から綿密な手ほどきを受けたとしても，育ちの悪い私には，なかなかできそうにはない。これは謙遜ではなく，率直な考えである。

　この種の鑑賞能力は，学校での授業によって一朝一夕に身につくものではなく，子どもがどういう家庭環境で育ってきたかに大きく規定されると思われる。たとえば，保護者が芸術好きで，美術館等に連れて行ってもらう頻度が高い子どもほど，芸術作品の鑑賞能力の素地は備わっているというのは，常識的に考えても，首肯できるところである。

　となると，保護者の芸術嗜好がものをいうわけであるが，人によってそれが異なる様相を，最終学歴という視点から観察してみよう。2011年の総務省『社会生活基本調査』の統計から，2010年10月20日から2011年10月19日までの間に，美術鑑賞，演芸・演劇鑑賞，ないしはクラシック音楽鑑賞■44を一度でもした者の比率を，最終学歴別に出すことができる。これら3種の芸術鑑賞行動の実施率を，小・中学生の親世代にあたる30代の男女について計算し，グラフを描いてみた（図表3-36）。

■43――――各学校の学習指導要領は，文部科学省のホームページで閲覧することができる。
■44――――いずれも，テレビやDVD等によるものは除く。

3-36　小・中学生の親世代の芸術鑑賞行動実施率（％）

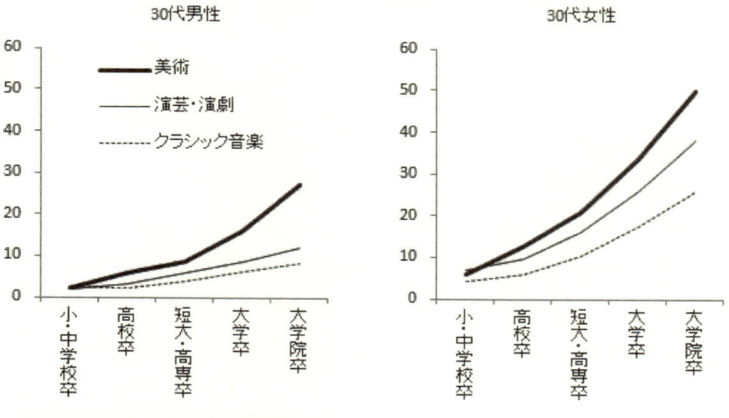

30代男性　　　　　　　　　　　　30代女性

凡例：美術／演芸・演劇／クラシック音楽

横軸：小・中学校卒、高校卒、短大・高専卒、大学卒、大学院卒

資料：総務省『社会生活基本調査』（2011年度）

　まず左側の男性（父親）をみると，美術鑑賞の実施率は，数的に最も多い高卒では6.1％であるが，大卒では16.1％になり，大学院卒ではさらに10ポイント以上も上がって27.0％にもなる。他の2種の行動率も，学歴が上がるにつれて高くなる傾向がある。撹乱は全くない。なお，芸術行動の学歴差は，女性(母親)ではもっと顕著である。いずれの曲線の傾斜も，男性に比して急になっている。女性でいうと，美術鑑賞実施率は，高卒で12.8％，大卒で33.6％，大学院卒では49.7％と，半分に近くなる。

　女性（母親）のほうが，子どもと接する頻度は高いであろうから，親世代の芸術嗜好の学歴差は，子どもに反映される可能性が高い。保護者が高学歴の子どもほど，学校の図画の授業で高い成績を修める，というように。ここで述べていることは，フランスの社会学者，ピエール・ブルデューが提起した「文化的再生産」の理論に通じる■45。上流階層の子弟ほど，文化的な家庭環境が整っており，学校で教えられる抽象的な教授内容にも親しみやすい。結果，彼らは学校で高い成績を収め，ひいては，親と同様，高い地位を手に入れる。つまり，文化資本という「見えざる」資本によって，親から子へと高い地位が再生産されていることになる。ブルデューは，このような過程を「文化的再生産」と呼んだのである。

■45────ブルデュー，パスロン（宮島喬訳）『再生産』藤原書店，1991年（原典刊行は1970年）。

第3章　学校

親の学歴が高い子どもほど，学校の勉強に親しみを感じ，授業の理解度も高い傾向にある。最近の内閣府の調査結果を使って，**図表 3-37** を作成した。本調査の対象は，中学校 3 年生である。学校での勉強を楽しいと感じている生徒の比率[46]を横軸，学校の授業を理解している生徒の比率[47]を縦軸にとった座標上に，父の 3 学歴グループ，母の 3 学歴グループを位置づけた。父の 3 グループは実線，母の 3 グループは点線で結んである。たとえば，点線の②のドットは，母親の最終学歴が「専門学校卒 or 高専卒 or 短大卒」である生徒の群である。この群の場合，学校での勉強に楽しみを感じている者は 14.2％，学校の授業を理解している者は 20.2％であるから，図中の位置にプロットされる。

3-37　父母の学歴別にみた子どもの勉学嗜好

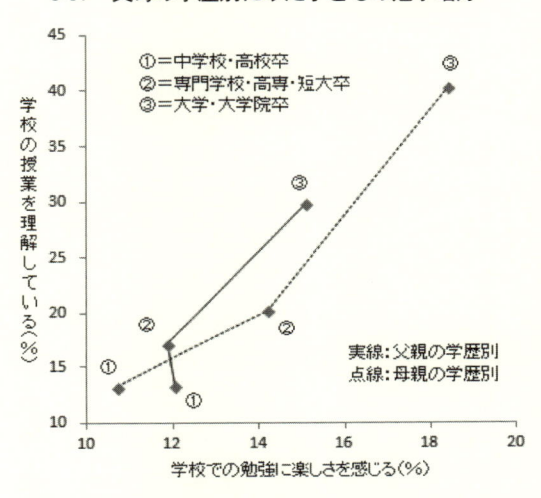

①＝中学校・高校卒
②＝専門学校・高専・短大卒
③＝大学・大学院卒

実線：父親の学歴別
点線：母親の学歴別

資料：内閣府『親と子の生活意識に関する調査』(2011年度)

　右上にいくほど，勉学嗜好が強く，授業の理解度も高いことを示唆する。この図から，生徒の勉学嗜好や授業理解度は，親，とりわけ母親の学歴と強く関連していることが知られる。母親の学歴が高い生徒ほど，学校での勉学への親和性が高い。このような差は，**図表 3-36** でみたような，母親の文化的行動の学歴差だけに還元されるとは限らない。しかるに，通塾費負担能力といった経済資本に加えて，学校での抽象的な勉学に対する子どもの嗜好性を高からしめる文化的資本も，劣らず重要であることを否定することはできない。197 頁でみたように，都道府県別の大学進学率格差を強く規定しているのは，県民所得のような経済指標ではなく，大卒人口率のような文化面での指標であることも思

■ 46─────「生活していて，どんな時に楽しみを感じるか」という設問（複数回答）において，「学校で勉強している時」を選択した生徒の比率である。
■ 47─────「学校での授業をどのくらい理解しているか」という問いに対し，「理解している」と答えた生徒の比率である。

い出しておこう。

　ブルデューは，一見，公平な競争の場に見える学校において，文化を介した「見えざる」不平等が進行していることを暴いてみせた。上記のデータをみる限り，わが国の学校でも，文化的再生産の過程が潜んでいるのではないか，という懸念が持たれるのである。

　現代の学校は，3つの社会的機能を果たしている。1つは，子どもの社会化機能である。2つは，社会への新参者（子ども）らを，資質や能力に応じて，社会の適所に選抜・配分する機能である。そして3つは，正当化機能と呼ばれるものである。各人は，威信や収入を異にするさまざまな地位に配分されるのであるが，その結果は，公正・公平な学校での競争を経た上のものなのであるから，文句を言ってはならないと，世間を納得させる機能である。別の言葉でいうと，2番目の選抜・配分機能の結果に正当性を付与する機能といえる。しかるに，文化を介した，親から子への地位の密輸過程（再生産過程）が学校の中に存在することを考えると，この機能は甚だ怪しいものになってくる。今後，国際化・グローバル化の進展により，多様な文化的背景を持った子どもが学校に入ってくることから，この問題はますます色濃くなるだろう。

　恐ろしいのは，社会の咎めや非難を被ることなく，「生まれ」が人生を規定する階層社会へと，わが国が静かに歩を進めていくことだ。世襲によって親から子への地位が再生産されるような事態に対しては，社会から手厳しい非難が加えられる。しかるに，公正で公平な社会移動の経路としての学校が存在する時代になってから，そのような声は大っぴらには上がらなく（上げられなく）なっている。近代学校の誕生は，生まれに関係なく，資質や能力に応じて，個々の子どもが社会移動を図ることを可能にした。であるが，学校はまた，不平等の進行（密輸）を巧みな形で隠ぺいする装置として機能する危険性も併せ持っている。この両面をしっかりと認識することの重要性は，どれほど強調しても足りない。必要なことは，このような視点から，学校の内部過程の観察を怠らないこと，そして，場合によっては，文化的同一化というような愚にならない程度において，個々の子どもと学校の教育知との文化的距離を縮める実践を行うことである。

　197頁でも引いたが，教育基本法第4条1項は，「すべて国民は，ひとしく，その能力に応じた教育を受ける機会を与えられなければならず，人種，信条，性別，社会的身分，経済的地位又は門地によって，教育上差別されない」と規

定し，同条文3項では，「国及び地方公共団体は，能力があるにもかかわらず，経済的理由によって修学が困難な者に対して，奨学の措置を講じなければならない」と定められている。こうした教育の機会均等の理念を具現するには，経済的な面での「奨学の措置」だけでは十分でない面があることを，本項での分析は教えている。

[第5節] 学校生活

　学校は知識や技術を学ぶところであるが，そのような特定の目的にだけ寄与するのではなく，その空間に一定時間身を置くこと自体が，子どもの発達の有様に大きなインパクトを持つ。学校での教授活動が効果を挙げるには，教育課程や教授技術がどうということだけでなく，この小社会での生活が，子どもにとって居心地のよいものになっていることが重要な条件となる。それとあと一つ関心が持たれるのは，長期にわたる学校生活に対して，彼らがどのような評価を寄せているかである。このことを明らかにすることで，今後の学校改革の道筋が照らし出される。以上の2点を，国内外の調査データをもとに吟味してみよう。

■1　学校生活に対する意識

　子どもは，平日のうちの多くの時間を学校で過ごすのであるが，そこでの生活は，彼らにどのように受け止められているのか。学校は勉強をする所であるが，それと同時に，同輩（場合によっては異年齢）の友人との交流を行う場でもあり，双方とも子どもの発達にとって大きな意味を持っている。

　後者の「交友」に着目することに異論を持たれるかもしれないが，組織的・体系的な教育機関としての学校はまぎれもなく集団生活の場であり，この点において，家庭や地域社会のような，他の生活の場とは区別される。そこでの人

間関係には，教員と生徒という「タテ」の関係と，友人同士の「ヨコ」の関係があり，それを継続的に経験することで，子どもは集団の立ち振る舞い方などを学習する。とりわけ後者の関係を持続することは，自分たちのことは自分たちで決めるというような，自治や自律の精神を学ぶことにもつながる。また，対等の間柄で何でも腹を割って話せることから，学校生活の中での情緒安定の源ともなる。さらには，学校での教授活動とて，生徒同士のこうした人間関係をもとになされることが多いし，いじめのような問題行動の解決に際しては，学級という集団の力学を利用しなければならない面が強い■48。学校生活の中での「交友」とは，ただ級友と遊ぶということだけでなく，学校での教育活動が効果を挙げるための基礎的な条件としての性格も有しているのである。

　私は，義務教育段階の小・中学生が学校生活に対しどのような意識を持っているかを，勉学と交友という2つの側面から観察することとした。文部科学省の『全国学力・学習状況調査』では，対象の児童・生徒（小6，中3）に対し，以下のことを尋ねている。

①学校で好きな授業がありますか
②学校で友達に会うのは楽しいと思いますか

　前者は勉学，後者は交友の面に関わる設問である。4つの強度の選択肢を提示し，当てはまるものを選んでもらう形式になっている■49。ここでは，「そう思う」という，最も強い肯定の回答に注目しよう。悉皆調査の最後となった2009年度調査の結果にて公立小学校6年生の肯定率をみると，①が78.7％，②が83.6％となっている。おおむね8割の者が肯定の回答を寄せており，両面とも，意識が良好であることが分かる。であるが，発達段階を上がった公立中学校3年生になると，①の肯定率は52.7％，②の肯定率は75.8％にまで減じる，勉学面については，20ポイント以上も数値が下がるのである。②の減少幅は比較的小さいけれど，友との交流を心底楽しむ生徒が減るということに注意を向けねばならない。

　ところで，今みたのは全国の小・中学生のデータであるが，日本は47の都

■ 48────この点については，91〜92頁を参照。
■ 49────「そう思う」，「どちらかといえば，そう思う」，「どちらかといえば，そう思わない」，「そう思わない」の4つである。

道府県という地域単位に区分される。この小社会ごとにみるならば，多様な傾向が観察されるかもしれない。そこで全県について同じデータを出し，学年間の変化を視覚化してみた。図表3-38は，横軸に②の肯定率，縦軸に①の肯定率をとった座標上に，47都道府県の両学年の肯定率を位置づけたものである。

点線で囲ったのは小6，実線で囲ったのは中3の47都道府県のドットであ

3-38　学校生活に対する意識の変化（47都道府県）

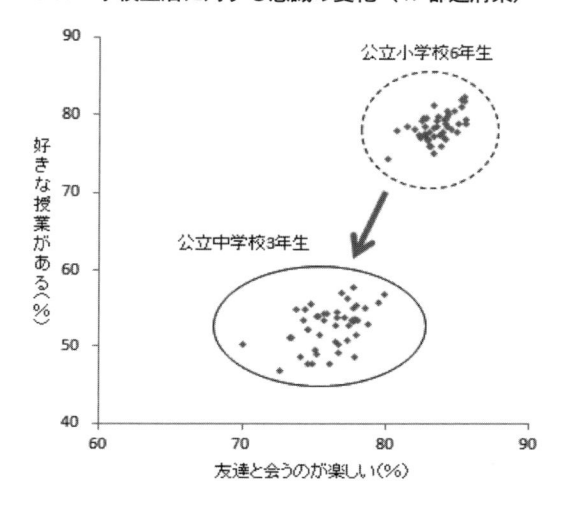

資料：文部科学省『全国学力・学習状況調査』（2009年度）

るが，民族大移動のごとく，全県とも右上から左下のゾーンに動いている。県によっては，学年を上がるに伴い，学校生活に対する意識の良好度がアップするケースもあろうと踏んだが，それはなかった。小6から中3にかけて，学校生活の魅力度が下がってくるのは，どの小社会にも共通の現象のようである。

これをどうみるか。まず勉学面でみた魅力度の低下は，授業の難易度が上がり，選別や競争にさらされる機会も増えることによるだろう。このことは，交友関係をも荒ませる。中学生になると自我が固まってきて，互いにいがみ合うようになる生理的素地に，今述べたようなわが国に特徴的な条件が加わると，その程度はもっと大きくなると思われる。ちなみに，いじめや不登校のような問題行動は，小学校から中学校に上がった途端に激増する「中1ギャップ」という現象があることも付記しておこう■50。

冒頭でも書いたように，教育の受け手である児童・生徒が学校生活をどう受け止めているかは，そこでの教育効果を左右する重要な条件である。218頁の図表3-35で示されている図形の縮小傾向は，このこととも関連していると思

■50―――政府の統計によると，小6から中1にかけて，いじめ件数は約2倍，不登校児数は約3倍に増加する。

第5節　学校生活

われる。これを克服するには，年齢を上がるに伴い，協働して何かを成し遂げる機会を意図的に増していくことが必要である。現実はというと，受験を意識することで，生徒らを個々バラバラに切り離し，互いに競わせているという感が強い。まずもって，この方向を反転させることが重要であろう。

と同時に，教育内容の面においても刷新すべき点はある。それが何かを知るには，義務教育を終えた生徒に，自分が受けた学校教育を振り返ってもらうのがよい。次項でみるのは，このことである。

■2　学校生活の評価

わが国に生を受けた子どもは皆，小学校から中学校までの義務教育学校に通うことになる。そこでの生活に対し，彼らがどのような意識を抱いているかの一端を，前項ではみた。続く本項では，卒業した後において，9年間の義務教育学校で学んだことを彼らがどう評価しているのかを明らかにしたい。この節のイントロで述べたように，この点を吟味することは，今後の学校教育の在り方を考える上での示唆ともなるはずである。

私はここにて，視界を国内から国外へと拡張しようと思う。他国と比べてどうかという，わが国の特徴を明らかにしたいのである。これまで何度か用いた，OECDの国際学力調査PISA2009の生徒質問紙調査において，私の問題関心に即した設問が盛られている。それに対する各国の生徒の反応を比べることで，問題に接近することとしよう。PISA2009の調査対象は，義務教育を終えた15歳の生徒である。日本の場合，高校1年生が回答している。上記調査のQ33■51では，彼らに対し，「今まで学校で学んだことについて，次のことはどれくらいあてはまるか」と尋ねている。提示されている事項は4つ。それらは以下のごとし。

①：学校を出た後の社会人としての生き方については，あまり教えてくれなかった。
②：学校なんて時間の無駄だった。
③：学校は，決断する自信をつけてくれた。
④：学校は，仕事に役立つことを教えてくれた。

■51―――日本語版調査票では問29である。

調査対象は，義務教育学校を終えた15歳の生徒であるから，この設問への回答は，義務教育学校に対する総括評価であるとみなしてよい。これら4項目に対する日本の生徒の反応が，他国とどう違うかをみてみようというのである。比較対象は，米英独仏の先進4か国とお隣の韓国である。PISA2009の対象国は74か国と多きにわたるが，全対象国について4項目への反応分布をとるのは煩雑をきわめるので，社会状況が類似しているこれら5か国に，比較の対象を限定した次第である。

では手始めに，4番目の項目に対する，6か国の生徒の反応分布をみてみよう（図表3-39）。無回答，無効回答は，分析の対象から除外する（以下，同じ）。括弧内の数字は，各国のサンプル数である。

まず，全体の模様をみて気づくのは，日韓と欧米4国の間に断層があることだ。肯定の回答が多いのは6か国共通なのであるが，日韓は6割ちょっとであるのに対し，欧米4国ではそれが9割にものぼる。「とてもよくあてはまる」という，最も強い肯定の回答比重に限定すると差はもっと顕著である。欧米に比べて，東アジアの2国の場合，当の生徒からすると，義務教育学校での職業教育が物足りないと評されているようである。よく知られているように，日本と韓国は受験競争が激しい社会であるが，こういう社会状況も影響しているのかもしれない。

続いて，残りの3項目への反応もみようと思う。各項目への肯定度を測る単一の尺度を計算し，それを比べることとする。「まったくあてはまらない」という強い否定回答には1点，「どちらか

3-39 学校は，仕事に役立つことを教えてくれた

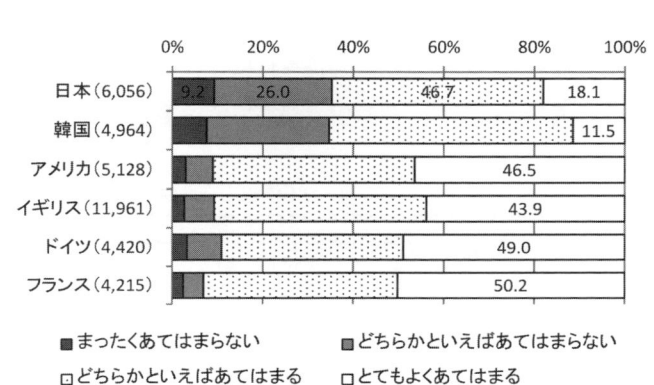

国	まったくあてはまらない	どちらかといえばあてはまらない	どちらかといえばあてはまる	とてもよくあてはまる
日本(6,056)	9.2	26.0	46.7	18.1
韓国(4,964)				11.5
アメリカ(5,128)			46.5	
イギリス(11,961)			43.9	
ドイツ(4,420)			49.0	
フランス(4,215)			50.2	

資料：OECD "PISA2009"

第5節　学校生活

といえばあてはまらない」の準否定には2点,「どちらかといえばあてはまる」の準肯定には3点,「とてもよくあてはまる」の強い肯定には4点,のスコアを与える。そして,このスコアの平均値を求めるのである。**図表3-39**でいうと,日本の生徒6,056人のスコア平均は,以下のようにして算出される。

{(1点×9.2) + (2点×26.0) + (3点×46.7) + (4点×18.1)} ／ 100.0 ≒ 2.74点

韓国は2.69点,アメリカは3.35点,イギリスは3.32点,ドイツは3.35点,そしてフランスは3.41点となる。この尺度でいうと,職業教育という点での評価が最も高いのはフランス,最低は韓国ということになる。わが国は,韓国の次に低い。他の3項目についても,国ごとにこのスコア平均を出し,表にまとめると**図表3-40**のようである。6か国中の最大値にはアミかけ,最低値には下線を引いた。また,①と②のネガティブ項目には▼を付している。

日本の場合,①と②での位置は中間であるが,残りの2項目にあっては,肯定度が下位に位置する。義務教育学校での教育は,決断力をつけてくれず,仕事に役立つことを教えてくれなかったと評する生徒が相対的に多いことが,国際比較から知られるのである。③でいう「決断する自信」とは,自己の将来の方向を決断する自信というように解してよいのではないか。③と④は,広義の職業教育の範疇に含まれる事項であると読める。前者は態度的側面,後者は技術的側面を構成する。

表をみると,③の職業教育の態度的側面に関わる評価が,日本は6か国中最低となっている。近年,学校教育におけるキャリア教育の重要性がいわれている。それは,幼少期から高等教育段階に至るまで,組織的・体系的になされ

3-40　学校観の国際比較（6か国）

	日	韓	米	英	独	仏
①社会人としての生き方を教えてくれなかった▼	2.13	2.17	1.89	<u>1.86</u>	2.18	1.87
②学校なんて時間の無駄だった▼	1.58	1.80	1.59	<u>1.53</u>	1.53	1.63
③決断する自信をつけてくれた	<u>2.48</u>	2.57	3.05	3.03	2.62	2.80
④仕事に役立つことを教えてくれた	2.74	<u>2.69</u>	3.35	3.32	3.35	3.41

資料：図表3-39と同じ

るべきものであり，早期の義務教育段階では，働く意欲の涵養とともに，将来の方向を見定めるというような，態度的側面の内容が重視される。具体的な技術面は，より高い段階になってからである。

それだけに，③の肯定度スコアが最低というのは，今述べた面での教授の機能不全があることを物語る。もっとも，高校進学率が95％を越えている今日，「決断する自信」とて，もっと後の段階で教えるのだといわれるかもしれぬが，かといって，国民の共通基礎教育の義務教育段階にて，それを完全にオミットしてよい，という論理にはならない。「鉄は熱いうちに打て」というけれど，態度的側面の涵養は，子どもの自我が固まっていない早期においてなすほうが効果的である。

昔は，家庭において子が親の働く姿を目の当たりにすることにより，将来の方向を「決断する自信」は自ずと育まれていたのだろうが，職住分離■52が進行した現在，そのようなことはなかなか望み得なくなっている。全てが学校に丸投げされるのはよくないが，学校に期待される度合いが増していることは疑い得ない。教育の受け手である生徒目線から明らかになる，わが国の義務教育学校の課題というのは，このようなことである。

本章のまとめ

学校は，前の章でみた家庭と並んで，子どもの社会化を担う主要なエージェントであるが，そこにおいては，明確な意図のもとで組織的・体系的な教育が施される。四角い教室の中で，国によって定められた教育内容を，専門職である教員の手によって，発達段階に即して段階的に教授されることになる。わが国の学校の場合，その程度が著しく高度化しており，このことが因として作用しているのか，子どもの学力は国際的にみてもおおむね高い。また，かっしり

■52────この点については，118頁を参照。

とした集団生活を長期にわたって経験させることで，集団の成員としての振る舞い方をも訓練された人間を社会に輩出している。その意味で，高度化した現代社会の維持・存続に寄与している。

しかしながら，子どもの社会化に際して，学校が逆機能を果たしている側面もある。218頁の**図表3-35**でみたように，在学年数を経るにつれて，生活習慣，自尊心，社会的な関心，および勉学嗜好等が好ましくない方向に向かう傾向がみられる。また，好きな授業があるという者や，友と会うのが楽しみという者の比率も減じることから，生活の場としての魅力度も下がるのである（**図表3-38**）。わが国の学校における教授活動は，社会的存在として生きるのに必要な知識や技術を子どもに授けるという基本を十分に培う前に，上級学校の入学試験を意識して，子どもを競争と選別の空気にさらしてしまう。子どもの理解度を測定して今後の指導に役立てるというような，評価の基本理念に立ち戻る必要がある。

評価については，近年においては変化の兆しも見受けられ，絶対評価（きちんとできたか）や個人内評価（前に比してどうか）のような評価方法が重視されるようになっている■53。このことは真新しい取組というよりも，ごく当たり前のことへの回帰ととるべきだろう。こうした「地に足のついた」実践をより一層進めていく必要があり，そのことが，上述したような学校の逆機能（病理）を治療することになるであろうことは疑い得ない。

次に，学校のもう一つの重要な機能である，選抜・配分機能についてはどうか。社会には，威信や収入を異にする無数の地位があるのだが，そうした地位に各人を据えるやり方は時代によって違っており，前近代社会では「生まれ」が重視されていたが，現代では当人の業績に依拠されることになっている。属性主義から業績主義への転換であり，各人が「何ができるか」を見極め，社会の適所に配分する役割を担うのが学校である。世襲と違って，各人の頑張り具合を評価する過程であるがゆえ，そこでの選抜・配分の結果には正当性が付与されることになる。

しかるに，学校にて良好なアチーブメントをおさめ，高い地位についたにしても，それが100％当人の努力の結果であるとは限らない。裕福な家庭に生ま

■53────2000年の教育課程審議会答申は，今後は相対評価ではなく，絶対評価や個人内評価を重視すると明言している。

れ，親から莫大な教育投資を受けたが故，ということも考えられる。教育費の私費負担のウェイトが大きいわが国では，能力があっても，家庭の経済事情により上級学校に進学できない者も少なくない。このことは，195頁でみた，大学進学率の地域格差のデータ等からもうかがわれるところである。また，学校での成績にしても，子を塾に通わせ，家庭教師を雇う経済力のある家庭の子弟が有利な側面がある。要するに，学校における選抜・配分の結果は必ずしも正当なものといえないのだが，世間はこのことに気づいていない。そこでの競争はあくまで公正で正当なものと考えられている。こうしたことから，社会的平等に寄与する機関である学校が，不平等を隠ぺいするような事態になっている。これも，学校の逆機能（病理）であるといえるだろう。

　なすべきことは，家庭間の経済格差が子どもの教育達成の格差に連動することを防ぐことである。この点に関連して想起されるのは奨学金制度であるが，わが国の奨学金は額が多くない上に（小額金），将来的に借金になることから（実質ローン），利用を躊躇う者が少なくないと聞く。奨学は，国や自治体の法定義務であるが■54，本当の意味での奨学が具現されているとは言い難い。制度運用をもっと徹底させる余地はあると思う。

　なお，こうした経済面での施策だけでは十分でないことも知っておくべきだろう。220頁でみたように，学校での教育達成は文化的な要因によっても左右される。学校で教えられる抽象的な知識（教育知）に親しみやすいのは，どういう家庭の子どもか。書物や音楽や美術に親しむ機会も多い，文化的嗜好が強い家庭の子弟である。この面での格差は，金銭的な援助によって埋められる性質ものではない。これから先，わが国では「多文化」化が進行することから，こうした問題が前面に出てくるかもしれない。その場合，文化的同一性（ファシズム）にならぬ程度において，文化面における，個々の家庭と学校の距離を縮める実践も必要になってくるだろう。

　このような取組を堅実に行っていくことで，学校は，不平等の隠ぺい装置から，社会的な平等を実現させる機関へと変わることになる。

　最後にあと一つ，子ども期・青年期の「学校化」の問題についてである。今の日本は，上級学校への進学率が著しく上昇した社会である。高校進学率95％超，大学進学率50％超。このことは，より多くの子どもに教育の機会が

■54―――教育基本法第4条第3項の規定による。

開かれたことの統計的な表現であるけれど、全ての子どもが、好むと好まざるとに関係なく、長期の間学校に通うことを強いられる社会になっていることをも表している。さしたる目的がなくとも、勉学が好きでなくとも、早期の段階にて学校を離れるという選択をすることには、相当の勇気がいる。上の学校に行くのは、所詮は「何となく」である。今の大学生に「なぜ大学に進学したのか」と問うならば、おそらくは「皆が行くから」という答えが最も多いことだろう。

　私は大学で教える身であるが、講義中、いつも教室の窓の外を眺めている学生がいる。私はこの姿をみて、「おしん」を連想した。おしんは家が貧しくて学校に行けないのであるが、好学心を抑えきれず、窓の外から羨ましそうに教室の中を眺める少女である。昔は、こういう子どもが少なくなかった。しかるに現代では、おしんは教室の中にいる。早く学校とおさらばして外に出たくとも、そうすることもできず、教室の中から外の世界を羨望的に眺める少年・青年らである。現代日本では、個々の人間の意向・適性が押しつぶされると同時に、長期の間、多数の青年を学校に収容することに伴う社会的なコストもが派生する事態になっている。教室の中の「おしん」が増えることに伴う問題は多いのである。

　この問題の解決にあたって、「もっと自分に正直な進路選択をせよ」などと、生徒個々人に説教してもはじまらない。求められるのは、マクロ的な改革である。学校をとりまく企業社会の側は、学歴という安易なシグナルにもっぱら依拠して採用を決めたり、給与を割り振ったりすることをしないで、多少のコストがかかっても、求職者が何をできるか、雇っている労働者が実質的に生産にどれほど寄与したかを、自前で査定する努力をすべきである。

　それと教育システムの抜本改革に関わることであるが、これからは、学校を生涯学習体系の中に位置づけることが必要になってくる。学校は、子どもや青年の占有物ではない。伝統的な教育年齢を過ぎた成人（社会人）であっても、学習の必要を感じたならば、いつでも学校に立ち戻れるようなシステムの構築である。このことは、教育期（学校）と仕事期（職場）の往来を可能ならしめる、リカレント教育という教育学上の重要概念に通じる。これが具現されるなら、後からでもやり直し（学び直し）はできるのだから、人生の初期段階において、皆が皆上級学校に（無目的に）押しかけるようなことはなくなるだろう。むろん、このシステムが成り立つには、初期採用における学歴至上主義の撤廃や、教育有給休暇制の徹底など、企業社会の協力を得なければならない。

絵空事といわれるかもしれないが，このような制度構築を要請する社会的条件が出てきている。人口構造の上での少子高齢化，そして，生涯にわたって再学習を求めるところの，社会変動の加速化である■55。それに204頁でみたように，わが国の成人層の中には，大学のような組織的な教育機関で学びたいという欲求を持ちつつも，それが叶わないでいる潜在的進学志望者がわんさといる。社会のリカレント化を求めているのは，変動社会というような外的条件だけではない。人々の学習欲求の高まりというような，内的条件もそれを希求している。

　本章では，現代日本の学校に関わる諸事象を統計でみたのであるが，枝葉を切り落として，最も重要な問題とその打開策の基本視点を整理するなら，以上のようになる。

■55————ちなみにリカレント教育は，各国の経済発展の戦略として，OECDが1970年代初頭に提唱した概念である。

■第4章■

教員

教育の使命と実態——データからみた教育社会学試論——

[第1節] 教員集団

　2012年度の文部科学省『学校基本調査報告』によると，同年5月1日時点でみて，1条学校[1]に勤務する教員の数は約129万人である。大雑把に計算すると，国民100人に1人が，これらの学校の教員ということになる。言うまでもないことだが，教員各人は，前近代社会の私塾におけるがごとく，個々バラバラに教育行為を行っているのではない。近代以降の社会においては，多かれ少なかれ官僚制的な性格を持つ学校という組織において「教員集団」が結成され，組織的・体系的な教育が実践されている。私は本書にて，教師ではなく教員という言葉を使っているが，それは，「員」という文字を介して，組織ないしは集団の一員という意味合いを持たせるがためである。そのことで，江戸期の私塾の個人教師のような，「師」としての教師との区別をつけることをも意図している。

　個々の人間は，自らの考え方や行為の拠り所を，己が属する集団に求めるものである。この伝でいうと，教員集団とは，個々の教員の教育行為や実践を規定する基盤的な条件をなすといえる。この節では，わが国の教員集団の現実態を統計でもって明らかにすることで，次節以降において，教員のパフォーマンスや逸脱行動等を考えるにあたっての足がかりを提供しようと思う。

■ 1　性別構成

　世の中には，男性と女性が半々ずついるのであるが，集団によって，この構成が著しく異なることはよく知られている。一般に，社会の指導的な位置にあ

■1───学校教育法第1条で規定されている，正規の学校である。幼稚園，小学校，中学校，高等学校，中等教育学校，特別支援学校，大学（短期大学含む），および高等専門学校が該当する。

る集団ほど、女性の比率が低い傾向にある。たとえば、2012年版の内閣府『男女共同参画白書』にて、指導的地位にある集団の女性比率をみると、国会議員（衆議院）で10.9％、都道府県知事で6.4％、本省課長職以上の国家公務員で2.4％、裁判官で17.0％、研究者で13.8％、というような数字になっている。母集団における構成が半々であるにもかかわらず、このような偏りがあるのは何とも奇異であるし、好ましいことでもない。

そこで、2010年の年末に策定された『男女共同参画基本計画（第3次）』では、「政策・方針決定過程への女性の参画の拡大」を図るべく、「2020年までに、指導的地位に女性が占める割合を少なくとも30％になるよう期待し、各分野の取組を推進」すると明言されている。このことを受けてか、大学教員の公募文書などをみると、「女性の積極的な応募を期待します」、「業績が同等と認められる場合は、女性を採用します」というような文言をよく目にするようになった。研究者の女性比率を高めようという、政府の強い意欲が感じられる。

ここでなすことは、教員集団における女性比率を明らかにすることであるが、私が意図しているのは、長期的な時系列比較と国際比較である。わが国の教員の女性比率の現状を、時代軸と空間軸の双方から相対視してみようという試み

4-1 本務教員の性別構成の長期変化

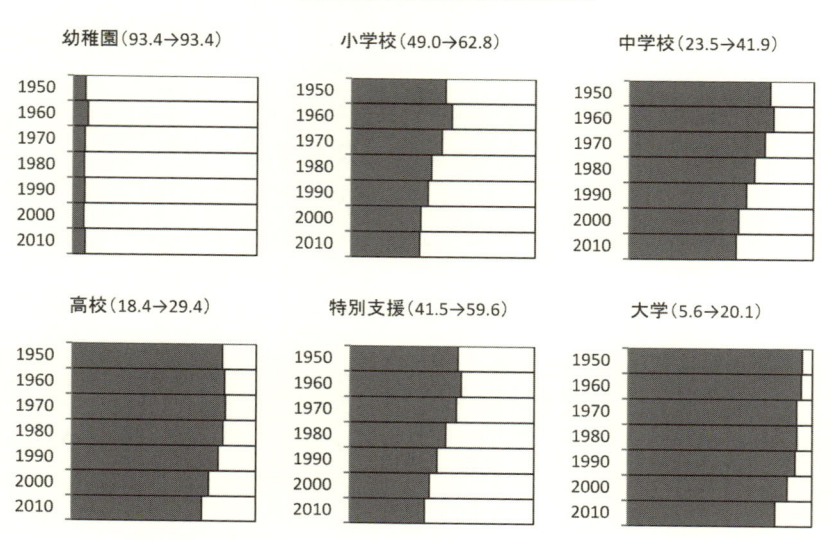

資料：文部科学省『学校基本調査報告』

である。

　まずは時代比較を手掛けてみよう。6つの学校種の本務教員の性別構成が，1950年（昭和25年）以降，どのように変化してきたのかを調べ，学校種ごとに，男女の組成の変化が分かる帯グラフをつくってみた（図表4-1）。カッコ内の数字は，始点（1950年）と終点（2010年）の女性比の値である。小学校でいうと，この60年間で，女性教員の比率が49.0％から62.8％まで高まったことを示唆する。グレー部分は男性，白色は女性の比重を表す。

　幼稚園の教員は，いつの時代でも，9割以上が女性である。教員の最も多くを占める小学校教員は，今でこそ女性比が6割以上だが，戦後初期の頃は半分程度であった。中学校や高校のような中等教育機関でも，教員の女性比は伸びてはいるが，初等教育段階に比べると，その水準は低い。高校教員の女性比率は，3割にも届かない。障害のある子どもを教育する特別支援学校■2の女性比は，この期間中に，4割から6割に増えている。5つの学校種の中では，女性比の伸びが最も大きいようである。

　次に，高等教育機関である大学教員■3の女性比率である。大学教員の女性比の現在値は2割ほどであり，初等・中等教育機関に比してかなり小さい。しかし，1950年の値がわずか5.6％であったことを考えると，この60年間における増加倍率は全学校種の中で最大であることが分かる。グラフを凝視すると，1990年代以降の増加が顕著である。1990年では9.2％であったが，2010年では20.1％であり，この20年間で，女性比が倍増したわけである。この期間中の男女共同参画の取組の効果と評してよいであろう。

　とはいえ，絶対水準でいうと，わが国の大学教員の女性比は2割ほどである。5人に1人。これは，他国と比べてどうなのか。また，後期中等教育機関の高校教員の女性比（約3割）の国際的な位置も気にかかる。このような関心を持って，国際比較に移ろう。

　文部科学省の『教育指標の国際比較』（2012年度版）から，主要国における，高校と高等教育機関の教員の女性比率を知ることができる。高等教育機関（Tertiary education）とは，日本でいうと，大学，短大，そして高専に相当する。大学だけのデータは，ペンディングになっている国が多かったので，高等教育

■2────特別支援学校は，2006年までのデータは，盲学校・聾学校・養護学校のものである。
■3────短期大学の教員は含まない。

4-2 教員の女性比の国際比較（2009年）

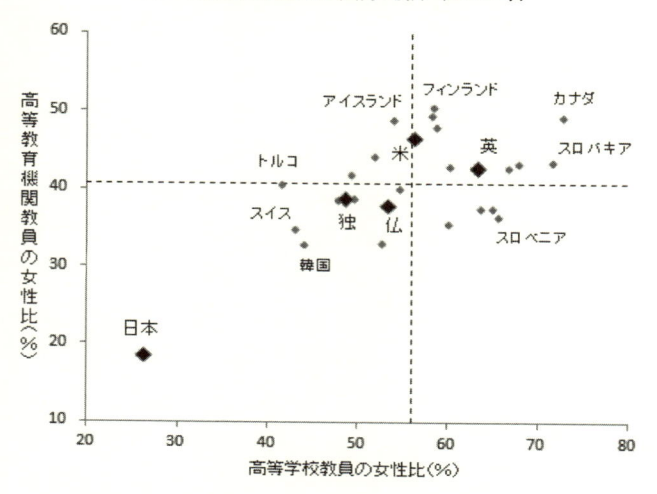

資料：文部科学省『教育指標の国際比較』（2012年版）

機関の教員の女性比を比較することとした。この資料から，わが国を含む27か国について，高校と高等教育機関の女性教員比率を得た。**図表4-2**は，横軸に高等学校，縦軸に高等教育機関の女性教員比率をとった座標上に，27か国を位置づけたものである。点線は，OECD各国の平均値を意味する。

　悲しいかな，わが国はかなり孤立した位置にあるようだ。高校教員の女性比26.4％，高等教育機関の教員の女性比18.5％という水準は，国際的にみて，明らかに低いと判断される。わが国と対極の位置にあるのがカナダである。この国では，高校教員の7割，高等教育機関の教員の半分が女性である。ほか，フィンランドやスロバキアなど，北欧・東欧の国が，図の右上に位置している。上級の学校において，女性教員の進出が進んでいる国と評される。

　こうみると，政府が，女性研究者の比率を高めることに躍起になるのも無理からぬことである。放置していては状況が一向に改善しないので，人為的な施策に乗り出している，ということであろう。はて，男女共同参画基本計画が「指導的地位に女性が占める割合を少なくとも30％」とすることを目指している2020年のわが国は，上図のマトリクスでは，どのような位置を占めるであろうか。韓国あたりだろうか。少なくとも，仲間はずれの位置を脱し，他国の群れの中には入ってくれることを願う。そのことは，学校現場における教育実践を円滑ならしめ，また活性化させるための条件となるはずである。

■2 年齢構成

続いて，年齢構成である。わが国は，性とともに，年齢による役割規範も比較的強い社会である。それゆえ，個々の教員のパフォーマンスを規定する条件としての，教員集団の年齢構成を把握することは重要である。ここにて，量的に多数を占める公立小学校教員の年齢ピラミッドを精緻に描いてみよう。資料は，文部科学省『学校教員統計調査』の2010年度版である。

4-3 公立小学校教員の年齢構成の変化（％）

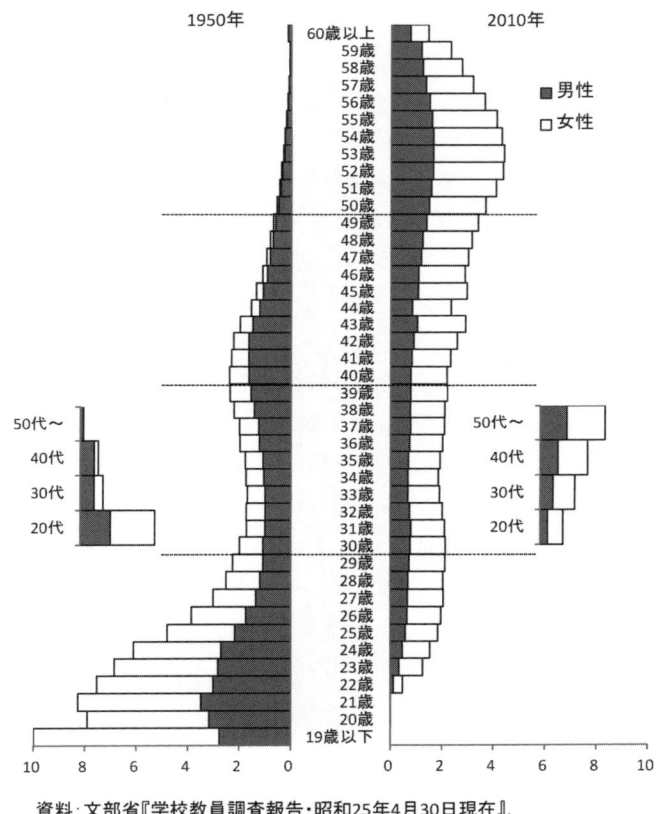

資料：文部省『学校教員調査報告・昭和25年4月30日現在』，文部科学省『学校教員統計調査』（2010年度）

また，今日の構造の特徴を見出すため，昔との比較も行いたい。昔といっても，人によってイメージする時代は異なるであろうが，戦後初期の頃までさかのぼってみるとどうだろう。私は，1950年（昭和25年）における，公立学校の教員の年齢構成を調べた。「6・3・3・4」の新教育制度が発足してまだ間もない頃である。子どもは多いが施設は貧弱，教える内容の大転換…。混乱する現場を切り盛りする教員集団の組成は，どういうものだったのか。おそらく，現在とは大きく違っていたことと思われる。資料は，文部省『学校教員調査報告・昭和25年4月30日現在』である。

第1節 教員集団　　**241**

以上の資料をもとに，1950年4月30日時点と2010年10月1日時点における，公立小学校の本務教員の年齢構成を明らかにした。**図表4-3**は，両年について，1歳刻みの年齢人口ピラミッドを描いたものである。両年では，教員数がかなり異なるので，各年齢の教員が全体に占める比率（％）のピラミッドにしてある。男女の組成も読み取れるようにした。全教員数（100％に相当）は，1950年は308,798人，2010年は384,632人であることを申し添える。

　この60年間の変化はドラスティックとしか言いようがない。1950年では下層部が厚く，2010年では上層部が厚くなっている。10歳ごとの簡略図でみると，1950年はピラミッド型，2010年は逆ピラミッド型であるのが一目瞭然である。

　1950年では，30歳未満の教員が全体の63.0％を占めるが，細かくみると，10％（10人に1人）が20歳未満である。今なら，子どもと括られるような年齢である。このことに疑問を抱く方もいると思うが，おそらく助教諭という職種であると思われる。助教諭の資格要件は，臨時免許状（有効期限3年）を持っていることであるが，この免許状は，各県が実施する教育職員検定に合格することで取得することとなっている。大学で教職課程を修めている必要はない。深刻な教員不足にあった当時，若い助教諭を大量採用することで何とかしのいでいたのだろう。事実，1951年の公立小学校の本務教員のうち，助教諭の占める比率は23.4％にもなる（文部省『日本の教育統計―新教育の歩み―』1966年，102頁）。ほぼ4人に1人である。

　あと一点，男女の組成であるが，小学校なので昔も女性教員が多かったようだ。しかし1950年では，年齢段階によって女性教員の比重が大きく異なる。20代は59.7％，30代は39.4％，40代は23.7％，50代は10.9％，である。20代から30代にかけて20ポイントも低下する。当時は，結婚退職をする女性教員が多かったためと思われる。定年まで職を全うする女性教員はかなり少なかったことがうかがわれる。当時に比べてジェンダー観念が薄れ，育児休業などの各種の制度も整った現在では，そのようなことはなくなっている。

　物珍しさのあまり，昔のピラミッドに注意が偏ってしまったが，ひるがえって現在の形状はどうかというと，完全な逆ピラミッド型である。今では，50歳を超える教員が約4割（5人に2人）を占める。**図表4-4**にみるように，和歌山では高齢教員の比率が高く，教員の半分以上が50歳以上である。こうした状況はメディアでも報じられているところであり，「子どもの指導にあたって，

体力面で問題が出ないか」という懸念が出されている（朝日新聞Web版，2011年7月29日）。

また，25頁の**図表 1-2**の伝でいうと，教員集団の年齢構成の「いびつ化」により，少数派（minority）と化した若年教員への圧力が高くなることも考えられる。どの職業集団にあっても，各種の雑務は，組織の末端にいる若年層に降ってくるものであるが，現在の逆ピラミッド型の構造下では，そうした雑務を少ない人員で処理しなければならないことになる。**図表 4-4**から分かるように，沖縄では，20代の若年教員が全体のわずか3.2％しかいない。302頁でみるように，この県は，精神疾患による教員の休職率が最も高いのであるが，その遠因として，このような構造的要因があるのかもしれない。

4-4　公立小学校教員の年齢構成の地域比較（％）

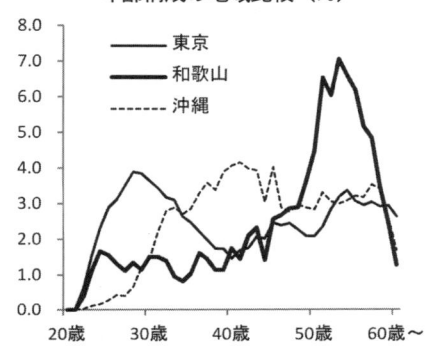

資料：文部科学省『学校教員統計』（2010年度）

現在の50代教員は，1980年代の児童・生徒の急増期（第2次ベビーブーマーによる）に大量採用された世代である。今後は，この世代の退職に伴う世代交代により，多くの県において，教員集団の若年化が進行するとも考えられる。**図表 4-4**にみるように，大都市の東京では，その過程がまさに進行中である。

しかるに，教員集団の高齢化は，悪いことばかりを伴うのではない。長い教職経験の中で培われた，豊かな知や技の総量が増えることになるのだから。こうしたプラスの要素を存分に活用することは，マイナスの要素を補って余りある。**図表 4-3**に描かれた現在の構造は，一つの角度だけから見るべきものではないのである。

■ 3　学歴構成

私は，教員養成系大学の出身であるが，入学時のオリエンテーションの際，次のように言われた記憶がある。「これからの教師には，大学院卒の学歴が求められるようになります。なぜなら，保護者のほとんどが大卒だからです」。当時はあまりピンとこなかったが，今になって振り返ると，なるほどと思う。

エミール・デュルケムは，教師にとって不可欠な資質は，道徳的権威（l'autorité

morale)であると言っている。卑俗な言い方であるが，こうした権威を裏付けるのは，教師が，子どもや保護者よりも多く学んでいる，という客観的な事実であるといえるだろう■4。かつて，進学率が低く，国民の学歴水準が低かった時代には，大学出の教員の言動には，何やら威光のようなものが感じられた。ところが，進学率が急上昇した今日にあっては，そのようなことは望むべくもない。同じ大卒の保護者は，教員と対等の立場でガンガンもの申してくるし，実践にあれこれと口出ししてくる。それは望ましいことであるけれど，そのことが，教員の自律性を侵害し，彼らの苦悩の大きな原因となっている面も否めない。

　2011年12月25日の朝日新聞によると，精神疾患で休職に追い込まれる教員の割合は都市部ほど高いそうであるが，この点に関する解釈として，久冨善之教授は，「教員より学歴が高い保護者が多く，学校への要望が厳しいことも，率を引き上げているのではないか」と指摘している。こういうこともあってか，現在，教員養成の期間を4年から6年に延ばし，教員志望の学生には修士の学位を取ってもらおう，という案が出されている。2012年8月28日の中央教育審議会答申「教職生活の全体を通じた教員の資質能力の総合的な向上方策について」では，「教員養成を修士レベル化し，教員を高度専門職として位置づける」という方針が明示されている。実施されるまでにはまだ間があるだろうけれど，こうした改革の裏には，教員の学歴水準を保護者よりも一段高くし，知の伝達者としての教員の威厳の基盤を確保しよう，という意図があることは疑い得ない。

　この政策に関する私見は後で述べるとして，教員集団の学歴構成の現状がどういうものかを統計でもってみてみよう。上記のような改革方針がわざわざ提示されるということは，現状では，大学院出の教員は少ないということなのであろうが，実態は如何。2010年の文部科学省『学校教員統計調査』をもとに，公立学校教員の大学院修了者の割合をみると，幼稚園が0.7％，小学校が3.1％，中学校が5.8％，高等学校が12.8％，となっている。予想通りであるが，

■4―――もっともデュルケムは,権威の源泉として,こうした外的な属性を重視してはいない。デュルケムは，教師の権威の源泉として，教師が自らの職務にどれほど誇りを感じているか，ということが重要であると述べている。また，教師は社会という道徳的人格の代弁者であるがゆえ，当の社会に教師が抱いている愛着の程度も，権威の源泉として作用すると指摘している。デュルケム（麻生誠・山村健訳）『道徳教育論』明治図書，1964年（原典刊行は1925年）。

上級学校ほど率が高い。しかるに，最も高い高等学校ですら1割強（10に1人）という水準であるから，現状では，大学院卒の教員はごくわずかであるようだ。教員集団の学歴水準を一般社会よりも高くするに際して，政策的なテコ入れが必要というのもうなずける。

ところで，教員の学歴構成は，年齢層によって異なるであろう。今みた大学院修了者率は，おそらく若年層ほど高いことと思われる。また，教員養成大学卒が何％，一般大学卒が何％というような，他の学歴カテゴリーの比重も気にかかる。私は，各学校種の5歳刻みの年齢層ごとに，①大学院卒，②教員養成系大学卒，③一般大学卒，④短期大学卒，⑤その他，という5カテゴリーの組成がどうなっているかを調べた（図表4-5）。

4-5 公立学校教員の学歴構成

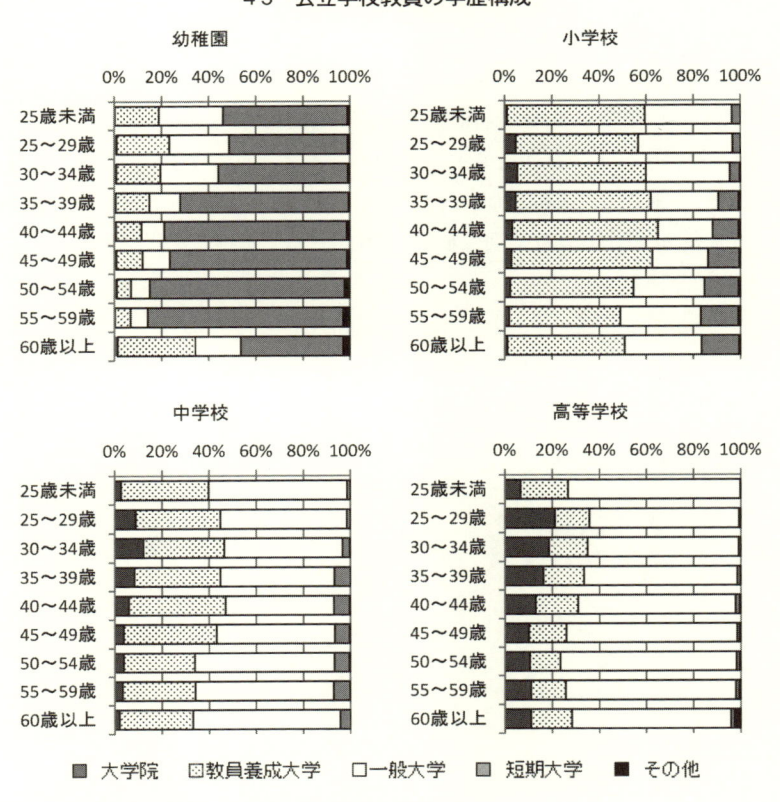

資料：文部科学省『学校教員統計調査』(2010年度版)

幼稚園では，短大卒の領分が大きいのであるが，若年層ほどそれが小さくなり，代わって大卒の比重が増してくる。小学校でも，年齢を下がるにつれ，短大卒の比率が減じてくる。中学や高校といった中等教育機関では，若年層において，大学院修了者の比率が相対的に高いことが注目される。高校の20代後半では，院卒教員の比率は21.1%である。5人に1人が院卒ということになる。

　図表4-5からはいろいろな傾向が看取されるのであるが，大学院修了者の比重に再び焦点を絞ることとしよう。上述の改革が実施されるなら，**図表4-5**の院卒の領分がうんと広がることになる。しかるに，自然な流れに委ねていても，院卒教員の比率は伸びていくことと思われる。当局の大学院重点化政策により，大学院修了者が激増している状況であり，大学院を終えて，修士ないしは博士の学位を取っても定職に就けない者もいる。それは，知的資源の浪費以外の何ものでもない。こういう人たちに対し，中学校や高校のような中等教育段階の教員への道が開かれるのは結構なことである。現在，秋田県のように，博士号取得教員の採用に積極的な姿勢を示している自治体も存在する。

　ここにて，秋田という県の名前が出たが，大学院修了教員の比率は県によっても異なるであろう。公立高等学校について，大学院卒教員の比率を都道府県別に計算してみた。各県の値がどう変わったかもみてみようと思う。**図表4-6**は，1998年と2010年の県別数値を地図化したものである。両年とも，同じ基準で塗り分けた。

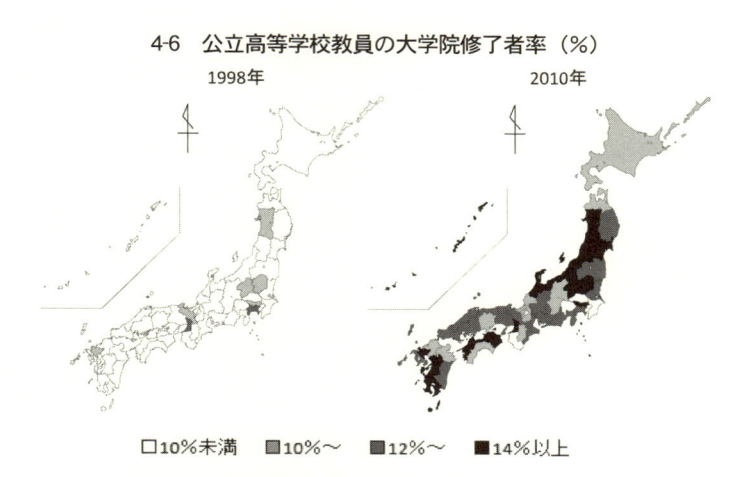

4-6　公立高等学校教員の大学院修了者率（%）

1998年　　　　　　　2010年

□ 10%未満　■ 10%～　■ 12%～　■ 14%以上

資料：文部科学省『学校教員統計調査』(2010年度版)

この期間中，全国値は8.3％から12.8％へと伸びているが，院卒教員の増加傾向は地域を問わないようで，全体的に地図の色が濃くなっている。1998年では，10％を超えるのは8県だけであったが，2010年現在ではほとんど県がこの水準を越え，15％に達している県も見受けられる。ちなみに，現在の最大値は佐賀の19.1％である。この県では，公立高校教員の5人に1人が大学院卒である。

　ところで，大学院修了教員の多寡によって，教育効果がどれほど違うかはまことに興味深い問題である。専門性の高い指導により子どもの学力向上というようなことがあるのだろうか。都道府県データを使って，2010年の公立小・中学校の院卒教員率と，同年の『全国学力・学習状況調査』の各教科の平均正答率との相関をとったところ，どの教科の正答率とも無相関であった。仮に，強い正の相関（院卒教員が多い県ほど正答率が高い）が認められるのであれば，目下検討されている，教員の「修士化」政策を支持するエビデンスになるが，それは叶わなかった。むろん，この問題には多様な角度からの接近が必要であるし，地域単位のマクロデータではなく，個票データによる解析が必要であることは言うまでもない。それはここでの課題ではないし，私の手に負えることでもない。問題提起にとどめておく。

　最後に，教員志望者に大学院修了を義務づける改革について，私見を申したい。私は，都内の私立大学の教職課程で教鞭をとっているが，受講生諸君に，上記の中教審答申の概要記事を配布し，そこにて提示されている改革方向に対しどう思うかを問うてみた。結果は，反対が圧倒的多数であった。理由の大半は，大学で抽象的なことを2年間長くやるよりも，早く現場に出て，実践経験（OJT）を積んだ方がよい，というものである。また，2年間在学期間が延びることで学費負担が増す，という現実的な意見もあった。そうなると，教員志望者が減るのでは，という懸念も出された。

　どれも，一理ある見解であると思う。在学期間を伸ばす分，何をするかについては，教育実習の期間を1年ほどにしようという案が出ているけれども，これとても，受け入れ体制などの問題があって，一筋縄ではいきそうにない。いわゆる「実習公害」の問題の深刻化も懸念される。

　社会全体が高学歴化している現在，教員の学歴水準を一段高くしようという考えには，私は賛成である。しかるに，養成の段階において，何が何でも修士の学位を取らせなければならない必然性はないように思う。現場に入った後，

5年ないしは10年の時点において，大学院修学休業を与え，学位取得に出向かせる，ということでもよいのではないか■5。この頃には，現場で抱いた問題関心を，広い理論的視座から検討してみたいという欲求も起きているはずであり，その分，大学院での学びも，目的のある充実したものになるだろう。養成段階に学びの機会を集中させるのではなく，上記の中教審答申のタイトルにあるように，「教職生活の全体」を見越した視点を据えることが肝要であると思う。

■4　非正規化

　性別，年齢，そして学歴という観点から，教員集団の構成を眺めてきた。本節の最後において，あと一点，就業形態という視点を据えてみよう。雇用の非正規化とは，現代日本の状況を言い表すキーワードの一つである。2010年の総務省『国勢調査』によると，15歳以上の就業者5,961万人のうち，派遣社員やパート・アルバイトといった非正規就業者は1,585万人となっている。今の日本では，働く人間の4人に1人が「非正規」就業ということになる。

　教員（公立学校勤務の場合は教育公務員）の世界もその例に漏れないだろうけれど，その程度がどれほどのものかは，あまり明らかにされていない。ここでは，データでもって，教員の「非正規化」の様相をご覧にいれようと思う。

　文部科学省の『学校基本調査報告』では，教員の数が，本務教員と兼務教員とに分けて集計されている。同資料の手引書によると，「本務・兼務の区別は原則として辞令面による」とされ，「常時勤務する教員については本務とし，短時間勤務する教員については兼務」とするとある。2011年度の資料をみると，同年5月1日時点の公立小学校の本務教員数は413,024人，兼務教員数は27,683人と報告されている。公立小学校の場合，広義の教員数（本務＋兼務）に占める兼務教員の比率は6.3％という計算になる。およそ16人に1人である。この値は，教員の非正規率とみることができよう。

　今みたのは，量的に最も多い公立小学校教員の数値であるが，中高ではどうか，私立校ではどうか，という関心が持たれる。また，時系列的にどう変わってきたのかも知りたい。私は，1950年（昭和25年）以降の5年刻みの年につ

■5──────現行においても，大学院修学休業制度が設けられてはいる。教育公務員特例法第26条1項の規定により，3年を超えない範囲にて，大学院修学のための休業をとることができる。ただし，それは強制的なものではない。

いて，小学校と中学校・高等学校の教員の非正規率を公私別に計算した。ここでいう非正規率の意味は，先ほど述べた通りである。結果の表現方法であるが，横軸に公立校，縦軸に私立校の非正規（兼務）教員率をとった座標上に，5年間隔のデータを位置づけ，線でつないだ図をつくってみた。実線は小学校，点線は中高のものである（図表4-7）。

4-7 非正規教員比率の長期変化

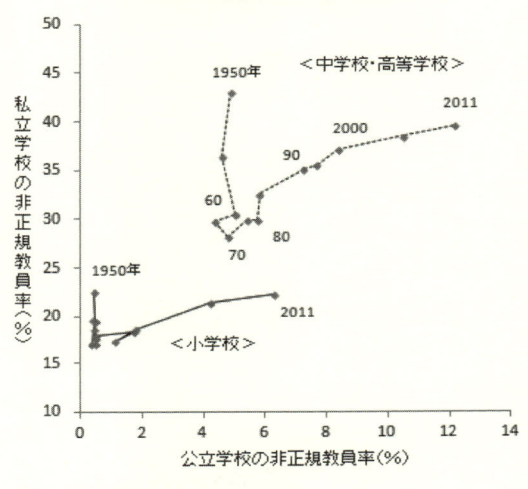

資料：文部科学省『学校基本調査報告』

全体的にみて，教員の非正規率は，小学校よりも中高で高くなっている。後者の動向をみると，戦後初期の1950年では，私立の中高教員の4割以上が非正規教員であった。深刻な教員不足の状態にあった当時，私立校には，正規教員の確保がままならなかった学校が多かったのではないかと推察される。私立中高の非正規率はその後下がり，1970年には3割を切る。高度経済成長期は，公私ともに，非正規教員が最も少ない時代であった。

しかし，70年代以降になると右上方向にドットが動いてくる。公私ともに率が増加に転じた，ということである。その傾向は現在まで続き，2011年現在の中高の非正規教員率は，公立で12.2％，私立で39.6％であり，後者にあっては，戦後初期の頃の水準に立ちかえりつつある。公立の場合は，最近10年間の伸び幅が大きいことが注視される。このような教員の「非正規化」の背景には，人件費の抑制のため，正規採用枠が減らされている事情があるだろう。少子化により，顧客減に悩まされている私立校にあっては，その必要が殊に大きい。

ところで，非正規教員（兼務教員）の多くは，数時間の授業をするためだけに雇われている，いわゆる時間講師である。2011年度の公立小学校でいうと，兼務教員の7割近くが時間講師である。公私を問わず，最近の学校現場では，

この手の時間講師の比重が増えていることと思う。検索サイトにて,「非常勤講師&募集」という言葉を入れると,週数時間,特定教科を担当する時間講師を募る私立学校のサイトが数多くヒットする。公立学校にしても,各自治体の教育委員会は常時,ホームページ上で時間講師の登録を募っている。

人件費の抑制や病欠教員等の代替という事情もあるのだろうが,この手の時間講師が多くなることには,問題も伴い得る。後で述べるが,細切れの時間給で働く時間講師には,研修を強制することができない。そのため,授業が自己流に陥りやすくなる。また,自他ともに認める「バイト先生」であり,勤務校への愛着も強くはなりにくく,雇う側にしても,彼らを仲間とはみなさないこともある。私の学部時代の知人で,採用試験に受かるまで4年ほど公立中学校で時間講師をやったという人がいるが,ある学校の校長から「バイトさん」などと呼ばれ,相当凹んだとのことである。

時間講師への依存度が高くなることは,現在の学校に求められる「チーム・プレー」が発動するのを妨げる条件にもなり得る。私は,こうした関心から,現在の小・中・高の教員に占める時間講師の比率を計算してみた。上述のように,2011年5月1日時点の公立小学校の本務教員は413,024人,兼務教員は27,683人である。よって広義の教員数は,両者を足して440,707人となる。このうちの時間講師は,兼務教員の中の「講師」である■6。その数,18,353人。したがって,公立小学校の時間講師依存率は4.2％と算出される。

では,他の学校種についても同じ値を出してみよう。公立と私立に分けて,依存率を計算した。同じく,2011年5月1日時点の統計である(図表4-8)。

4-8　2011年度の時間講師依存率

		a 広義の教員数	b 時間講師数	b／a 依存率(％)
公立	小学校	440,707	18,353	4.2
	中学校	257,532	14,166	5.5
	高等学校	214,287	31,106	14.5
私立	小学校	5,897	1,075	18.2
	中学校	30,004	7,850	26.2
	高等学校	92,815	27,446	29.6

資料：文部科学省『学校基本調査報告』(2011年度)

小学校よりも中学校,中学校よりも高校というように,上級学校ほど,時間講師依存率が高くなっている。しかるに,こうした学校種間の差よりも,公私間の差が際立ってい

■6────本務教員中の講師は,フルタイムで働く産休・育休代替講師等であり,細切れ労働の時間講師とは区別される。

る。私立学校の時間講師依存率は高く，私立高校では，学校に出入りする教員の3人に1人が時間講師である。先ほど述べたように，生徒減少のため，人件費の抑制を迫られているためと思われる。

ちなみに，時系列でみると，どの学校種でも，上記の意味での時間講師依存率は高まっている（図表4-9）。私立高校の時間講師依存率は，私が生まれた頃の1975年では21.4％で

4-9 時間講師依存率の変化

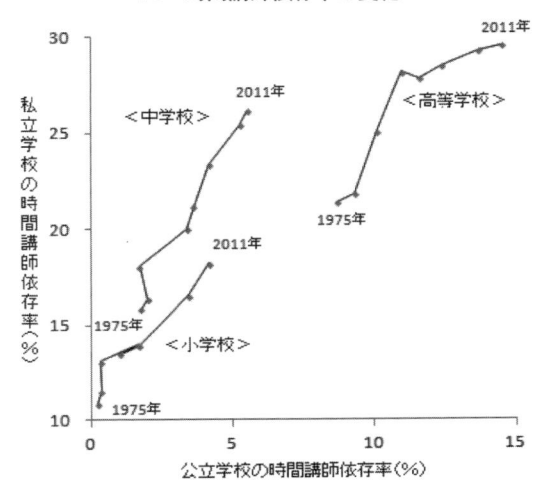

資料：文部科学省『学校基本調査報告』

あったが，現在では，上でみたように29.6％にまで上昇している。

図表4-9は，図表4-7と同じ形式にて，1975年以降の時間講師依存率の変化をたどったものである。学校種を問わず，右上がりの傾向であり，公立・私立とも，時間講師依存率が増していることが知られる。

雇用の「非正規化」は，教員の世界でも同じであるようだ。しかるに，製造業とは違って，教員が相手にするのはモノではなく，生身の子どもである。このほど改訂された新学習指導要領では，各学校において教育課程を実施するにあたっては，「教師と児童生徒の信頼関係及び児童生徒相互の好ましい人間関係を育てるとともに児童生徒理解」を深めることとされている。しかるに，教員集団の非正規化があまりに進行することは，こうしたことを確実に不可能にする。

むろん，政府もこの問題に無関心ではないようで，2012年9月7日に公表された「子どもと正面から向き合うための新たな教職員定数改善計画案（平成25～29年）」では，「非正規教員の増加を抑制」する方針が明示されている。このような政策に対し，私は賛意を表する。

ところで，ここにて可視化したのは，初等・中等教育機関の教員の「非正規化」傾向であるが，一段上の高等教育段階では，目を覆いたくなるような事態になっている。仔細は，340頁に掲げた統計図をみていただきたい。興味ある

第1節 教員集団

方は，今すぐそこに飛んでもらっても構わない。

[第2節] 勤務条件

　教員とて一つの職業であり，給与がいくらか，労働時間はどれほどかというような，勤務条件に関心がいくのは当然のことである。個々の教員の教育行為は，前節でみたような教育集団の組成に影響を受けると同時に，今述べたような勤務条件の有様に規定される面も持っている。また，優秀な人材を引き寄せることができるかどうかも，こうした条件に依存することは否めまい。

■1　給与

　わが国において，学校で働く教員が出てきたのは，明治期になってからである。教育史の素養がある方はお分かりかと思うが，明治期や大正期の教員の待遇は，決してよいものではなく，とくに大正期の状況といったら，「惨状」とでも形容できるものであった。当時は，第1次世界大戦後の好況期にあり，同時に物価の高騰（インフレ）も激しかった頃である。民間はそうした状況に機敏に反応し，従業員の給与を引き上げたが，悲しいかな，教員はそうではなかった。物価が上がるのに給与はそのまま。これでは生活難に陥るはずであり，その程度といったら，「食物さへ十分でな」く，弁当は「パン半斤」が当たり前，さらには「一家離散」までが起きるほどであったとのこと■7。民間に比べて給与が安い，贅沢ができないというような相対的貧困ではなく，生存が脅かされる絶対的貧困の域にまで達していたことが知られる。

　大正期半ば頃の数字を出してみよう。政府の資料■8によると，1918年（大

■7̶̶̶1918年（大正7年）2月24日，1926年（大正15年）10月13日の東京朝日新聞の記事による。

正7年)の尋常小学校本科正教員(男性)の平均給与月額は24.6円となっている。尋常准教員や代用教員となると、これが16.7円、14.7円にまで低下する。この額をどうみるかであるが、同年の大工の平均日給が184銭であったとのことである■9。月25日勤務とすると、同職の平均月収は46円となる。資格持ちの男性本科正教員でさえ、大工の月収の半分ほどであったようだ。准教員や代用教員に至っては、3分の1程度なり。当時にあっては、尋常小学校教員の4人に1人が、超低賃金の准教員や代用教員であったことも付記しておこう。こうみると、当時の各種メディアでいわれていることが、決して誇張ではないことがうかがわれる。

　これでは、ということで、1920年（大正9年）に公立学校職員年功加俸国庫補助法が制定され、公立学校教員の年功加俸に国庫補助が得られることになり、教員給与が大幅に上昇した。また、昭和初期の不況期には、教員給与と民間給与の水準が逆転し、教員の優位性も高まった。だが、民間からの妬みもあったのか、教員給与不払い、強制寄付のようなことがまかり通っていたことも指摘しておかねばならない（とくに農村部）。その後、戦間期になると、軍需インフレにより、教員の生活は再び苦しくなるという経緯である。

　戦前期においては、総じて、教員というのは薄給の職業であった。それは、戦後においても然り。1947年制定の旧教育基本法の第6条2項において、「教員の身分は、尊重され、その待遇の適正が、期せられなければならない」と規定されたのであるが、それが即座に具現されることはなかったようだ。戦後初期の頃では、本業の給与だけでは食えないので、教え子や同僚に見つかりはしないかとビクビクしながら「クツみがき」のアルバイトに勤しむ教員もいたという■10。その後の高度経済成長期においては、教師にでもなるか、教師にしかなれない、という意味での「デモシカ教師」という言葉が流行したこともよく知られている。

　このような状態を変化せしめたのは、1974年に制定された「学校教育の水準の維持向上のための義務教育諸学校の教育職員の人材確保に関する特別措置法」（人材確保法）である。本法によって、教員給与は段階的に引き上げられ、

(前ページ)
■8───文部省『日本帝国文部省年報大正7・8年　下巻』による。
■9───大川一司ほか編『長期経済統計8：物価』東洋経済新報社（1967年）、135頁。
■10───1948年4月25日の朝日新聞（東京版）の記事による。

第2節　勤務条件

4-10 公立学校の男性教員の平均給与月額

		小学校	中学校	高等学校	大卒労働者
給与月額	2001年	40.4	39.1	40.6	40.4
(万円)	2004年	39.6	39.0	40.1	40.0
	2007年	38.4	38.2	39.6	40.7
	2010年	36.9	36.9	38.4	39.5
相対水準	2001年	0.999	0.967	1.005	1.000
	2004年	0.989	0.974	1.001	1.000
	2007年	0.943	0.938	0.973	1.000
	2010年	0.932	0.934	0.971	1.000

資料：文部科学省『学校教員統計調査』，厚生労働省『賃金構造基本統計調査』

現在に至っている。今日では，教員が生活困窮に陥るとか，民間に大きく水を開けられているとか，大っぴらに言われることはなくなっている。「デモシカ」どころか，教員志望の若者も多い。しかるに，実情はデータをみてみないと分からない。政府の統計をもとに，最近の状況をみてみよう（図表4-10）。

文部科学省の『学校教員統計調査』には，調査実施年9月の教員の平均給与月額が掲載されている。これは，賞与などの諸手当は含まない本俸である。公立学校の男性教員について，最近10年間の推移をとってみた。なお，民間との違いも明らかにするため，全産業の大卒男性労働者の所定内月収との比較も行う。後者の出所は，厚生労働省の『賃金構造基本統計調査』である。

『学校教員統計調査』は3年ごとに実施されるので，3年間隔の統計になっている。表をみると，教員給与は，学校種を問わず低下の一途をたどっている。小学校でいうと，2001年の40.4万円から2010年の36.9万円まで下がった。民間のほうは，最近3年間の低下が目立っている。おそらく，2008年のリーマンショックの影響であろう。教員給与の低下も，こうした民間の動向に合わせたものといえるかもしれない。

同性・同学歴の労働者と比べた場合の，教員給与の相対水準はどうか。下段にて，それが可視化されている。この数字は，前者を1.0とした場合の指数であり，教員給与が民間の何倍かという倍率を意味する。これをみると，少し前の高校を除いて，軒並み1.0を下回っている。つまり，教員の給与は民間よりも低い，ということだ。しかも，この倍率は近年になるほど下がってきており，小学校では，0.99から0.93まで低下をみている。世間の感覚とは異なるというべきか，教員給与は，民間と比して必ずしも高くはないようである。

しかるに，これは全国の傾向である。個々の教員の任命権者は都道府県であるが，47都道府県ごとにみれば，様相はさぞ多様であることだろう。2010

年について，図表4-10 と同じ統計を都道府県別につくってみよう。県別の公立学校の教員給与は，文部科学省の上記資料から分かる。しかし，比較対象の男性労

4-11 公立学校の男性教員の平均給与月額（2010年）

		小学校	中学校	高等学校	大卒労働者
給与月額 （万円）	秋田	39.7	38.5	37.8	30.7
	東京	35.5	38.3	39.4	48.3
	大阪	32.8	35.0	36.9	42.3
	沖縄	35.5	35.7	34.0	29.2
相対水準	秋田	1.29	1.26	1.23	1.00
	東京	0.73	0.79	0.81	1.00
	大阪	0.77	0.83	0.87	1.00
	沖縄	1.21	1.22	1.16	1.00

資料：図表4-10と同じ。

働者のほうは，県別の場合，全学歴の給与額しか知ることができない。そこで，全国統計において，大卒男性労働者の額が全学歴の何倍かという倍率を計算し，その値を各県の全学歴の男性労働者給与に乗じて，県別の大卒男性労働者給与の額を推し測った。全国統計でみると，全学歴の男性労働者給与は 32.8 万円，大卒の男性労働者給与は 39.5 万円であるから，前者に対する後者の倍率は 1.204 となる。東京都の場合，全学歴の給与は 40.1 万円であるから，この地域の大卒給与はこれを 1.204 倍して，48.3 万円と推計される。

このような手続きにて，公立学校の男性教員の給与と，全産業の大卒男性労働者の給与を都道府県別に明らかにした。紙幅の都合上，全県の数値は掲載できないので，目ぼしい 4 都府県のデータのみを掲げる。東北の秋田，大都市の東京と大阪，および最南端の沖縄である（図表 4-11）。

下段の相対水準をみると，秋田と沖縄は，全国的傾向とは異なり，教員給与が民間を上回っている。秋田は全学校種，沖縄は小・中学校の教員給与が，同性・同学歴の全労働者の 1.2 倍を越える。これは，地方県において民間の給与水準が低いことの反映である。一方，それが高い大都市の東京と大阪では，教員給与の相対的な低さが，全国統計でみた場合よりも際立っている。東京の小学校教員の月収は，民間の 7 割ほどである。他の県については，小学校教員の給与の相対水準値を地図の形で示しておく（図表 4-12）。図表 4-11 の下段・左端の数値である。

黒色は，図表 4-11 の秋田や沖縄と同様，小学校の教員給与が民間の 1.2 倍を越える県である。青森，秋田，山形，高知，大分，宮崎，そして沖縄が該当する。白色は，教員給与が民間を下回る県である。首都圏や近畿圏のような都市部は白色に染まっている。秋田の場合，小・中学校の教員給与の相対水準が

第 2 節 勤務条件

4-12　公立小学校男性教員の給与の相対水準（2010年）

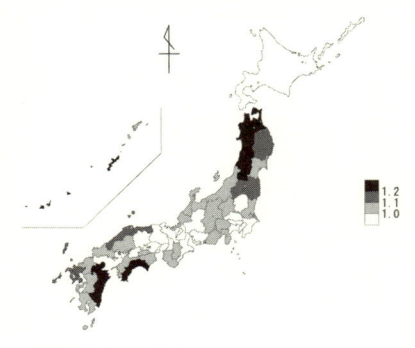

資料：図表4-10と同じ。

全国で1位なのであるが、子どもの学力上位常連という偉業の一要因は、こうした教員の待遇面に求めることができるかもしれない。ちなみに、271頁で計算した県別の小学校教員採用試験の競争率は、各県の小学校教員給与の相対水準（図表4-12）と有意な正の相関関係にある。他の要因を介した疑似相関の疑いは拭えないが、教員の待遇の水準が教員志望者の量と関連していることをにおわせる、一つのデータである。

さて、このような地域的変異があることを棚上げして、総体的な傾向でいうなら、現在のわが国の教員給与は全労働者に比して低いことが分かった。最後に、このことがわが国の特徴なのかどうかを、国際データによって吟味してみたい。OECDの"Education at a Glance 2011"には、29か国の公立小学校教員（15年以上勤続者）の年収額が掲載されている。また、その額が、各国の25〜64歳の高等教育修了労働者の給与の何倍かという相対倍率も知ることができる[11]。図表4-13は、横軸に相対倍率、縦軸に年収額をとった座標上に、それぞ

4-13　公立小学校教員の給与の国際比較（09年）

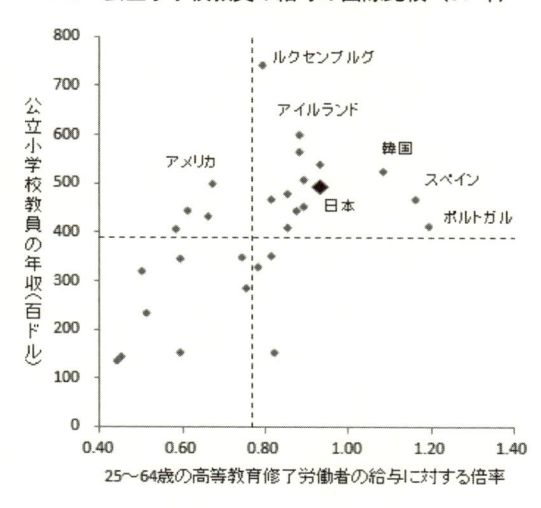

資料：OECD, "Education at a Glance 2011"

■11————日本については、この意味での相対倍率がペンディングになっていたので、図表4-10にて計算した、2010年の相対倍率（0.93）を適用している。

れの国を位置づけたものである。教員給与の絶対水準と相対水準の2つの観点から，各国の位置を把握できる仕掛けになっている。点線は，OECD加盟国の平均値を意味する。

わが国の小学校教員の給与は，いずれの軸でみても，中の上という位置にある。横軸に注視すると，教員給与が全労働者を下回るのは，わが国に限ったことではないようだ。下には下がおり，スロバキアやハンガリーといった東欧国では，教員給与は民間の半分以下である。アメリカはおよそ6割■[12]。倍率が1.0を越えるのは，南欧の2国とお隣の韓国だけである。

このような実情をどうみるか。1966年10月に採択された，ユネスコの「教員の地位に関する勧告」は，前文にて，「教育の進歩における教員の不可欠な役割，ならびに人間の開発および現代社会の発展への彼らの貢献の重要性を認識し，教員がこの役割にふさわしい地位を享受することを保障」することを謳っている。勧告の中身をみると，「教員の地位は，教育の目的，目標に照らして評価される教育の必要性にみあったものでなければならない」，「教育の仕事は専門職とみなされるべきである」，「教員の労働条件は，効果的な学習を最もよく促進し，教員がその職業的任務に専念することができるものでなければならない」というような内容が盛られている。また，2006年に改正された教育基本法では，「教員」という条文（第9条）が独自に設けられ，「教員については，その使命と職責の重要性にかんがみ，その身分は尊重され，待遇の適正が期せられ」なければならないことが明確に定められた。

このような理想に照らして現状をみると，いささか寂しい思いを禁じ得ない。世界を見渡せば，教員不足の問題が深刻な国もあることだろう。今の日本ではそういうことはないが，教員のモラール（志気）という点でいうとどうか。私が，都道府県別の教員給与のデータを自身のブログに掲載したところ，多くの閲覧者があり，数名の現職教員の方からコメントをいただいた。その中の一人，埼玉県の公立高校の先生は，自身の職業を「名誉職だと思ってがんばっていきます」と述べておられた。今の学校現場は，教員のこうした（健気な）心意気に支えられている面がさぞ強いことと思う。しかし，教員の離職率の上昇に示されるように，教員の脱学校兆候も強まってきている（303頁）。その基底には，教員の社会的地位の曖昧さという，古くて新しい問題が横たわっているものと

■12―――中学校や高等学校の教員給与でみても，ほぼ同じである。

思われる。

　2012年8月28日の中央教育審議会答申「教職生活の全体を通じた教員の資質能力の総合的な向上方策について」では，教員を高度専門職として位置づける方針が明言されているけれど，教員が専門職であるかどうかについては，議論がある。教員の場合，それとは違った「準専門職（semi-profession）」とみなすべきだという見解もある。単純業務に勤しむ労働者でないことは確かであるが，かといって，医師や研究者のように，高度な自律性を認められた専門職と断言するのは憚られる。準専門職とは，このようなマージナルな位置を言い表すための（苦肉の）用語ともとれる。

　実をいうと，このような立ち位置の曖昧さが，教員給与の適正水準に関する社会的な合意が得られるのを困難にしている。もっというなら，教員が抱くところの諸々の心的葛藤を準備している面がある。私は，どちらかといえば，現行の教員給与は引き上げられるべきであると考えるが，逆の主張もあることだろう。このような水掛け論に終止符が打たれるかどうかは，教員を高度専門職として位置づける政策がどう具現されるかにかかっている。今後の成り行きに注目したい。

■2　勤務時間

　2011年9月14日の朝日新聞Web版に，「日本の先生，働き過ぎ？　事務作業長く　OECD調査」と題する記事が載っている。それによると，わが国の教員の勤務時間は国際的にみても長く，その多くは事務作業に食われているとのことである。日本の教員の勤務時間が長いことは想像できるが，それは，事務作業の長さによるものだというのは初耳である。教員が己の専門的力量を発揮する場は，子どもに知識や技能を授ける「授業」であることを思うと，これはいかがなものか，という問題意識が喚起される。

　上記の記事が参照しているのは，OECDが毎年発刊している，"Education at a Glance"の数字である。OECDのホームページで閲覧できる最新の資料は，2011年版のものであり，この資料から，2009年の教員の年間勤務時間を主な国について知ることができる。

　日本の公立小学校教員の数字をみると，年間の総勤務時間は1,899時間であり，値が掲載されている20か国中第2位である。しかるに，そのうち授業に費やされた時間は707時間であり，こちらは32か国中22位という位置に

ある。総勤務時間は長いが，授業に費やされる時間は短い。このことは，わが国の教員の勤務時間の多くが，授業とは別の業務（事務作業等）に食われていることを示唆する。ちなみに，南米のチリの場合，総勤務時間は1,760時間であり，うち授業に費やされた時間は1,232時間となっている。この国では，勤務時間全体の7割を授業が占めている。わが国の37.2％とは，大きな開きがある。

他の国の状況もみてみよう。年間の総勤務時間と，うち授業に費やされた時間の双方が分かるのは19か国であり，横軸に前者，縦軸に後者をとった座標上に，これらの国を位置づけてみた。図表4-14をみていただきたい。

図に引かれている3本の斜線は，授業に費やされた時間が全体に占める比率を意味する。40％を下回るのは，日本を含む6か国であるようだ。一方，この比率が60％を越えるのは，先ほどみたチリとスペイン，そしてスコットランドである。スコットランドでは，教員の勤務時間そのものが短く，しかものうちの大半が授業で占められている。教員の仕事は「授業」という割り切

4-14　公立小学校教員の勤務時間の国際比較（2009年）

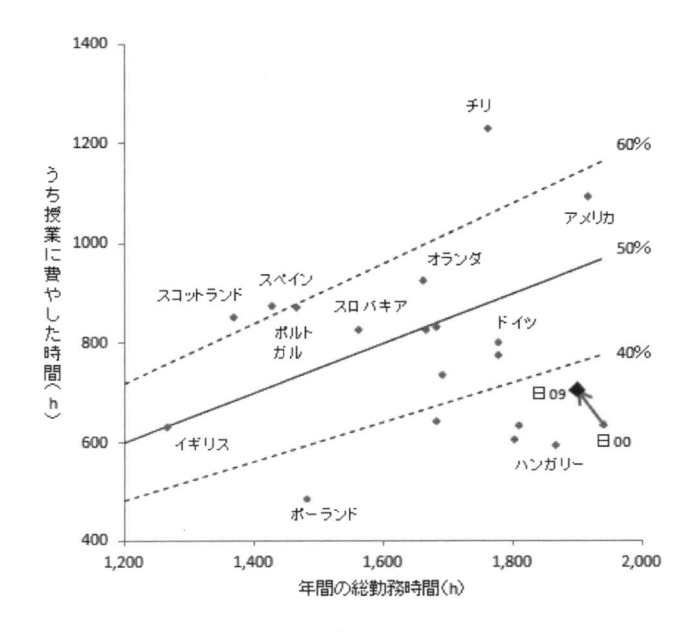

資料：OECD, "Education at a Glance 2011"

が強い社会であるとみられる。南欧の2国（スペイン，ポルトガル）も，こうした性格を持つ社会であるようだ。一方，その対極（右下）に位置するのは，教員の勤務時間が長く，かつ，その多くが授業以外の業務であるような社会である。日本やハンガリーが該当する。日本の場合，授業以外の業務の多くは，上記の朝日新聞記事がいうような事務作業なのだろうけれど，東欧のハンガリーでは，もしかすると，地域活動の指導のような業務なのかもしれない。

　ひとまず，わが国の国際的な位置が明らかになった。むろん，ここでみたような状況認識は，政府も持っているところであり，2008年7月に策定された教育振興基本計画では，「教員が，授業等により一人一人の子どもに向き合う環境をつくる」べく，「教職員配置の適正化や外部人材の活用，教育現場のICT化，事務の外部化等に総合的に取り組む」ことが明示されている。なお，このような政策を待たずとも，わが国のドットは，以前に比したら左上のほうにシフトしている。図中の「日00」とは2000年の位置であり，「日09」とは2009年の位置である。このトレンドを延ばすと，今から10年後の日本は，上図のドイツ近辺に位置することになる。

　私は，こうした傾向（勤務時間減，授業時間の比重増）は好ましいことであると思う。教員という仕事は，子どもの全人格の成長に関与するものである。それゆえ，その職務をもっぱら授業に限定しろなどと主張するつもりはない。しかし，教員をあたかも「何でも屋」のごとく考えるのは明らかに行き過ぎであり，そのことは教員という職業の性格を曖昧なものとし，前項の最後で述べたように，この職業を専門職として位置づけることを阻害してしまう。

　現在は，人口構成の変化もあって，学校をとりまく地域社会には，教育をサポートしてくれる人的資源が多く潜在している。このことにかんがみ，職をリタイヤした団塊世代の高齢者を学校教育の支援員に採用する「教育サポーター」の制度が導入された経緯があるし，最近では，「みんなで支える学校 みんなで育てる子ども」をスローガンにした，学校支援地域本部事業も開始されている。このような制度を可能ならしめる条件は，今後強まることはあれ，決して弱まることはない。

　このような状況の中，**図表4-14**のマトリクス上における日本の立ち位置は自ずと左上にシフトしていくだろうけれど，その速度がどういうものになるかは，政策の有様に依存することは指摘するまでもない。

■3　TP比

　1928（昭和3）年1月24日の東京朝日新聞に，「教師過労の弊」と題する投書記事が載っている。教員の過労は今ではよくいわれることであるが，この問題は昔もあったようである。80年以上前の昭和初期における教員の過労とは，どういうものだったのだろうか。記事の一部を引用しよう。旧字体は適宜修正している。

「『教師過労の弊』
　入学願書受付が始まった。かうなると6年の受持の教師は目がまはる程忙がしい。時々新聞にまでだして贈り物の調査をしてくれる人はあるが，どんなに働いているかを見てくれる人はいない。
　○○学校に入学したいからと子供の口で頼まれる。親切は先生の毎日説くところ，まづ自分からで，これを引き受けないわけにはいかぬ。よし，とそこで長々しい規則書を読んで，六ヶしい入学願書，り歴書をかいてやり，本籍地がちがつたとて書き直し，親の年齢が一つ違ふとて又書き直す。そしてここになつ印する，封筒にいれて来い，切手をここに，受験料は為替で，とこれで一人何分時間費やすと皆さん思はれますか。
　ところがこれですむのではない。各学年の成績表，最近の身体検査表，個性の調査書，家庭の状況調，それが一様の形式があるわけでなし各学校まちまちと来ている。ある学校からは学年の席次をと要求してくる。ところが六年が三組もある。これを一つにした席次が出来ていない。そこでこれを如何にして作るかが問題だ。評点のつけ方は大体一致していても合計点一，二点で五番も六番も違ふことになる。一通りや二通りの心配と手数とではない。
　私は決して骨を惜んでばかりいふのではない。かうした児童が一学級に二十人はいる。そして一人で三校位受験するのが少ない方。一寸式で計算して見ると
4時間（1人1校の手数）×3（1人3校平均志望）×20（一学級の志望者）＝240時間
　これは全く六年の教師にこの第三学期に加へられた余分の労働時間なのだ。(以下，省略)」(1928年1月24日，東京朝日新聞)

どうやら投書の主は，小学校で6年生を担当している教員のようだ。進学を希望する教え子の必要書類の準備に忙殺されている様がうかがえる。願書や履歴書といった基本書類に加え，成績表，身体検査表，個性調査書，家庭状況調…。しかも，学校ごとに様式が異なるときている。当時は，尋常小学校の上に，高等小学校，中学校，高等女学校，実業学校など，多種多様な学校があった。帝国大学への進学コースの入り口である中学校と，中堅技術者を養成する実業学校では，求められる書類は全く違っていたことだろう。

　それゆえ，個々の児童の志望校1校ごとに，独自の書類をつくらないといけない。この時代はパソコンなどないから，フォーマットをストックしておいて使い回す（コピペ），というような芸当はできない。それどころかコピー機すらないのだから，オール手書きである。記事中の2段目の計算式にあるように，1校につき4時間かかるというのも納得。進学希望者は約20人，1人3校志望が相場であるから，なるほど必要な労働時間は，$4 \times 20 \times 3 = 240$時間となるわけだ。1月〜2月の60日間でこの仕事（雑務）を仕上げる場合，1日あたり4時間の超過労働が，6年生の担当教員に発生することになる。

　また，こういう悲惨な状態もさることながら，そのことに対し世間が無関心であったのも苦痛だったようである。冒頭では，「（われわれが）どんなに働いているかを見てくれる人はいない」と嘆かれている。現在では，教員の過労は広く社会問題として認知され，多くの調査がなされ，対策についても論議されている。しかし，昔は違っていて，激務の上に世間の同情もなく，おまけに待遇も悪かったのだから，当時の教員の状況は「踏んだり蹴ったり」だったともいえよう。上記のような投書をしたくなる気持ちも分かろう，というものである。

　他にも個別の事情を挙げればキリがないが，当時の教員が過労（多忙）状態であったであろうことを推測させる統計指標がある。それはTP比である。具体的にいうと，教員一人あたりの児童（生徒）数をいう。この値が高いほど，教員の負担は大きいものと判断される。教員の勤務条件を議論するに際して，この指標は避けて通れない。本節の最後において，触れることとしよう。

　上記の記事の1928年（昭和3年）では，小学校の教員数は23万人，児童数は968万人と記録されている■13。したがって，教員一人あたり児童数（TP比）は42.1人となる。後述するが，この値は現在よりもかなり高い。1人の教員

■13―――文部省『学制百年史（資料編）』帝国地方行政学会（1972年）による。

が60人もの児童を受け持つというのが普通で，これだけの「児童を責任をもって教育することは，並大抵の仕事ではない」という，父兄の投書記事もある（1927年7月21日，東京朝日新聞）。なぜこういう状況だったかというと，まずは子どもが多かったためである。時期が少し異なるが，1920年（大正9年）の人口ピラミッドが，下が厚く上が細い純然たる「ピラミッド型」であったのは，**図表1-2**でみた通りである。

　加えて，教員の数が少なかったことにも注意を払う必要がある。当時は，慢性的な教員不足の状態にあった。大正末期の新聞をみると，「先生が足りない」，「臨時教員養成所増設」というような見出しの記事がちらほら目につく。252頁でみたように，待遇が悪かったためか，教員のなり手がいなかった頃である。昭和初期の不況期では違ったであろうが，大正期の好景気の時期では，職業を聞かれた際，「教員」と答えるのをためらう者もおり■14。極端な例では，教員になるのを嫌がり，自殺にまで至った者もあった（1922年6月28日，東京朝日新聞）。小学校校長の養子で，教員になるのを強いられたとのことである。今ではちょっと考えられないことである。

　こういうことから，少ない教員で多くの児童を相手にせざるを得なかった状況であった。ひるがえって2012年現在はというと，小学校の教員は42万人，児童数は676万人（文部科学省『学校基本調査報告』）。ゆえに，TP比は16.1人である。先ほどみた1928年の値のちょうど3分の1である。昭和の初期の頃では，現在の半数ほどの教員で，今よりも多い児童の教育を行っていたことにも注意しておこう。

　小学校のTP比が，明治初期から現在までどう変化してきたかをたどってみよう。近代学校制度が誕生して間もない1880年（明治13年）から2012年現在までの130年間について，逐年の推移を明らかにした。各年の小学校教員数と児童数を採集し，割り算をした次第である（**図表4-15**）。

　前出の投書が新聞に載った1928年（昭和3年）のTP比は42.1であるが，それよりも前の大正期，さらには明治期では，値がもっと高かったことが知られる。ピークは，1894年（明治27年）の55.5となっている。教員一人あたり55人超。すさまじいとしか言いようがない。

■14―――唐澤富太郎『唐澤富太郎著作集5・教師の歴史』ぎょうせい（1989年），153頁。原書は，1955年に創文社より刊行。

4-15 小学校の TP 比の長期推移

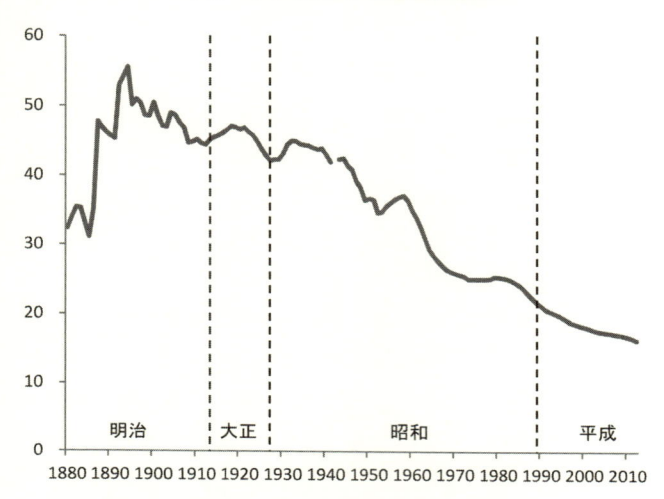

資料：文部省『学制百年史』，文部科学省『学校基本調査報告』

明治期の部分をみると，1886年（明治19年）から翌年の87年にかけて値が急騰している。これは，児童数が増えたのではなく，教員数が減ったためである。86年の諸学校令により近代学校体系が打ち立てられ，教員の資格要件が厳格になったことによる。その後，師範教育制度の整備により教員数は増えるのであるが，就学督促の強化もあって，児童数はそれを上回る速度で増えたため，明治半ば頃までは TP 比は伸び続ける。しかし，それ以降は大局的には減少の傾向を続け，今日に至っている。TP 比という単一の指標でみる限り，教員の負担は，時代を上がるほど大きかったことがうかがわれる。この事実は知っておくべきであろう。

さて，現在では，わが国の小学校の TP 比は 16.2 人なのであるが，この値を国際データの中に位置づけてみよう。文部科学省の『教育指標の国際比較』という資料に，OECD 加盟国の TP 比が掲載されている。横軸に初等教育，縦軸に前期中等教育機関の TP 比をとったマトリクス上に，25か国をプロットした図をつくってみた（図表 4-16）。日本の場合，初等教育は小学校，前期中等教育は中学校に相当する。

全体の分布の中でみると，日本はちょうど中間辺りである。しかるに，小学校，中学校とも，国際平均（点線）を越えている。わが国では，時代とともに TP 比は減少に減少を続けてきたのだけれど，国際的にみれば，まだ高い部類に属するようである。

今後はどうなっていくのだろう。国立社会保障・人口問題研究所の中位推計

では，2040年の6〜11歳人口は436万人と見積もられている。小学校の児童数は，2012年現在よりも35％ほど減ることになる。学校運営の体制を考えれば教員数は児童数と同じ割合では減少しないと思われるため，小学校のTP比は現在より下がると予想される。中学校についても同様に考えられるため，今後，わが国は，**図表4-16**のマトリクスにおいて，矢印の方向に動いていくことになると予想される。いずれにせよ，左下の方向にシフトしていくことは間違いあるまい。人口構造の変化という，少人数教育を自ずと実現せしめる条件はあるにはある。

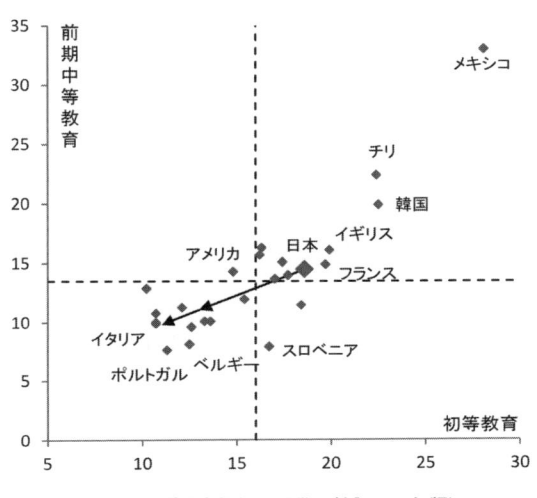

　TP比が小さいほど，教員の負担が軽くなる。173頁でも述べたように，教育効果も上がり，さらには教育実践による社会的不平等の克服のための条件にもなる。しかし，この指標は小さければ小さいほどよいという，単純な話でもない。へき地の学校を想起すれば，お分かりであろう。学級規模やTP比のような教育条件指標は政策によって動かしやすい。それだけに，判断を誤ると大変なことになる。大切なことは，教員の負担度や教育効果といった多様な面から，適正な水準を実証的に明らかにすることである。根拠に基づいた政策（evidence based policy）が重要であるのは，分野を問わない。

[第3節] 養成・採用

　237頁でみたように，学校の教員は結構な数に上るのであるが，誰もが教員になれるのではない。まず基礎資格として，大学などの高等教育機関において，教員免許状を取得することが求められる。さらに，公立学校の場合は各自治体が実施する教員採用試験に合格しなければならない。このようなセレクトを経てはじめて，教壇に立てるわけである。この節の前半では，そうしたセレクトの過程を数字でもって観察することにしよう。後半では，それを突破して晴れて教員になるのは誰か，という問題を追及することとしよう。このことを通して，現在のわが国における，教員という存在に対する理解を深めていただければと思う。

■1　教員免許状取得者数

　教員になるには，大学などで教職課程を履修し，教員免許状を取得しなければならない。特別免許状や臨時免許状のように，各都道府県が実施する教育職員検定に合格することで取得できるものもあるけれど■[15]，大半は，教職課程を修めることで授与される普通免許状である。

　政府の資料によると，2010年度（2011年3月）の大学・短大等卒業者のうち，普通免許状の取得者は10万215人だそうである■[16]。同年3月の大学・短大卒業者に占める比率は約16％である。大学・短大への進学率を6割と仮定すると，同世代の10人に1人が教員免許状を取得している計算になる。この数字に驚かれる方もいるかと思うが，現在では，ほとんどの大学や短大に教職課

■[15]――――「教育職員検定は，受検者の人物，学力，実務及び身体について，授与権者が行う」こととされる（教育職員免許法第6条第1項）。この検定を受験するに際して，大学等で教職課程を修めている必要はない。
■[16]――――『教育委員会月報・2012年6月号』（第一法規）の69頁を参照。

程が設置されている。専門の教員養成系大学や教育学部に行かなければ免許を取れない，ということではないのである。

ところで，当然のことであるが，この10万人もの人間の全てが教員の職に就くのではない。実際に教壇に立つことになる者は，2段階のセレクトを経て，うんと絞られることになる。まずは，教員採用試験を受けるか受けないかという，当人による自己セレクトである。教員免許状を取得しても教員を志望せず，採用試験を受けない者は数多くいる。その次にくるのは，採用試験によるセレクトである。教員採用試験は，決して生易しい試験でないことはよく知られている。ここでみるのは，最初の自己セレクトの様相である。2番目の試験によるセレクトについては，次項以降で取り上げることとする。

脚注16の資料によると，2010年度の小学校教員免許状取得者数[17]は20,222人である。同年の夏に実施された，小学校教員採用試験（2011年度試験）の新卒受験者数は17,119人である[18]。よって単純に考えると，この年度の免許取得者のうち，採用試験を受験した者の比率は84.7％となる。裏返すと，残りの15.3％の者は教員を志望せず，試験を受験しなかったことになる。これは小学校の実情であるが，中学校や高校になると，採用試験の受験率はもっと下がる。図表4-17は，同じ統計を用いて，他の学校種の免許状取得者の採用試験受験状況を明らかにしたものである。

免許取得者中の採用試験受験率は，中学校で40.8％，高校では16.0％である。高校では，免許取得者の8割以上が採用試験を受験しなかったことになる。むろん，大学院に行って専修免許を取ってから受験しようという者もいるだろう。また，複数の校種の免許を取る者も多いので，図表4-17のような結果になったともいえる。であるが，教員になることなど微塵も考えていない者も少なくないのではなかろうか。

図表4-17のデータに対

4-17 教員免許状取得者の採用試験受験状況

	a 教員免許取得者数	b 採用試験新卒受験者数	b/a 採用試験受験率（％）
小学校	20,222	17,119	84.7
中学校	47,694	19,454	40.8
高等学校	61,083	9,759	16.0
特別支援学校	3,557	1,594	44.8

資料：『教育委員会月報・2012年6月号』（第一法規）
文部科学省ホームページの統計

---

[17]――――普通免許状の取得者数である。以下，同じとする。
[18]――――文部科学省ホームページの「平成23年度公立学校教員採用試験の実施状況について」を参照。

する反応はさまざまであろうが，教育関係者，とりわけ現場の教員には，憤りにも似た感想を持たれる方もおられると思う。教職課程を履修する学生は，2〜3週間程度の教育実習を行うのであるが，近年，教職志望を持たない，やる気のない学生が押し寄せることで，現場が荒らされる事態になっているのだという。いわゆる「実習公害」である。

やる気のない実習生により，学校現場が荒らされる「実習公害」が全国の至る所で起きているであろうことは，**図表 4-17** の統計から推測されるところである。

現在，教員養成の期間を 4 年から 6 年に延ばし，それに伴い，教育実習を大幅に長期化することが提案されている。現行の 2〜3 週間程度の実習ではあまりにも短く，実践的な力量を形成できない，という問題意識からである。しかるに，教育実習の課題をどう認識しているかは，大学と学校現場とではやや違っている。文部科学省の調査■19 において，現行の教育実習の課題について問うたところ，大学では「実習期間が短い」という回答が最多であるが (45.4%)，現場の教員では「実習生受入校の負担が大きい」(46.7%)，「教員を志望していないにもかかわらず実習しようとする学生が多い」(45.2%) という意見が最も多いのである。2006 年 7 月の中央教育審議会答申「今後の教員養成・免許制度の在り方について」では，教職課程を持つ大学は「教員を志す者としてふさわしい学生を，責任を持って実習校に送り出すことが必要」と指摘されている。こうした質的管理を大学がきちんと行うことが，上述の改革が実現するための条件となる。

ところで，教員免許状取得者の採用試験受験率は近年上昇している。**図表 4-18** は，**図表 4-17** で出した採用試験受験率の時系列データであるが，2007 年度以降，免許取得者の試験受験率が上向

4-18　教員免許取得者の採用試験受験率の推移（%）

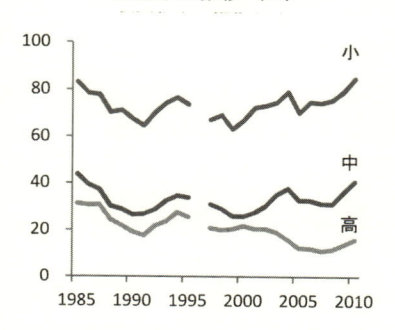

*1996年度のみデータなし
資料：図表4-17と同じ

■19──文部科学省『教員の資質向上方策の見直し及び教員免許更新制の効果検証に係る調査』(2011 年)。

きに転じている。リーマンショックによる不況の影響もあろうが，各大学が，教員免許取得に至るまでの敷居を高めたことの結果とも読める。今後は，「ただ免許だけ」という安易な考えで教職課程を履修する学生は淘汰されていくことになるのかもしれない。

　戦前期では，教員の養成は師範学校という専門の機関で行われていたが，戦後になってからは，「開放制」の原則に依拠して，一般大学等もその一翼を担うこととなった。このように，教員のリクルートの裾野を広げたことは悪いことではない。しかし，そのことが，教員免許を失業保険の一種であるかのように考える学生を増やし，実習公害という名の害毒を学校現場にまき散らすことにつながっているのであれば，それは由々しき事態であると認めなければならない。現在では，この問題がはっきりと認識され，それを除去して，開放制の長所を活かす方向に舵が切られようとしている。改革の成果は，**図表 4-18** の曲線の未来型如何によって教えられることになるだろう。

■ 2　採用試験競争率

　前項において，教員免許状を取得する者がかなり多いことをみたのであるが，免許状の取得は教員になるための必要条件ではあっても十分条件ではない。教壇に立つには，各自治体が実施する教員採用試験に合格することが求められる。教育公務員特例法第 11 条は，「公立学校の校長の採用並びに教員の採用及び昇任は，選考によるものとし，その選考は，…（中略）…公立学校にあつてはその校長及び教員の任命権者である教育委員会の教育長が行う」と定めている。「選考」というのは，「『一定の基準と手続き』のもとに『学力・経験・人物・慣行・身体等』を審査すること」■20 であるから，厳密には競争試験とは異なるけれども，現行の制度では，競争的な採用試験が行われている。

　この競争試験は生易しいものではなく，近年，難関の度合いを高めているといわれるが，その程度は競争率という指標によって測られる。競争率というのは，受験者が採用者の何倍かというものである。100 人受けて 10 人合格したならば，当該試験の競争率は 10 倍となる。教員採用試験の競争率の動向には，受験者のみならず，試験を実施する当局の側も関心を寄せており，前者は競争率が低くなることを欲し，後者はその逆を望んでいる。競争率があまりに低く

■20────『解説・教育六法 2012 年版』三省堂，613 頁を参照。

なると，優秀な人材を獲得できない，という思いからである。最近，団塊世代の大量退職によって試験の競争率が下がっている東京都は，地方の教員志望の学生を呼び寄せるべく，東京の学校を巡るバスツアーを企画しているそうだが，これなどは，そうした懸念の表われととれる。

試験の競争率によって教員の質を測ろうなどという考えはないけれど，この指標の長期的なトレンドを知っておくことは無駄ではあるまい。文部科学省のホームページからは最近10年ほどの動向しか把握できないが，『教育委員会月報』（第一法規）という雑誌のバックナンバーをたどることで，1975年度試験の競争率まで遡って知ることができる。私は，人数的に最も多い公立小学校教員の採用試験の競争率を，1975年度試験から2011年度試験まで明らかにした（図表4-19）。なお競争率とは，受験者数と採用者数の2つの要素から決まるので，率の推移と併せて，これらの要素も観察することとした。

受験者数や採用者数は，現在よりも，1970年代から80年代のほうが多かったようだ。80年代半ばから受験者数が採用者数を上回るペースで減少し，結果，競争率も低下する。1991年には2.8倍と，3倍を割る。バブル期にあった当時，民間が非常に好景気だったためと思われる。

しかし，平成不況に入るや，受験者数は増加に転じる。一方で，少子化により，

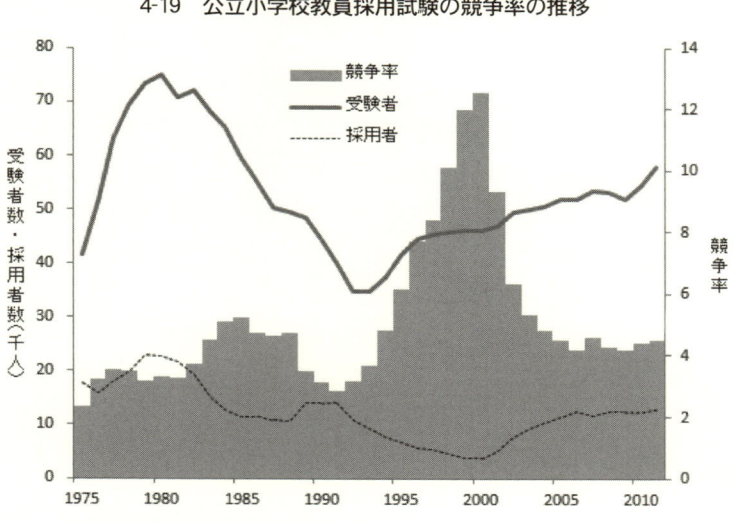

4-19　公立小学校教員採用試験の競争率の推移

資料：『教育委員会月報』（第一法規），文部科学省ホームページ

採用者数は減っていったので，競争率が加速度的に高まってくる。90年代を経て，2000年には12.5倍にも到達した。ちょうど私が大学を出た頃であり，当時の試験の厳しさは，私も肌身で知っている。「まさかあの人が…」というような人が，採用試験に落ちていたと記憶する。その後，受験者は相変わらず増えるが，団塊世代教員の退職者の増加により，採用者数も増えたので，競争率は下降し，2010年の4倍強という水準になっているわけである。

ところで，これは全国的な傾向であるが，採用試験の実施主体は各自治体である。当然，競争率の水準は自治体によって多様である。『教育委員会月報』には，都道府県別・政令指定都市別の受験者・採用者数のデータも掲載されているが，こうした地域別の統計は1980年度試験のものから得ることができる。私は，1980年度，1990年度，2000年度，そして2011年度の10年間隔で，公立小学校教員採用試験の競争率を47都道府県別に計算した。政令指定都市の分は，当該都市がある県の分に組み入れたことを申し添える。たとえば，横浜市や川崎市の統計は，神奈川県のものに含めて計算した。**図表4-20**は，各年度の試験における，競争率上位5位と下位5位の県の顔ぶれを整理したものである。

1980年度試験では，どの県でも競争率が低かったようで，最も高い北海道でも4.9倍というところである。最も低いのは，長崎の1.3倍。受験者384人中，307人が採用されたとのこと。それから10年後の1990年度試験は，バブル期で民間が好景気だったためか，全国的な競争率はさらに低下するが，地域差は若干拡大する。

さて，競争率が高まるのは90年代以降である。少子化による採用抑制，不景気による受験者増といった要因

4-20　公立小学校教員採用試験競争率の変化（都道府県別）

	1980年度		1990年度		2000年度		2011年度	
1位	北海道	4.9	大阪	8.9	和歌山	54.2	岩手	32.4
2位	神奈川	4.8	和歌山	7.7	徳島	49.6	青森	18.5
3位	大阪	4.6	徳島	5.8	沖縄	44.8	長崎	13.7
4位	徳島	4.5	香川	5.7	栃木	34.1	宮崎	11.5
5位	愛知	4.1	福岡	4.9	岩手	29.7	福島	10.1
全国		3.3		3.1		12.5		4.5
43位	長野	2.0	群馬	2.2	山梨	8.8	千葉	3.2
44位	山口	1.9	静岡	2.1	鹿児島	8.4	広島	3.0
45位	山形	1.8	北海道	2.0	神奈川	6.2	滋賀	2.8
46位	愛媛	1.6	岩手	1.8	東京	5.7	岐阜	2.8
47位	長崎	1.3	長野	1.8	千葉	5.1	富山	2.6

資料：図表4-19と同じ

により，どの県でも，教員採用試験が難関化する。世紀の変わり目の 2000 年度試験では，競争率の全国値が 12.5 倍になり，10 の県で，競争率が 20 倍を超える事態になる。最も高い和歌山の競争率は 54.2 倍にまで高騰した。何かの間違いではないかと，原資料を何度も確認したが，受験者 325 人，採用者 6 人という数字がしっかりと記録されている。この年度の試験を新卒時に受けた世代は，現在の 30 代半ばの世代である。いみじくも私の世代，ついてないロスジェネなり。

その後は，団塊世代の大量退職により採用者数が増えたため，多くの県（とくに都市部）において，競争率が下がる。2011 年度試験になると，東京と大阪の競争率は 3.7 倍にまで低下する。これでは優秀な人材が得られないという危機感から，東京都教育委員会が，地方の学生を呼び寄せるバスツアーを企画していることは，先に書いた。しかるに，最近の傾向には地域差があり，北東北や九州の諸県では，競争率が上昇している。青森は，この 10 年間で 13.2 倍から 18.5 倍にまで増えた。岩手は 29.7 倍から 32.4 倍になり，現在，競争率が全県で最も高くなっている。

競争率をみただけであるが，私としては，時代によって教員採用試験の有様がここまで異なるものかという驚きを禁じ得ない。語弊があるかもしれないが，各地の学校では，激戦世代の教員とゆとり？世代の教員が机を並べて勤務しているわけである。最後に，その様相を可視化してみよう。具体的には，教員の年齢ピラミッドを，新卒時の試験の競争率に依拠して塗り分けてみようと思う。

文部科学省の『学校教員統計調査』(2010 年度版) から，同年 10 月 1 日時点の公立小学校教員数を年齢別に知ることができる。この時点の 23 歳の教員は，新卒時に 2010 年度試験を受験した世代である。私の世代 (34 歳) は，新卒時は 1999 年度の試験に挑戦した世代であり，ずっと上がった 53 歳の教員は，新卒時は 1980 年度試験に遭遇した世代と解される。このような仮定を置いて，東京と青森について，公立小学校教員の年齢ピラミッドを，新卒時の競争率の水準に基づいて塗り分けてみた (図表 4-21)。なお，東京と青森では教員数のケタが異なるので，各年齢の教員が全体に占める比率 (％) のピラミッドにしてある■21。

まずピラミッドの形状をみると，近年採用数が増えている東京は，若年層の

■ 21————全教員数 (100％に相当) は，東京は 28,409 人，青森は 4,953 人であることを申し添える。

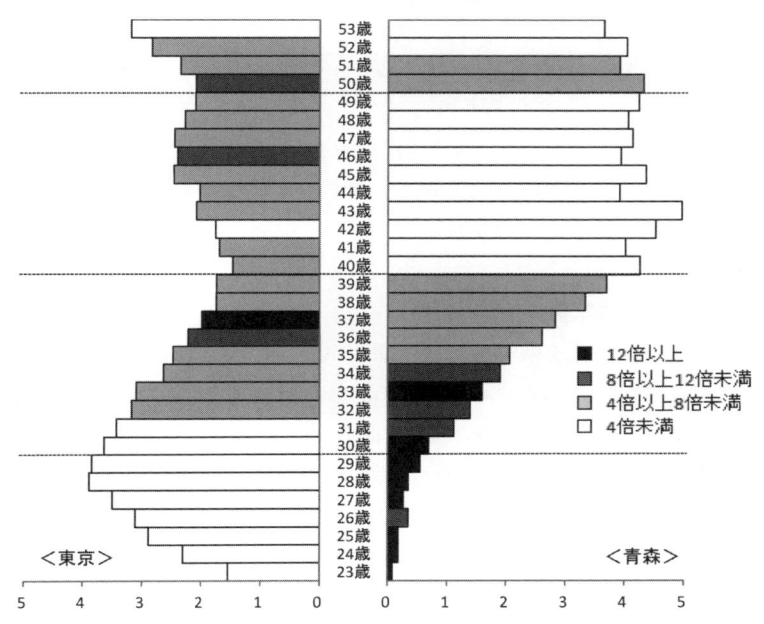

4-21 公立小学校教員の新卒時の採用試験競争率（2010年時点）

凡例：
- 12倍以上
- 8倍以上12倍未満
- 4倍以上8倍未満
- 4倍未満

＜東京＞ ／ ＜青森＞

部分が厚くなっている。それがない青森は，この部分がひどくやせ細っているけれど，濃い色がついている。少ない採用数を勝ち取った激戦世代である。この県では，30代後半は薄い灰色，40代以上が概ね白色というように，世代間のコントラストが際立っている。ここまで明確ではないが，東京においても，こうした対称性があることはある。

　図表4-21のような世代間コントラストが，教員集団の分裂ないしは成員間の葛藤の引き金になりはしないか，という懸念を感じる。くぐった関門の大小によって，個々の教員のパフォーマンスがどう異なるかは興味深い問題であるけれど，社会学の観点からは，上図の模様如何によって，総体としての教員集団のパフォーマンスがどう変異するか，という関心が喚起される。ここにてそれを追求する余裕はないが，問題提起をしておこうと思う。

　法規定とは裏腹に，現行の教員採用試験は完全な競争試験なのであるが，競争試験というのは，人口変化という不可避の要因によって，その性質を大きく変えられてしまう弱さを持っている。競争試験としての教員採用試験が，大学等での教員養成の過程を歪めているともいわれるが，問題は試験の前段階にと

第3節　養成・採用

どまるものではない。競争試験の結果，どういう教員集団が出来上がるかという，後の段階にも目を向ける必要がある。

教育公務員特例法第11条がいう「選考」の理念が具現されるならば，こうした弊は，幾分かは緩和されるかもしれない。この提言に根拠を持たせるには，競争試験としての採用試験が，前段階（養成過程）と後段階（教員集団形成）にどのような影響を及ぼすかを，実証的に解明することが求められる。先ほど私が提起した問題は，後者に位置するものである。

■3　新規採用者の年齢

大学等で教員免許状を取得し，教員採用試験に合格した者は，晴れて教壇に立つことになるわけである。4月初頭の辞令交付式の会場には，激戦を勝ち抜いた同士が集うのであるが，その顔ぶれはどのようなものなのだろう。

教員採用試験の受験年齢の上限は都道府県ごとに設定されており，一様ではない。図表4-22の地図にみるように幅があり，年齢制限を設けていない県も少なくない。

ここでは，公立学校の新規採用教諭の年齢構成を明らかにする。後で示すように，新規採用教員の年齢構成は，近年大きく変化している。このことが，新規採用教員の研修や力量形成に対してもたらしている問題についても指摘したいと思うのである。

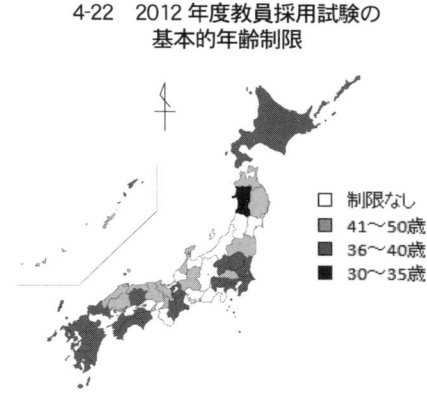

4-22　2012年度教員採用試験の基本的年齢制限

□　制限なし
▨　41〜50歳
▧　36〜40歳
■　30〜35歳

資料：文部科学省『平成24年度教員採用等の改善に係る取組事例』

文部科学省の『学校教員統計調査』から，新規採用教員の年齢構成を職種別に知ることができる。ここで明らかにするのは，新規採用された「教諭」の年齢構成である。公立学校の新規採用教諭は，教員採用試験の合格者とほぼ同じであると考えてよいだろう。2010年の上記調査から，前年度間（2009年度間）の新規採用教諭の年齢構成を把握した。公立小学校，中学校，そして高等学校の数字をみてみよう。時代変化も押さえるため，1997年度のデータとの比

4-23 公立学校の新規採用教諭の年齢構成（％）

	小学校		中学校		高等学校	
	1997年度	2009年度	1997年度	2009年度	1997年度	2009年度
25歳未満	60.1	46.8	56.9	37.2	49.1	22.8
25〜29歳	28.9	30.0	31.0	35.1	36.0	38.8
30〜34歳	3.2	10.8	5.1	14.3	6.6	18.6
35〜39歳	3.2	4.9	2.9	5.4	3.5	8.1
40〜44歳	3.2	3.3	2.7	3.5	2.4	4.8
45〜49歳	1.2	2.4	1.0	2.9	1.9	4.2
50歳以上	0.2	1.9	0.5	1.6	0.6	2.8
合計	100.0	100.0	100.0	100.0	100.0	100.0
採用者実数	5,520人	12,527人	5,714人	6,725人	3,545人	3,686人

資料：文部科学省『学校教員統計調査』

較も行う（図表4-23）。

　まず採用者の実数に目をやると，小学校ではその数が大きく増えている。この12年ほどの間で，5,520人から12,527人と，2.3倍にもなっている。団塊世代教員の大量退職といった人口的要因が効いている。教員集団の年齢構成が異なる，中学校と高校は微増である。その新規採用教諭の年齢はというと，小・中学校では20代前半，高校では20代後半が最も多くなっている。近年の変化に注目すると，どの学校でも，20代前半の比重が大きく減じている。高校でいうと，1997年度ではほぼ半数を占めていたが，2009年度ではほぼ2割にまで減っており，代わって，それ以上の年齢層の比重が増しているのである。各学校の両年次の分布を，簡易な代表値で要約してみよう。30歳以上の者の比率と，平均年齢をとってみた（図表4-24）。平均年齢は，原資料に掲載されているものである。

　小学校では約2割，中学校では約3割，高等学校では約4割が30歳以上となっている。全体を均した平均値の伸びも観察される。以上の統計から，公立学校の新規採用教諭の高年齢化が進んでいることが明白である。

　また，2009年度の新規採用教員の採用前の状況をみると，学校種を問わず，

4-24 公立学校の新規採用教諭の高齢化

	小学校		中学校		高等学校	
	1997年度	2009年度	1997年度	2009年度	1997年度	2009年度
30歳以上の比率(%)	11.0	23.2	12.1	27.7	15.0	38.4
平均年齢	26.0	27.8	26.2	28.6	26.9	30.5

資料：文部科学省『学校教員統計調査』

「臨時任用及び非常勤講師」という者が最も多い。臨時講師などをしながら採用試験に複数回トライした浪人組である■22。

新規採用教員の高年齢化は、最初から即戦力のある人材が増えるのであるからよいことだ、と捉えられがちであるが、負の側面もある。2012年6月11日の日本教育新聞に「『新任』の高齢化で新たな課題」と題する記事が載っているが■23、そこにて、横浜市教委の教職員育成課長は、「非常勤経験が長いほど、自己流の授業スタイルに陥るリスクが高い」と述べている。そのため、初任者研修■24では、それを削ぎ落とさなければならないわけである。

続いて、第2の問題点。記事では、福井大学の松木教授の調査結果が紹介されているが、それによると、子どもからの支持が高い教員の年齢層は、20代前半、30代半ば、そして50代だそうである。子どもからの支持という点でみると、教員のライフコース上には、3つのピークがあるのだが、高齢の新規採用教員は、このうちの第1のピークを経験する（味わう）機会を逸するわけだ。このことが、教員としての自信形成、自我形成に影響しないかどうか。こういう懸念が持たれるのである。

なお、**図表4-23**の統計を都道府県別に作成すると、新規採用教員の高年齢化の程度は、地域によって一様ではないことも分かる。小学校の新規採用教諭でいうと、高知、大分、そして沖縄の3県では、30歳以上の者が全体の半分を越える。沖縄では、全採用者107人のうち72人（67.3％）が30歳超である。これらの県では、上述の諸問題が深刻化している度合いが高いものと思われる。

今後の趨勢はどうなのだろうか。これから先、多くの県で大規模な世代交代が起こることが見込まれている。その結果、採用試験の難易度が下がり、新規採用教員の高年齢化傾向に歯止めがかかることになるかもしれない。しかるに、長期的なトレンドをみると、そうした予測を声高にいうのはためらわれる。**図表4-25**にみるように、新規採用教員の高年齢化は一貫して進行している。この期間中に採用試験の競争率が大きくアップダウンしたことは**図表4-19**でみた通りであるが、新規採用教諭中の30歳以上の比率（**図表4-25**）は、そうし

■22───2009年度の公立学校の新規採用教諭でみると、「臨時任用及び非常勤講師等」の占める比率は、小学校で41.6％、中学校で48.2％、高等学校で53.8％にもなる。
■23───当該の記事では、先ほどの**図表4-23**のデータがグラフ化されて紹介されている。
■24───公立学校の新規採用教員は、1年間の初任者研修を受けることが法定されている（教育公務員特例法第23条第1項）。

た指標とは無関係に右上がりの上昇を続けているのである。

新規採用教員の高年齢化傾向が今後も続いていくのなら，現行の教員研修の制度に大きな変更が求められることになるだろう。また，現在において明らかになっている教員のライフコースの学説■25 についても，修正がなされることになるだろう。それが具体的にどういうものかをここで述べる用意はないけれど，それを知るための一つの手筈は，現存する実験データを分析することである。たとえば，新規採用教員の高齢化が進行している地域においてどういう事態になっているか，30歳半ば頃の時点で採用された教員のライフコースはどのようなものかを明らかにするのである。問題提起として，記録しておきたい。

4-25　公立学校の新規採用教諭に占める30歳以上の比率の変化（％）

	小学校	中学校	高等学校
1976年度	2.8	3.8	5.8
1979年度	3.3	4.4	6.9
1982年度	3.2	4.1	9.2
1985年度	4.5	4.7	8.0
1988年度	5.5	5.9	8.9
1991年度	7.4	8.3	11.1
1994年度	9.4	11.3	13.9
1997年度	11.0	12.1	15.0
2000年度	19.2	21.6	19.9
2003年度	19.4	23.6	27.4
2006年度	21.7	28.2	35.3
2009年度	23.2	27.7	38.4

資料：図表4-24と同じ

■4　新規採用者の学歴

現在では，開放制の原則にのっとり，多くの高等教育機関が教員養成の一翼を担っている。先に述べたように，今では，ほとんどの大学や短大において教員免許状を取得することができる。教員のリクルート源は幅広い。本節の最後において，実際に採用される教員にはどのような学歴層の者が多いかを明らかにしようと思う。また，その構成を，採用試験の受験者のそれと比較することで，どの層から採用者が多く輩出されているのかもみてみたい。

文部科学省ホームページに掲載されている「公立学校教員採用試験の実施状況について」という資料から，各年度試験の受験者と採用者（合格者）の学歴構成を知ることができる。用意されているカテゴリーは，①教員養成大学・学部，②一般大学，③短期大学等，④大学院，である。私は，小学校教員について，受験者と採用者の学歴別内訳を整理した。近年の特徴を見出すため，時代

■25――――教師のライフコース研究として，山崎準二『教師の発達と力量形成』創風社（2012年）などがある。

4-26 小学校教員採用試験の受験者・採用者の学歴構成

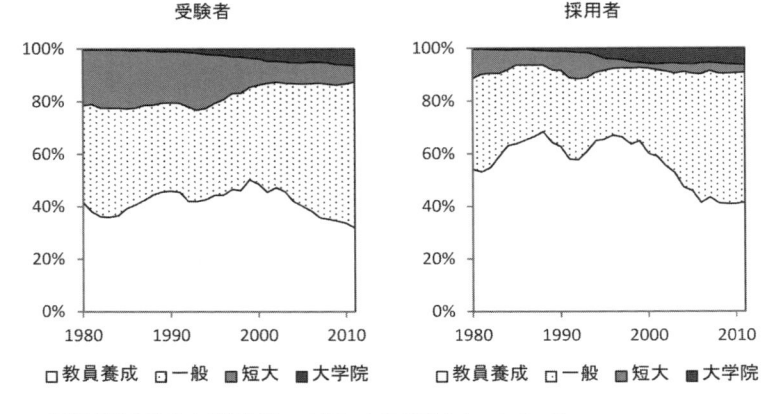

受験者　　　　　　　　　　　採用者

□教員養成　■一般　■短大　■大学院

資料：『教育委員会月報』（第一法規），文部科学省ホームページ

による変化も把握した。**図表4-26**は，1980年度試験から2011年度試験までの構成変化を示したものである。古い年度の試験の数字は，『教育委員会月報』（第一法規）のバックナンバーから得たことを申し添える。

　まず受験者の構成をみると，以前は教員養成大学の比重が高かったが，最近では一般大学が最も多くなっている。2011年度試験では，受験者の55.5％を一般大学が占めている。短大からの受験者は，1990年代初頭までは2割ほどいたが，4大進学志向の高まりにより，近年ではその比重を少なくしている。一方，大学院からの受験者はじわりじわりと増えてきている。では，試験を突破した採用者はというと，90年代半ば辺りまでは教員養成大学が6割と多くを占めていたが，近年になって一般大学に首位を譲っていることは共通している。では，採用者の輩出確率が高いのはどの層か。この点を吟味してみよう。

　その手段として，受験者と採用者の構成を照らし合わせてみる。2011年度試験でいうと，教員養成大学出身者は受験者では31.9％，採用者では41.6％を占めている。したがって，この層からは，通常期待されるよりも1.30倍多く，採用者が出ている計算になる（41.6／31.9 ≒ 1.30）。採用者中の比率を受験者中の比率で除すことで，各層から採用者が出る確率の近似値を計算することができる。この指標を採用者輩出率と呼ぼう。この値が1.0を越える場合，通常期待されるよりも高い確率で，採用者が出ていることになる。1.0を下回る場合は，その反対である。

教員養成大学，一般大学，そして短大の3グループについて，この採用者輩出率の推移線を描いてみた。大学院については，数が少ない関係上，曲線の型が安定しないようなので，掲載は控えた。

　図表 4-27 によると，採用者の輩出確率という点では，教員養成大学が一貫して優位である。採用者輩出率は，常に 1.0 を越えている。しかし，時系列的にみれば，教員養成大学と一般大学の曲線は接近してきており，前者の優位性は減じてきていることが分かる。近年は再び乖離の傾向にあるけれど，総じて，一般大学が健闘していることが知られよう。

4-27　採用者輩出率の変化

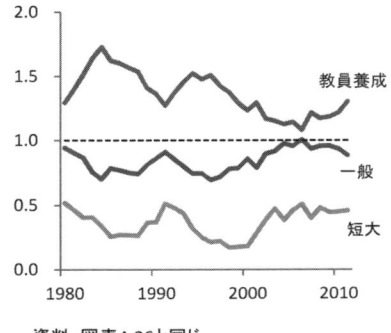

資料：図表4-26と同じ

　なお，上記のデータは小学校のものであるが，他の学校ではどうか，という関心もあるかと思う。そこで，最新の 2011 年度試験について，中学校，高等学校，そして特別支援学校のグループ別採用者輩出率も出してみた（**図表 4-28**）。

　教員養成大学の値が最も大きいのは，校種を問わない。中学校や高校では，このグループから，通常期待されるよりも 1.5 倍多く採用者が出ている。中高の場合，受験者でみても採用者でみても教員養成大学出身者の比重は小さいけれど，少数精鋭というか，このグループからの採用確率が際立っている。しかるに，時代変化をみると，教員養成大学の優位性が減じてきていることは，先にみた小学校の傾向と一緒である。

　なお，高等学校では，大学院の採用者輩出率が 1.37 と高くなっている。2011 年度試験では，採用者の 22.5% が大学院修了生である。高等学校の場合，高度な専門性の証として，大学院修了の学歴が評価される度合いが高い，ということであると思われる。

4-28　学歴別の採用者輩出率（2011年度試験）

	小学校	中学校	高等学校	特別支援学校
教員養成大学	1.31	1.87	1.50	1.22
一般大学	0.89	0.82	0.85	0.91
短期大学等	0.46	0.33	0.79	0.83
大学院	1.01	1.18	1.37	1.07

図表4-27と同じ

　以上のデータから分かるのは，傾向としては，教員のリクルートの裾野が多様化して

第3節　養成・採用

きていることである。これは悪いことではなく，好ましいことであると思う。程度の問題であるが，集団の構成が単一のものになることは，望ましいことではない。今後も，ここでみたような傾向がおそらく進行するものとみられる。そうなった場合，こうした採用者の多様化傾向の効果を実証的に明らかにする研究も求められることになるだろう。

[第4節] 職務遂行

　社会においては，個々の人間は何らかの地位を占め，それに応じた役割の遂行を期待される。子どもの場合は，社会生活に必要不可欠な知識や技術を獲得することである。教員の役割はというと，教えることの専門家として，そうした知識や技術を効果的に教授することに加えて，教育基本法第1条がいうような，子どもの総体としての「人格の完成」に寄与することといえよう。
　子どもの役割遂行の程度というのは，各種のテストで測られる機会が多いのだけれど，教員については，計量的な測定が困難であるためか，そうしたことがなされることはあまりないのである。しかるに，公刊されている既存統計を活用することで，浮かび上がらせることができる部分もある。本節では，そのうちのいくつかをご覧にいれたい。

■1　パフォーマンス指数

　子どもの「がんばり度」は，学力テストや体力テストの結果などを使って計測できるのであるが，教員の「がんばり度」を測る指標（measure）はないものかと，前から思っていた。
　子どもの場合，一定水準の学力や体力をつけるというように，期待されている役割が明確なのであるが，教員に期待される役割とは何であろう。まず，教えることのプロとして，知識や技術が子どもに確実に伝わるような，分かりや

4-29 教員のパフォーマンスを測る設問

観点	設問
授業	①:児童（生徒）の様々な考えを引きだしたり，思考を深めたりするような発問や指導をしていますか。 ②:児童（生徒）の発言や活動の時間を確保して授業を進めていますか。 ③:国語の指導として，補充的な学習の指導を行いましたか。 ④:国語の指導として，発展的な学習の指導を行いましたか。 ⑤:算数（数学）の指導として，補充的な学習の指導を行いましたか。 ⑥:算数（数学）の指導として，発展的な学習の指導を行いましたか。
連携・協力	①:地域の人材を外部講師として招聘した授業を行いましたか。 ②:指導計画の作成にあたっては，教職員同士が協力し合っていますか。 ③:学校の教育目標やその達成に向けた方策について，全教職員の間で共有し，取組にあたっていますか。
研修	①:模擬授業や事例研修など，実践的な研究を行っていますか。 ②:教員が，他校や外部の研修機関などの学校外での研修に積極的に参加できるようにしていますか。 ③:教職員は，校内外の研修や研究会に参加し，その成果を教育活動に積極的に反映させていますか。

資料：文部科学省『全国学力・学習状況調査』(2009年度)

すい，工夫された授業を行うことが求められる。また，日々の業務遂行に際しては，上司や同僚，さらには外部の諸主体（教育委員会，保護者…）と連携・協力することも要請される。教育が高度に組織化・体系化されている今日，個々の教員の身勝手な「個人プレー」は歓迎されない。あと一点，専門職としての教員は絶えず研修に励む必要がある。このことは，教育基本法や教育公務員特例法において，明確に法定されている。

私は，(1) 授業，(2) 連携・協力，そして (3) 研修という3つの観点から，教員の役割遂行（パフォーマンス）の度合いを計測する指数を構成してみようと考えた。教員とは，ここでは公立の義務教育学校（小・中学校）の教員とする。なお，教員といっても地域によって状況は異なるだろうから，指数を都道府県別に計算し，比較を行おうと思う。

文部科学省の『全国学力・学習状況調査』では，対象となった学校に対し，日々の授業実践や学校経営等の有様について尋ねている。授業面を測る設問を6つ，連携・協力面を測る設問を3つ，研修面を測る設問を3つ取り出してみた。図表4-29は，その一覧である。

授業面の③～⑥の補充的ないしは発展的な指導は，個に応じた指導の一環として，学習指導要領の上でも推奨されているものである。調査対象となった公立の小・中学校のうち，これらの各問いに対し，最も強い肯定の回答（「よく行った」）を寄せた学校の比率を計算した■[26]。使ったのは，2009年度調査のデー

4-30 都道府県別の肯定率（％）

観点	指標	1位	47位	全国値
授業	①：思考を深める指導	岐阜(42.9)	沖縄(12.1)	26.0
	②：自主性を重んじる指導	岐阜(55.7)	沖縄(17.6)	33.8
	③：国語の補充的な指導	福井(21.0)	滋賀(5.1)	14.2
	④：国語の発展的な指導	福井(7.9)	滋賀(2.4)	5.0
	⑤：算数(数学)の補充的な指導	群馬(42.0)	滋賀(12.9)	28.4
	⑥：算数(数学)の発展的な指導	群馬(17.5)	滋賀(4.5)	9.2
連携・協力	①：外部講師の活用	新潟(32.7)	熊本(12.1)	20.6
	②：協力による指導計画の作成	山梨(63.3)	滋賀(30.8)	45.0
	③：教育目標と方策の共有	静岡(69.4)	沖縄(37.4)	50.7
研修	①：実践的な研修	山梨(64.3)	島根(34.2)	48.7
	②：校外研修への参加	広島(66.4)	滋賀(25.4)	46.5
	③：研修成果の反映	山梨(50.3)	滋賀(14.4)	27.8

資料：図表4-29と同じ

タである。年次がやや古いが、全学校を対象とした悉皆調査である 2009 年度調査の結果を用いることとした[27]。図表 4-30 は、全国値と 47 都道府県中の最大値と最小値を整理したものである。

各学校の自己評価の結果であるが、いずれの設問とも、肯定率は県によってかなり違っている。授業面についてのみコメントすると、②の「自主性を重んじる指導」の実施率は、岐阜と沖縄では 40 ポイント近くも異なる。③～⑥の補充的・発展的な指導の実施率は、軒並み滋賀で低いようであるが、当県では、それぞれの学校の自己評価が厳しかった、ということだろうか。

それでは、各設問への肯定率をもとに、3 つの面について、47 都道府県の教員のパフォーマンス指数を構成してみよう。やり方は、77 頁で紹介した、子どもの道徳意識尺度と構成と同じである。まず、肯定率の水準が設問ごとにかなり違うので、全県中の最大値が 1.0、最小値が 0.0 になるようなスコアに換算することとしよう。スコアの換算式は、以下である[28]。

（当該県の値－全県中の最小値）／（全県中の最大値－全県中の最小値）

(前ページ)
[26] 各設問とも、4 段階の評価で尋ねている。ここで拾うのは、最も強い肯定の回答を寄せた学校の比率である。
[27] 文部科学省の『全国学力・学習状況調査』は、2010 年度より抽出・希望利用方式に変更されている。
[28] この標準化式は、OECD による各国の幸福度指数（BLI）の計算においても用いられている。

4-31 6都府県の教員のパフォーマンス指数

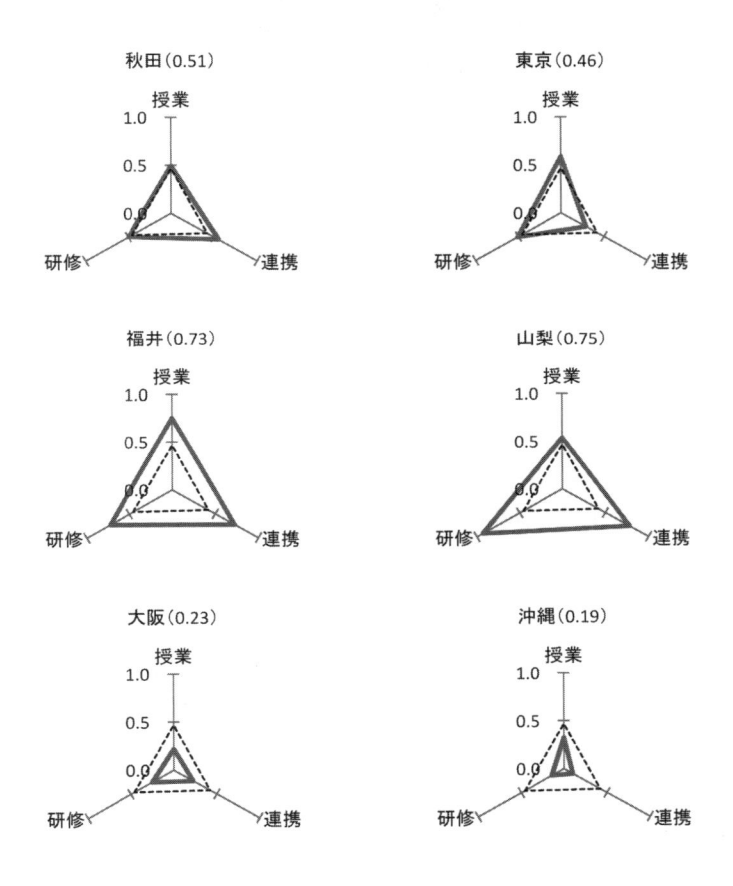

秋田(0.51)　東京(0.46)
福井(0.73)　山梨(0.75)
大阪(0.23)　沖縄(0.19)

資料：図表4-29と同じ

　たとえば東京の場合，授業面の①に対する肯定率は26.1％であるがゆえ，この値をスコア化すると，「(26.1 − 12.1) ／ (42.9 − 12.1) ≒ 0.46」となる。このような要領で，各県の全設問への肯定率をスコア化した。そして，授業面の①〜⑥のスコア平均をとって，授業面のパフォーマンス指数とした。東京についていうと，「(0.46 + 0.31 + 0.56 + 0.76 + 0.60 + 0.84) ／ 6 ≒ 0.59」である。連携・協力面と研修面の指数は，それぞれ3つのスコア平均をとっ

て出した。同じく東京の場合，順に0.29, 0.51である。

　かくして，47都道府県について，3つの面での教員のパフォーマンス指数を明らかにしたのであるが，紙幅の都合上，ここにてその全貌を提示することは叶わない。ここでは，6都府県の結果をチャート図の形でお見せすることとしよう（図表4-31）。大都市の東京と大阪，学力テスト上位常連の秋田と福井，中部の山梨，そして南端の沖縄である。県名の隣の数値は，3面の指数を均したものである■29。総合的なパフォーマンス指数として読んでいただきたい。実線は当該府県，点線は全国値の三角形であることを申し添える。

　秋田と東京は全国の図形と近似しているけれど，福井と山梨は，それをすっぽり内包する形になっている。いずれの面の指数も，全国水準を凌駕することを意味する。福井は，全国の図形をそのまま引き延ばしたような，バランスのとれた型になっている。山梨はというと，連携・協力面と研修面の指数が飛びぬけて高い。なお，本県の総合指数(0.75)は，全国で最高である。大阪と沖縄は，全国の図形にすっぽり覆われている。どの面の指数も全国値を下回る。括弧内の総合指数も0.2前後とかなり低い。

　以上は6都府県の教員カルテであるが，他の県についてはどうか，という関心もあるだろう。全県について3面の指数を提示することはできないけれど，それらを均した総合指数を地図化したので，それを掲げよう。0.2の区分を設けて，各県を塗り分けたマップである（図表4-32）。

4-32　教員の総合パフォーマンス指数

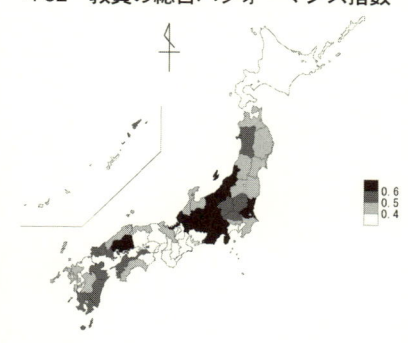

資料：図表4-29と同じ

　指数が高い地域(黒色)と低い地域(白色)は，ある程度固まっている。前者は中部地方，後者は近畿地方に多いことが知られる。しかるに，今回作成した指数の元資料は，文科省の学力調査に対する，各県の学校の回答結果である。近畿の府県の学校は，自校の状況をシビアに評価した，ということもあり得ることに注意しよう。

　さて，いろいろと手間をかけて計算した教員のパフォーマンス指数である

■29　　　東京の場合，(0.59 + 0.29 + 0.51) / 3 ≒ 0.46である。

が，どれほど妥当性を持っているか。私は，この点を確認するため，各県の子どもの学力水準との相関関係をとってみた。常識的に考えて，授業工夫などの要素からなる，教員のパフォーマンスの良し悪しは，子どもの学力と関連があるものと思われる。

教員のパフォーマンス指数は，文科省の『全国学力・学習状況調査』(2009年度) の学校質問紙調査の結果をもとに作成したものだが，本調査のメインは，児童・生徒を対象とした，教科の学力に関する調査である。そこから，公立小学校6年生の4科目（国語A，国語B，算数A，算数B），公立中学校3年生の4科目（国語A，国語B，数学A，数学B）の平均正答率を県別に知ることができる[30]。図表4-32に示された，各県の教員の総合的なパフォーマンス指数が，各科目の平均正答率とどういう相関関係にあるのかを調べた。図表4-33は，相関係数とその有意性の検定結果の一覧である。

教員のパフォーマンス指数は，小・中学生の国語の学力と正の相関関係にある。また，中学生の活用的な数学力（数学B）との間にも，有意な正の相関が観察される。相関係数は，小学生よりも中学生で高くなっているが，教科の内容が高度化する分，教員の授業工夫や実践的な研修の有様が影響する面が強くなる，ということではないだろうか。各県の学校の自己評価に依拠したものだが，ここで出した教員のパフォーマンス指数は，まったく無意味なものというわけではなさそうである。

ただ，注意しておくべきことがある。今回出した教員のパフォーマンス指数（がんばり度尺度）は，教員の過労，さらには教員に対する管理の度合いを表現したものと読むこともできる。授業工夫をしているか，同僚や外部との連携をしているか，研修を頻繁にしているか，という設問への肯定率は，高ければ高いほどよいという，単純なものではあるまい。この指標が殊更に高いことの裏には，教員の過労やバーンアウトといった問題が

4-33 教員の総合パフォーマンス指数と学力の相関

		相関係数	検定
公立小6	国語A	0.4097	**
	国語B	0.3823	**
	算数A	0.2272	
	算数B	0.2545	
公立中3	国語A	0.4909	**
	国語B	0.5346	**
	数学A	0.2671	
	数学B	0.3657	*

**は1％水準，*は5％水準で有意
資料：図表4-29と同じ

[30] ──── Aは知識，Bは活用について問うものである。

潜んでいる可能性が多分にある。このような負の側面があることをお知りおきの上で、ここにて明らかにした、各県の教員のパフォーマンス指数をご覧いただければと思う。

■2　授業スタイル

　教員の仕事は多岐にわたるのであるが、そのコアに位置するのは、子どもに知識や技術を授ける授業であることは疑い得ない。この項では、その授業の有様がどういうものかをみてみることにしよう。なお、前項では各学校の自己評価の結果に依拠したのであるが、ここでは、授業の受け手である生徒の意識をフィルターに据える。また、用いるのは国際データであり、わが国の教員の授業スタイルの特徴を、国際的な見地から明らかにすることを意図している。

　分析するデータは、PISA2006の生徒質問紙調査の結果である。119頁でも述べたが、この国際調査は、回答結果が入力された段階のローデータをOECDのホームページからダウンロードし、それを自分の関心に沿うように自由自在に分析することができる。これはすごいことであると思う。さて、生徒質問紙調査のQ34では、対象の生徒に対し、「理科の授業で、先生は次のようなことをどのくらいしますか」と問うている（**図表4-34**）。調査対象の生徒は、15歳の高校1年生である。

　教授のスタイルというのは、既成の知識を湯水のごとく注ぎ込む注入主義と、考える力のような、子どもの諸能力の開発を目指す開発主義に分類される。**図表4-34**の設問の項目はいずれも、後者の授業スタイルに寄り添うものと読める。したがって、選択肢の数字は、各国の理科の授業がどれほど開発主義■31の考え方に立つかを測る尺度として使えるだろう。

　1という回答には4点、2には3点、3には2点、4には1点というスコアを与えることにしよう。この場合、それぞれの生徒が受けている理科の授業の「開発主義」度は17点から68点までのスコアで計測される。全部1を選ぶような、バリバリの開発主義授業を受けている生徒は68点となる（4点×17＝68点）。逆に全部4に丸をつけるような、知識注入型の授業を受けている生徒は17点となる。ただし、いずれかの項目に無回答ないしは無効回答がある生

■31ーーーー生徒中心の進歩主義教授に関わる設問とも読めるが、「進歩」というと、価値的なニュアンスが強く入るので、そのような言を使うのは控えることとする。

4-34　高等学校の理科の授業スタイルに関わる設問

	いつもそうだ	たいていそうだ	たまにある	ほとんどない
①生徒はアイディアを説明する機会を与えられる	1	2	3	4
②生徒は実験室での実験に時間を費やす	1	2	3	4
③生徒は，理科の問題を実験によってどう検証するかを吟味することが求められる	1	2	3	4
④生徒は，理科の知識を日常生活の諸問題に適用することを求められる	1	2	3	4
⑤授業では，生徒の意見が尊重される	1	2	3	4
⑥生徒は，自分たちが行った実験から結論を引き出すことを求められる	1	2	3	4
⑦教師は，理科の発想がさまざまな現象にいかに当てはまるかを説明する	1	2	3	4
⑧生徒は，独自の実験を立案することを認められる	1	2	3	4
⑨ディベートやディスカッションが行われる	1	2	3	4
⑩教師による実験のデモンストレーションが行われる	1	2	3	4
⑪生徒は，独自の調査を実施する機会を与えられる	1	2	3	4
⑫教師は，理科を通して，学校の外の世界を生徒に理解させる	1	2	3	4
⑬生徒は，主題に関する議論を行う	1	2	3	4
⑭生徒は，教師の指導によって実験を行う	1	2	3	4
⑮教師は，科学的知識が生活とどう関わるかを明確に説明する	1	2	3	4
⑯生徒は，自分たちのアイディアを検証するための調査を行うことを求められる	1	2	3	4
⑰教師は，学校の理科が社会とどう関わるかを示すため，技術の応用の例を紹介する	1	2	3	4

資料：OECD"PISA2006"

徒は，スコアの算定ができないので，分析から除外する。私は，調査対象となった57か国，33万8,590人の生徒についてこのスコアを計算した。**図表4-35**は，57か国全体と日本の生徒5,587人のスコア分布を図示したものである。

　57か国全体でみると，中間の層が多いノーマルカーブになっているけれど，日本の生徒はというと，こちらは低い層に偏った分布になっている。日本では，最低の17点の生徒が最も多い。17点ということは，**図表4-34**の設問の項目全てに対し「ほとんどない」と答えたことになる。日本では，実験や討論などをあまり重視しない，知識偏重の理科の授業を受けている生徒が比較的多いよ

4-35 理科授業の開発主義スコアの分布（%）

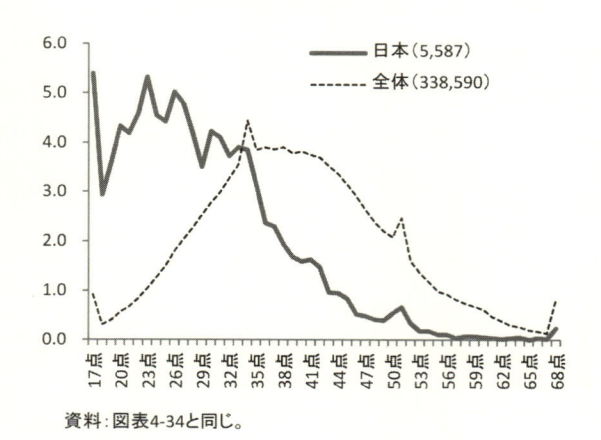

資料：図表4-34と同じ。

うである。**図表** 4-35 の分布から理科授業の開発主義スコアの平均値を出すと，日本は 29.1 点，57 か国全体は 39.4 点となる。日本のスコア平均は，国際的な標準値よりも 10 ポイント以上も低いのである。

次に，57 か国全てについて，理科授業の開発主義スコアの平均値を出し，その順位構造の中でわが国がどこにあるかを明らかにしよう。といっても，全ての国の数値を提示する紙幅はない。そこで，上位 5 位と下位 5 位，ならびに日本を含む主要国の位置をみることにする（**図表** 4-36）。

わが国の位置はどうかというと，57 か国中最下位である。今回の比較で見る限り，日本の理科の授業は，開発主義の考え方から最も隔たっていることが知られる。お隣の韓国も然り。この東アジアの2国は，受験競争が激しい国なのであるが，そのような社会状況の影響もあることと思う。

対する上位グループには，キルギスやアゼルバイジャンといった，旧ソ連邦の国が位置している。そのちょっと下には，大国の米露のほか，発展途上国も位置している。これらの国では，国力増強のため，開発主義の方向を向いた科学技術教育に力が入れられている，というようにも読める。英独仏といったヨーロッパ諸国は，ちょうど中間辺りの位置である。

高校の理科の授業に関する17項目という，

4-36 理科授業の開発主義スコアの順位

順位	国	スコア
1位	キルギス	48.7
2位	アゼルバイジャン	47.0
3位	ヨルダン	46.4
4位	チュニジア	46.4
5位	タイ	44.7
:	:	:
7位	ロシア	44.0
8位	アメリカ	43.5
:	:	:
26位	イギリス	39.3
:	:	:
35位	ドイツ	38.1
36位	フランス	38.1
:	:	:
53位	マカオ	35.1
54位	ハンガリー	34.9
55位	アイスランド	33.8
56位	韓国	31.6
57位	日本	29.1

資料：図表4-34と同じ。

限られた部分から検出した結果であるけれど，わが国の教員の授業スタイルは，開発主義とは隔たった，注入主義の色彩が強いものであることがうかがわれる。むろん，知識注入型の授業が100％悪であるというのではない。考えたり，新たなものを創造したりするには，既製の知識をしっかりと押さえることが必要であり，それをしないで闇雲に考えさせたり意見を言うように仕向けても意味はない。注入主義と開発主義は対立的なものではなく相補的なものであり，要は双方のバランスが重要なのであるが，わが国の現状は，明らかに前者に偏しているとみられる。この点は，是正が考えられるべきであろう■32。

　ところで，高校生のデータを分析したから，このような結果が出たのではないか，という声もあるだろう。大学進学規範の強いわが国では，高校段階では，受験向けの授業の比重が殊に高くなることは否めない。上のランク表にみるように，わが国と同様に受験競争が激しい韓国においても似たような結果が出ている。小・中学校段階でみれば，また違った結果になるかもしれない。

　それとあと一点。ここでは2006年の調査データを使ったのであるが，周知のように，2008年・09年に学習指導要領が全面改訂され，それが全面実施に移されている。高校の理科にあっては，指導内容と日常生活の関連を重視すべく，「科学と人間生活」というような科目も新設された。より近況でみれば，わが国の位置は，もう少し上位のほうにシフトしているかもしれない。実情がどうであるかは2012年に実施されたPISA2012の結果によって教えられることになるだろう。

■3　対生徒関係

　教員の仕事の中核は，知識や技術を教授する授業であるけれど，子どもの人格総体の発達に寄与することを期待される教員は，彼らと良好な人間関係を取り結ぶことが求められる。いや，まずはこうした条件が満たされるべきであって，教授活動の効果がどうなるかも，そのような土台がどれほどしっかりしているかに大きく左右される。教育課程の国家基準としての学習指導要領においても，各学校で教育課程を実施する際は，「教師と生徒の信頼関係及び生徒相互の好ましい人間関係を育てるとともに生徒理解」を深めることとされている。

■32――――ただ，ここで明らかになったわが国の現状は，教員の授業スタイルというよりも，国の検定教科書や学習指導要領に関わる問題であるともとれる。

4-37 教員・生徒関係を測る設問

	まったくあてはまらない	どちらかといえばあてはまらない	どちらかといえばあてはまる	とてもよくあてはまる
①私はたいていの先生とうまくやっている	1	2	3	4
②多くの先生は，私が満足しているかについて関心がある	1	2	3	4
③たいていの先生は，こちらが言うべきことをちゃんと聞いている	1	2	3	4
④助けが必要な時は，先生が助けてくれる	1	2	3	4
⑤たいていの先生は，私を公平に扱ってくれる	1	2	3	4

資料：OECD "PISA2009"

　この項では，わが国の教員・生徒関係の現実態がどういうものかをみてみよう。視点としては，国際比較によって，わが国の特徴を浮かび上がらせることに重きを置く。用いるのは，PISA2009 の生徒質問紙調査のローデータである。本調査のQ34（日本語版では問30）では，対象の15歳の生徒（高校1年生）に対し，5つの事項について自己評定を求めている（図表4-37）。

　まずは総体的な評価から始まり（①），教員が自分に目を向けてくれているか（②，③），助けてくれるか（④），そして公平に扱ってくれるか（⑤）という項目が盛られている。いずれも，良好な関係を言い表したものであり，表中の選択肢の数値は，各生徒が教員とどれほど良好な関係を結んでいるかを測る尺度として使える。私は，選択された数値の合算値をもって，教員・生徒関係の良し悪しを測る尺度とした。全部4を選ぶような，きわめて良好な関係にある生徒は20点となる（4点×5＝20点）。逆に，全部1に丸をつける不幸な生徒は5点となる。いずれかの項目に無回答ないしは無効回答がある生徒は，スコアの正確な算定が叶わないので，分析から除外する。**図表 4-38**は，対象となった74か国，49万7,019

4-38 教員・生徒関係スコア分布（%）

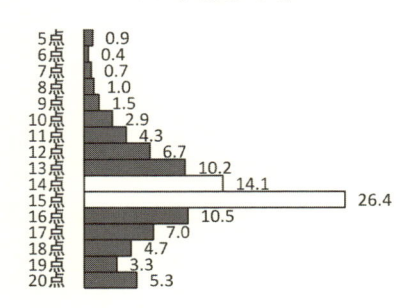

点	%
5点	0.9
6点	0.4
7点	0.7
8点	1.0
9点	1.5
10点	2.9
11点	4.3
12点	6.7
13点	10.2
14点	14.1
15点	26.4
16点	10.5
17点	7.0
18点	4.7
19点	3.3
20点	5.3

資料：図表4-37と同じ。

人のスコア分布である。

　15点をピークとした分布になっているが，これに依拠して，3つの群に区切ることとしよう。まず，16点以上の者は，教員と良好な関係にある者とみなし，「良好群」とする。13点以下の者は，思わしくない関係にある者とし，「不良群」と呼ぶ。残余の14点と15点の者は，中間群とする。このように区切ると，不良群が28.6％，中間群が40.5％，良好群が30.9％となり，量のバランスがとれたものになる（3：4：3）。

4-39　教員・生徒関係の日米比較（％）

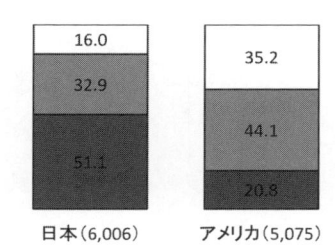

日本(6,006)：不良群 51.1／中間群 32.9／良好群 16.0
アメリカ(5,075)：不良群 20.8／中間群 44.1／良好群 35.2

■不良群　■中間群　□良好群

資料：図表4-37と同じ。

　わが国では，スコアが16点を越える良好群はどれほどいるのだろう。**図表4-39**は，日本とアメリカについて，3群の分布を比べたものである。日本は6,006人，アメリカは5,075人の生徒の分布が示されている。

　わが国では不良群が際立って多く，全生徒の半分がこのグループに括られている。一方，教員との関係が良好と判断される生徒は16.0％しかいない。アメリカは，良好群のほうが不良群よりも多いのである。日米比較でいうと，残念ながら，わが国の劣性が明らかである。

　とはいえ，アメリカとの比較だけから，わが国の特徴づけをするのはいかにも乱暴である。比較の範囲を，74か国全体にまで広げよう。わが国の位置を見て取れる俯瞰図をつくってみた。中間を抜いた両端の群の比率をもとに2次元のマトリクスを構成し，その中に各国を位置づけた。**図表4-40**がそれである。

　右下にあるのは，良好群が少なく不良群が多い，いうなれば教員・生徒関係が思わしくない国である。わが国はこのゾーンに位置してしまっている。良好群の比率は下から5位，不良群の比率（51.1％）は74か国の中で最高である。PISA調査の全対象国の中でみても，日本の高校における教員・生徒関係が好ましいものではないことが明瞭である。生徒による評定が現実を的確に表しているかどうかは定かでないけれど，この事実は看過できることではないだろう。

　さて，ここにて計算した教員・生徒関係スコアは，**図表4-37**の5つの項目への反応を合成してつくったものであるが，わが国の場合，生徒の反応が芳しくないのはどの項目なのだろう。病巣を突き止める作業をしてみよう。**図表**

4-40 教員・生徒関係の国際比較

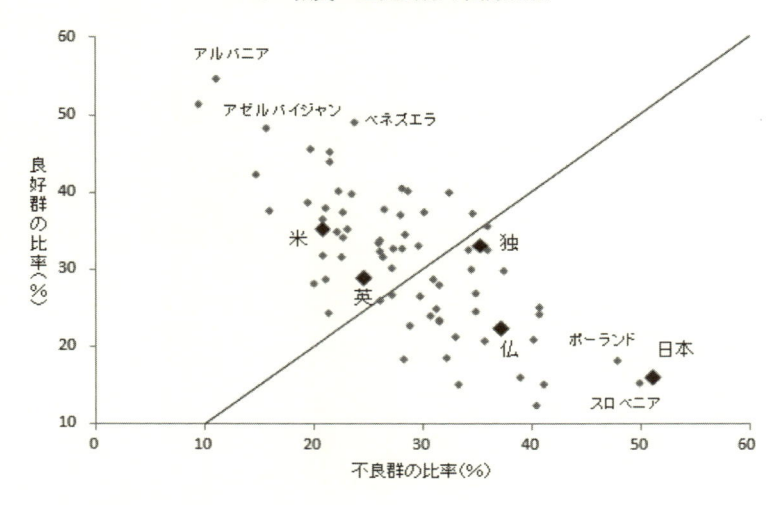

(グラフ：横軸「不良群の比率(%)」、縦軸「良好群の比率(%)」。アルバニア、アゼルバイジャン、ベネズエラ、米、英、独、仏、ポーランド、日本、スロベニアなどがプロットされている)

資料：図表4-37と同じ。

4-40のマトリクスにおいて，わが国と対極の位置にあるのはアルバニアである。この中欧の国は，74か国の中で，高校の教員・生徒関係が最も良好であると評される。アルバニアと日本とで，5つの項目への生徒の反応がどう違うかをみてみよう。

私は，強い否定の反応（まったくあてはまらない）と強い肯定の反応（とてもよくあてはまる）の比率に注目した。**図表4-41**は，横軸に前者，縦軸に後者の比率をとった座標上に2国のデータを位置づけ，線でつないだものである。矢印の始点（しっぽ）はアルバニア，終点（行き先）は日本の位置を表している。

右下にあるほど否定の度合いが高いことを意味する。当然ながら，全ての項目において，アルバニアは左上，日本は右下に位置している。両国の反応の差の違いは，矢印の長さでもって測られる。これによると，②「多くの先生は，私が満

4-41 教員・生徒関係
（日本とアルバニアの比較）

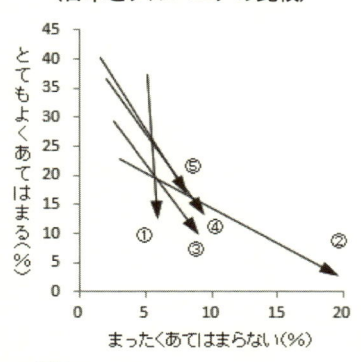

(グラフ：横軸「まったくあてはまらない(%)」、縦軸「とてもよくあてはまる(%)」、①〜⑤の矢印)

資料：PISA2009

足しているかについて関心がある」において，両国の差が出ているようである。前項にて，わが国の教員の授業スタイルが知識注入型に偏していることをみたけれど，生徒の興味，関心，満足度を度外視する教授方法が支配的であることが影響しているのではないか，と思われる。

また，④「助けてくれる」や⑤「公平に扱ってくれる」においても，両国の差が出ている。⑤については，わが国のデータでみると，生徒の出身階層によって反応が異なることも指摘しておこう。この項目に「とてもよくあてはまる」と答えた者の比率は，父親の最終学歴が中卒という生徒で12.2％，高卒で17.3％，大卒で18.1％である。逆に「まったくあてはまらない」の率は，中卒が13.5％，高卒が8.1％，大卒が6.7％となっている。このような差異が生徒に意識されるならば，彼らの自我を傷つけ，ひいては，学校を通じた社会階層の再生産という事態にもつながる。むろん，学業成績のような他の諸要因を介した差である可能性が高いが，教員の側は，知らぬ間に生徒を色眼鏡で眺めてはいまいか，ということを絶えず反省する必要がある。

最後に，前項の末で書いたことを繰り返すが，ここでみたのは高校生のデータである。周知のように，わが国の高校は，有名大学進学可能性に依拠して，精緻に序列づけられた構造を持っている。**図表4-40**にみるような，わが国の憂うべき位置は，下位ランクの生徒の否定的な回答が極端に多かったことによるのかもしれない。こうした分化（segregate）が起きる前の小・中学校段階でみれば，また違った結果になるとも考えられる。私としてはそうであってほしいと思うが，仮にそうである場合，高校段階における問題の深刻さが一層際立つことになる。前項でみた授業スタイルの有様と併せて考えると，わが国の教員に関わる課題は多いといえそうである。

■ 4　生涯学習

教員は，子どもを教え導く存在であるが，知識や技術の伝達者である以上，自らも絶えず学び続けなければならない。2012年8月28日の中央教育審議会答申「教職生活の全体を通じた教員の資質能力の総合的な向上方策について」では，教員を「高度専門職」として位置づけ，これからの教員には，「教職生活全体を通じて自主的に学び続ける力」が必要であると明言している。その必要性はいつの時代でも同じであるけれど，社会の変動が激しい今日，それはますます顕著になっている。ちなみに，法規の上でも，教員は「研究と修養」に

努めることを義務づけられているのである（教育基本法第9条2項，教育公務員特例法第21条1項）。

ところで，法規上いわれる「研究や修養」の内容は，教科の専門知識や授業技術というようなことが主なのであろうが，それだけでは足りない。教員には豊かな人間性（上記の中教審答申がいう「人間力」）が求められる以上，職務とは離れた幅広い教養や社会体験というようなことも，その一角を構成すべきである。この項では，教員のうち，広い意味での学習を行っている者がどれほどいるかをみてみようと思う。教員の「生涯学習」状況を明らかにすることになる。

用いるのは，2011年度の総務省『社会生活基本調査』のデータである。この公表資料から，調査日の前の1年間（2010年10月20～11年10月19日）における，対象者の学習行動実施状況を職業別に知ることができる。設けられている職業カテゴリーの中に「教員」というのがあり，用語解説によると，学校教育法第1条が規定する正規の学校のほか，専修・各種学校の教員も含まれるそうだが，母集団の組成からして，多くが小中高の教員であるとみてよいだろう。

このサンプリング調査の結果をもとにすると，教員の推定母集団144.4万人のうち，上記の1年間に何らかの学習・自己啓発行動を行った者は58.8%の84.9万人と推計される。およそ6割。この値を，専門・技術職全体や有業者全体と比べてみよう。

図表4-42をみると，専門技術職と有業者全体との間に断絶がある。専門技術職とは，字のごとく，職務に専門的な知識や技術を要する職業であり，医師や法曹等のほか，教員もこのカテゴリーに含まれる。この職業の人間の学習行動実施率が高いのはうなずけることであり，教員の数値は，その中でも高い位置にある。では，どういう種類の学習行動の実施率が高いのだろう。上記調査で設けられている，9種類の学習行動の実施率をグラフ化してみた（図表4-43）。

この1年間で実施した学習行動を，複数回答で尋ねた結果である。9のうち7の項目において，教員の実施率が最も高い。教員で目立って高いものはというと，パソコン，人文・社会・自然科学，および芸術・文化で

4-42　1年間の学習行動実施率

	a 推計母集団	b 学習行動実施者	b／a 実施率(%)
教員	1,444	849	58.8
専門・技術職	10,177	5,619	55.2
有業者全体	66,749	24,257	36.3

＊単位は千人である。
資料：総務省『社会生活基本調査』(2011年度)

4-43 1年間の種類別学習行動実施率（％）

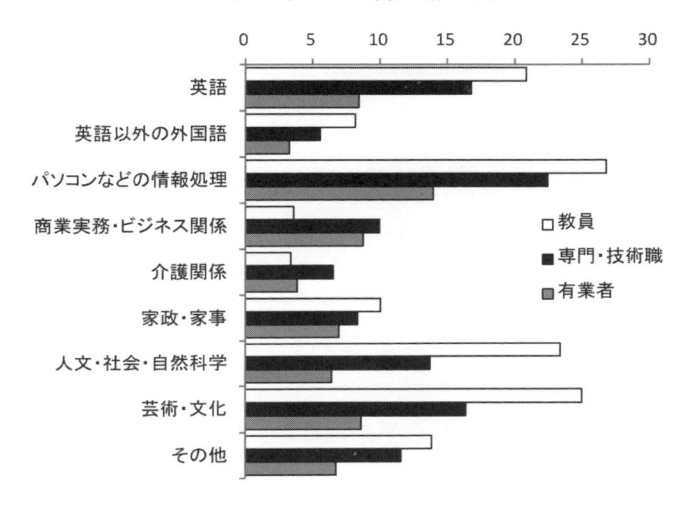

　　　　　　　　　　　　　　□ 教員
　　　　　　　　　　　　　　■ 専門・技術職
　　　　　　　　　　　　　　▨ 有業者

（英語／英語以外の外国語／パソコンなどの情報処理／商業実務・ビジネス関係／介護関係／家政・家事／人文・社会・自然科学／芸術・文化／その他）

資料：図表4-43と同じ

ある。教育の情報化が進むなか，教員には各種のICTを使いこなすスキルが求められるようになっている。後二者は教養的な内容であり，こちらも，教員の特性が出ているように見受けられる。

　教員は，他の専門職従事者と比して学習行動率が高いこと，その内容も，職務と直結した狭いものに限られていないことが分かり，安堵の感を覚える。しかし，それを打ち消すデータもある。過去との時系列比較である。

　総務省『社会生活基本調査』は5年おきに実施されているが，10年前の2001年調査の結果でみると，教員の1年間（2000年10月20日～01年10月19日）の学習行動実施率は74.2％となっている。図表4-42でみた2011年の率は58.8％であるから，この10年間で15ポイントほどダウンしたことになる。なお，種類別の学習行動率も軒並み減少している。上図の9種類の実施率がどう変わったかを調べてみた（図表4-44）。

　最も減少幅が大きいのは，パソコン関係である。2001年調査では，半数に近い数値が記録されているけれど■33，10年後の2011年ではおよそ4分の1

■33───もっとも，この時期は教育の情報化のはしりであり，教員らがひときわ熱心にパソコンの学習に取り組んだ，ということかもしれぬ。

第4節　職務遂行

4-44 教員の学習行動実施率の変化（％）

	a 2001年調査	b 2011年調査	a−b 差分
英語	23.0	20.8	2.2
英語以外の外国語	8.8	8.2	0.6
パソコンなどの情報処理	45.6	26.8	18.8
商業実務・ビジネス関係	6.4	3.6	2.8
介護関係	3.9	3.4	0.5
家政・家事	13.7	10.0	3.6
人文・社会・自然科学	37.8	23.4	14.4
芸術・文化	35.4	25.0	10.4
その他	17.2	13.9	3.3

資料：図表4-42と同じ

にまで低下している。ほか，減少幅が10ポイントを超えるのは，人文・社会・自然科学と芸術・文化である。先ほどのグラフでみたように，この2項目の学習率は，教員は他の職種よりも高いのだが，10年前と比べたらかなり減っていることが何とも気がかりである。

　この10年間には，いろいろなことがあった。2006年の教育基本法改正，07年の教育三法改正，09年度からの教員免許更新制導入など。その中には，教員の「ゆとり」を奪う結果につながったものもあるだろう。こうしたことが，教員をして，幅広い教養や文化を学ぶ機会から遠ざけているというのであれば，看過できることではない。

　たとえば開業医の場合は休診日が設けられており，その時間は，常に進歩する医学知識の摂取や，関連学会への参加などに充てることができる。大学教員も，授業に充てられるのは，多くても週の半分くらいであり，他の時間は，自らを高めるための研究に費やされる（最近は雑務が多いが）。また，短期から長期の研究専念期間（サバティカル）の制度もある。冒頭で引いた中教審答申がいうように，教員を「高度専門職」とみなすのであれば，職務から離れる「ヒマ」を付与すべきかと思う。しかるに，上記の時系列データをみるに，それとは逆の方向にいっているような印象を受けるのは残念である。

　2009年度から教員免許更新制が導入され，教員の普通免許状に10年間の有効期限が付されることとなった。免許状の更新要件は，30時間の免許状更新講習を受講することであり，教員らは夏休み等を利用して，大学等に足を運び，これを受けている。その様は，戦前期において夏休みに夏期講習なるものを受けていた教員らの姿にそのまま重なるけれど，当時の新聞をざっとみた限り，この制度の評判は芳しくはなかったようである。

　講習会の講師に度々招かれた経験を持つ西山恕治という教育学者は，1913年（大正2年）8月2日の東京朝日新聞に，「強制修養の悪講習会」と題する文

章を寄せている。夏期講習は「悪講習会となつて我教育界に於ける厭ふべき流行病の一つになつて居る」と断じ，体裁を重んじ，大家を招いて高遠な学理を講じさせるのはよくなく，空理空論は役に立たない，といった欠点を指摘し，さらに「講習会を催さなくては教員が修養せず，又時代に遅れるといふのならば，実に心得ぬ低能訓導達である。若し之に反して教員が平素修養して居るのに，当局者が修養を強制するものであるとすれば，天下の教育家を愚弄侮辱するの甚だしい仕打であると謂はねばなるまい」と書いている。

　この指摘は，ちょうど100年の時を経た現在においても，そのまま通じるかと思う。先にみたように，教員らは，他の専門職に比して，自発的な学習を行っている。教員は「平素修養して居る」のである。しかるに，この10年間にかけて，教員の自主的な学習行動実施率は低下していることもみた。これには，強制的な修養としての免許更新制が導入されたことも，一役買っていることであろう。なお，本制度によって「教員としての自信や誇り」が高まったかという調査に対し，現職の教員の6割が否定的な回答を寄せている■34。これなどは，現場の教員が本制度を「愚弄侮辱」と受け取っていることの証左であるように思うのである。

　法で定められている研修というのは，多くが強制的なものなのだろうけれど，それとは性質を異にする自己修養の位置について再考すべきである。強制的な修養の場では，教員は「黒板とチョークの世界」の住人のままである。時には，そうした世界から教員を解放しなければならない。そのことが，教員の幅を広げ，現代の教員に求められる「総合的な人間力」(2012年8月28日，中教審答申)の涵養にも資することになるだろう。放っておいたら「教員が修養せず，又時代に遅れる」というような疑念は弱め，彼らに対する信頼の念を強めることが求められる。

■34———文部科学省『教員の資質向上方策の見直し及び教員免許更新制の効果検証に係る調査』(2010年) による。

[第5節] 病

　現在は，教職受難の時代といわれる。2011年に刊行された，朝日新聞教育取材チームの『いま，先生は』（岩波書店）が話題を呼んでいるが，これをみると，心を病む，教壇を去る，さらには命をも落としてしまう教員のケースが数多く紹介されている。原因としては，生徒との軋轢や過労などいろいろあるだろうが，重要なことは，そうした個別事情よりももっと深いところにある，地盤条件のようなものを探り当てることである。そのためには，個々の教員を対象とした事例的アプローチではなく，教員集団を見据えた，マクロ的・俯瞰的なアプローチが有効であると思う。この節では，病を患う教員の量が時代や属性によってどう変異するかを明らかにし，それをもとに，現代教員の困難をもたらす社会的条件について考えてみたい。

■1　精神疾患

　文部科学省が年度ごとに公表する「教育職員に係る懲戒処分等の状況について」では，当該年度の間に精神疾患で休職した教員の数が集計されている■35。精神疾患とは，字のごとく，うつ病をはじめとした，精神に関わる病の総称である。考えようによっては，この種の病と完全に無縁である人間などいないのかもしれぬが，それが高じて休職という事態にまで追い込まれるというのは，甚だ深刻なことであるといわねばなるまい。教員の病の量を測る第一の指標を，精神疾患による休職率に求めることとしよう。

　2010年度の上記資料によると，当該年度間に精神疾患で休職した公立学校

■35────この資料は，最近のものについては，文部科学省のホームページで閲覧することができる。昔のものは，『教育委員会月報』（第一法規）のバックナンバーに掲載されている。

（小学校，中学校，高等学校，中等教育学校，特別支援学校）の教員の数は5,407人となっている。『学校基本調査』から分かる，同年5月1日時点の公立学校本務教員数は91万9,093人であるから，精神疾患による休職率は，本務教員千人あたり5.9人となる。およそ169人に1人。以下では，‰（パーミル）という単位で表すこととする。

この指標はどう推移しているのだろう。1990年度から2010年度までの20年間の変化をたどってみた。各年度の休職者数（分子）と本務教員数（分母）を上記の文科省資料より採集し，割り算をして率を出した。なお，都道府県・政令指定都市別の数値も掲載されているので，大都市の東京について，率の推移をたどってみた（図表4-45）。

4-45　精神疾患による教員の休職率の推移（‰）

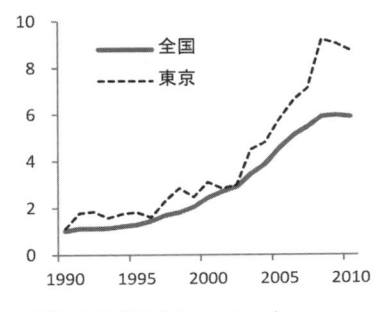

資料：文部科学省ホームページ，『教育委員会月報』ほか

精神疾患による教員の休職率は，1990年では1.0‰であった。5年を経た95年でも1.3‰である。上昇するのはその後であり，2000年には2.4‰，05年には4.5‰となり，10年の5.9‰に至っている。この指標でみる限り，1990年代半ば以降，教職の危機状況が濃厚になってきたことがうかがえる。

次に，東京の休職率をみると，どの年度でも，全国値より高くなっている。90年代半ば以降上昇する傾向は全国と同じだが，東京の場合，2002年以降，値がグンと伸びていることが特徴である。2002年度の率は3.0‰であったのが，2010年度では8.7‰と，3倍近くにもなっているのである。この時期，都市部において，学校に理不尽な要求を突きつける「モンスター・ペアレント」が問題化したというけれども，そのことの反映だろうか。東京都教育委員会が，モンスター・ペアレントに関する実態調査の結果を公にしたのは，2008年9月のことである■36。奇しくも，東京の休職率のピークはこの年にある。

さて，精神疾患を患い休職する教員の率が高まってきたことをみたのであるが，一口に教員といっても多様であり，十把一絡げに括れる存在ではない。私は，2010年度の統計を使って，学校種，性別，および年齢によって，精神疾

■36―――「『公立学校における学校問題検討委員会』における実態調査」と題するものである。

4-46　精神疾患による教員の休職率（‰）

	a 本務教員数	b 精神疾患による休職者	b/a 休職率（‰）
小学校	413,473	2,346	5.7
中学校	234,471	1,673	7.1
高等学校	192,621	818	4.2
中等教育学校	1,111	5	4.5
特別支援学校	77,417	565	7.3
男性	452,784	2,603	5.7
女性	466,309	2,804	6.0
20代	94,655	362	3.8
30代	178,441	1,064	6.0
40代	255,922	1,827	7.1
50代以上	303,903	2,154	7.1
合計	919,093	5,407	5.9

＊年齢層別の在職者数の総計は，合計と一致しない。
資料：文部科学省ホームページ

患による休職率がどう変異するかを調べた。図表4-46は，それをまとめたものである。なお，年齢層別の本務教員数は『学校教員統計』から得た10月1日時点のものであるので，その合計は，最下段の数値と一致しないことを申し添える。

まず学校種別にみると，中学校と特別支援学校で休職率が高くなっている。思春期の只中にある生徒や障害のある生徒を指導するこれらの学校では，他の学校にはない，勤務を困難ならしめる条件があるのではないかと思われる。性別では，女性のほうが男性よりも少し高い。続いて年齢層別にみると，精神疾患を患う確率は，加齢とともに高くなっていく傾向である。

私がここにてコメントしたいのは，年齢層別の傾向についてである。40代以上の中年・高年層において，精神疾患による休職率が高いことについて一言したい。まず40代であるが，40代といえば中堅期で，主任などの役職をあてがわれる時期である。後輩教員の指導も任されるなど，業務負担が増す時期といえる。その一方で，生理的には体力が落ちてくる。40代の危機は，常識的には，こうした視点から解釈できるだろう。

しかるに，ライフサイクル上の役割変化という視点からの考察もある。紅林伸幸教授は，教員の中堅期の役割変化を，「実践家教師から管理職教師へ」という言葉で表現している■[37]。学校には，「学級サイズの教授実践」を主に担う一般教諭と，「学校規模の教育活動や教師集団の組織・管理」を主たる職務とする管理職という，2種類の教員がいる。前者から後者への過渡期にある中堅教員は，実践に成熟してきたところで，実践の場を奪われる位置にある。事実，

■[37]―――「教師のライフサイクルにおける危機」油布佐和子編『教師の現在・教職の未来』教育出版，1999年。

教務主任や校務主任ともなれば，学級の担任を外れるケースも多い。つまり，実践家から管理職へのアイデンティティの変更を迫られるわけである。こうした制度上の要請が，中堅教員にとっての葛藤を準備すると，紅林教授は指摘されている。紅林教授の調査データによると，教師を辞めたい理由として最も多いのは，一般教師と学年・研修主任の場合は「仕事量の過重」であるが（49.6％，63.4％），教務・校務主任の場合，「仕事内容に生きがいが見だせなくなった」が42.9％で最多とのこと（前掲論文，44頁）。

　教員の危機（病）は，過労やバーンアウトという観点からのみ捉えられがちであるが，もっと深いところには，個々の教員の努力では如何ともし難い，ライフサイクル上の役割葛藤という問題が潜んでいるとみられるのである。

　次に，50代の高年教員の危機について考えてみよう。2010年時点の50代教員の多くは，1970年代に入職し，以後，30年以上の教職生活を経てきている。この間，教職の世界は様変わりした。近年における変化として，久冨善之教授は，次のようなものを指摘している。①国民の高学歴化が進み，地域の知識人としての教員の位置が低下した，②学校への父母・地域住民の参画の動き，情報公開法の施行など，教員集団が内向きにまとまった学校運営が通用しない時代の到来，③教員評価の本格化，指導力不足教員排除の動きなど，戦後日本の教職の安定性を支えた枠組みの崩壊，というものである■38。

　上記の指摘に関連する事実を例示すると，②については，2000年に学校評議員，2004年に学校運営協議会の制度が導入され，学校運営に地域住民が参画するようになっている。③については，教育公務員特例法の改正により，2009年度から，指導改善研修が法定研修に加えられることとなった。思うに，こうした変化に最も困惑しているのが，50代の高齢教員なのではないだろうか。彼らは，長い間，異なる状況下で教職生活を営んできたのであるから。近年の状況変化に戸惑っている度合いは，入職したての若年教員よりも，高齢教員で高いと推察されるのである。

　久冨教授がいう①〜③の状況変化の度合いは，住民の高学歴化が進んでいる都市地域ほど高いとみられるのであるが，教員の精神疾患は都市地域ほど多いという事実がある。冒頭で紹介した当局の資料をもとに，精神疾患による教員

■38────「日本の教師－今日の教育改革下の教師および教員文化－」『一橋大学・社会学研究』第41号，2003年，150頁。

4-47　都市化と精神疾患の関連

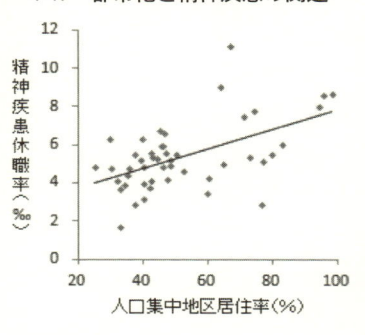

資料：総務省『国勢調査』(2010年度)

の休職率を都道府県別に計算してみた[39]。2010年度の公立学校教員のものである。結果，最も高い沖縄の11.7‰から，最も低い山梨の1.7‰まで，大きな開きが観察された。こうした地域差は，各県の都市化の程度を表す指標と相関している。**図表4-47**は，2010年の『国勢調査』から計算した人口集中地区居住率との相関をとったものである。

　バラつきはあるけれど，大局的には，都市的な県ほど，教員の精神疾患罹患率が高い傾向にある。回帰直線を引くと右上がりであり，相関係数も＋0.539で，1％水準で有意である。ここで計算したのは，全年齢層の休職率であって，50代教員に限定したものではないが，241頁でみたように，現在では50代の教員がマジョリティーであるので，先ほどの仮説を傍証するデータであるとも読めるだろう。高齢教員ほど精神疾患が多いのは，体力の衰えというような生理的要因によるものだ，といわれればそれまでである。でも私は，近年の教員社会の変貌という，社会的な要因が大きいのではないか，と思っている。

　以上，教員の病を測る指標を，精神疾患による休職率に求め，その時代推移，属性変異，および地域差を分析した。そして，ライフサイクルや世代という観点から，そうした危機をもたらす社会的な条件について考えてみた。ところで，**図表4-46**のデータから，若年教員は相対的に安泰であるかのような印象を受けるかもしれない。しかし決してそういうことではなく，指標（measure）を変えるならば，ここにてみたのとはまるで異なる傾向が出てくる。次項にて，それをご覧いただくことになるだろう。

■2　病気離職

　前項では，精神疾患が原因で休職する教員の率を計算したのであるが，ここではもっとシリアス度が高い指標を出してみよう。病気を患って教壇を去る教

---

[39] 政令指定都市の数値は，当該都市が立地する県の分に含めた。たとえば，横浜市や川崎市の統計は，神奈川県の分に組み入れている。

員がどれほどいるかである。休職を通り越して離職にまで至るというのは，相当の事態であるとみられる。教員の病気離職率は，当局の資料で明らかにされたことはない。しかるに，この指標のトレンドは，現在における教職危機の有様をはっきりと可視化してくれるものとなっている。

文部科学省が3年おきに実施している『学校教員統計調査』には，調査年の前年度間に離職した教員の数が掲載されている。最新の2010年度調査によると，前年の2009年度間に，病気を理由として離職した公立小学校教員の数は609人である。同年5月1日時点の公立小学校の本務教員数は41万3,321人（『学校基本調査』）。ゆえに，当該年度間の公立小学校教員の病気離職者数を，母集団あたりの比率にすると，1万人あたり14.7人と算出される。およそ680人に1人である。

確率的にかなり低いという印象を持たれるであろうが，ここでの関心事は，この値が過去からどう変化してきたかである。時系列推移をたどることで，今しがた計算した現在値を特徴づけてみよう。**図表4-48**は，公立小学校，中学校，および高等学校の教員について，1979年度以降の病気離職率の時代推移を描いたものである。上記調査は3年間隔のものなので，3年刻みの推移線になっている。

教員の病気離職率は，1980年代の前半では高かったようである。この時期，全国的に学校が荒れていたことはよく知られているが，その影響が大きいと思われる。以後，それが鎮静したこともあって，80年代の後半から90年代にかけて率は低下する。しかし，今世紀期に入ってから，どの学校種でも病気離職率が増加に転じる。とくに小・中の増加傾向がすさまじく，小学校教員については，最近3年間の伸び幅が大きい。9.0から14.7と，わずか3年間で1.6倍にもなっている。296頁でも書いたように，この3年間は，教育基本法改正，教育三法改正など，いろいろなことがあったが，そのことが，教員の病気離職率上昇と連関しているのだとしたら，何とも皮肉なことである。

4-48　公立学校教員の病気離職率の推移（1万人あたり）

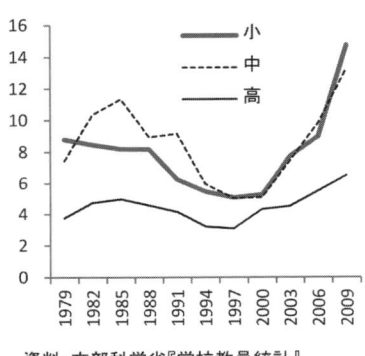

資料：文部科学省『学校教員統計』

次に，属性別の率も出してみよう。前項と同様，年齢（ライフステージ）という視点を重視する。現在，病気離職率が最も高い小学校について，年齢層別の値を明らかにした。ここでの計算で用いた分母の数値は，翌年10月1日時点のものである。たとえば，2009年度の20代教員の病気離職率は，2010年10月1日時点の20代本務教員数をベースとしている。年齢層別の本務教員数は，『学校教員統計調査』の実施年のものしか分からないので，こうした措置を取った。1年程度のラグなら，問題はないものとお許しいただきたい。あと一点，60歳以上の教員は，分析から除外したことを申し添える。

図表4-49の左側は，年齢層別の病気離職率の推移である。右側は，最新の2009年度について，細かい5歳刻みの病気離職率カーブを描いたものである。

まず左側をみると，予想通りというか，いつの時代でも50代の高齢教員の病気離職率が最も高くなっている。しかし2000年以降，20代の若年教員の率が急上昇し，現在では50代教員に匹敵する水準に達している。右側の図は，2009年度の様相を詳しくみたものだが，入職して間もない20代前半と，退職間近の50代後半の率の高さが際立っている。

職業生活の始めと終わりに位置する2つの危機。後者については，加齢による体力の衰えというような点から解釈できようが，前者は如何。近年に固有の現象といえる，若年教員の危機をどうみたらよいだろう。まず，基底的な条

4-49 公立小学校教員の病気離職率（1万人あたり）

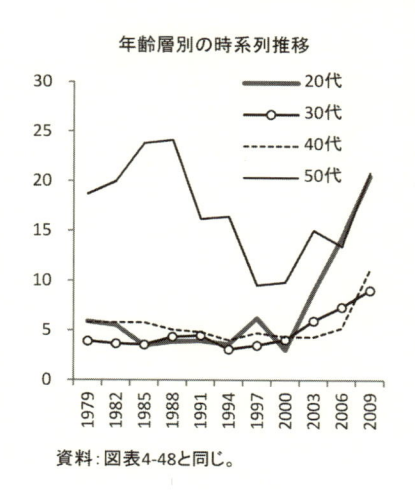

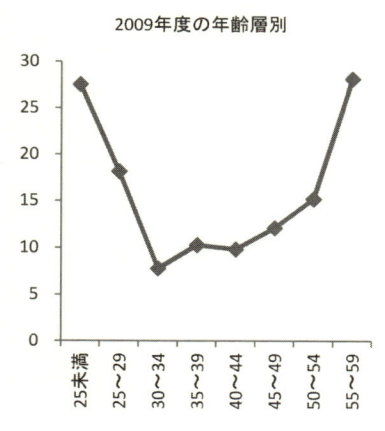

資料：図表4-48と同じ。

件として，教員集団の高年齢化があると思う。現在，教員集団に占める若年教員の比率は大変小さくなっている。**図表 4-3** でみたように，公立小学校教員の場合，20代前半の教員の比率はたったの3.3%である（2010年）。このことは，少ない人員で，上から降ってくる各種の雑務をこなさなければならないことを意味する。現在の教員集団は，若年教員に強い圧力がかかる構造になっていることに注意しなければなるまい。

あと一点，経験の浅い若年教員をフォローする体制が整っていないことも挙げられよう。276頁では，新規採用教員の高年齢化について論じた日本教育新聞の記事を引用したのであるが，そこでは，今の学校現場は新人を一から育てる余裕がなく，即戦力になる経験豊かな人材を求める傾向にあるといわれている。事実，**図表 4-23** から分かるように，新規採用教員の高年齢化が進んでおり，新卒該当年齢（20代前半）の比重は以前よりもかなり減じている。こうした状況のなか，経験のない新人教員であっても，さまざまな問題に「自分（オン・ザ・ジョブ）で」対応せざるを得ないことになる。このことは，多大な苦痛の源泉になるのではないだろうか。2004年に，静岡県の磐田市の小学校に勤務していた新任女性教員（24歳）が自殺した事件があったが，その原因は，担当する学級で続発する諸問題に孤軍奮闘しなければならなかったことによる，心理的な負担（うつ）であったとのことである■[40]。

本項では，病気離職率という統計指標によって，現代の教職危機の様相を可視化した。結果，精神疾患による休職率でみた場合とは，異なる面が明らかになった。その最たるものは，若年教員の危機状況である。この問題は，採用試験の難易度が下がったことで新規採用教員の質が落ちているというようなことによるのではなく，現在の教員集団の構造というような，もっと深い部分に根を下ろしているとみられる。このような状況下において，新任教員に求められるのは，辛い時は「辛い！」，助けてほしい時は「助けて！」と恥じらいなく言えることであると思う。逆説的なようだが，教員採用試験の面接等では，この資質（？）が備わっているかどうかを厳格に試すべきかもしれない。

■40────この事件は，2012年7月19日の高裁判決で労災認定されている。

[第6節] 逸脱

　教員を聖職のように考えている方にすれば,「逸脱」というような節を設けることに疑問があるかもしれない。しかるに,子どもを教え導く教員とて人間であり,社会の標準からズレた行いをする者もいる。最近では,教員の逸脱行動を誘発する条件が強まってきているであろうことは,前節の議論からもうかがわれるところである。教員の逸脱に関する統計は多くはないが,利用できるものはある。最初に,非行を働いて当局から処分を受けた教員の量を明らかにしよう。その後で,反社会的逸脱と非社会的逸脱の典型行為を取り上げる。

■1　懲戒処分

　小・中・高の場合,公立学校が多くを占めるが[41],公立学校の教員は地方公務員法の適用を受ける。同法第29条第1項は,以下の3つの事由に該当する職員に対し,「懲戒処分として戒告,減給,停職又は免職の処分」を行うことができると定めている。3つの事由とは,以下のようである。

①この法律若しくは特例を定めた法律又はこれに基く条例,地方公共団体の規則若しくは地方公共団体の機関の定める規程に違反した場合
②職務上の義務に違反し,又は職務を怠つた場合
③全体の奉仕者たるにふさわしくない非行のあつた場合

　いずれもけしからぬ行為であるが,本条文の規定により,懲戒処分を受けた

---

[41]――2012年度の統計によると,学校数でみた公立学校の比率は小学校で98.6%,中学校で92.2%,高等学校で73.4%である。168頁の**図表3-3**を参照。

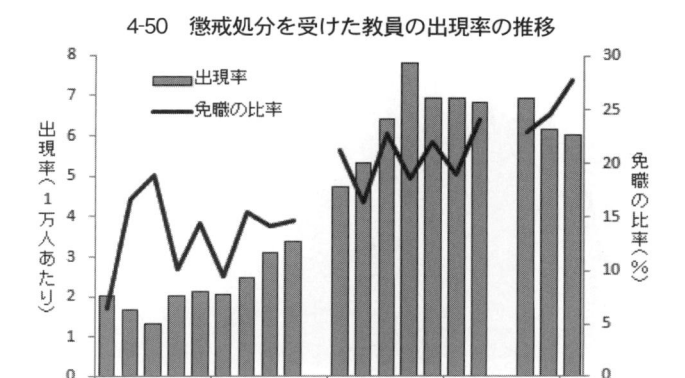

4-50 懲戒処分を受けた教員の出現率の推移

文部科学省『教育職員に係る懲戒処分等の状況について』

公立学校教員■42 はどれほどいるか。文部科学省は毎年，『教育職員に係る懲戒処分等の状況について』という資料を発表しているが，2010年度のものによると，同年度中に懲戒処分を受けた教員（公）は556人とのことである■43。同年5月時点の公立学校の本務教員数は91万9,093人であるから，出現率にすると，1万人あたり6.0人となる。私は，上記資料の過年度分にあたって，1990年度から2010年度まで，懲戒処分を受けた教員（公）の出現率がどう推移してきたのかを明らかにした。広島県で大量の職務命令違反者が出た1999年度と，北海道および札幌市で大量の争議行為者が出た2007年度は，イレギュラーなケースとして，分析から除外している（図表4-50）。

懲戒処分を受けた教員（公）の出現率は，1990年度では2.0であった。その後，上昇を続け，2003年度には7.7とピークを迎える。3倍以上の伸びである。その後はやや低下し，2010年度の6.0に至っている。折れ線は，処分を受けた教員（公）のうち，最も重い免職処分の対象となった者の比率であるが，こちらも上昇の傾向にある。1990年度では6.4％であったが，2010年度では27.7％である。今日では，懲戒処分の4分の1が免職ということになる。教員の不祥事に対する世間の目が厳しくなって，厳罰化が図られたことによるが，重大な非行を犯す教員（公）が増えたことによるとも考えられる。

■42───小学校，中学校，高等学校，中等教育学校，および特別支援学校の教員である。
■43───交通事故によるものは除く。以下，同じである。

4-51 懲戒処分を受けた教員数の推移（1990年＝1.0）

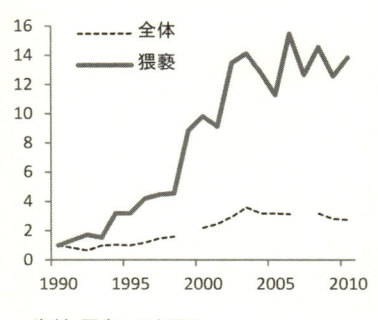

資料：図表4-50と同じ

懲戒処分の事由としてどういうものが多いかというと，2010年度では，処分を受けた556人のうち，152人がわいせつ行為，131人が体罰となっている。この2つだけで，全体の半分が占められているわけである。わいせつ行為が首位なのであるが，この構造は近年になって生じたものである。**図表4-51**は，わいせつ行為を働いて懲戒処分を受けた教員（公）の数を指数でたどったものであるが，この20年間で，わいせつ教員の数は14倍にまで増えている。全事由の処分の伸びが3倍程度であるのとは大違いである。

わいせつ教員の増加は，通告活動の活発化により，以前は闇に葬られていたものが表面化するようになった，ということなのかもしれない。最近は，セクハラ相談窓口の開設など，被害を申告しやすい状況が整ってきている。一方では，わいせつ行為の誘発するような条件が出てきているのも事実である。情報化の進展により，現在では，パソコンのほか，ケータイやスマホなど，各種の情報機器が普及している。このことが，ネット上でのわいせつ画像の頒布や盗撮といった行為を助長している面があることは否めないだろう。

現在では，情報教育の重要性がいわれている。情報教育の目標の一つは，情報社会に参画する態度を子どもに身につけさせることであるが，その中核にあるのは，情報モラルである。情報モラルとは，「情報社会で適正な活動を行うための基になる考え方と態度」のことであり，具体的には，「他者への影響を考え，人権，知的財産権など自他の権利を尊重し情報社会での行動に責任をもつことや，危険回避など情報を正しく安全に利用できること，コンピュータなどの情報機器の使用による健康とのかかわりを理解することなど」をいう[44]。同じ情報社会の住人として，教員もこうした資質を身につけねばなるまい。

---

[44]————文部科学省『小学校学習指導要領解説（総則編）』2008年。

■2 犯罪

犯罪で誰それが捕まったというニュースを耳目にしない日はないが，容疑者の肩書に「＊＊学校教諭」と付されることがある。関わりを持たない第三者はいざ知らず，日々教えを受けている子ども，ないしは子どもを託している保護者にすれば，動揺は決して小さなものではないだろう。新聞報道等に接する限り，教員の犯罪は増えているような印象を持つのであるが，実情はどうなのか。統計で確かめてみよう。

4-52 教員の犯罪率の推移（1万人あたり）

	a 小・中・高の 本務教員数	b 教員の犯罪 者数	b／a 教員の犯罪 率	（参考） 成人の犯罪 率
1996年	975,565	365	3.7	16.5
1997年	967,238	345	3.6	16.2
1998年	955,716	344	3.6	16.7
1999年	944,875	371	3.9	17.3
2000年	934,230	406	4.3	17.5
2001年	929,871	426	4.6	18.3
2002年	926,830	500	5.4	20.1
2003年	924,477	523	5.7	22.8
2004年	920,307	601	6.5	24.5
2005年	916,935	531	5.8	25.3
2006年	913,942	592	6.5	26.1
2007年	911,844	548	6.0	25.1
2008年	910,044	510	5.6	23.8
2009年	909,631	585	6.4	23.2
2010年	909,604	501	5.5	22.5
2011年	910,097	526	5.8	21.7

資料：警察庁『犯罪統計書』

警察庁が毎年発刊している『犯罪統計書』には，刑法犯による検挙人員が，犯行時の職業別に記載されている。その中に，「教員」というカテゴリーがある。小学校や中学校のような，学校教育法第1条が定める正規の学校のほか，専修学校や各種学校の教員なども含んでいると思われるが，母集団の構成からして，多くが小・中・高等学校の教員とみてよいだろう。

最新の2011年の資料によると，同年中に刑法犯■[45]で検挙された教員の数は526人となっている。私は，1996年以降，この数がどう推移してきたかを調べた（図表4-52）。もっと前まで遡りたいのであるが，職業カテゴリーに「教員」が設けられたのは，この年以降のようである。なお，母集団で除した犯罪率（1万人あたり）も計算した。ここでベースとしたのは，小・中・高の本務教員数である（文部科学省『学校基本調査』）。

教員の犯罪者数はこの15年間で増加の傾向にある。1996年は365人であったが，2011年は526人である。この期間中，少子化の影響により教員の数は減っている。分子の増加，分母の減少により，犯罪率は高まっている。教員の犯罪

■45―――交通業過は除く。

4-53 罪種構成の比較（%）

	教員	成人
凶悪犯	1.7	1.8
粗暴犯	33.3	18.1
窃盗犯	31.9	53.0
知能犯	3.6	5.4
風俗犯	6.5	2.4
その他	23.0	19.4
合計	100.0	100.0

資料：警察庁『犯罪統計書』(2011年版)

が増えたという感覚は，現実と乖離しているわけではなさそうである。とはいえ，教員の犯罪率は，20歳以上の成人全体のそれ■46と比べれば低い。教員が罪を犯す確率は，成人全体の4分の1というところである。

ところで，犯罪といっても，いろいろな罪種がある。最新の2011年の検挙人員について，包括罪種の内訳をみてみよう（図表4-53）。教員の特徴を浮かび上がらせるため，先ほどと同様，成人全体の検挙人員と比較する。%値の母数は，教員は526人，成人は227,445人であることを申し添える。

成人全体でみると，窃盗犯が半分以上を占めている。その多くが，万引きのような非侵入盗である。対して教員はというと，粗暴犯が33.3%と最も多くなっている。粗暴犯とは，暴行，傷害，恐喝，および脅迫の総称である。教員の場合，全罪種の3分の1が，この種の暴力犯罪で占められている。児童・生徒に対する体罰が警察沙汰になったケースが多いと思われる。また，風俗犯の比重が比較的大きいことにも注視しよう。近年，教員のわいせつ行為が取り沙汰されるが，この罪は風俗犯に含まれる。

以上，教員犯罪に関する基礎的な統計を提示した。数の上では多くはないけれど，教員の犯罪は近年増加の傾向にある。増加率という点でいうなら，成人全体を上回っている。これは由々しき事態であるといえよう，この問題が認識されているのか，最近の教員採用試験の教職教養では，教員の服務について問われる頻度がまことに高い。よく出題されるのは，体罰の禁止について定めた学校教育法第11条，信用失墜行為の禁止について定めた地方公務員法第33条，および児童買春防止法（児童買春，児童ポルノに係る行為等の処罰及び児童の保護等に関する法律）などである。

話が逸れたが，教員の犯罪防止について一言しよう。犯罪の過程というのは，①当該主体の生活態度が不安定化する過程（push），②誘発要因に遭遇する過程（pull），③行為が犯罪と公式に認知される過程（recognize），の3段階に区分される。少年の非行に即していうと，受験勉強等に打ちひしがれてイライラ化

■46────20歳以上（犯行時）の刑法犯検挙人員数を，20歳以上人口（成人人口）で除した値である。

する過程は①，繁華街等で各種の誘発要因に遭遇する過程は②，犯した行為が警察に通報され，公式に検挙される過程は③に相当する。この枠組みは，教員にも適用することができるだろう。今の教員は過重勤務によりストレスをため込んでいるというし（①），児童・生徒に比して優位な立場にあり，かつ指導は密室で行われることが多いことから，体罰やわいせつといった行為への誘発も強い（②）。③については，教員に対する世間の目が厳しくなってきたこともあって，些細な罪も摘発されて公になるようになっている。

　近年の教員の犯罪増加は，③の要因の高まりによる部分が大きいだろうけれど，重要なのは，①と②の過程への介入である。研修等を強化し，服務をしっかりと教え込むことは，犯罪への誘発要因（プル要因）への免疫をつけることになる。しかし，それだけでは不十分であり，犯罪行為へと主体を突き動かすような，プッシュ要因への対処も必要になる。教員の場合，過労の緩和等，勤務条件の改善が，この部分への対策において重要な位置を占める。要するに，締めつけ（研修強化）と緩め（勤務条件改善）の双方が併行してなされねばならないのであるが，私がみる限り，前者に偏しているように思える。このような偏りを正すことが大切である。このことは，教員をして，官僚制組織を支える歯車ではなく，自律的な人格を持った「生活者」とみなすことと同義である。教員を「高度専門職」と位置づける，国レベルの施策が具現化された姿というのは，こういうことであると思われる。

■3　自殺

　前の節では，心の病を患って休職する教員，病気が理由で教壇を去る教員がどれほどいるかをみたのであるが，それをも通り越して，自殺（suicide）という極限の事態に至ってしまうケースもある。2004年の静岡県磐田市，2006年の東京都西東京市の事件は，命を断ったのが入職後間もない新任の女性教員であったこともあり，世間の注目を集めた。いずれも，激務による過労・うつが原因であったそうである。

　こうした個々の生々しい事例を集積したのが統計であるが，年間どれほどの教員が自殺しているのか，その数を全教員数で除した自殺率がどれほどかを，当局の資料をもとに試算してみよう。警察庁が毎年発刊している『自殺の概要資料』には，職業別の自殺者数が記載されているが，その中に「教員」というカテゴリーがある。幼稚園，小学校，中学校，高校，特別支援学校，および大

4-54 教員の自殺率（1万人あたり）

	a 小・中・高の 本務教員数	b 教員の自殺 者数	b/a 教員の自殺 率
2007年	911,844	125	13.7
2008年	910,044	128	14.1
2009年	909,631	144	15.8
2010年	909,604	146	16.1
2011年	910,097	125	13.7

資料：警察庁『自殺の概要資料』

学のような正規の学校のほか，専修学校や各種学校などの教員も含んでいるのだろうが，母集団の組成からして，大半が小・中・高校の教員ではないかと思われる。本資料によると，教員の自殺者数は，2007年が125人，2006年が128人，2009年が144人，2010年が146人，2011年が125人，というように推移してきている■47。この5年間の傾向を均すと，年間130人ほどである。各年の自殺者数を，小・中・高の本務教員数で除して自殺率を計算すると，**図表4-54**のようになる。

教員の自殺率は，10万人あたり15.0前後を動いている。ちなみに，2011年の20～50代の自殺率は，同じく10万人あたりで26.5である■48。教員が自殺する確率は，同年齢人口のおよそ半分であり，決して高いというわけではない。

しかるに，教員の自殺の原因構成は，特徴のあるものになっている。警察庁の上記資料では，遺書等の分析から明らかになった自殺原因について集計されている。一人の自殺の原因が複数にわたることもあるので，その総計は自殺者の人数を越えることもある。2011年の統計によると，教員の場合，延べ数にして149の原因が析出されている。その大まかな構成をみてみよう（図表4-55）。比較の対象として，20～50代の自殺原因（延べ数＝19,475）の内訳も示す。

4-55 2011年の自殺原因の内訳（％）

	教員	20～50代
家庭問題	12.1	14.2
健康問題	39.6	38.8
経済・生活問題	4.0	23.6
勤務問題	36.2	12.5
男女問題	5.4	5.3
学校問題	0.0	1.2
その他	2.7	4.4
合計	100.0	100.0

資料：図表4-54と同じ

双方とも，最も多いのは「健康問題」に関する理由であるが，教員の場合，それに次ぐのが「勤務問題」となっている。このカテゴリーに属する理由の比率は，

■47———2007年に「自殺統計原票を改正し，職業の分類が改められたこと」から，それ以前の数値との単純比較はできないとされている。よって，2007年以降の推移をとっている。
■48———自殺者数は厚生労働省『人口動態統計』，ベースの人口は総務省『人口推計年報』より得て算出。

20〜50代では12.5％しかないが，教員では36.2％も占めている。おそらく，過労とかバーンアウトとかいったものであると思われる。

上記は原因の大分類の内訳であるが，これだけでは大まかな

4-56　2011年の自殺原因（％）の上位5位

	教員	20〜50代
1位	うつ病(26.8)	うつ病(21.4)
2位	仕事疲れ(13.4)	身体の病気(5.9)
3位	職場の人間関係(10.1)	統合失調症(5.3)
4位	身体の病気(8.7)	生活苦(5.2)
5位	夫婦関係の不和(6.7)	夫婦関係の不和(4.8)

資料：図表4-54と同じ

輪郭は掴めても，原因について具体的なイメージを持ちにくい。勤務関連の原因といっても，さまざまなものがある。そこで最後に，より細かい小分類の統計も見ていただこう。原資料では，52にも及ぶカテゴリーの原因について集計されているが，ここにてその全貌を提示する紙幅はない。教員と20〜50代人口について，上位5位の原因のみを掲げよう（図表4-56）。括弧内の数値は，各原因が全体に占める比率（％）をさす。教員の場合，うつ病が全原因（149）の26.8％を占めていることを意味する。

現代は「うつの時代」というけれど，教員でみても20〜50代人口でみても，自殺原因のトップはうつ病である。教員の場合，全自殺原因の4分の1がうつである。また，仕事疲れや職場の人間関係のような，勤務関連の原因のシェアが大きいのは教員の特徴である。比較対象群の自殺原因では，これらの原因は上位に挙がっていないが，教員の自殺原因では多くを占めているのである。

教員の過労やバーンアウトが深刻化している状況である。仕事疲れについてはさもありなんという感じだが，職場の人間関係という原因も大きいようだ。最近，副校長や主幹教諭など，以前にもまして細かい職制が導入されているけれど，教員組織の官僚制化・階層化が進行しているとみられる。また教員評価の導入など，教員間の分裂・差異化を促すような事態にもなっている。このようなことが，職場における人間関係の悩みのタネになっているのではないだろうか。

それと，夫婦関係という家族面の原因も比較的大きいようである。教員は同業婚が比較的多いというけれど，教員夫婦はお互い多忙で，知らぬ間に夫婦関係に亀裂が入ってしまうこともあろうかと思う。職場のみならず家庭までもが緊張や葛藤の場になったのでは，たまったものではない。人間の生活の場は家庭，職場，地域社会などからなるが，これらの相異なる場の生活のバランスがとれている状態が望まれる。思うに，教員の生活は，こうした理想態からかな

り隔たっているのではないだろうか。生活の領分のほとんどが職場（学校）に侵食されているのではないかという懸念が持たれるのである。

　教員の自殺率は高いものではない。しかし，自殺原因の構成は，現代における教員の危機を如実に物語っている。これから先，この部分にも目を向けていく必要がある。

本章のまとめ

　本章では，子どもに知識や技術を教えることを業とする教員について，統計をもとに論じたのであるが，「教師」ではなく「教員」といったのは，社会の機能遂行を担う職業人，組織人としての意味合いを前面に出すためである。高度化した現代社会における教育は，学校という専門機関において，国定されたカリキュラムにのっとって，有資格の教員の手によって，組織的・体系的に行われる。現代にあっては，教育は組織によって担われるのであり，個々の教員は，その成員として，他の教員らと協働することを求められる。教「員」という言葉を使うのは，このような理由からである■49。

　さて，上でいう「組織」とは言うまでもなく学校であり，各学校において，個々の教員が集うことで教員集団が形成されることになる。この教員集団は，個々の教員の拠り所となると同時に，彼らの思考や行為を一定の方向に水路づけ，ひいては，各人の教育行為を規定する条件として作用するのである。

　このような見方のもと，現代の教員集団の組成を観察したところ，昔に比べて女性化，高学歴化が進行していることを知った。こうした変化は，総体として教育実践の高度化をもたらし，かつその幅を広げるという意味合いにおいて，

■49────前近代社会において，自身が開設した私塾か，あるいは組織性の低い寺子屋等で教えていた人間は，お師匠というニュアンスが強いことから，「教員」よりも「教師」といったほうがしっくりくる。わが国において，組織的教育を協働して担う教員が出てきたのは，近代学校が生まれた明治期以降のことである。

プラスの作用を持つものと考えられる。

　しかるに，その反対の方向に作用するとみられる構造変化も生じてきている。その一つは高年齢化である。241頁の**図表**4-3にみるように，現代の教員集団の年齢ピラミッドをみると，完全な逆ピラミッド型である。公立小学校教員でいうと全体の4割が50代以上であり，30歳未満の若年教員は1割強しかいない。このことについては，体力面の心配があるとかいわれるが，集団論的な点でいうと，外部社会の変化に寄り添うことをしない保守志向が集団内に蔓延したり，少ない若年教員に大きな圧力がかかったりする，というような問題が起こり得る。そして，懸念されるあと一つの変化は，教員の非正規化の進行である。**図表**4-9では，数時間の授業を担当するためだけに雇われている時間講師の比重が，年々増加していることをみた。これがあまりに進行すると，長きにわたる接触の中で培われる，教員と生徒の信頼関係という，教育実践の土台条件がすっぽり抜け落ちてしまうこととなる。

　こうした構造変化があることを押さえた上で，わが国の教員の役割遂行がどれほど良好かを他国と比したのであるが，国際比較で分かったのは，授業スタイルという点でも対生徒関係という点でも，日本の位置は芳しくないことである。授業は詰め込みで，教員と良好な関係を持っていると自己評定する生徒は少ないのである。しかるに，このことは，教員個々人の資質の問題ではなく，彼らを取り巻く構造条件の所産であるとみたほうがよい。詰め込み授業については，激しい受験競争や内容がぎっしり詰まった国定カリキュラムに由来するだろうし，対生徒関係の希薄さにしても，会議や雑務の多さ，そして先ほど述べたような，教員の非正規化というような条件がきいていると思われる。教員のパフォーマンスを向上させようというなら，教員研修の充実と併行して，このような悪条件を取っ払うことが志向されねばなるまい。

　なお，精神疾患や病気離職率の上昇に示されるように，心身を病む教員が増えてきている。よくいわれるように，過労やバーンアウトによるところが多いだろうし，病気離職については若年教員で増加が顕著であることから，教員集団の高年齢化のような要因もきいているのではないかと思われる。現在では，20代教員は全体の1割しかおらず，20代前半という新卒該当年齢になるとほんの3％ほどである（公立小学校）。新任教員の場合，腹を割って悩みや不安を打ち明け合うことのできる同輩教員もいない。一方で，上からは各種の雑務が降ってくる。そのうえ，今の学校現場はあまりに忙しく，新任教員へのフォロー

本章のまとめ　　315

も手薄になりがちである。こうした悪条件の重なりが、採用されて間もない新任教員の自殺というような悲劇をもたらしているともいえよう。

　加えて、現代教員の危機を考えるにあたっては、学校をとりまく社会の変化にも目を向けねばならない。まずは、国民全体の高学歴化である。大学進学率の上昇した現在、保護者の多くは教員と同じ大卒であり、このことは、知識の伝達者としての教員の威厳を低落せしめている。また、地域住民の学校参画や教員評価制度の導入など、教職の自律性・安定性を揺るがすような事態が出てきていることにも注意が要る。こうした状況に戸惑いを覚えているのは、長年異なる状況下で教職生活を送ってきた、高年齢教員だろう。事実、教員の精神疾患罹患率は高齢教員ほど高いのである（図表4-46）。

　ところで、今しがた「自律性」という言葉を使ったけれど、これは専門職の職務の特性を言い表すのに用いられる語である。258頁にも書いたが、教員が専門職であるかどうかについては議論があって、自らをして、高度な自律性を有する専門職であると考える教員が多いのだろうが、外側からみればそうした認識は必ずしも妥当ではない。学校という官僚制組織の一成員として、上から言われたことを粛々とこなす労働者であるかのような感もあるし、教える内容の自由が認められているのでもない、初等中等教育機関で教授する内容は、国定の学習指導要領によってきっちり定められている。教員が抱く（専門職としての）自己像は、現実態から隔たっていることがしばしばである。むろん、それは昔も同じであったが、上述のような社会変化が生じている今日、そのギャップは大きくなっているとみられる。にもかかわらず、形の上では教員は「高度専門職」などと煽られる■50。このことが、教員らの葛藤をますます深刻なものとしていると思われるのである。もはや、「準専門職」などという苦肉の言い回しをすることで済む問題ではないのかもしれない。

　求められるのは、このような教員の立ち位置の不明確さを克服することではないか。私は、教員をして「高度専門職」と位置づける方向に異を唱えるものではない。これを具現化する策として、政府は、教員養成の期間を長期化するとか、教員研修を強化するとかいうことを考えているのだろう。これは知識や技術を高度化することに関わるが、それと同時に欠かせないのは、専門職とし

■50────2012年8月28日の中央教育審議会答申「教職生活の全体を通じた教員の資質能力の総合的な向上方策について」。

ての自律性を担保することである。といっても，国民の共通基礎教育を担う初等中等教育段階の教員に，教授内容の自由を保障するわけにはいかないし，この段階においては，学校組織の成員として，組織的・体系的教育の一翼を担ってもらわねばならない。しかるに，できることはある。それは，彼らにヒマを与えることである。

　297頁で述べたことと関連するが，長期休暇の間くらい，教員を「黒板とチョークの世界」から解放して，上から与えられる研修とは違った，自己修養をなす機会を与えることはできないものか。目下，それとは逆の方向に進んでおり，職務以外の自発的な学習を行う教員の比率が減ってきていることは，**図表 4-44** でみた通りである。2009年度より実施されている教員免許更新制も一役買っているだろう。残念なことだが，「黙っていては何もしない」という不信感を当局は持っているようだ。教員をして「高度専門職」と位置づけるのであれば，このような不信の念は拭いさり，代わって，彼らに信頼を寄せることである。このことは，過労やバーンアウトのような病理現象の治療にもなるだろう。

　本章の内容は多岐にわたるので，論点を絞ったまとめとした。しかし，私が最も言いたいのは，こういうことである。

第5章 青年

教育の使命と実態——データからみた教育社会学試論——

[第1節] 青年期の今

■ 15〜24歳人口のすがたの変化

　長い長い人の一生というのは，いくつかの時期に区分されるのであるが，高度化した社会においては，青年期という固有の時期がある。青年期とは，子どもから成人への移行期のことをいう。前近代社会や未開社会においては，このような時期は基本的に存在しない。昨日まで子ども扱いされていた者が，ある日の儀式を契機として，「今日からお前は大人だ」と宣告されるようなことが常である。つまり，子どもから大人への移行が突如としてなされるのである。

　ところが，高度化した社会ではそうはいかない。現代日本では，一人前に社会生活を営むために求められる知識や技術の水準がひときわ高く，青年期という中間的な時期において，それを摂取してもらう必要にかられている。また，社会が複雑化しているが故，自分が社会においてどういう役割を果たすかを決めることも容易ではない。職業の選択という点でいうと，子は親の職業を継ぐのが当然とされていた封建社会では，それは運命づけられていた。近代社会になって職業の世襲制が廃止されても，当初は大半の人間が農業に従事する社会であったから，事情はさして変わらなかったといっていい。しかるにその後，社会の産業化・分業化が急激に進行したことにより，現在では，おびただしい数の職業が存在している。現代人は，その中から自己に適する職（役割）を選ぶことを求められる。そこで，役割選択のための準備期間として，青年期という時期が社会的に付与されることとなった。青年期が，労働などの各種の役割遂行を免除された「モラトリアム」の時期と性格づけられていることは，よく知られている。

　ところで，青年期という概念が存在していても，それが現実にどれほど浸透しているかは，時代や社会によって異なる。わが国においても，戦前期，いや

5-1 男子の労働人口率（%）

	15〜19歳	20〜24歳
1920年	83.4	93.7
1930年	78.5	91.8
1940年	77.6	91.4
1950年	53.0	90.5
1955年	54.3	88.1
1960年	51.6	87.9
1965年	38.6	87.1
1970年	36.6	83.6
1975年	23.3	79.1
1980年	20.3	74.7
1985年	19.2	74.7
1990年	19.9	75.4
1995年	18.8	75.8
2000年	17.4	70.2
2005年	17.4	67.5
2010年	15.0	65.6

資料：総務省『国勢調査』

戦後初期の頃までは，青年という中間的な存在でいることを許される人間は多くなかった。しかるに，時代が経つにつれて，上述のような社会的条件が色濃くなってくるとともに，生産力の上昇に伴うゆとりも出てきたことから，青年期を享受できる人間がどんどん増えてきた。

このことは，義務教育を終えて間もない10代後半人口のうち，働いている者の割合の変化をたどってみるとよく分かる。私は，総務省『国勢調査』の長期統計にあたって，10代後半の男性の労働力人口率を調べてみた。労働力人口とは，働く意思のある人間のことであり，就業している者と，働く意思はあるが職に就けないでいる失業者から構成される。後者の数はさして多くないので，働いている者の比率とみても大きな間違いではあるまい。図表5-1は，最初の『国勢調査』が実施された1920年（大正9年）から2010年現在までの変化を示したものである■1。

1920年では，10代後半男子の8割が働いていた。戦前期は値が一貫して高いままで，1940年（昭和15年）でも77.6%である。人口の半分以上が農業に従事し，機械化も進行していなかった当時にあっては，10代後半ともなれば立派な労働力であった。複線型の学校制度の時代だったこともあり，旧制中学校や高等女学校を経由してさらに上の学校まで進学する者はわずかであったことも付記すべきであろう。1935年に，いずれの学校にも籍を置いていない19歳までの男子の学校として青年学校ができたけれど，生徒の多くは，働く勤労青年であった。

しかし，戦後になると状況は大きく変わる。抜本的な教育改革により，義務教育の期間が15歳まで延長された■2。また，「6・3・3・4」の単線型の学校制度が敷かれたことにより，高校や大学といった上級学校への進学を阻む制度上の障壁もなくなった。このようなことにより，1950年には，10代後半男子

■1————戦前期（1940年）までは，職に就いている有業者の比率である。
■2————戦前期は，義務教育は尋常小学校（1940年以降は国民学校初等科）までであった。年齢でいうと12歳である。

の労働力人口率は53.0％にまで低下した。その後，高校進学率が急上昇したことで，労働人口率はみるみる下がり，1975年には23.3％，およそ4人に1人となる。高校進学率が95％超の飽和点に達するのはこの頃であるが，それ以降は，大学や専門学校等への進学率が伸びたこともあり，働く者の率はさらに減少する。1980年には2割を切り，それから4半世紀を経た2010年現在ではわずか15.0％である。

　マイノリティーの存在を無視するのではないが，今日では，10代後半の時期をもって，青年期と位置づけても差し支えない。なお，青年期が延長の傾向にあることが，隣の20代前半の労働人口率からうかがわれる。かつては，この年齢層になれば9割以上が働いていたが，現在では65.6％である。裏返すと，3割強の者が，労働という役割遂行から離れていることになる。このうちの多くが，大学や大学院といった高等教育機関に在学している者であることはいうまでもない。

　さて，青年期が実質的に広く浸透している現在のわが国の状況をどうみたものか。このことは，わが国が著しく高度化を遂げ，それなりの富を蓄えていることの証左でもある。10代後半の8割，20代前半の3割が労働を免れている社会というのは，世界的にみればごくわずかである。結構なことではないか，という声もあるだろう。

　しかるに，事はそう単純でない。与えられたモラトリアムを上手く利用して，社会において自己が果たすべき役割を自覚し■3，それに向けた準備に励むというならいいけれど，そのような行いをとらない者がいる。大学に行くにしても「皆が行くから」「何となく」というような動機で，せっかく与えられた4年間を無為に過ごしてしまう。これは，貴重な青年期の浪費以外の何物でもない。また，モラトリアムのぬるま湯につかりっぱなしで，自立を忌避する青年も見受けられる。このような人間が増えることは，家庭や社会にとって大きなコストとなる。

　あと一点，青年とは，子どもでもなければ大人でもない，中間的な存在である。体が大きくなっているので，子ども扱いされるのは心外である。かといって，大人としての役割遂行（自活）を求められてもそれはできないので，大人

■3───心理学者エリクソンによると，青年期の課題は，自我同一性（アイデンティティ）を確立することである。

ともみなされない。こうした立ち位置の不明瞭さ故，彼らは心理的な不安定や葛藤に苛まれやすい。このような不安定な状態が何らかのきっかけ要因に遭遇すると，直ちによからぬ行いへと発展してしまう危険性が多分にある。若いだけに，エネルギーは膨大である。これを適当な方向に上手く仕向けないと，それこそ大変なことになる。

　現代日本は，ライフステージの一区分として青年期が定立し，かつその期間が長期化している社会である。それは社会的な必要から生まれたことであるけれど，そのことに伴う問題も多い。本章では，現代日本の青年期の諸相についてみていく。まず次節では，青年層の多くを収容している大学のキャンパスの中を覗いてみることにしよう。

[第2節] 大学教育

　子どもから大人への移行期としての青年期は，かつては10代の後半辺りであったが，今日では，それはもっと長期化している。今日では，一段上の20代前半までを青年期と括っても間違いではないだろう。184頁の**図表3-14**でみたように，現在では，この年齢層の多くが学校に通っている。昔と違うのは，大学という高等教育機関に通う者が著しく増えたことである。大学進学率は，1950年代は1割ほどであったが，現在ではゆうに半分を越えている。同世代の2人に1人が，10代の末から20代の初頭までの時期を大学で過ごすのである。

　現代日本では，青年期の社会化に際して，大学が重要な役割を果たしている。この節では，青年大衆の教育機関としての大学の有様についてみていき，そこで学ぶ大学生の現実態を統計で観察することに主眼を置くこととしよう。

■1　大学生の生活時間

　大学は，学校教育法第1条が定める正規の「学校」の一つであるが，学校といっても，小・中・高のように，四六時中授業が行われているのではない。人によって幅はあるだろうが，1日に受ける授業（90分）の数は，2～3というのが平均的なところだろう。それ以外の時間は，授業に関連する自学自習に充てることが期待されるのであるが■4，現実には大半の学生が，サークル，アルバイト，その他諸々の活動に精を出している。

　青年期の課題である自己アイデンティティの確立のためには，いろいろなことをやってみることが必要であるので，取り立てて目くじらを立てるようなことではない。大学時代というのは，時にはハメを外すことをも含めて，さまざまな試行錯誤をすることが許されるモラトリアムの時期としての性格も持っている。かといって，勉強せず，遊び呆けてばかりというのは問題である。何事も程度の問題であるが，現在の大学生の1日というはどういうものなのか。公的統計でもって，その平均的な様をみてみよう。

　総務省の『社会生活基本調査』から，大学・大学院生の各種生活行動の平均時間を知ることができる。最新の2011年調査と10年前の2001年調査の結果を比較してみよう。図表5-2は，平日の1日あたりの平均時間をまとめたものである。両年とも，20の生活行動の平均時間の総計は1,440分（24時間）である。ゆえに，この表の数値は，1日の生活時間の内訳とみてもらってもいい。

　表によると，2011年の学業時間は274分である。今の大学生■5は，1日あたり4時間半ほど，授業を受けたり，授業に関連する自学自習を行ったりしていることになる。大学生の学業時間は，2001年は225分であったから，この10年間で49分増加したことになる。表では，10分以上平均時間が伸びた行動に△印を付したが，学業のほか，通学と休養・くつろぎにこの印がついている。▼印は，この10年間で10分以上平均時間が減じた行動である。テ

■4―――大学設置基準第21条によると，授業時間外の自習も含めた45時間の学習が1単位に相当するとある。これに依拠すると，半期の授業2単位を取得するには，90時間の学習が求められることになる。この場合，授業時間（1.5時間×15回＝22.5時間）のほかに，当該授業に関連する自学自習を67.5時間しなければならない計算になる。この準則が徹底されているなら，大学の図書館は常に満員状態になっているはずであるが，現実がそうでないことは周知の通りである。
■5―――大学院生のサンプルはごくわずかである。したがって，表のデータは，大学生の傾向を反映しているものとみて差し支えない。

5-2 大学・大学院生の平日の行動別平均時間（分）

		a 2001年	b 2011年	b−a 増減
第1次	睡眠	458	460	2
	身の回りの用事	68	77	9
	食事	82	88	6
第2次	通学△	76	91	15
	仕事・アルバイト	92	83	−9
	学業△	225	274	49
	家事	14	14	0
	介護・看護	0	0	0
	育児	1	1	0
	買い物	15	13	−2
第3次	移動(通学を除く)	36	29	−7
	テレビ・ラジオ・新聞・雑誌▼	107	59	−48
	休養・くつろぎ△	81	97	16
	学習・研究(学業以外)▼	38	28	−10
	趣味・娯楽	65	68	3
	スポーツ	13	14	1
	ボランティア・社会参加活動	4	2	−2
	交際・付き合い▼	45	26	−19
	受診・療養	3	3	0
	その他	16	13	−3

資料：総務省『社会生活基本調査』

レビ・新聞等のメディア接触，学業以外の学習，および交際・付き合いがこれに該当する。表を全体的に眺めると，義務的性格の強い第2次活動の比重が高まり，自由時間に行う第3次活動の比重が小さくなっていることが知られる。

学業時間の大幅な増加は，大学生の「マジメ化」ととれるであろう。テレビや新聞等のメディアを介した情報摂取■6や，交際・付き合いの減少は，大学生の「内向化」の向きとみなせる。両者を合わせて，この10年間の大学生の変化を「マジメ化・内向化」と括りたい。

世紀が変わってからの10年間，大きな教育改革が立て続けになされた経緯がある。2006年には，教育の憲法ともいえる教育基本法が全面改正され，それに伴い，翌年には教育三法も大きく改正された。また，08年と09年には，教育課程の国家基準である学習指導要領が抜本改訂され，授業時数の増加等が図られた。これは主に初等・中等教育段階に関わる改革であるが，大学のような高等教育機関においても，学生にもっと勉強させようという改革方向が明示されている。08年12月24日の中教審答申「学士課程教育の構築に向けて」では，「学生の学習時間が短く，授業時間外の学修を含めて45時間で1単位

■6―――これらのメディアへの接触時間頻度の減少は，インターネットへの接触時間の増加に取って代わられている可能性もある。

とする考え方が徹底されていない」、「成績評価が教員の裁量に依存しており，組織的な取組が弱い」という状況認識のもと，「学生の学習時間の実態を把握した上で，単位制度を実質化」、「成績評価基準を策定し，GPA 等の客観的な評価基準を適用」というような改善方策が打ち出されている■7。加えて社会情勢をみても，08 年のリーマンショック等の影響で，就職戦線が一段と厳しくなり，学生の間にも，自己防衛の気風が強まったのではないかと思われる。この点を汲むと，上述の「マジメ化」は，「ガリ勉化」と言い換えたほうがよいかもしれぬ。

　おそらくは，大学生のこのような変化は，政府の歓迎するところであろう。しかるに，国際的にみれば日本の大学生の勉学時間はまだまだ短く，国内でみても，小・中・高校生よりも大学生の勉学時間が短い■8 とは何たることかと，これから先も，追い討ちのムチが下されるであろうことは想像に難くない。

　私は，このような方向にあからさまな異を唱えるものではない。であるが，「締めつけ」一色というのはいかがなものか，という気もする。青年期とは，自らが定立した目標に向けて準備する時期であると同時に，目標そのものを探し求めるための時期でもある。現代日本の大学生をみるに，数の上では，前者よりも後者のほうが多いと思われる。1995 年に放映されたスタジオ・ジブリ『耳をすませば』では，主人公の月島雫（中3）が，大学生の姉に「お姉ちゃん，進路決まった？」と尋ねるシーンがある。この問いに対し，姉は「それを探すために大学に行っているの」と答えている。この言は，今の大学生の心の内を実に的確に言い表している。

　大学とは，社会において自分がなすべきことを探している人間に対し，「大学生」という身分を付与し，そうした（フラフラとした）状態を正当化してやる機能を果たしている。大学進学率が50％を越えている現在，この機能の領分は小さなものではない。このようなことにかんがみ，大学の「小・中・高校化」とでもとれるような政策ばかりでなく，学業と関係のない本を読むとか，ボランティア等の各種の活動に励むとか，その種の第3次活動をも尊重すべきで

■7────文部科学省ホームページに掲載されている，同答申の概要記事を参照。GPA とは，"Grade Point Average" の略であり，A 評価には＊点，B 評価には＊点というようなスコアを与え，その平均値でもって，進級や卒業の可否を判断するものである。この制度のもとでは，必要な標準単位数を揃えるだけでは足りない，ということになる。
■8────2011 年の『社会生活基本調査』によると，平日の1日あたりの学業時間の平均時間は，小学生が 407 分，中学生が 452 分，高校生が 425 分である。図表 5-2 でみた，大学・大学院生の平均値（274 分）はこれよりもかなり短い。

あると思う。換言すれば，そのための条件となる，自由な時間の尊重である。むろん，大学をして，何の内実もない「空き箱」のようなものにせよというのではない。よくいわれるように，「学校は勉強をする所」である。しかし，自己アイデンティティの確立を目指す青年大衆が学ぶ，現代日本の大学の場合，次のようなアレンジが必要である。「大学は，勉強だけをする所ではない」と。

■2　リメディアル教育

　リメディアル（remedial）とは補償，すなわち「欠けているものを補う」という意味である。最近，大学教育の現場では，リメディアル教育という単語がよく口にされている。現在，大学進学率は50％を越え，同世代の2人に1人が大学に入ってくるようになっている。大学がここまで大衆化すると，入学者の中には，基礎学力が十分でない者も含まれるようになる。こうした学生に対し，大学教育を受けるに足る学力を補償的に身につけさせる実践の総称が，リメディアル教育である。

　読売新聞教育取材班は毎年，全国の大学に対し，教育実践の状況について尋ねる調査を実施している。2011年調査では，リメディアル教育に関連する設問が盛られており，①入学前補習，②新入生補習，③日本語の学び直し，および④英語の学び直しの実施頻度が問われている。本調査では，623の国公私立大学から回答を得ているが■9，上記のうち③の実施頻度分布を示すと，**図表5-3**のようである。同取材班『大学の実力2012』中央公論新社（2011年）の巻末資料から，私が集計したものである。

　まず623校全体の分布をみると，32.4％（202校）が，日本語の学び直しを全学部で実施していると回答している。半数以上の学部で実施までを含めると，およそ4割に達する。なお，この項目の実施頻度は，国公立大学と私立大学ではかなり違っている。全学部で実施の率に注視すると，国

5-3　日本語の学び直しの実施状況（％）

	国公立 (154校)	私立 (469校)	合計 (623校)
全学部で実施	14.3	38.4	32.4
半数以上の学部で実施	3.2	7.5	6.4
半数未満の学部で実施	5.8	9.2	8.3
実施していない	76.0	44.6	52.3
無回答	0.6	0.4	0.5

資料：読売新聞教育取材班『大学の実力2012』

■9────2011年の文部科学省『学校基本調査』によると，同年5月1日時点の全国の大学数は780である。母集団の約8割がカバーされていることになる。信憑性の高いデータであるとみてよい。

公立大学は 14.3％であるが、私立大学は 38.4％である。「全学部で実施」＋「半数以上の学部で実施」＋「半数未満の学部で実施」の広義の実施率を出すと、国公立は 23.4％、私立では 55.0％にもなる。

他の 3 項目の実施頻度もみてみよう。**図表 5-4** は、広義の実施率を項目ごとに掲げたものである。

5-4　リメディアル教育 4 項目の実施率（％）

	国公立 （154校）	私立 （469校）	合計 （623校）
入学前補習	46.1	63.3	59.1
新入生補習	64.3	64.2	64.2
日本語学び直し	23.4	55.0	47.2
英語学び直し	33.8	40.1	38.5

資料：図表5-3と同じ

今日、多くの大学において何らかの形でリメディアル教育が実践されていることが知られる。現在においては、リメディアル教育は多くの大学関係者の関心事であり、日本リメディアル教育学会という学会も組織され、活発な議論が展開されている模様である。

大学におけるリメディアル教育の背景には、わが国の教育の歴史的な要因がある。初等・中等教育と高等教育の間には、そもそも大きな溝が存在するものである。わが国で近代学校ができたのは明治期の初頭であるが、当初は、近代化を担うエリートを養成する帝国大学に膨大な資源が投入され、と同時に、民衆の教育水準向上のため、小学校の普及に力が注がれた。つまりは、「上」と「下」ができたのである。その後、時代の経過とともに、両者を中継ぎする諸学校ができてきた。たとえば、旧制高等学校が、帝国大学での教育を受けるに足る学力（とくに外国語）を授けるための準備機関であったことはよく知られている。現在では、そうした準備教育を行う機関がないので、大学が自前でこの種の準備教育（補償教育）を行っていることになる。

これから先、大学進学率がさらに高まる可能性も考えられる。そうなった時、リメディアル教育の重要性はことに高まることであろう。その場合、大学教員の役割革新が要請されるかもしれない。その兆しは出てきており、最近の大学教員の公募文書をみると、「教授・准教授・講師公募」ではなく「教育職員公募」と記されていることがよくある。教壇に立つ人間も、研究教授と教育職員とに分化するような事態も想定される。大学は、青年期教育を担う代表的な教育機関であるが、対象の青年は実に多様な存在である。大学の側も、それに相応することが求められる。リメディアル教育を切り口にして、未だかつてない、大学の大きな地殻変動を垣間見ることができるのである。

■3　留年

留年とは，卒業を延期することである。英語でいうと，delay of graduation となる。大学においてよく使われる言葉であり，高等学校など，学年制をとっているところで，同一の学年に留め置かれる原級留置（落第）とは，概念上区別される。留年というと，勉学を怠けたのだろうととられることが多く，ゆえに留年率というのは，ネガティブな指標というイメージを持たれている。しかるに近年，この指標に別の意味合いを付与する必要が出てきている。大学生の留年に関連する統計を提示しながら，この点について述べていくことにしよう。

2012年度の文部科学省『学校基本調査報告（高等教育機関編）』によると，同年5月1日時点において，最短修業年限を越えて在学している大学生は107,377人である■10。この数は，同時点の大学生数（約288万人）の3.7％に相当する。現在では，大学生のおよそ27人に1人が留年生である。

図表5-5は，上記と同じやり方にて，1980年から2012年までの大学生の留年生出現率（以下，留年率）を算出し，グラフにしたものである。大学生の留年率は1980年代の頃と比べれば低下してきている。今世紀以降は凹凸しているが，2012年現在の値は，30年前の頃よりもかなり低いのである。推測であるが，80年代から90年代にかけての減少は，怠けやアパシーといった伝統的な意味合いでの留年が減ってきたことの表われではあるまいか。

さて，図表5-5で注視していただきたいのは，2008年以降における留年率の微増傾向である。この時期の留年増は，少し違った解釈をしなければならない。まず挙げられるのは，就職に失敗した学生が，翌年度も新卒枠で就職活動を行うべく，自発的に留年するケースの増加である。わが国の労働市場には，新卒至上主義という（奇妙な）慣行があり，新卒

5-5　大学生の留年率（％）

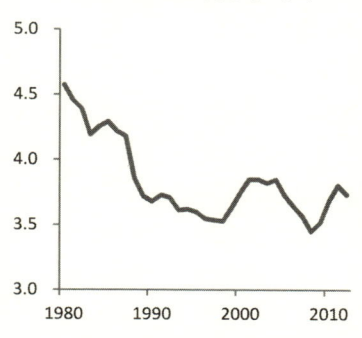

資料：文部科学省『学校基本調査報告』

■10―――修業年限4年の学部の数字である。厳密には，修業年限5年ないしは6年の学部の学生も含めなくてはならないが，数が少ないので，ここではオミットする。

時に就職に失敗した者は，翌年以降は「既卒」の枠での就職活動となり，多大な不利を負わされることになる。このような事態を回避するため，学費と時間を無駄にしてでも留年を選択する者がいる。2008年といえば，リーマンショックが勃発した年である。内定切りのような非道も横行した。こういう状況の中，上述のような動機での留年が増えたと考えられる。就職失敗による留年の場合は学費を下げるという大学が現れ，政府が「卒業後3年以内までは新卒として扱ってほしい」という要望を経団連に提出したのも，機を同じくしている。

あと一点，指摘しておくべきは，大学の出口管理の強化である。同じ2008年12月24日の中教審答申「学士課程教育の構築に向けて」では，単位制度を実質化し，学生の学習時間を確保する，成績評価を厳格化するという方針が示された。また，極めつけは「学士力」という概念の提示であり，大学卒業者に授与される「学士号」の質をしっかりと保証しようという動きも出ている。このようなことも，学生の留年率を高める要因として作用し得る。

大学生の留年率は，怠けやアパシーの指標としてとられることが多いけれど，今日では，就職戦線の厳しさや大学の出口管理の厳格さを表現する指標としての意味合いも持っている■11。これから先，前者は浮き沈みがあるだろうけれど，後者はある程度恒常的に継続すると思われる。

■4　休学

休学とは，学校に在籍する児童生徒や学生が，病気などの理由により，一定期間授業を受けない状態にあることをいう。義務教育学校の学齢児童・生徒については，法規上は，休学は認められない。長期間学校を休まなければならない事由がある場合は，学校教育法第18条が規定する，就学義務の猶予ないしは免除の対象となる。しかし，高校生と大学生はこの限りでなく，大学における学生の休学については，「教授会の議を経て，学長が定める」と規定されている（学校教育法施行規則第144条）。

休学をする学生がどれほどいるかも，現代学生の態様を診るための指標の一つである。アンケート等で，学生個々人の意識を尋ねるのもいいが，ある行動

■11―――たとえば，秋田の国際教養大学は，卒業認定の基準を厳しくしていることで知られる。2009年12月7日の読売新聞では，「力をつけた学生だけ卒業させている」，「4年で卒業という概念を捨ててほしい」という，学長の言が紹介されている。今後，こうした先進例に多くの大学が追随するならば，状況は大きく変わっていくことだろう。

5-6 大学生の休学率（‰）

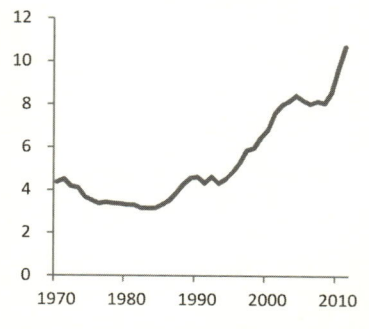

資料：文部科学省『学校基本調査報告』

に実際に踏み切った人間の数を数えることも重要である。この項では、大学生の休学率という指標を計算してみよう。

休学している大学生の数は、文部科学省の『学校基本調査報告』から知ることができる。2011年度調査によると、同年5月1日時点において休学している大学生は30,930人とのことである。同時点の大学生全体（約289万人）に対する比率にすると、10.7‰となる。千人あたり10.7人という意味である。約分すると、93人に1人というところである。これだけでは「ふーん」であるが、時系列比較をすることで、この値を性格づけてみよう。私は、1970年以降のおよそ40年間について、大学生の休学率の推移を明らかにした（図表5-6）。

大学生の休学率は、1980年代の半ばまで微減を続けるが、それ以降、増加に転じる。とくに90年代にかけての伸びが著しく、93年から04年までの10年間で、4.3‰から8.4‰にまで上昇した。04年から08年までは低下するが、最近4年間の増加がまたすさまじい。休学率が10‰（1％）を越えたのは、11年になってからである。ちなみに、休学学生の実数が3万人を突破したのもこの年である。

政府の統計からみるところ、大学生の休学率はかつてないほど高まっているようである。大学全入時代の到来により、学業に適応できない学生が増えたとか、スチューデント・アパシーが増えたとか、さらには、就職留年中の学費の節約戦略だとか、いろいろな事情が考えられるけれど、休学の事由については後で考えることとし、『学校基本調査』から分かるデータをもう一つ提示しよう。2011年の属性別の休学率である（図表5-7）。

性別でみると、微差であるが女子よりの男子の率が高い。設置主体別

5-7 2011年の大学生の休学率（‰）

	a 学生数	b 休学者数	b／a 休学率（‰）
男子	1,693,307	19,795	11.7
女子	1,200,182	11,135	9.3
国立	623,304	8,983	14.4
公立	144,182	2,376	16.5
私立	2,126,003	19,571	9.2
第1学年	621,309	1,749	2.8
第2学年	623,110	4,597	7.4
第3学年	603,901	6,404	10.6
第4学年	677,108	17,992	26.6

＊学年別のデータは、第5学年と第6学年は非掲載。
資料：図表5-6と同じ

では，私立よりも国公立の休学率が高くなっている。国公立の場合，休学中の学費は払う必要がないので，学費節約のための休学が私立に比して多いのではないかと思われる。学年別では，上級学年ほど休学する学生が多い。第4学年では，分母，分子ともに数が多いのであるが，これは，最短修業年限超過者は最終学年（4年）の数に組み入れられるためである。

既存統計で詰めることができるのはここまでであるが，休学の事由としてはどのようなものが多いのだろう。この点については，茨城大学保健管理センターの内田千代子氏の報告がある■12。本報告では，2008年度の56国立大学の休学者 7,306 人について，休学の事由が明らかにされている。内訳を紹介すると，身体疾患が 4.1%，精神障害が 9.7%，消極的理由が 31.2%，積極的理由が 27.5%，環境要因が 21.0%，不詳が 6.6%，とのことである。最も多くを占める消極的理由とは，「大学教育路線から離れるような理由」であり，スチューデント・アパシー■13 のほか，ボランティアやアルバイト等の学外活動に勤しむというようなものが含まれる。海外留学や就職再トライなどは，積極的理由に括られる。

時系列的にみると，2003年以降，消極的理由が積極的理由を凌駕しているそうである。また，1998年以降，経済的理由等の環境要因の比重も増しているとのこと。後者は，社会全体の経済状況と密接に関連している。上記調査研究の対象は国立大学だけであるが，私立大学も加えれば，消極的理由や環境要因の比率はもっと高くなると思われる。また，**図表 5-6** でみたように，08年以降の休学率の伸びが目立つのであるが，リーマンショック以降の不況と期を同じくしている。今日の休学の理由構成としては，就職再トライのような積極的理由のシェアが高まっているかもしれない。

冒頭で述べたように，休学とは，一定期間授業を受けない状態のことをいうが，それは否定的に考えられるべきものではない。留学をするとか，自己を見つめ直すとか，積極的な意味合いでの用途はいくらでも想起できる■14。であ

■12————内田千代子「大学における休・退学，留年学生に関する調査（第31報）」『第32回全国大学メンタルヘルス研究会報告書』2011年3月（同年7月修正）。
■13————アパシーとは，あらゆることに無関心になり，感情が働かなくなる状態。感情的な反応を呼び起こしそうな事態に遭遇しても，全くの無反応となる。スチューデント・アパシーとは，学生の勉学意欲に乏しい状態を指す言葉として用いられる。
■14————東京大学では，2013年度以降，新入生を対象に「特別休学制度」を実施している。入学直後の学生に，長期にわたる社会体験活動を経験させるというものである。

るが，近年になって学生の休学率が殊に高まっていること，アパシー等の消極的理由の比重が増していることなどを汲むと，楽観的な解釈ばかりというのは許されない。小・中・高でいう不登校率のような指標として読むべきだ，という意見もあるだろう。確かに，大学全入時代における休学率の上昇は，大学生の不適応兆候の増加とみるべきなのかもしれない。そうであるならば，大学段階においても，学生の不登校対策のようなことが実施されねばならない。現に，その種の実践を行っている大学の事例も報告されている[15]。ただ，一歩間違うと管理強化につながることにもなるので，正確な状況認識が必要となる。そのためにも，『学校基本調査』等の公的統計において，大学生の休学事由の内訳が明らかにされることを希望するものである。

■ 5　退学

　2011年春の18歳人口ベースの4年制大学進学率は51.0％である（文科省『文部科学統計要覧・平成24年版』）。つまり，同年代の半分以上が大学に行っていることになる。半世紀前の1960年では8.2％であったことを思うと，進学率の伸びはすさまじいという他ない。

　今日，選びさえしなければ，誰もが大学に入れる「大学全入時代」になっている。こうなると，学生の中には，明確な目的を持たない者や，親に強制されて仕方なく入ったというような不本意進学者も少なからず含まれていることだろう。そうした事情から，大学生活に不適応を起こして，卒業を待たずして中途退学する者も，結構いるのではないだろうか。

　読売新聞教育取材班『大学の実力2012』中央公論新社（2011年）から，全国585大学の中途退学率を知ることができる。ここでいう中退率とは，2007年4月入学者のうち，2011年3月までの中退者・除籍者がどれほどいるかを表したものである。簡単にいえば，在学期間（4年間）の間に，どれほどの者が辞めたかを表す指標ということになる。585大学の平均値は8.8％であるが，最も高い大学になると，退学率は31.4％にも及ぶ。入学者のうち3割の者が，卒業を待たずして去る，ということである。

　図表5-8は，585大学の退学率の度数分布をとったものである。最も多いのは，退学率2〜3％台の階級で，110大学（18.8％）がここに収まる。退学率

■ 15———読売新聞教育取材班『大学の実力2012』中央公論新社，2011年，80〜83頁。

が20％を超える大学は24校で，全体の4.1％に相当する。設置主体別にみると，国公立大学の多くは，中退率が低い層に含まれている。中退率が10％を超える大学のほとんどは私立大学である。ここでみたのは，585大学のデータであるが，2011年の全国の大学数は780校（文部科学省『学校基本調査』）であるから，母集団の75.0％がカバーされていることになる。

5-8 585大学の退学率分布

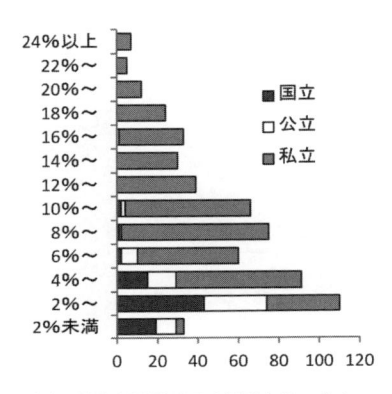

資料：読売新聞教育取材班『大学の実力2012』中央公論新社，2011年

退学の事由としては，不適応のほか，学費が払えないなどの経済的事由も少なくないことだろう。私が勤務している大学でも，そのような話を耳にすることがある。そうした個別事情を挙げればキリがないけれど，退学率の高い大学の外的な特性がどういうものかを明らかにすることはできる。私がまずやってみたいのは，各大学の入試方法のあり方と，退学率との相関関係を調べることである。

大学入試というと，学力検査を受けて入る一般入試やAO入試や指定校推薦など，多様な形態がある。学力だけでは測れない，多様な個性を持った学生を入れようという意図を持っているのだが，学力検査を課すと学生が集まらないのでという，「お客さん集め」的な側面があることも否めない。私は統計学の授業で，百分率（％）の概念を知らないという学生に出会い，いささか驚嘆したことがある。話を聞くと，指定校推薦で入ってきたので，数学はまるっきりやらなかったとのこと。入試形態のオプションを広げるのはいいが，それだけではいけないと感じた。入学後，学生が不適応を起こさないためにも，である。

先ほど退学率を明らかにした585大学のうち，541大学について，2011年春の入学者の内訳を知ることができる（読売新聞教育取材班，前掲書）。私は，この541大学の入学者のうち，一般入試を経ていない者がどれほどいるかを計算した。**図表5-9**は，この541大学の一般入試非経由率と退学率の相関図である。

データの数が多いので，はっきりとした傾向ではないが，うっすらとした

第2節　大学教育

5-9 入試形態と退学率の相関

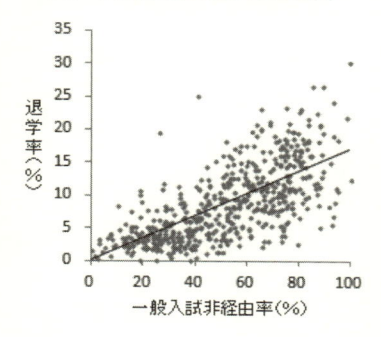

資料：図表5-8と同じ

正の相関が見受けられる。相関係数は＋0.690で，1％水準で有意である。一般入試以外の方法で学生を多く入れている大学ほど，中退率が高い傾向は看取される。多様な方法で学生を入れる以上，その後のケアのようなものが必要であるかと思う。第2項でみたリメディアル教育は，その典型に位置するものといえよう。**図表5-9**をよくみると，一般入試非経由率が同じくらいであっても，退学率が大きく異なるケースが多々ある。この差は，こうしたケアがどれほど綿密であるかの違いによる部分が大きいのではないだろうか。

　大学全入時代といわれる今日，学生の不適応の問題が，以前にもまして重くのしかかってきている。この問題に対処するため，リメディアル教育を充実するほか，不登校気味の学生への個別ケア等の実践が，各地の大学でなされていると聞く。しかるに，退学率が高いことは，一概に問題であるとはいえない。大学での勉学に適応できず，休学等をして自分を真剣に見つめ直した結果，やりたいことが他にあることを悟った学生がいる場合，そうした方向転換の意志を頭ごなしに押さえつけるようなことをするべきではない。意義も分からぬ勉学に4年間も費やすことは，苦行以外のなにものでもない。

　その点で，2年間の短期高等教育機関としての短期大学の存在意義は注目されてよい。「2年間しか学べない」と否定的な眼差しを向けられることの多い短大であるが，在学期間が短いことは，長所と捉えることもできる。2年間で集中して学んでみて，もう勉強とおさらばしたいと思ったら就職，もっと学びたいと思ったら4大に編入すればよいわけである。短大では，大きなリスクを冒すことなく，自分の適性を見極める（目標を定める）期間を享受することができる，という見方も可能である。短大を，さまざまな道に進む前の第一段階（ファーストステージ）とみなす考え方も提起されている■[16]。

　高卒後の教育（中等後教育：Post Secondary Education）を担う機関は大学だけ

■[16]————高鳥正夫・舘昭編『短大ファーストステージ論』東信堂，1998年。

ではない。短大，各種の職業訓練機関，省庁所管の大学校など，きわめて多様な機関があり，それぞれの間の移動可能性も開かれている。その全貌は，専門の研究者でさえ完全に把握している者は少ないといわれる。実際の進路指導に当たっている高校教員には，このような青年期教育の全体構造の把握・研究に努め，適切な情報提供をすることが求められる。

■6 大学教員の非正規化

　これまでは，大学で学ぶ学生に関するトピックを取り上げてきたが，この節では，大学で教える教員の側にスポットを当てることとする。具体的には，世間にあまり広く知られていないと思われる，大学教員の生態についてご紹介したい。それは何かというと，タイトルにあるように，大学教員の非正規化の実態である。内容を先取りすると，近年，その程度があまりにすさまじく，大学教育が機能するのを妨げる条件にもなっている。

　大学の教員は，当該の大学に正式に属する本務教員（専任教員）と，そうではない兼務教員（非常勤教員）からなる。後者には非常勤講師や特任教授などが含まれるが，大半が，数時間の授業をするためだけに雇われている非常勤講師である。文部科学省『学校基本調査』(2012年度版) によると，同年5月1日時点における大学の本務教員数は177,570人，兼務教員数は191,308人となっている。したがって，大学教員全体に占める兼務教員の比率は51.6%である。この指標の長期的な推移をたどると，1960年は27.2%，1970年は35.9%，1980年は39.0%，1990年は42.1%，2000年は47.7%，というように上昇し，今日では半分を越えているのである。少子化により，多くの大学が経営危機に瀕している状況を思えば，賃金の安い兼務教員（以下，非常勤教員）の比重を増やすことで，人件費の抑制を図る大学が多くなっている，ということであろう。

　ところで，上記の数字は大学全体のものであるが，個々の大学ごとにみるとどうだろうか。教員のほとんどが非常勤教員という大学もあれば，非常勤教員が1人たりともいない大学もあることと思う。読売新聞教育取材班『大学の実力2012』（中央公論新社，2011年）の巻末資料には，全国615大学の①専任教員数と，②専任以外の教員（非常勤教員）数が記載されている。これらを使うことで，各大学の非常勤教員率を計算することができる。算出式は，「②／（①＋②）」である。615大学についてこの値を出し，平均をとったところ，52.9%であった。『学校基本調査』から分かる近年の数値（51.6%）とほぼ等し

5-10 非常勤教員率の分布

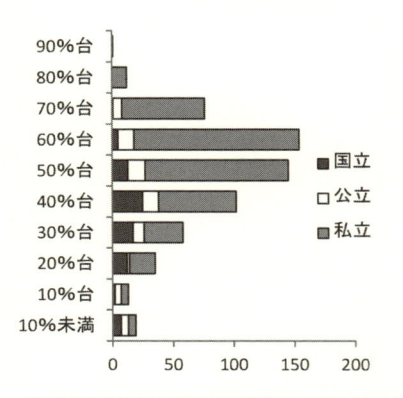

い。であるが、その分布はきわめて広く、0%から91.7%までの開きがある。

図表5-10は、615大学の非常勤教員率の度数分布を示したものである。国公私の構成も分かるようにした。

非常勤教員率が5割を越える大学は388校（63.1%）、6割を越えるのは243校(39.5%)である。多くの大学で、非常勤教員依存率が高いことが知られる。平均値を出すと、国立は39.0%、公立は45.8%、私立は56.4%、となる。非常勤教員率は私立大学で高い。

具体的な情景を想像してみよう。非常勤教員率6割ということは、教壇に立つ教員の3人に2人が部外者ということである。授業後に、「質問があるのですが、授業の空き時間に研究室におうかがいしていいですか」と学生が尋ねた場合、3分の2の確率で、「私は非常勤なので研究室はない。授業が済んだらすぐに大学を出る」という答えが返ってくることになる。やり取りをするにしても、立ち話等で慌ただしく済ませるしかない。非常勤教員率が8割や9割という大学に至っては、もう学生に対しては「申し訳ない」という他ない。

ところで、大学の非常勤教員は、作家や研究所勤務など、本職の傍らで教鞭をとっている「定職あり非常勤教員」と、それがなく、非常勤講師給をメインとして生計を立てている「専業非常勤教員」に分かたれる。かつては前者が多かったが、現在ではそれが逆転している。「それがどうした」といわれるかもしれないが、そのことは少なからぬ問題をはらんでいる。

実をいうと、大学の非常勤講師の給与というのは、ここに書くのが憚られるほど安い。時給換算すると、「大学生の家庭教師以下」という指摘があるけれど■17、これは誇張ではないと思う。大学の非常勤講師職は、自校の教員では賄えない特殊な科目の担当を、他校の教員に委ねる、という形で生まれたもの

■17―――水月昭道『ホームレス博士』光文社新書、2010年、19頁。関西圏・首都圏大学非常勤講師組合『大学非常勤講師の実態と声2007』(2007年)には、額の分布が掲載されている。

である。本業のある人間に任せるのだから，給与は小遣い程度の額でよいとされてきた。しかるに近年では，こうした薄給の非常勤講師職に専業する（せざるを得ない）者が増えてきた。その多くは，大学院博士課程を出ても定職のないオーバードクターである。不安定な生活にあえぐ専業非常勤講師が，大学教育の多くを担うというのはいかがなものか，という問題が提起されるのである。

5-11　大学教員の構成変化

2010年（322,301人）
① 53.6%
② 20.7%
③ 25.7%

1989年（173,429人）
① 69.8%
② 21.1%
③ 9.0%

①：本務教員　②：本務あり非常勤教員　③：専業非常勤教員
資料：文部科学省『学校教員統計調査』

　つまるところ，大学の教員は，①本務教員，②定職あり非常勤教員，そして③専業非常勤教員の3つの成分からなるのであるが，これらの組成を明らかにしてみよう。用いるのは，2010年の文部科学省『学校教員統計調査』に掲載されている，同年10月1日時点の数値である。それによると，①大学に正規に属する本務教員は172,728人である。授業をするためだけに雇われている非常勤教員は149,573人。後者は，②定職あり非常勤教員66,729人■18と，③専業非常勤教員82,844人■19から構成される。①～③の合算値が，広義の大学教員の数に相当する。構成を百分比で表そう。時代変化をみるため，1989年の数値との比較も行う。**図表5-11**の面積図をみてほしい。各カテゴリーの教員の絶対量と相対量を視覚的にみてとれるようになっている。

　現在では，大学教員の約半分が非正規であり，4人に1人が専業非常勤教員である。20年前とは，構成が様変わりしている。本務教員の減少，専業非常勤教員の増加である。後者の比率は，9.0％から25.7％まで上昇している。

　もう少し分析を掘り下げてみよう。上表のような大学教員の構成は，文系と理系ではかなり違うのではないかと思われる。私は，10の専攻系列について，

■18　　　本務先のある兼務教員である。ただし，本務先が大学である者は，①の大学本務教員と重複するので除外してある。
■19　　　専業非常勤教員82,844人は，原資料でいう「本務先のない兼務教員」のことである。

5-12 専攻別にみた大学教員の構成変化

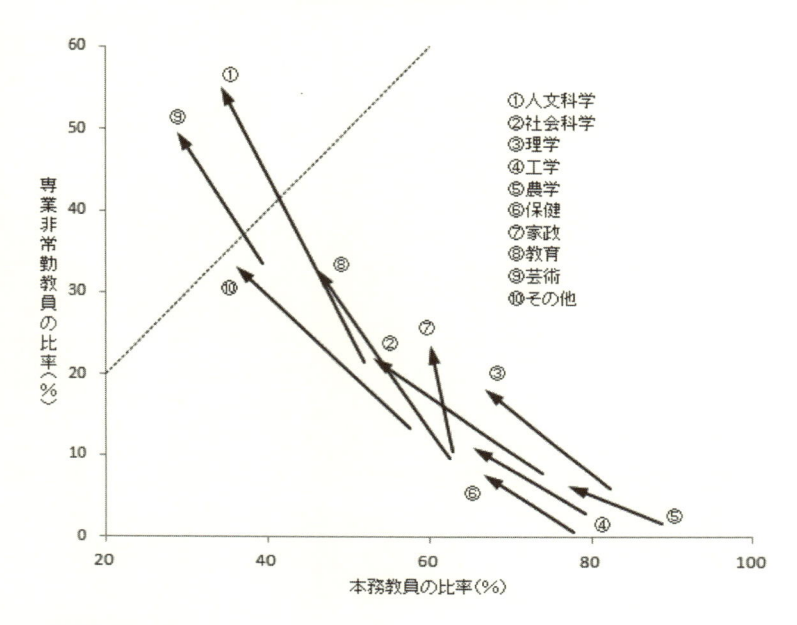

①人文科学
②社会科学
③理学
④工学
⑤農学
⑥保健
⑦家政
⑧教育
⑨芸術
⑩その他

縦軸：専業非常勤教員の比率（％）
横軸：本務教員の比率（％）

資料：図表5-11と同じ

同じ統計をつくってみた。先ほどと同様，この20年間の変化をみてみよう。横軸に本務教員（①），縦軸に専業非常勤教員（③）の比率をとった座標上に，各専攻系列の2時点の数値を位置づけ，線でつないでみた（図表5-12）。矢印の始点（しっぽ）は1989年，終点は2010年の位置を表す。

全ての専攻が，右下から左上ゾーンへと動いている。まるで，鮭の川上りである。このことの意味はお分かりかと思う。専攻を問わず，本務教員率の減少，専業非常勤教員率の増加がみられる，ということだ。こうした変化が最も顕著なのは，①の人文科学系である。この20年間で，本務教員の率は51.9％から34.3％へと減り，代わって，専業非常勤教員の比重が21.6％から55.1％へと激増をみた。この専攻では，教壇に立つ大学教員の半分以上が，不安定な生活にあえぐ専業非常勤教員ということになる。

図の点線は均等線であり，この線よりも上にある場合，本務教員よりも専業非常勤教員のほうが多いことを意味する。言葉がよくないが，人文科学系と芸術系は，この「三途の川」を渡ってしまっている。今度，『学校教員統計調査』

が実施されるのは 2013 年であるが，どういう事態になっていることか。おそらく，**図表 5-12** のような「恐怖の川上り」がますます進行していることと思われる■[20]。

専業非常勤教員の中には，待遇の悪さに不満を高じさせ，投げやりな態度で授業を行っている者もいる。事実，非常勤教員組合のアンケート（脚注17，前掲）の自由記述をみると，「専任教員との給与差を考慮して，質の低い授業を提供すべきと考えてしまう」，「もらえる分だけしか働きたくない」，「誰でも代わりがいる捨て駒と扱われていることが分かったので，熱意が大きく削がれた」というような記述が多々みられる。人件費の節約のため，多くの授業を専業非常勤教員に外注することは，「大学崩壊」につながりかねないことを示す調査結果である。

2012 年 8 月 28 日に，中央教育審議会は「新たな未来を築くための大学教育の質的転換に向けて」と題する答申を公表した。そこでは，学士課程教育の質的転換の必要がいわれ，教育充実に向けたさまざまな方策が提示されている。それに先立つ 2008 年 12 月 24 日の答申「学士課程教育の構築に向けて」では，「学士力」なる概念が提示され，大学卒業者に授与される学士号の質の保証がいわれている。しかるに，ここでみたような，教員の「非正規化」の問題について表立って触れられていない。専業非常勤教員が全体の半分や 6 割を占めるような大学で，「学士課程教育の質的転換」ができるかどうかは，甚だ疑問という他ない。

青年期教育機関としての大学での教育は，教室での授業だけからなるのではない。学生自身の体験学習も，それなりのウェイトを占めている。とはいえ，大学教員の非正規化は，そこでの教育の効果が上がるのを妨げる域にまで達している。251 頁でみたように，初等・中等教育段階では，教員の非正規化を抑制する方針が明示されているけれど，大学段階については，そういう話は聞かない。教員の非正規化の程度が最も著しいにもかかわらず，である。上述のような大学教育充実の方針をとるのであれば，そのための条件整備をも図る必要があることはいうまでもない。それは，施設・設備の充実や TP 比の改善ということにとどまるものではないのである。

■ 20―――大学の人件費抑制志向が高まること，大学院博士課程から輩出されるオーバードクターが増えること。この 2 つの要因のマッチングが，専業非常勤教員依存率が高まることの条件をなしている。

[第3節] 学校から社会への移行

　青年は，やがては役割猶予の時期を終え，社会の中での自己の位置を定立し，それに応じた役割の遂行を求められるようになる。それは社会人になることであり，やや限定していうと職業人になることである。しかるに近年，そうした移行（transition）が一筋縄ではいかなくなってきている。それは，青年の職業意識が未成熟であるが故であり，キャリア教育をもっと充実せよということがよくいわれるけれど，社会の側にも原因がある。深刻な就職難はいうに及ばず，新卒重視の採用慣行に象徴されるように，一点の曇りもない「完璧」な形での移行を強いられることが，青年層を苦境に追いやっている。

　大学進学率が50％を越える現在，多くの青年にとって，学校から社会（職業）への移行が期待されるのは大学卒業時であるとみられる。年齢でいうと22歳。この時点に焦点を合わせて，青年の役割獲得の状況がどういうものかをみてみることにしよう。

■ 1　就職戦線

　まずは，大学生の就職率という最も基本的な指標をみてみよう。就職率とは，就職を希望する学生のうち，就職できた者がどれほどいるかを表す指標である。卒業生全体ベースの就職率が出されることがあるが，これだと就職を希望しない者（大学院進学希望者等）まで分母に含まれてしまうので，事態を見誤ることになる。就職希望者ベースの就職率を教えてくれる公的な資料としては，文部科学省と厚生労働省が毎年実施している『大学等卒業者の就職内定状況調査』というものがある。本調査は，大学，短期大学，高等専門学校，および専修学校の卒業予定者の就職状況を，4つの時点を設けてピンポイントで追跡している。4つの時点とは，10月1日，12月1日，2月1日，そして卒業直後の4

5-13　2012年春私立大学卒業生の就職戦線の軌跡

10月1日時点<57.4>	49.6%	36.8	13.6
12月1日時点<68.8>	58.3	26.4	15.3
2月1日時点<78.2>	64.3	17.9	17.8
4月1日時点<92.9>	70.8	5.4	23.8

□①内定獲得　■②未内定　■③就職非希望

資料：厚生労働省・文部科学省『平成23年度大学等卒業者の就職内定状況調査』

月1日である。つまり，最終学年の秋から春にかけての就職戦線の軌跡を知ることができるわけである。

　私は，最新の資料にあたって，2012年3月卒業生の軌跡をたどってみた。手始めに，人数的に最も多い私立大学の学生に注目しよう。私立大学の学生の場合，2011年10月1日時点の状況として，就職希望率が86.4%，うち就職内定率が57.4%と報告されている。この数をもとに，全学生の構成を明らかにすると次のようである。まず，就職を希望しない学生は，「100.0 − 86.4 = 13.6%」である（③）。就職希望者のうち内定を得た者は，「86.4×0.574 = 49.6」となる（①）。就職を希望しつつもまだ内定を得られていない者は，「86.4 − 49.6 = 36.8%」である（②）。この3群の組成が，時期とともにどう変化したかを図示すると，図表5-13のようになる。<　>内は，就職希望者中の内定率である■21。

　10月1日時点では，就職希望者中の内定率は57.4%であるが，この数字は時期をおって段階的に上がり，桜が咲く4月1日には，希望者の92.9%が内定を獲得するに至っている。これは私立大学学生の数値であるが，4月1日時点の希望者中の内定獲得率を他の学校種についても出すと，国公立大学が95.4%，短期大学が89.5%，高等専門学校が100.0%，専修学校が93.2%，となる。

　公的資料では，こういう数が報告されているけれど，この結果に違和感を持たれる方も多いだろう。本当に，9割以上の者が就職戦線に勝利しているのか

■21―――10月1日時点の場合，49.6／（49.6 + 36.8）= 57.4%となる次第である。

と。

　読者は，ここではじき出された数字と現実感覚のズレの原因に気づかれたと思う。**図表** 5-13 のカッコ内の内定率は，それぞれの時点における就職希望者をベースにして出したものである。しかし，当初は就職を希望していても，途中で「もうダメだ」と諦める者もいる。私立大生でいうと，就職を希望しない者の比率は，10 月 1 日時点では 13.6％であったが，終わりの時点（4 月 1 日）では 23.8％にまで増えているのである。

　今，最も早い時点（10 月 1 日時点）における就職希望者数をベースにして，私立大生の最終的な内定獲得率を出すと，「70.8 ／（49.6 ＋ 36.8）＝ 81.9％」となる。先ほどの 92.9％よりもかなり減じる。この意味での内定獲得率を他の学校種についても出すと，国公立大が 89.5％，短大が 83.9％，高専が 95.4％，専修学校が 89.1％，という次第である。これでも現実感覚から遠いという印象であるが，となれば，もっと前の時点での希望者数をベースに充てる必要がある。最終学年の 10 月 1 日という遅い時点からではなく，もっと早い時点から追跡調査を実施すれば，学生の実感に近い就職戦線の状況が浮かび上がるだろう。

■2　大学卒業者の進路

　前の項では，大学生の就職戦線が必ずしも安泰ではないことをみたのであるが，そのことは，大学卒業者の進路統計にまざまざと反映されている。文部科学省の『学校基本調査（高等教育機関編）』にあたって，それをみてみよう。

　この資料では，毎年春の大学卒業者の進路構成が明らかにされている。設けられているカテゴリーは，①進学，②就職，③臨床研修医，④専修学校・外国の学校等，⑤一時的な仕事，⑥その他，および⑦不詳・死亡である。2011 年 3 月の大卒者 552,358 人を，この 7 カテゴリーに当てはめてみると，**図表** 5-14 のようになる。

　就職が 61.6％と最も多くを占める。これは非正規就業も含む数値であるが，何とか職にありついたという大学生は全体の 6 割である。進学が 12.8％いるが，

5-14　2011 年春の大卒者の進路

	実数	構成比（％）
①進学	70,465	12.8
②就職	340,143	61.6
③臨床研修医	8,923	1.6
④専修学校等	12,192	2.2
⑤一時的な仕事	19,107	3.5
⑥その他	88,007	15.9
⑦不詳・死亡	13,521	2.4
合計	552,358	100.0

資料：文部科学省『学校基本調査』(2011年度)

多くは大学院への進学者とみられる。

次に，おめでたくない部分に目をやると，⑤と⑥と合わせた無業者が19.4％いる。約2割。不詳・死亡者は2.4％，実数にすると13,521人である。不詳・死亡者とは，3月卒業生のうち，調査時点（5月1日）までの間に死亡したか，進路の確認がとれない者をいう。

今日の大学卒業者の進路をみると，全体の19.4％が無業，2.4％が進路不詳・死亡である。両者を足すと21.8％となるが，この値はバブル末期の1990年の大卒者では10.4％であった。この20年間で，大卒青年の社会での役割取得が思わしくなくなっていることが分かる。深刻な不況の影響もあることだろう。

ところで，大卒者は一枚岩の存在ではない。先ほどみた指標の値は，専攻学科による違いが大きいのではなかろうか。専攻とは，大きくは理系と文系に分かれるが，その下にある専攻学科ごとの数値を出して比較してみよう。私は，63の専攻学科の卒業生について，無業者率（一時的な仕事＋その他）と進路不詳・死亡率を計算した。その結果を視覚的に表現しよう。**図表5-15**は，横軸に無業率，縦軸に進路不詳・死亡率（以下，不詳率）をとった座標上に，63の学科■22を位置づけたものである。点線は，卒業者全体の値を示す。先ほどみたように，無業率は19.4％，不詳率は2.4％である。

音楽学科と美術学科が右上に位置している。これらの学科の卒業生は，無業率も不詳率も，

5-15 大学卒業者の無業率，進路不詳・死亡率（63学科）

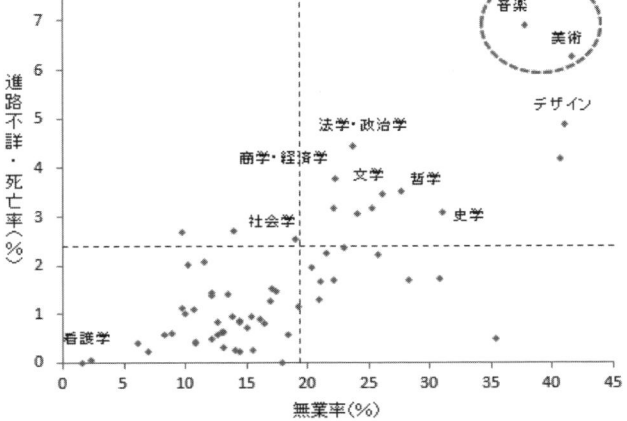

資料：図表5-14と同じ

■22————卒業生の数が100人に満たない学科を除いた63学科である。

第3節 学校から社会への移行

さまざまな学科の中で最も高い。美術学科では，無業率は40％を越える。5人に2人以上が，進学でも就職でもない無業者である。進路不詳率も6％を越えており，こちらも他学科を圧倒している。

　図の右上には，人文社会系の学科が多く位置している。法学・政治学専攻の学生で，縦軸の不詳率の値が高いのは，司法試験浪人が多いためと思われる。なお，スペースの関係上，学科名を書き入れていないが，左下のゾーンにあるのは，ほとんどが理系の学科である。理系の場合，大学院への進学者が多いこともあるが，看護学科については，卒業生中，就職者が9割以上を占める。対して，学生数の上では多い人文社会系の学科はというと，状況は厳しいのである。

　ところで，ここにて観察した統計は，3月に卒業した者の状況を，2か月後の5月時点で集計した結果をまとめたものである。要は卒業時点のデータなのであるが，卒業時には無業であっても，その後就職する者もいるだろうし，卒業後は海外放浪などで見聞を広げ，それから就職活動に励むという者もいるだろう。海外では，このような青年が少なくないという。

　しかし，わが国では，卒業後に放浪するというような紆余曲折の道のりは歓迎されない。卒業後は直ちに何らかの役割を取得しなければならないという，社会規範のようなものが存在する。履歴にわずかの空白ができることも許されない。それを象徴しているのが，新卒重視の採用慣行であり，新卒時の就職失敗を苦に自らを殺める大学生の存在である。次項において，その様をみてみることにしよう。

■3　就職失敗による自殺

　現代の日本社会に生まれ落ちた人間は，2度の大きな選抜を経験する。15歳と18歳の時点においてである。15歳は高校入試，18歳は大学入試の時期に相当する。少子化により入試競争が緩和されてきているとはいえ，15と18の春が人生の大きな節目になっていることは今もそうだろう。

　ところで最近，これらに次ぐ「第3の選抜」とでもいうべき時期が注目されている。いつかというと，22歳である。22歳といえば，大学の卒業年齢である。大学進学率が50％を超えている現在，多くの者がこの時期に学校から社会への移行（Transition from School to Work）を経験するといってよい。

　別に22歳でなくてもよいのだが，ご存知の通り，わが国は新卒採用の慣行

が非常に強い社会である。新卒時の就職に失敗した場合，翌年以降は「既卒」の枠に放り込まれ，大きな不利益を被るという。このような事態を避けるため，新卒時の就職に失敗した者の中には，翌年も新卒枠で就職活動を行うべく，多額の学費負担をも厭わず自発的に留年する者もいる。事態を憂慮した文部科学省は，経団連に対し，「卒業後3年までは新卒者として扱ってほしい」という要望を出した経緯もある。

要するに，新卒時（22歳時）に「学校から社会への移行」が叶うかどうかが決定的に重要である，ということだ。現代日本ほど，「22歳」という年齢に対する社会的な関心が強まっている社会はないだろう。最近，大学研究家の山内太地氏の筆になる『22歳負け組の恐怖』（中経出版，2012年）という本が刊行された。「負け組」という言葉が穏やかでないが，新卒時の就職に失敗した者に付与される烙印（stigma）を形容するには，現実問題として，この言がふわしいかもしれない。

このようなわけであるから，新卒時の就職失敗を苦に自殺する大学生がいるというのもうなずける。その数をみてみよう。警察庁が毎年刊行している『自殺の概要資料』では，2007年版より，細かい自殺原因が集計されている。私は，「就職失敗」ないしは「進路に関する悩み」が原因で自殺した大学生の数を調べた。**図表 5-16** をみていただきたい。

就職失敗による大学生の自殺者数は，2010年まで増加を続けたが，2011年では少し減っている。一方，進路に関する悩みという原因での自殺者は増加の一途をたどっている。2010年から11年の間においては10人増えている。警察庁の自殺原因統計は，遺書等から原因を推測して作成されたものである。真因は就職失敗であるが，遺書の内容が曖昧であるため，進路の悩みというような漠としたカテゴリーに放り込まれるケースもあるだろう。上表から，先行き不透明な状況を苦に自殺する大学生が一貫して増えているとみても間違いではあるまい■23。

5-16 大学生の自殺者数

	就職失敗	進路の悩み
2007年	13	53
2008年	22	58
2009年	23	60
2010年	46	73
2011年	41	83

資料：警察庁『自殺の概要資料』

■23────警察庁の自殺原因統計は，原因の延べ数を明らかにしたものである。一人の自殺者の自殺原因が複数にわたることもあり得る。ゆえに，「就職失敗」と「進路の悩み」という原因が重複しているケースがあることも想定される。そのようなわけで，両者の数を合算することは控えた。

5-17 22歳の自殺の近況

	a 人口(千人)	b 死亡者	c 自殺者	c/a 自殺率(10万人あたり)	c/b 死因中の自殺比(%)
2000年	1,684	814	285	16.9	35.0
2001年	1,638	744	257	15.7	34.5
2002年	1,614	732	282	17.5	38.5
2003年	1,544	665	245	15.9	36.8
2004年	1,527	620	260	17.0	41.9
2005年	1,488	704	283	19.0	40.2
2006年	1,484	642	296	19.9	46.1
2007年	1,460	653	339	23.2	51.9
2008年	1,415	583	309	21.8	53.0
2009年	1,388	635	330	23.8	52.0
2010年	1,308	550	302	23.1	54.9
2011年	1,270	601	285	22.4	47.4

資料：厚生労働省『人口動態統計』，総務省『人口推計年報』

ところで，図表5-16の数の裏には，かなりの数の「暗数」が潜んでいるとみられる。たとえば，遺書がなく，原因の推測のしようがなかった自殺者等である。就職失敗を苦にした自殺であっても，遺書がなかったばかりに，闇（理由不詳のカテゴリー）に葬られたケースは少なくないだろう。22歳の危機の量（magnitude）を測るには，自殺者の数そのものに注目することも必要かと思う。最近は，厚生労働省の『人口動態統計』の公表データがとても充実してきており，1歳刻みの詳細な年齢別死因統計をみることが可能である。私は，本資料のバックナンバーをたどって，今世紀以降の22歳の自殺者数を明らかにした（図表5-17）。

22歳の自殺者数は，2000年では285人であったが，その後増加し，2007年には300人を超える。それからアップダウンを繰り返し，最新の2011年データでは285人となっている。自殺者の数という点でみても，最近の22歳の危機状況が強まっていることが明らかである。なお，この期間中，ベースの22歳人口（a）は減っているので，自殺者数を人口で除した自殺率も高まっている。あと一点，全死因に占める自殺の比重がグンと伸びていることにも注目されたい。2011年では，22歳の死亡者（601人）の47.4%が自殺者である。

22歳の自殺率は，人口全体に比べれば低い。しかし，今世紀以降における増加傾向は，この年齢に固有のものである■24。また，死因全体の半分近くが自殺であるというのも特徴である。この点がはっきりと分かる統計図をご覧に入れよう。図表5-18は，5歳刻みの年齢層ごとに，死因全体に占める自殺の

■24────人口全体の自殺率（10万人あたり）は，2000年の24.1から2011年の22.9まで低下をみている。

比重■25 がどう変わってきたかを示したものである。それぞれの年の各年齢層の値を色で表現している。黒色は40％を越えることを示唆する。

最近の20代の箇所に、黒色の膿(うみ)が広がっている。20代前半は47.6％、後半は45.8％である。いうまでもなく、20代前半といえば、多くの青年が学校から社会への移行を期待される時期に当たる。図表5-18は、そうした移行にまつわる危機が、近年になってとみに高まっていることを如実に表現しているものと読めるのである。

5-18　死因に占める自殺の比重（％）

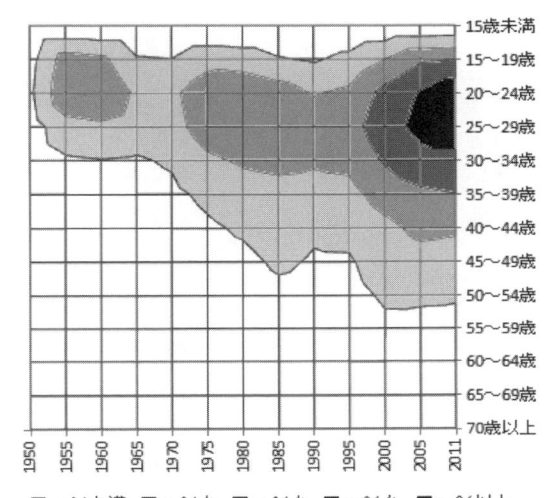

□10％未満　■10％台　■20％台　■30％台　■40％以上

資料：厚生労働省『人口動態統計』

さて、おそらくは日本に固有と思われる新卒重視の採用慣行であるが、企業はなにゆえに新卒にこだわるのか。逆にいえば、なにゆえに既卒者を忌避するのか。いくつかの理由が考えられる。一つは、既卒者が職についていない場合は、新卒時に内定が得られない、職に就いても短期間で離職するなど、本人に何か問題があったと思われるという理由である。また別の理由として、年齢が高い場合、新卒よりも給料が高くなるので、相応の即戦力が求められるが、単に既卒というだけでは企業側の要求に応えることは難しい、ということがある。

年齢ではなく、何ができるかによって給与を決めるシステムにしたらよいという意見がある。城繁幸氏がいう「職務給」の導入である■26。それと、採用活動にあたって、在学中ないしは卒業後のさまざまな体験をもっと評価することである。潮木守一教授は、「企業は採用基準を再考せよ」（『大学新聞』2011年1月1日）という論稿において、「採用するのが実体験に乏しい若者だけという

■25ーーーー図表5-17でいう、c／bの数値である。
■26ーーーー城繁幸『3年で辞めた若者はどこへ行ったのか』ちくま新書、2008年、139頁。

第3節　学校から社会への移行

のは，将来的に企業の弱体化につながりかねない。ボランティア精神や留学経験の有無など，多様な評価軸から若い人材を判断できる成熟した社会」が望まれるとしているが，全くもってその通りであると思う。

次節でみるように，海外渡航する若者数は近年減少している。これは由々しきことであるといえまいか。青年期における道草を，もう少し許容できる社会になってもよいと思われる。そうした道草が，青年のしっかりとしたアイデンティティの確立に寄与することもあるのだから。

■ 4　オーバードクター

大学の上には，大学院という教育機関がある。大学院とは，「学術の理論及び応用を教授研究し，その深奥をきわめ，又は高度の専門性が求められる職業を担うための深い学識及び卓越した能力を培い，文化の進展に寄与することを目的とする」機関であるとされる（学校教育法第99条第1項）。その課程は，2年間の修士課程と3年間の博士課程に分かれる。

要するに，大学卒業後にもっと勉強をしたいという青年が行くところである。博士課程については，入学者の多くが大学教員等の研究職志望者である。大学院に進学する人間は，昔はそう多くはなかった。しかるに近年では，高度専門職業教育を担う機関としての性格も付与されており，また後で述べるような政府の政策もあって，大学院への進学者が激増している。その結果，大学院を出た後の行き場がないという青年が増えている事態にもなっている。ここでは，この問題について実態データをもとに考えてみたい。

まずは，大学院の在学者数がどう推移してきたかを跡づけることから始めよう。**図表5-19**は，1960年以降の半世紀間の変化を，5年間隔でたどったものである。

修士課程と博士課程を合わせた大学院生の数は，1960年では1万6千人ほどであったが，2011年現在では25万人にまで膨れ上がっている。図をみると，増加の傾向は，1990年代以降において著しい。どのデータでもそうであるが，グラフが自然な

5-19　大学院在学者数の推移

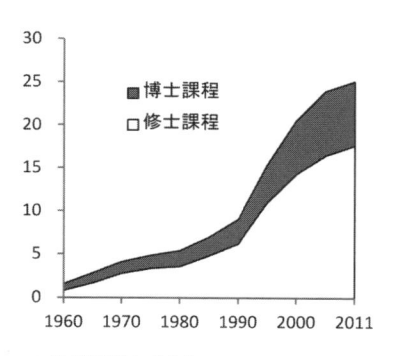

＊単位は万人である。
資料：『文部科学統計要覧』（2012年度）

トレンドを逸し，突飛な型を呈するのは，何らかの人為的な働きかけがあったことを示唆する。**図表**5-19の場合，それは何かというと，大学関係者の間で広く知られている「大学院重点化政策」である。

　三輪定宣教授によると，大学院重点化政策とは，「政府の『大学改革』の一環，『高等教育の高度化』を名目とする大学院『拡充』である」とされる[27]。その政策の発端は，1971年の中央教育審議会答申「今後における学校教育の総合的な拡充整備のための基本的な施策について」（いわゆる46答申）であるといわれるけれど，大学院拡充の具体的な見通しを示したのは，1991年の大学審議会答申である。同年11月25日に発表された答申は，いみじくも「大学院の量的整備について」と題するもので，①大学院在学者数の動向，②大学院修了者に対する需要動向，③社会人のリカレント教育に対する需要動向，および④留学生受入れの動向等を勘案し，「平成12年度時点における我が国の大学院学生数の規模については，…（中略）…全体としては少なくとも現在の規模の2倍程度に拡大することが必要である」と提言している。統計によると，大学院生数は，1990年は9万人であったが，2000年では20万5千人になっているから，この提言は実現されたことになる。

　大学院の学生数はその後も増え続け，先ほどみたように，2011年には約25万人に達している。「平成22年（西暦2010年）における大学院の在学者数は25万人程度になる」（1998年10月26日，大学審議会答申）という政府の予測は，まさにピッタリと達成されたわけである。

　大学院生が増えたのは，大学卒業後にもっと学問の深奥に触れてみたいという青年の増加や，高度な人材に対する社会的な需要の高まりということによるのだろう。であるが，1990年代以降の変化というのは，何とも突飛であるという印象を持つ。この時期に社会のIT化が進行したという事実はあるが，それを考慮したにしても，本当に社会的な需要に見合った形での大学院拡大であったかどうかは，かなり疑わしい。大学院重点化政策とは，少子化による大学学部の学生減少を，大学院生増加で埋め合わせることで，自己の延命を図ろうという大学行政の策略だったのではないか，という指摘もある[28]。

　さて，この20年間において，大学院生の数は9万人から25万人へと膨れ

■27―――三輪定宣「大学院重点化政策の系譜」『日本の科学者』1999年5月号。
■28―――水月昭道『高学歴ワーキングプア』光文社新書，2007年，71頁。

上がったのであるが，これほどまでに院生を増やして，果たして彼らの行き先はあるのだろうか。大学院進学者の多くは研究職志望であるが，少子化の煽りにより，大学教員のポストは減ってきている。しからば民間企業はというと，349頁で述べたように，こちらは年齢による給与体系をとっているので，よほどの即戦力人材でない限り，年齢の高い大学院修了生は敬遠される。ましてや，30歳近くにもなった博士課程修了者などには目も向けられないことだろう。さらに，博士号取得者に至っては，気位ばかり高くて使いづらいことこの上ない，と感じている企業が多いとも聞く。

　2011年春の大学院修了生の進路統計をみてみよう。344頁で紹介したように，文部科学省の『学校基本調査（高等教育機関編）』では，各学校の卒業生の進路カテゴリーとして7つを設けている。①進学，②就職，③臨床研修医，④専修学校・外国の学校等，⑤一時的な仕事，⑥その他，および⑦不詳・死亡である。ここでは，⑤と⑥を合わせた無業者の比率と，⑦の進路不詳・死亡者率を計算してみよう。**図表5-20**は，大学学部，大学院修士課程，および博士課程の卒業者（修了者）の数値を整理したものである。大学学部については，**図表5-14**の数値を再掲した。

　修士課程修了者については，学部卒業者とさして変わらない。無業率は，学部卒業生よりも低いくらいである，これは，理系分野では修士課程進学が一般化しているためであろう。不詳・死亡率も，学部段階と0.4ポイントしか違わない。しかし，博士課程修了生になると，事態は急に悪化する。無業率は24.5％，不詳・死亡率は9.5％にまで跳ね上がる。

　博士課程修了者の⑤・⑥・⑦について，さらに分析を掘り下げてみよう。先の**図表5-15**では，専攻学科別に学部卒業生の無業率と進路不詳率を出し，結果を散布図の形で表現した。私は，博士課程修了者についても，同じ図をつくってみた。横軸に無業率（一時的な仕事＋その他），縦軸に進路不詳・死亡率をとっ

5-20　卒業生・修了生の無業率・進路不詳率（2011年春）

	a 卒業生・修了生数	b 一時的な仕事	c その他	d 不詳・死亡	(b+c)／a 無業率（％）	d／a 不詳・死亡率（％）
大学学部	552,358	19,107	88,007	13,521	19.4	2.4
大学院修士課程	74,682	997	9,048	2,121	13.5	2.8
大学院博士課程	15,892	1,022	2,867	1,502	24.5	9.5

＊博士課程修了者は，単位取得満期退学者も含む。
資料：文部科学省『学校基本調査』(2011年度)

5-21 大学院博士課程修了生の無業率・進路不詳率

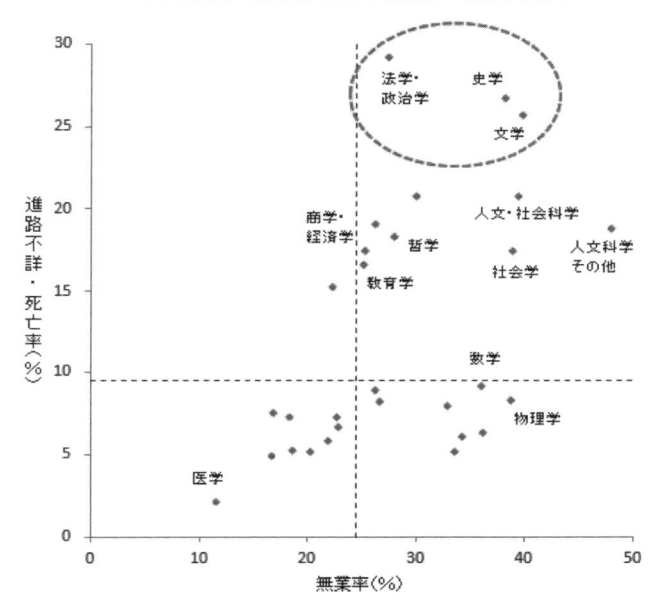

資料：図表5-20と同じ

た座標上に，29の専攻をプロットしたものである[29]（図表5-21）。

　学部卒業生と同様，人文社会系の専攻が，図の右上に位置している。文学専攻の博士課程修了生の場合，無業率38.1％，進路不詳率26.8％である。両者を合わせると64.9％（3人に2人）である。史学の修了生は，不詳率が文学専攻よりも少し高くなる。法学・政治学専攻については，司法試験浪人という事情があると思うので，コメントは控えよう。なお，医学等の理系の専攻で，これらの割合が比較的小さいのは，学部段階と共通している。これが，最高レベルの学歴といわれる博士課程修了生の行き先である。

　なお，進路不詳者の数は，年々増加している。1990年から2011年までの間に輩出された数を累計すると，2万6千人となる。大学院重点化政策の負の遺産といったら言い過ぎか。2007年以降，毎年1,500人ほどの博士課程修了の進路不詳者が出ている。

■29―――修了生数が100人に満たない専攻は，分析の対象から外している。

第3節　学校から社会への移行　　353

ここにて，米国のフリーマンという経済学者の筆になる『大学出の価値－教育過剰社会－』(1977年刊行) ■30 の一文を引用しよう。「多数の高学歴者が希望通りの経歴をふむことができなかったり，また大学を出てから，自分の立場をより良くする道が見出せない場合，彼らの中には政治的過激運動に走る者も出てくるおそれがある」(訳書，230頁)。米国で30年前に警鐘が鳴らされた事態と同じことが，30年後のわが国の大学院博士課程において起きているのである。多額の資源を投入した人材を社会のしくみの中で活かせないとしたら，それは問題である。
　今日，青年期の延長がいわれている。大学院に進学し，20代半ば，さらには30歳近くまで学生を続ける人間が増えているというのも，その一つの相をなしている。このことは，当該の青年にとっても，そして社会の側にとっても望ましくない面を含んでいる。

[第4節] 青年の状態

　これまでは大学生に注目してきたが，大学生だけが青年なのではない。就労している者もいるし，一方で，就労もしていなければ在学していない者だっている。また，青年期の延長がいわれる現在，役割の模索期が20代後半，さらには30を越えるまで継続する者も存在する。この節では，大よそ20代に焦点を合わせて，青年一般の様態をみてみよう。まずは，20代青年男女の基本的なすがたを明らかにする。続いて，そうした状態から派生すると思われる問題について言及する。その後で，当の青年層が自らの状態についてどう考えているのかを，世論調査の統計を通して観察する。客観と主観の両面から，現代

■30─────フリーマン (小黒昌一訳)『大学出の価値－教育過剰時代－』竹内書店新社，1977年 (原典刊行は1976年)．

青年へのアプローチを試みたい。

■1　20代青年のすがた

　国の基幹統計である『国勢調査』によると，2010年の20代人口は1,372万人である。この1,372万人は当然，一枚岩の存在ではなく，その組成はきわめて多様である。それをみる視点はいろいろあるけれど，人間にとっての役割獲得は労働と関わる部分が大きいので，同調査の中の労働力統計に注目しよう。

　労働力統計においては，国民は大きく，労働力人口と非労働力人口に大別される。簡単にいうと，前者は働く意欲がある者，後者はそれがない者である。労働力人口は主に①就業者からなるが，就労意欲があるにもかかわらず職に就けないでいる②完全失業者も含まれる。非労働力人口の下位カテゴリーには，③家事，④通学，そして双方のいずれでもない⑤その他という3つがある。家事は専業主婦（夫），通学は学生と同義であると考えていい。最後の「その他」に括られる人間は，就労意欲のないことの理由が家事でも通学でもない者であり，いわゆるニートに近い存在であるととれる■31。

　私は，2010年の『国勢調査』の結果をもとに，20代青年1,264万人■32について，①から⑤の要素からなる労働力状態の構成を明らかにした。①の就業

5-22　20代男女の状態

		全体の内訳(%)		就業者の内訳(%)	
		男性 (636万人)	女性 (628万人)	男性 (480万人)	女性 (432万人)
労働力	正規従業員	50.8	38.7	67.2	56.2
	派遣社員	2.3	3.3	3.1	4.8
	パート・アルバイト	14.8	22.0	19.6	32.0
	役員・業主	1.8	0.8	2.4	1.2
	家族従業・内職	1.3	0.7	1.7	1.1
	従業上の地位不明	4.6	3.2	6.0	4.7
	完全失業	8.2	5.9		
非労働力	家事	0.5	13.6		
	通学	14.3	10.7		
	その他(ニート)	1.6	0.9		
合計		100.0	100.0	100.0	100.0

資料：総務省『国勢調査報告』(2010年)

■31────ニートについての詳細は，374頁を参照。
■32────回答拒否等の理由により，労働力状態が不明の者を除いた数である。

者については，正規就業か非正規就業かというような，従業上の地位ごとの内訳も分かるようにした。**図表5-22**は，男女に分けて百分比を示したものである。

まず左欄の全体の内訳をみると，男女とも，正規就業という形での就業者が最も多い。20代の男子青年の半分が正規就業者である。それ以外のカテゴリーに注意すると，働きたいが働けないでいる完全失業者は，男性は全体の8.2%，女性は5.9%いる■[33]。下段の非労働力人口では，通学が多い。大学や専門学校等に通う学生らである。女子では，家事（専業主婦）も多い。なお，就労意欲がなく，かつ家事も通学もしていないニートの率は，男性で1.6%，女性で0.9%となっている。

次に，就業している者に限定してその内訳をみてみると，男女とも正規就業が半分を越えるけれど，派遣労働やアルバイトといった非正規就業の比率が，男性で22.7%，女性で36.8%である。大雑把にいうと，男子就業者では5人に1人，女子就業者では3人に1人が非正規就業ということになる。

こうした非正規就業率は，過去と比してどうなのか。『国勢調査』の労働力集計において，「パート・アルバイト」や「派遣労働」という地位カテゴリーが設けられたのは2010年調査からであるので，以前の数値との比較はできない。そこで，総務省『就業構造基本調査』のデータを使って，20代の就業者の従業上の地位がどう変わったかを明らかにしてみた。バブル経済が崩壊した直後の1992年と，最新の2007年調査の結果を比べてみよう（**図表5-23**）。非正規とは，パート，アルバイト，派遣労働，契約，および嘱託の5カテゴリーを合算したものである。

男性でみても女性でみても，非正規就業の比重が増している。この15年間で，非正規就業率が男女とも倍以上に伸びたことになる。最近

5-23　20代就業者の従業上の地位

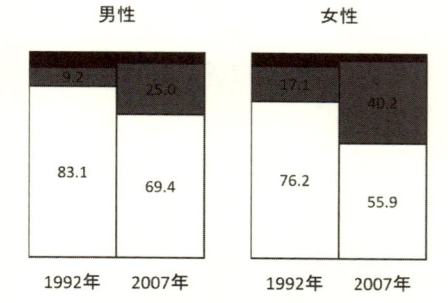

	男性		女性	
	1992年	2007年	1992年	2007年
その他	9.2	25.0	17.1	40.2
正規	83.1	69.4	76.2	55.9

□ 正規　■ 非正規　■ その他

総務省『就業構造基本調査』

■[33]──働く意欲がある労働力人口をベースにして，完全失業者の率を出すと，男性が9.7%，女性が7.9%となる。これが，世間の耳目を集める完全失業率である。就労意欲がある人間のうち，職に就けないでいる者がどれほどいるか，という意味の指標である。

よくいわれる，雇用の「非正規化」である。

現在の20代青年のすがたを統計でみると，量の上では，正規就業者が最も多い。であるが，過去と比した今日的な特徴として，非正規就業が増えているという点に目を向けねばなるまい。このことは，青年層の生活不安が生じることの条件をなしている。次節以降において，その諸相をみてみることにしよう。

■ 2　ワーキングプア

ワーキングプアとは，字のごとく，「働く貧困層」という意味である。就労しているにもかかわらず，最低限の生活を営むに足りる収入しか得られない者のことをさす。格差社会化が進行する現代日本社会を風刺する流行語の一つである。前の項では，20代の雇用の非正規化が進んでいることをみた。この青年層にあっては，ワーキングプアが増殖していることであろう。様相を数字でもって可視化してみよう。

総務省が5年刻みで実施している『就業構造基本調査』には，就業者の年収分布が掲載されている。ワーキングプアとみなす年収をどこに置くかは微妙であるが，ひとまず200万円未満の層に注目しよう。私は，20代の就業者のうち，年収が200万円に満たない者がどれほどいるかを調べた。図表5-24は，最新の2007年調査の結果と，バブル崩壊直後の1992年のそれを掲げたものである。年収は性差が大きいので，男女に分けて集計してある。

2007年の20代男性でいうと，就業者598万人のうち，年収が200万円に満たない者は155万人である。比率にすると26.0％であり，4人に1人がワーキングプアということになる。女性の場合，ワーキングプア出現率は44.9％と，男性よりもはるかに高い。なお，男女ともこの15年間でワーキングプア出現率が上昇している。先にみたような，雇用の非正規化が関係していることであろう。伸び幅は男子ほうが大きい。男性の率は，17.3％から26.0％と，8.4ポイントも伸びているのである。

想像がつくだろうが，20代のワーキングプア出現率は他の年齢

5-24　20代のワーキングプア出現率

		a 就業者数	b うち年収 200万未満	b／a 出現率 （％）
男性	1992年	7,525	1,301	17.3
	2007年	5,979	1,552	26.0
女性	1992年	5,975	2,398	40.1
	2007年	5,222	2,345	44.9

＊aとbの単位は千人である。
資料：総務省『就業構造基本調査』

5-25　男子就業者中のワーキングプア出現率の変化（%）

	a 1992年	b 2007年	b−a 増分
20代	17.3	26.0	8.7
30代	4.9	8.0	3.1
40代	4.7	6.5	1.8
50代	8.8	10.7	1.9
合計	8.6	11.8	3.3

資料：図表5-24と同じ

層よりも圧倒的に高くなっている。図表5-25は，働き盛りの20〜50代の男子就業者について，年齢層別のワーキングプア出現率を出したものである。先の表と同様，1992年と2007年の数値を示している。

2007年の数値をみると，20代のワーキングプア出現率（26.0%）は，20〜50代全体のそれ(11.8%)の倍以上である。また，1990年代以降の伸び幅も，この年齢層で最も大きい。図表5-25から，20代の青年層においてワーキングプアが最も多いこと，そして，ワーキングプアが青年層に集中する度合いが以前に比して高まっていることが知られる。

最後に，あと一つのデータを提示しよう。20代の男子就業者のワーキングプア出現率の都道府県別数値である。勤労者の給与水準が地域によって異なることはよく知られているが，青年層のワーキングプア出現率を県別に出してみると，すごい値が出てくる。それをご紹介しよう。資料は，2007年の『就業構造基本調査』である。図表5-26は，10%刻みでそれぞれの県を塗り分けたものである。

黒色は，就業者中のワーキングプア出現率が40%を越える県である。青森，高知，そして沖縄が該当する。最も高いのは沖縄で，ワーキングプア出現率は54.4%にも達する。この県では，20代の男子就業者の半分以上が，年収200万円に満たないワーキングプアであることになる。全国値（26.0%）の倍を越える。2位は青森の42.6%，3位は高知の40.6%である。なお，大都市の東京と大阪は共に28.4%であり，全国水準よりも少し高い。大都市では，雇用の非正規化が進んでいるためとみられる。

現在では，20代の男子就業者の4人に1人，女子就業者の5人に2人が，年収200万円未満のワーキングプアであること，この比率は近年上昇して

5-26　20代男子就業者のワーキングプア出現率（%）

資料：図表5-24と同じ

いること，またワーキングプア化の進行は，20代の青年層で顕著であることをみた。さらに都道府県別にみると，20代の男子就業者の半分以上がワーキングプアである県が存在することを知った。

「世の中，カネが全てではない」というけれど，あらゆる財やサービスの交換が貨幣を通じてなされる現在にあっては，それなりの収入は必要である。きちんと就労の義務を履行しているにもかかわらず，人間らしい生活を営むに足りる収入を得られない人間が少なからずいること，またその量が増えつつあることは，社会問題という他ない。現在，就職難という状況をいいことに，若年の新規入職者の給与を非常に安く買いたたく企業が存在すると聞くが，そのことで個々の企業の業績が上がり，それが集積することで一国のGDP上昇ということにつながることはあるだろう。しかるに，今後の社会を担う青年層の「生活者」としての側面を蔑ろにすることは，社会的に大きな損失になり得る。

青年層は，これから家庭を持ち，持ち家をはじめとしたさまざまな財の購入を展望している層である。しかるに現状がこうでは，親元を離れて結婚に踏み切ることもままならないし，新たに世帯を構える際に必要となる各種耐久財の消費も冷え込むことになる。このことが，社会全体の不況をもたらしているという説もある■34。結婚して子どもを持ち得たにしても，子育て費用を自前で賄えない家庭が増えることとなり，結局，就学援助等の社会的な費用もかさむ結果になる。若いうちは，給与は安くてもよい，という意見もあるだろうが，最低限の生活を営めるだけの給与をやっておけばよいことにはならない。加齢とともに給与が自動的に上がっていく年功給与制は，現在では崩壊しており，このことが青年層の将来展望不良をもたらしている。

これまで，青年層の非正規化とワーキングプア化の実態をみてきた。次の項では，こうした客観的状態に由来すると思われる，青年の内面の荒みを垣間見ることにしよう。

■3　ストレス

ストレスとは日常用語であるが，これは心理学者のセリエが提唱した概念であり，生体にかかる圧力（ストレッサー）によって生じる心身の歪みであると解

■34―――山田昌弘「未婚化不況」『パラサイトシングルの時代』ちくま新書，1999年，89～109頁。パラサイトシングルについては，137頁を参照されたい。

される。ストレスを原因となるストレッサーとしては，気温や騒音などの物理的なものと，他人からの叱責や悩みなどの社会心理的なものとがあるが，比重としては後者が大きいと思われる。ここでは後者のストレッサーに由来する，社会心理的なストレスという意味合いにおいて，ストレスという言葉を使うこととする。

　前の2つの項において，現代の青年層の客観的な状態は，あまり思わしいものではないことをみた。このことは，当人らの内面にも影響していることと思われる。この節では，青年層をストレスの程度はどれほどか，他の年齢層に比してどうか，そして，ストレスをもたらすストレッサーとしてどういうものが強いのかを明らかにしてみたい。

　まずはストレスの計測である。心理ストレスを含む精神的な問題の程度を測る尺度として，K6スコアというものがある。アメリカのKesslerらが考案したものとされる。厚生労働省の『国民生活基礎調査』の用語解説によると，「うつ病・不安障害などの精神疾患をスクリーニングすることを目的として開発され，一般住民を対象とした調査で心理的ストレスを含む何らかの精神的な問題の程度を表す指標として広く利用されている」とのことである。

　この尺度では，対象者に以下の6つの設問を提示し，5段階（まったくない，少しだけ，ときどき，たいてい，いつも）の回答を得ることになっている。

①神経過敏に感じましたか
②絶望的だと感じましたか

5-27　20代男女のK6スコア分布（％）

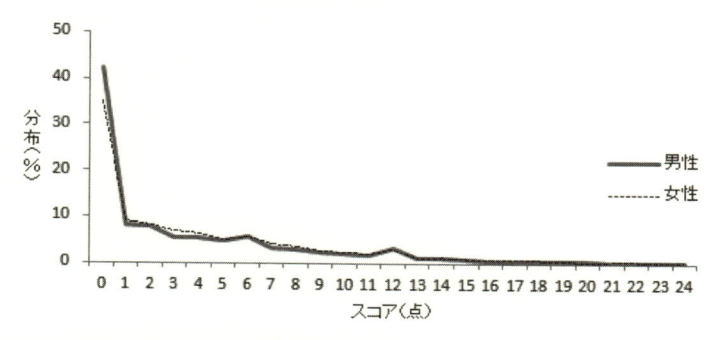

資料：厚生労働省『国民生活基礎調査』（2010年）

③そわそわ，落ち着かなく感じましたか
④気分が沈み込んで，何が起こっても気が晴れないように感じましたか
⑤何をするのも骨折りだと感じましたか
⑥自分は価値のない人間だと感じましたか

5-28 年齢層別のK6スコア平均値

	男性	女性
10代	2.45	2.93
20代	3.55	3.99
30代	3.37	3.89
40代	3.37	3.97
50代	3.11	3.60
60代	2.46	2.84
70代以上	2.65	3.42
合計	3.02	3.55

資料：図表5-27と同じ

「まったくない」は0点，「少しだけ」は1点，「ときどき」は2点，「たいてい」は3点，「いつも」は4点とする。したがって，対象者のストレスの程度は，0～24点の点数で計測されることになる（4点×6＝24点満点）。2010年の『国民生活基礎調査』では，K6スコアの6つの設問が組み込まれており，調査対象者（12歳以上）のスコア分布が結果報告書に掲載されている。20代の青年男女のスコア分布を相対度数で図示すると，**図表5-27**のようになる■35。

　男女とも，0点という者が多数を占める。男子は42.4％，女子は34.8％である。6つの全設問に対し「まったくない」と答えた者である。点数が20点を越える高ストレス群の比率は，男子も女子も1.1％である。**図表5-27**の分布からスコアの平均点を算出すると，男子は3.55点，女子は3.99点となる。相対差であるが，ストレスの程度は男子よりも女子のほうが大きい。この値を他の年齢層と比較することで，20代の青年層のストレス程度を性格づけてみよう。私は，10歳刻みの年齢層ごとに，同じやり方でK6スコアの平均値を計算した。**図表5-28**は，結果をまとめたものである。

　性別を問わず，20代の値が他のどの年齢層よりも高くなっている。微差ではあるけれど，K6スコアという尺度でみる限り，ストレスの程度が最も強いのは，20代の青年層であることが知られる。

　では，青年層のストレスをもたらすストレッサーとしては，どのようなものがあるか。『国民生活基礎調査』では，対象者に対し悩みの有無を尋ね，「有」と答えた者に対し，その具体的な内容を複数回答で答えてもらっている。私は，12歳以上の対象者全体と20代の青年層について，寄せられた回答（延べ数）の内訳を明らかにした■36。**図表5-29**は，横軸に全年齢層での比率，縦軸

■35————スコアが「不詳」の者は，分析対象から除外した。
■36————不詳というカテゴリーの数値は，分析に含めていない。

5-29　悩みの内訳

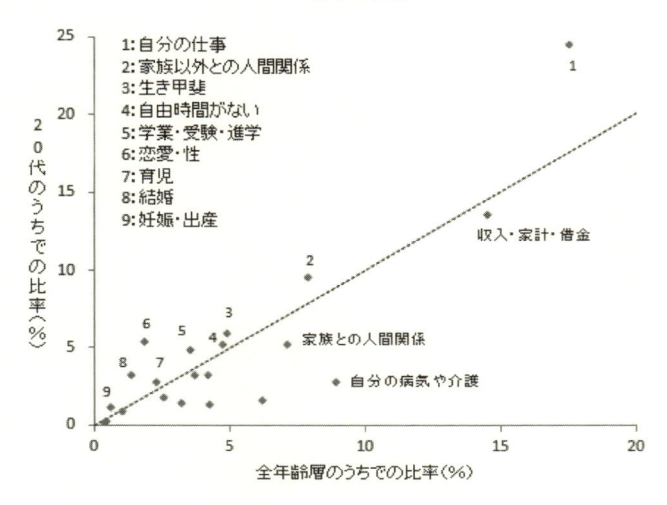

```
1: 自分の仕事
2: 家族以外との人間関係
3: 生き甲斐
4: 自由時間がない
5: 学業・受験・進学
6: 恋愛・性
7: 育児
8: 結婚
9: 妊娠・出産
```

資料：図表5-27と同じ

の20代での比率をとった座標上に，21個の選択肢を位置づけたものである。

1という番号を振った「自分の仕事」に関する悩みは，20代においては，寄せられた悩み全体の24.5％（4分の1）を占めている。全年齢層での比重(17.5%)との差が大きい。点線の斜線は均等線であり，この線よりも上にあるものは，20代での比重が全年齢層よりも高いことを意味する。それは，1～9の番号を振った9つである。この9つの悩みがどういうものかというと，自分の仕事のほか，生き甲斐，自由時間がない，恋愛・性など，青年層ならではのものが挙がっている。

心理的な尺度で測られるストレスの程度は青年層で最も大きいこと，そうしたストレスをもたらすストレッサーの多くは仕事関連の悩みであることをみた。このことは，前の項でみた青年層の客観的な状態とよく関連していると思う。ところで，青年期とはそもそも，就職をはじめとした諸々の役割獲得に伴う，適応の問題がついて回る時期である。いつの時代でも青年層は，新たなものを社会に持ち込もうとするが，結局は妥協点を見出して，既存の体制の中に組み込まれていくことになる。かつての学生運動の闘士たちは，大学卒業時には長髪をバッサリと切って企業戦士になったというが，彼らの心の内が100％晴々としたものであったかどうかは疑わしい。

しかるに，今よりもさまざまな「縁」が強固であった当時では，職域とは異なる場において，違う自己を演出することができた。また，青年にとっての逃避の場としての機能を果たす青年文化も機能していた。ついこの間まで肩を組んで体制に反抗していた仲間集団のつながりというのは，卒業後になっても侮れない。今のような，インターネットを介した2次元のつながりとはわけが違う。ひるがえって現在はというと，子どもの世界の「学校化」が進んでいるというなら，青年層の世界は「職域」の一色で染まりつつあるように思える。未婚化の進行により，家庭を新たに構える者は減っているし，326頁でみたような大学生のマジメ化（ガリ勉化）の進行により，青年文化を共有する学友の縁も縮小しているとみられる■37。

以前は，青年期における適応危機の問題を緩和してくれるバッファーが存在していたが，今ではそれが廃れている。このことが，青年層の生活を「職域」一色にし，彼らのストレスを高め，その原因の多くが仕事関連の悩みというような事態をもたらしているのではないか。青年は社会に新たなものを持ちこむ存在であるが，社会の成員として生きる以上，何らかの妥協点を見出して，既存の体制への適応を強いられることになる。昔はこの過程が滑らかであったが，現在では急坂を転げ落ちるかのような極端なものとなっている。この点に注意する必要があるかと思う。

■4　ウチ化

唐突であるが，この項のテーマは「旅」である。旅とは，一定の期間，住み慣れた住所を離れて他の土地へ赴くことであるが，行き先においては，日常とは違った光景に触れることとなる。ゆえに，見聞が広がることはもちろん，それまで抱いていた価値観が一変することだって起こり得る。自然環境や文化が大きく異なる海外に出向いた場合，その可能性は高くなることであろう。

私が知るある学生は，オーストラリアの大地に立ち，前方に果てしなく広がる地平線を目にした時，自分の悩みなど何とちっぽけなものなのだろう，という思いを抱いたとのことである。また，とある本で紹介されている「カズキ」なる青年は，大学の卒業旅行でマレーシアのランカウイ島に滞在した際，「き

■37────**図表5-2**のデータにみるように，大学生の「交際・付き合い」の時間は，この10年間でかなり減っている。

れいな海，豊かなジャングル，オレンジ色の夕日，煌々と輝く星たち，ゆったりとながれる時間，住民の優しさ」などに魅せられ，人生観ががらりと変わったそうである。以後彼は，内定していた正社員の就職先を蹴って，1年の半分をこの島で暮らし，残りの半分を日本で暮らすという生活を送っている ■38。半年は日本で働いて資金を貯め，残りの半年を（物価が安い）島で優雅に暮らすという，いわゆる「外こもり」である。他にも，途上国において飢餓に苦しむ子どもたちを目の当たりにして，何とかせねばと，貧困撲滅のためのNPO活動などを始める青年も多いと聞く。

「井の中の蛙」という言い回しがあるけれど，一度でも「井」の外に出るならば，世界は大きく拡大する。旅には，このような教育的な機能があることにかんがみ，小・中・高の特別活動の学校行事の中には「旅行・宿泊的行事」というものが設けられ，正規のカリキュラムの一要素としてしっかりと組み込まれている ■39。

しからば，アイデンティティを模索する青年にとって，旅というのはそれなりの益があると思われるが，現代の青年は旅，とりわけ海外への旅をどれほど行っているのだろうか。海外への渡航者の統計を頼りに，この点を吟味してみよう。

法務省が毎年刊行している『出入国管理統計』では，日本人の年間出国者の数が計上されている。本資料の時系列統計によると，1965年（昭和40年）の出国者数はわずか27万人ほどであった。1ドル＝360円の固定相場制であった当時，海外旅行が叶うのは，このレートに耐えられる富裕層に限られていた。それが，70年には66万人，80年には391万人と増え，バブル末期の90年には1,000万人を越える。80年代半ば以降，円高が進行したことの影響によるものであろう。その後，世紀の変わり目の2000年には1,782万人とピークに到達し，最近はやや減少して，2011年の年間数値は1,699万人と記録されている。同年の人口（1億2,780万人）あたりの比率にすると，13.3％となる。延べ数であるが，出国者の出現率はおよそ8人に1人という計算になる。

■38―――安田誠『外こもりのススメ』幻冬舎，2008年，201〜203頁。
■39―――いわゆる修学旅行などである。旅行・宿泊的行事の趣旨は，「平素と異なる生活環境にあって，見聞を広め，自然や文化などに親しむとともに，集団生活の在り方や公衆道徳などについての望ましい体験を積むことができるような活動を行うこと」である。『中学校学習指導要領（特別活動編）』による。

これは人口全体の数値であるが，20代の青年層では，率はもっと高くなることと思う。また，20代の値が他年齢層に比してどうなのかも気になる。そこで私は，同じやり方で年齢層別の出国者出現率（以下，出国率）を計算した■40。**図表5-30**は，1965年以降の5年間隔で，各年齢層の出国率がどう変わったかを表現したものである。各年の年齢層ごとの出国率の水準を，濃淡の違いに依拠して読みとってほしい。

5-30　年齢層別の出国率（%）

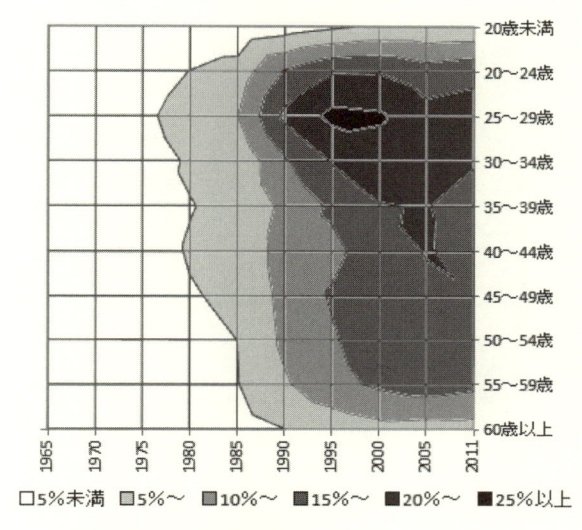

資料：法務省『出入国管理統計』

　図によると，出国率は基本的に時代現象であり，年齢を問わず，時が経つにつれて色が濃くなってくる。しからば年齢による変異はないかというとそうではなく，20～30代の若年層の部分に濃い色が広がっている。時代×年齢のマトリクスでみると，出国率が最も高かったのは，1995年～2000年の20代後半であったようだ。当時のこの年齢層の出国率は25%（4人に1人）を越えていたことが知られる。しかるに，最近はこうした山はなくなっており，人口全体の傾向と同様，青年層でも出国率は低下しているようである。

　最近，若者の海外旅行離れということがいわれるが，なるほど，それは統計でも裏づけられる。出国率が下がったのは，今世紀になってからと思うが，上図の大雑把な模様からは，青年層の出国率がどれほど下がったかを正確に知ることは難しい。そこで，20代青年の出国率の推移を逐年で跡づけてみた（**図表5-31**）。比較の対象として，人口全体のカーブも添えてある。

　20代の出国率は，1980年代半ば以降，加速度的に上昇し，1996年に

■40───分母として使った年齢層別の人口は，総務省『人口推計年報』から得た。

5-31　出国者率の推移（％）

資料：図表5-30と同じ

24.2％とピークに達する。ちょうど私が学生だった頃である。しかし，2000年から2003年にかけて，22.9％から15.8％へと大きく減少する。減少幅は，人口全体の場合よりも大きい。2004年以降は増加に転じ，凹凸しながらも2011年の出国率は20.7％と，2割台に再びのる。であるが，90年代後半の頃の水準には届いていない。青年層の出国率の近況を精密にたどると，以上のようである。

　メディア等でいわれる「海外旅行離れ」がみられる。その理由としては，近年の就業条件悪化により，カネと時間という，海外旅行に必要な資本が乏しくなったことがあるだろう。就職難の時代であるので，長期の有給休暇でもとろうものなら，会社から睨まれはしないかと，気が気でない青年も少なくないと思う。それと，インターネットの普及により，今や，世界の至る場所の風景を，動く動画として観覧できるようになっていることの影響も大きい。この点について私見をいうと，ある風景をみるにしても，画像や動画を通してみるのと，現地において，気候や匂い，さらには現地人とのコミュニケーションをも伴う形でみるのとでは，得るものは異なるのではないか。直接体験がデジタル体験に取って代わられるばかりというのは，問題を含んでいると私は思う。家の中に籠ってパソコンとにらめっこするばかりの青年が増えることは，本項のタイトルとして記した「ウチ化」傾向に含めてよい。

　しかるに，変化の兆しもある。図表5-31にみるように，最近3年間において，青年の出国率は増加に転じている。この中には，「承認の共同体」■41としての意味合いをもつ集団で行く，「『みんなで行く自分探しの旅』とでも言うべき『新・団体旅行』」■42などもあり，近年の若者の旅行形態として注目されているのだという。ここで述べていることは，次の項でみる，青年層の意識変化と

■41────古市憲寿『希望難民ご一行様－ピースボートと『承認の共同体』幻想－』光文社新書，2010年。ピースボートという船での世界一周旅行に参加する若者を調査・観察した結果が報告されている。この団体旅行に参加する若者は，自分探しという「目的性」を持つと同時に，自分を承認してくれる集団という「共同性」をも求めているという。
■42────古市，前掲書，78頁。

も関連している。では，本節の最後の第5項へと移ろう。

■5　生活意識

　これまでの項で青年層の生活状態をみたのであるが，雇用の非正規化やワーキングプア化の進行，さらにはそれに由来するとみられるストレスなど，事態はあまり芳しくないようである。ところで，当の青年たちは，どのような意識を持って日々の生活を送っているのか。ここでみるのは，公的な世論調査のデータである。

　まず注目するのは，現在に生活にどれほど満足しているかである。いわゆる①生活満足度であり，世論調査の最もオーソドックスな設問といっていい。この問いに対し，「満足している」あるいは「まあ満足している」と回答した者の比率を出してみよう。その次は，②将来展望である。人間にとって，希望というのは重要である。「これから先，生活はどうなっていくと思うか」という設問に対し，「よくなっていく」と答えた者の比率に注意しよう。これらの設問は，内閣府の『国民生活に関する世論調査』において設けられている。

　これらに加えて，私はあと2つの意識に注目することとした。社会志向と愛国心の程度である。人間は虐げられた状態におかれると，内向き志向になるという。そうでなくとも，いつの時代でも若者は自己中心的だとか公共の精神が足りないなどといわれるけれど，それは本当なのか。この点をみてみたい。③社会志向については，「国や社会のことにもっと目を向けるべきだ」という意見と「個人生活の充実をもっと重視すべきだ」という意見のどちらに近いかという問いに対し，前者を選んだ者の比率がどれほどかを出してみる。最後の④愛国心[43]は，他人と比べて「国を愛する気持ちは強い方か」という設問に対し，「非常に強い」ないしは「どちらかといえば強い」と回答した者の比率に着目する。これらのソースは，同じく内閣府の『社会意識に関する世論調査』である。

　2012年の20代の青年層について4指標の値を出すと，①生活満足度は75.3％，②将来展望良好度は26.0％，③社会志向度は50.2％，④愛国心度は37.0％，である。私は，1980年（昭和55年）以降のおよそ30年間の変動幅の

■43　　　2006年12月に抜本改正された教育基本法では，教育の目標の一つとして，「我が国と郷土を愛する」態度を養うことが規定されている（第2条）。

5-32 20代の生活意識指標（1980～2012年）

	最大値	最小値	2012年の率	2012年のスコア
①：生活満足度	77.5	61.7	75.3	0.87
②：将来展望良好度	39.8	16.3	26.0	0.41
③：社会志向度	55.0	25.6	50.2	0.84
④：愛国心度	37.0	22.2	37.0	1.00

資料：内閣府『国民生活に関する世論調査』、『社会意識に関する世論調査』

中に、この値を位置づけてみた。図表5-32をみてほしい。

表の左欄には、この期間中の最大値と最小値が示されている。2012年の生活満足度は75.3％であるが、この値は、過去33年間の変動幅(61.7％～77.5％)の中では高いと判断される。④の愛国心に至っては、2012年の値は、観察期間中で最高である。表の右端の数値は、観察期間中の最小値を0.0、最大値を1.0とした場合、2012年の値がどうなるかを表したスコアである。1980年以降の変動幅での位置を表す相対スコアとみなしてほしい。計算式は、以下である■44。

（2012年の値－最小値）／（最大値－最小値）

2012年のスコアは、生活満足度が0.87、将来展望良好度が0.41、社会志向度が0.84、愛国心度が1.00、である。将来展望を除く3つについては、2012年の値は過去に比して高いと判断してよいだろう。

さて、このスコアを使って、時期ごとの青年層の意識を多角的に診るカルテをつくってみよう。私は、1980年、1990年、2000年、および2012年の4指標の値を、同じやり方でスコア化した■45。図表5-33は、これらを用いて作成した、4年次の青年層の意識カルテである。水準が異なる各指標の値を、同列の基準で評価できるようにしている点がポイントである。

総体的にみて、現在よりも昔のほうが、図形の面積は小さくなっている。2000年の図形は、識別できぬほど小さい。この年の将来展望スコアは0.0であり、観察期間中において、最も希望閉塞の時期であったことが知られる。私が大学を出た年の翌年であるが、当時の「土砂降り」とも形容される就職難を

■44————OECDの幸福度指数（BLI）において、各国の指標を相対化する際に使われている計算式を参考にした。2012年の生活満足度は、(75.3 − 61.7) ／ (77.5 − 61.7) ≒ 0.87とスコア化される次第である。

■45————2000年の生活満足度と将来展望のデータは、翌年の2001年のものを用いた。『国民生活に関する世論調査』は、2000年には実施されていないためである。

5-33　20代青年の生活意識の変遷

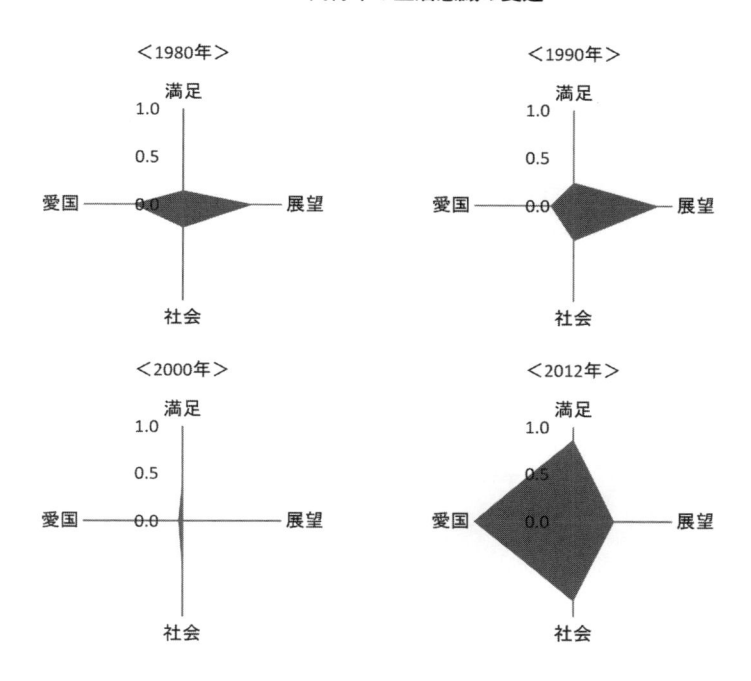

<1980年> <1990年> <2000年> <2012年>

（各図：満足・展望・社会・愛国の4軸のレーダーチャート）

肌身で知っている者として，まことに分かる気がする。しかるに，それから12年を経た2012年になると，図形の面積が一気に拡大する。将来展望はともかく，生活満足度，社会志向，そして愛国心の程度は，1980年やバブル末期の1990年よりも高いのである。

　これをどうみるか。まず青年層の生活満足度がアップしていることだが，先にみたように，雇用の非正規化やワーキングプア化が進んでいることを思うと，主観的な生活満足度も低いと思われるのであるが，現実はその逆になっている。この点については，古市憲寿氏の考察が参考になる。古市氏は，『絶望の国の幸福な若者たち』（講談社，2011年）と題する著作において，「『今日よりも明日がよくならない』と思う時，人は『今が幸せ』と答える」のだとしている（103～104頁）。逆にいうと，「今日よりも明日がよくなる」という展望が開けているなら，「今は不幸」と答えることになる。なるほど。これからの見通しが開けているのに「今が幸福」と言い切ってしまうことは，そうした展望に蓋をしてしまうことになる。反対に展望が開けていない場合，今の状態が最高点なの

第4節　青年の状態

であるから，意識の上では「現在の生活に満足」と答えるという論理であろう。事実，2012年の将来展望良好度はあまり高くないのである。

　次に，社会志向と愛国心が高いことはどうか。今の青年は自己中心的だといわれるけれど，データは，そうしたイメージとは逆の事態を物語っている。まず愛国心が強まっていることは，ワールドカップで日の丸を振りながら「ニッポン，ニッポン」と連呼する青年や，2011年の東日本大震災以降の「がんばろうニッポン，つながろうニッポン」ブームにのって被災地ボランティアに出向く青年の姿を思うと，違和感はない。基本的な生活条件が満たされた現代日本において，空虚感に苛まれた青年層が，何らかのコミットメントの対象を求めてのことであると解される。かつての偏狂な国家主義（ナショナリズム）の発生地盤が出てきているのではないかという懸念もあるが，そういうことではないだろう■46。社会志向の強まりについても，同じ視点から解釈できるだろう。

　この項では，現代日本の20代青年の意識を観察したのであるが，結果は，先に明らかにした，青年層の客観的な生活状態から演繹されるであろうものとは違っていた。青年層の生活満足度は高く，また一般的なイメージとは違って，社会志向や愛国心も強い。しかし，生活満足度が高いことは将来展望が開けていないことと表裏であり，社会志向や愛国心が強いことは，空虚な今を生きる青年層がコミットメントの対象を求めていることも表われであるとみられる。また，さまざまな「縁」から隔絶されている青年らが，「承認の共同体」（古市）を渇望しての結果であるともとれる。図表5-33で示した現代青年の意識カルテは，一見，好ましい型を呈している。であるが，その裏には，将来展望閉塞，コミットメントの対象やつながりの欠乏という，諸問題が横たわっていることを忘れてはならない。

■46────2010年6月のFIFAワールドカップの街頭応援（渋谷）に駆けつけた若者の集団を観察した古市氏の報告によると，日本が負けても悔しそうな素振りはみられず，「お疲れ」とか「また4年後に会おう」という声が飛び交ったという（古市，前掲書，119～120頁）。この若者らは，共に手をつないで「ニッポン，ニッポン」と叫ぶというような，つながりを求めて集っただけの，組織性の低い群衆であるとみられる。

[第5節] 逸脱

　青年とは，子どもと大人の中間的な存在である。子どもでもなければ大人でもない。現在では，明確な役割が付与されるまでの期間はどんどん長期化している。こうした立ち位置の曖昧さは，彼らに心理的な不安定をもたらし，それが何らかのきっかけ要因に遭遇すると，逸脱行動につながることがある。逸脱行動とは社会の標準から外れた行いの総称であるが，ここでは内向的な逸脱行動に注目する。自分を傷つける，社会参加を忌避する，というような行いである。その発生頻度に関する統計を紹介していくが，その数字には，現代社会における青年層の「生きづらさ」の程度が反映されていることにも注意していただきたい。

■1　自殺

　自己破壊行動の最たるものは自殺（suicide）である。ここでは，20代の青年層の自殺率を観察するのであるが，その長期推移には，青年の「生きづらさ」の時代変化がくっきりと刻印されている。

　自殺率とは，自殺者数がベースの人口に占める比率のことをいう。分子の自殺者数は厚労省『人口動態統計』，分母の人口は総務省『人口推計年報』から得ている。2011年でいうと，20代の自殺者は3,096人，当該年齢人口が約1,359万人であるから，10万人あたりの自殺率は22.8人となる。

　これは自殺率の絶対水準であるが，20代青年の自殺率が人口全体のそれに比してどうかという，相対水準も併せて観察する。尺度としては，青年の自殺率を人口全体の自殺率で除した値を用いる。2011年の例を示すと，「青年の自殺率（22.8）÷人口全体の自殺率（22.6）≒1.01」である。渡部真教授のネーミングにしたがって，この値をα値と呼ぶことにしよう[47]。α値が1.0を越

5-34 青年の生きづらさの時代変化

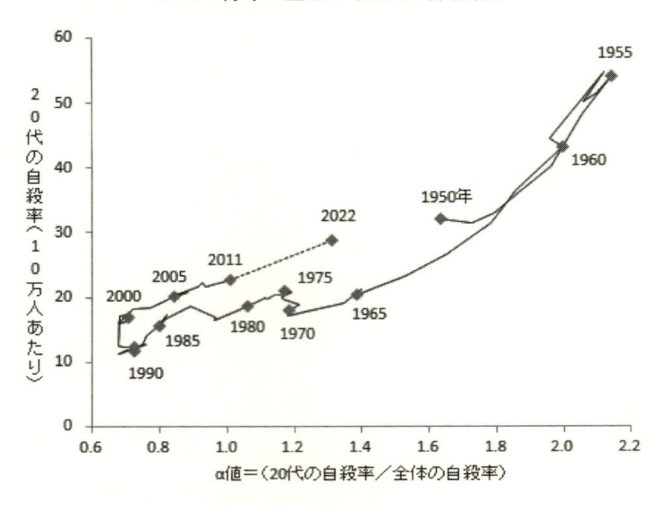

縦軸：20代の自殺率（10万人あたり）
横軸：α値＝（20代の自殺率／全体の自殺率）

資料：厚生労働省『人口動態統計』，総務省『人口推計年報』

える場合，青年層の自殺率は人口全体のそれを上回ることを示唆する。

　私は，戦後初期の1950年から2011年までの各年について，青年の自殺率とα値を計算した。**図表5-34**は，横軸にα値，縦軸に自殺率をとった座標上に，それぞれの年のデータを位置づけ，線で結んだものである。この60年間における，青年層の「生きづらさ」の程度がどう変わったかを，視覚的にみてとることができる仕掛けになっている。図の右上に位置するほど，自殺率の絶対水準・相対水準とも高いことになるので，青年層の生きづらさの程度が高い，というように読んでほしい。

　1950年から始まり，1955年（昭和30年）になると，図の最も右上に位置する。昭和30年代初頭が，青年にとって最も「生きづらい」時期であったことが知られる。社会の激変期にあった当時，価値観の急変に適応できなかった青年も多かったことだろう。その後，社会が安定するに伴い，青年の生きづらさも緩和されてくる。1960年から1970年にかけて，ドットが右上から左下へと大きく動いている。1960年代の高度経済成長の恩恵にあずかった，という

（前ページ）
■47―――渡部真「青年期の自殺の国際比較」『教育社会学研究』第34集，1979年。

ことであろうか。

　1970年代の間は微変動であるが，80年代にかけて，ドットが再び左下に大きくシフトする。わが国がバブル経済に沸いた時期である。青年層の生きづらさの程度が最小であったのは，1993年（平成5年）であった。しかし，それ以降，ドットの動きの向きが変化する。1990年代の後半にかけて上方にシフトし（絶対水準上昇），今世紀になると，右上に動いている（絶対水準，相対水準上昇）。近年，青年層の生きづらさの程度が増してきていることが分

5-35　20代青年層の展望不良と自殺の関連（1980～2011年）

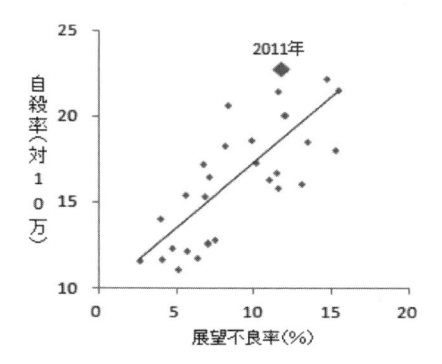

資料：厚生労働省『人口動態統計』，内閣府『国民生活に関する世論調査』

かる。2011年のデータでは，20代の自殺率が人口全体のそれを凌駕していることにも注意しよう（α値＝1.01）。

　20代青年の自殺率が，絶対水準・相対水準ともに上昇していることをみた。おそらくは，就職失敗の自殺（347頁）に象徴されるような，先行き不透明な状況に絶望して自らを殺める者が増えていることを反映しているのではなかろうか。

　この点に関する実証データがある。内閣府の『国民生活に関する世論調査』の中に「これから先，生活はどうなっていくと思うか」という設問があるが，この問いに対し「悪くなる」と答えた者の比率は，展望不良に苛まれている者の比率と読むことができる。私は，1980年から2011年までの各年■[48]について20代の展望不良率を出し，同年齢層の自殺率の推移と関連づけてみた。**図表5-35**は，その結果である。

　将来展望が思わしくない年ほど，自殺率が高い傾向にある。相関係数は＋0.777とまことに高い。ちなみに，将来展望不良と自殺率の密接な関連は，青年層においてとりわけ強いものであることを付記しておこう■[49]。

　さて，今後はどうなっていくのだろうか。もう一度，**図表5-34**の「生きづらさ」

■[48]────『国民生活に関する世論調査』が実施されていない1998年と2000年のデータは除く。
■[49]────詳細は，拙稿「性別・年齢層別にみた自殺率と生活不安指標の時系列的関連」『武蔵野大学政治経済学部紀要』第1号（2009年）を参照。

の変遷図をみていただきたいが，2000年から2011年までの傾向を延ばしてみると，2022年（平成34年）のドットは，1950年の近辺に位置づくことになる。ぐるりと一周まわって，再び右上のゾーンに帰ってくる形である。青年の生きづらさの程度が，戦後初期の頃の水準に立ちかえることが予想されるのである。

　このような直線的な予測が的中するかどうかは，今後の青年（若者）関連の施策に依存する。2010年4月には，子ども・若者育成支援推進法が施行され，同年7月には，子ども・若者育成支援推進大綱（子ども・若者ビジョン）が策定されたところである。子ども・若者ビジョンの基本理念の一つとして，「子ども・若者は，大人と共に生きるパートナー」というものが掲げられているが，ぜひとも具現していただきたい理念である。少年犯罪の国際比較の統計（85頁）から示唆されるように，わが国では，共に社会を支えるべき子ども（青年）と大人との間に世代断層が生じている疑いが持たれる。求められることは，子ども・青年をして，搾取の対象とするのではなく，共存するパートナーと位置づけることである。

■2　ニート

　青年期の発達課題は，自我同一性（アイデンティティ）を確立することである（エリクソン）。どういうことかというと，自分は何者か，自分は社会の中で何ができるかをはっきりさせることである。簡単にいえば，進路選択，職業選択ということになるだろう。

　しかし最近，この課題を達成することができずに，自我の拡散状態に陥ってしまう青年が多いと聞く。実感としても，自分は何がしたいのか，何ができるのかを思い定めることができず，いつまでたっても明確な役割（role）を取得できない人間が増えているように思う。いわゆるニート（NEET = Not in Education, Employment or Training）などは，その典型に位置する。教育も受けておらず，働いてもおらず，職業訓練も受けていない，要するに何をしているか分からない者のことである。

　私は，このような生き方を100％否定するつもりはない。現在の（病んだ）企業社会に過剰適応し，心身ともに荒んでいくというのはご免こうむりたいし，「ぶっとんだ」生き方をしている人間の中から，社会を変革するカリスマが生まれてくる可能性も否定できないところである。しかるに，社会全体が「ぶっとんだ」人間だらけになるというのは，考えものだ。程度の問題であるけれど，

青年のニート率があまりに高くなるというのは、よろしくないことである。この項では、20代の青年のうち、ニートがどれほどいるかを数で明らかにしてみようと思う。その後で、ニート状態に至るまでの経緯として考えられるものに言及する。最後に、ニート青年の1日を少しばかりのぞいてみたい。

まずは、ニートの量の把握からである。355頁でも述べたように、人口は大きく、働く意欲がある労働力人口とそれがない非労働力人口とに分かれるが、いうまでもなくニートは後者に含まれる。総務省『国勢調査』の労働力集計表において、非労働力人口の箇所をみると、「家事」、「通学」、および「その他」という3カテゴリーが設けられている。ここで注目するのは、3番目の「その他」に振り分けられた者の数である。非労働力人口であることの理由が、専業主婦（夫）や学生というような明確な地位を得ていることではない者たちである。基幹統計である『国勢調査』からニートの量を把握しようという場合、この層の量に注目するのがよいであろう■50。むろん、病気療養中の者や留学準備に勤しんでいる者等が含まれてしまうけれど、そういう少数の個別事情を完全に除くことは不可能である。ここでは、ニートの近似量を測るという趣旨において、そうした細かい部分には目をつぶることとする。

最新の2010年の『国勢調査』によると、20代の非労働力人口は262万人である。このうち、家事でも通学でもない「その他」というカテゴリーに収まっているのは157,787人である。この15万8千人が、この年の20代青年のニートであると解される。同年の20代人口は約1,372万人であるから、ベース千人あたりの出現率にすると11.5人となる。約87人に1人。以下では、‰（パーミル）という単位を使おう。

現在の20代青年のニート率は11.5‰であるが、この値は過去に比して高いのか、それとも低いのか。私は、『国勢調査』の過年度統計にあたって、20代のニー

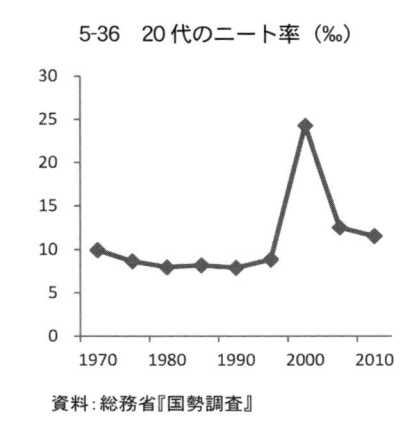

5-36　20代のニート率（‰）

資料：総務省『国勢調査』

■50———小杉礼子氏も、『国勢調査』からニートの数を把握するに際して、同様の数字を用いている（小杉礼子編『フリーターとニート』勁草書房、2005年）。

第5節　逸脱

ト率の推移を明らかにした。**図表5-36**には，1970年（昭和45年）以降のカーブが描かれている。『国勢調査』は5年間隔での実施なので，5年刻みの統計になっている。

20代のニート率は，1970年代から80年代にかけて減少を続けるが，90年代になってから増加に転じ，今世紀初頭の2000年には値が急騰する。この年のニート率は24.3‰と実に高い。20代青年の41人に1人がニート状態だったことになる。私が大学を出た年の翌年であるが，当時の不況，就職難がどれほどのものであったかは肌身で知っている。こういう状況の影響であるのかもしれない。であるが，就労意欲をもって就職活動をしている人間は，統計上は労働力人口の中の完全失業者に括られるから，この点ばかりを強調するわけにもいかない[51]。新卒枠での就職に失敗し，以後，既卒枠で就職活動を継続するがうまくいかず，そのうち就労意欲を失いニートに…。こういうパターンが多かったのではなかろうか。

ニート率は，景気が持ち直した2005年には12.5‰にまで低下し，2010年にはまた少し下がって11.5‰になっている。2000年のような突発事情もあるけれど，大よその傾向としては，1990年代以降，20代青年のニート徴候が高まっていることに注意しよう。

次にみてみたいのは，環境によるニート率の変異である。ニートとは，当人の怠けの問題というようにいわれることが多いのであるが，先ほどの時系列曲線は，景気動向や就職難の程度のような環境要因とニートの関連を示唆している。この点を，今度は「ヨコ」の地域データを使って吟味してみよう。

2010年の『国勢調査』の統計を使って，同じやり方で，20代青年のニート率を都道府県別に出してみた。全国値は11.5‰であるが，県別にみると，最高の19.1‰（島根）から最低の8.8‰（滋賀）まで大きな開きがある。ニート率の上位5位は，島根（19.1‰），奈良（17.7‰），鹿児島（16.0‰），長崎（15.1‰），そして愛媛（15.1‰）である。いずれも地方県であり，ニートは都市よりも地方で多いことが分かる。地方では青年の就労機会が都市に比して乏しいというが，地域における就労機会の多寡とニートとの関連が想起される。

事実，20代の完全失業率[52]を県別に出し，先ほどのニート率と関連づけ

---

[51] 就労意欲はあるが，『国勢調査』の実施時期に就職活動をしなかったため，非労働力人口中の「その他」のカテゴリーに放られた者が多かった，という事情もあり得る。

ると，両指標の間には正の相関がみとめられる（図表5-37）。相関係数は＋0.337であり，47というデータ数を考慮すると，5％水準で有意な相関である。撹乱も多いが，失業率が高い県ほどニート率が高いという傾向はみられるのである。先ほど書いたように，必死に就職活動をしたがうまくいかず，やがて就労意欲を失いニートになる，というようなサイクルの存在がうかがわれる。ニートの原因を，個人の怠けのみに帰すことはできないようだ。

5-37　20代の失業率とニート率の相関関係

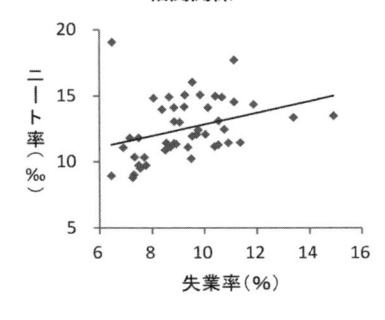

資料：総務省『国勢調査』（2010年）

あと一点，原因論に関連して，子ども時代の学校体験とニートの関連を示唆する統計があるので，それを紹介しよう。具体的にいうと，不登校ないしは高校中退の経験とニートのつながりである。

内閣府『高校生活及び中学生活に関するアンケート調査』（2009年3月）では，2004年度に高校を中退した者，および同年度の中学校3年生で不登校状態にあった者の現況を調査している。サンプル数は，高校中退者が168人，中3時の不登校者が109人である。調査時点（2009年2～3月）において，「仕事にはついておらず，学校にも行っていない」というニート状態の者の比率は，以下のように報告されている。

①高校中退者……20.8％
②中学校3年時の不登校者……16.5％

この数字を一般群と比較しようと思う。2004年度の高校中退者（15～18歳）は，2010年には20代前半になっていると考えられる。2004年度の中3不登校者（14～15歳）は，2010年では20～21歳というところだろう。2010年の『国勢調査』のデータを用いて，それぞれの年齢層についてニート率を計算

(前ページ)
■52―――完全失業者数を労働力人口で除した値である。働く意欲がある人間の中で，職に就けていない者がどれほどいるかを表す指標である。地域の労働市場の状態を診る最も基本的な統計指標である。

第5節　逸脱

した。計算の仕方は，前に説明したとおりである。結果は以下のごとし。

③ 20 代前半のニート率……1.2％
④ 20 〜 21 歳のニート率……1.2％

①と③を比べることで，高校中退者がニートになる確率が同世代全体の何倍かが分かる。中学校 3 年時の不登校者の相対リスクは，②と④を比較することで知られる。割り算をすると，高校中退者がニートになる確率は同世代全体の 17.3 倍，中学校 3 年時の不登校経験者は 13.8 倍にもなる。

成人後にニート化する確率の違いが明らかであるが，不登校や高校中退経験者は，さまざまな偏見や不遇に晒されることが大きいと思われる。私は，不登校や中退は，れっきとしたオルタナティブな道であると考えるが，このような認識は世間一般には共有されていない。わが国は，標準レールを外れた人間に対する仕打ちが殊のほか厳しい社会である。それと，不登校・中退経験者は，人間関係のトラウマを抱えるなど，メンタル面の要因から，求職活動になかなか踏み切れない，という事態も考えられる。こういうことが，上記の恐怖の数字をもたらしているとみられる。

青年のニート現象は，当人の怠けにだけ帰されるべき問題ではない。労働市場の状態や，個人の内的体験など，その原因は複雑な層をなしている。

最後に，統計上ニートに括られる青年が，1 日をどのように過ごしているのかをのぞいてみよう。その後で，ニート青年を私がどうみているかを述べることとする。総務省の『社会生活基本調査』では，1 日の生活行動の平均時間が細かい属性別に集計されている。私は，最新の 2011 年の調査結果から数字を採取し，20 代のニート男性の平均行動時間(平日)をまとめた表をつくってみた。ここでいうニートとは，無業者のうち，「家事」でも「通学」でもない，「その他」というカテゴリーの者のことをいう。比較の対象として，同じく 20 代男性で「主に仕事」に従事している有業者についても同じ統計を作成した■53。この一般群と比して，ニート男性の平日の 1 日がどういうものかが注目される。

図表 5-38 は，20 の行動の平均時間である。両群とも，総計は 1,440 分（24 時間）となる。よって，1 日の時間の分布と読んでもらってもいい。一般群は，

■ 53―――性別を男性に限定したのは，このような比較を行うためである。

5-38　20代ニート男性の平日の平均行動時間（分）

		a ニート	b 主に仕事	a－b 差分
第1次	睡眠	518	443	75
	身の回りの用事	67	61	6
	食事	90	78	13
第2次	通勤	1	63	−62
	仕事・アルバイト	5	515	−510
	学業	12	1	12
	家事	12	3	9
	介護・看護	0	0	0
	育児	3	4	−1
	買い物	14	9	5
第3次	移動(通学を除く)	31	23	8
	テレビ・ラジオ・新聞・雑誌	173	67	106
	休養・くつろぎ	153	81	72
	学習・研究(学業以外)	83	6	77
	趣味・娯楽	163	54	109
	スポーツ	13	6	7
	ボランティア・社会参加活動	2	1	1
	交際・付き合い	22	19	3
	受診・療養	26	3	23
	その他	57	6	52

資料：総務省『社会生活基本調査』(2011年)

1日の3分の1以上が通勤・仕事である。一方のニート群はというと，睡眠時間のほか，テレビや趣味・娯楽の時間が長い。「テレビ」＋「休養・くつろぎ」＋「趣味・娯楽」＝ 489分であり，8時間を越える。社会参加や交際の時間は，仕事を持っている一般群とさして変わらない。

大雑把にみれば，平日だというのに，1日中テレビを観たり，ゲームにハマったりしている輩という整理ができないこともない。しかし，このように，浮世とはいささか乖離した生き方をしている人間に対し，私は若干の敬意を抱く。

作家の雨宮処凛氏は，17人のプレカリアート（新自由主義経済の中，不安定さを強いられる人々）の生き方を取材した書物を公刊している（『プレカリアートの憂鬱』講談社，2009年）。このような人々は，格差社会の犠牲者としての「可哀そうな貧乏人」という描かれ方をされることが多いのであるが，彼らの「逞しさ，発想の自由さ，トンデモなさ」にいつも驚かされる，とのことである（まえがき，5頁）。

この本には，社会に復讐するためにマルクスにハマり，原書の読書会まで組織している人間が出てくるが，マルクスの原書を読むことは，**図表5-38**でい

うと,「学習・研究」のカテゴリーに含まれる。また，プリンターの製造工場で派遣社員として1年間勤務した経験を映画にし，全国上映にまでこぎつけた青年も出てくるが，この種の映画製作は，**図表 5-38** のカテゴリーでは「趣味・娯楽」として括られる。いずれも，一般群よりもニート群において，平均時間がはるかに長い行動カテゴリーである。

　冒頭でも述べたが，社会を変革するのは，いつの時代でも「ぶっ飛んだ」人間である。現在の20代青年のニート率は11.5‰と算出されたのであるが，青年の87人に1人くらい，「ぶっ飛んだ」生き方をしている者がいてもいいのではないか，という気もする。逆をいえば，100人中100人が会社勤めをするような社会のほうが異常だ。そういう社会は多様性も活気もないし，社会の歪みを正し，社会を変革しようという機運はなかなか生まれにくい。

　図表 5-36 の曲線をもう一度みてほしいが，1970〜80年代にも，100人から120人に1人くらいの割合でニートは存在していたが，彼らのことが問題視されることもなく，社会はそれなりに動いていた。しかし現在では，この種の青年は問題因子であるかのような扱いを受けている。それは，現存の社会に異議を申し立て，社会を変革することを目論む人間への監視を強化する動きともとれる。

　かといって私は，ニート青年への社会的な対応を止めろというのではない。ニート状態のままでいることは，生涯にわたる貧困という不幸にもつながる。しかし，それは「正社員にあらずんば人にあらず」というような日本の慣行にも起因している。わが国では，若年の生活保護受給者に就労指導が入る際，いきなり8時間のフルタイム（正規）就業を求められるというが，これなどは，週幾日かの短時間就業は，各種の社会保障を受けるに値しないと考えられていることの証左である。このことが，日本には「過労死するほど仕事があり，自殺するほど仕事がない」という奇異な状況をもたらしている。

　このような極端な考え方を幾分なりとも是正することで，ニートの量はかなり減じることと思う。それは，仕事に打ち込む「職業人」としての顔と同時に，社会的な関心をも持つ「社会人」としての顔も併せ持った人間が増える過程でもある。

本章のまとめ

　社会生活に求められる資質の水準が高度化し，かつ，ある程度の豊かさを達成した現代日本社会では，人生のステージとして青年期が現出している。子どもと大人の中間に位置する時期であり，身体が大きくなろうとも，労働などの役割遂行は免除される，モラトリアムの期間としての性格も持っている。この時期において青年は，いろいろな試行錯誤をすることを許され，その過程において，自分は将来何になるか，どのようにして社会に貢献するかというような，自己アイデンティティを確立することを期待される（エリクソン）。
　今日では，青年層の多くが大学に籍を置いている。大学は，学校教育法が定めるところの正規の学校であり，当然，教育機関としての任を期待されるけれど，そこにおいては，初等中等教育機関のような，リジッドな教授活動が行われる度合いは低い。学生には多くの自由が与えられており，各人はそれを利用して，上述のような課業を遂行する。これも，広くとるなら，大学という高等教育機関における人間形成の一つの相をなしている。近年，大学生の休学率や留年率が上昇しているのであるが，これは消極的な面ばかりを表すのではなく，海外留学，インターンシップ，さらにはまとまった時間をとって自己を深く見つめるなど，自我同一性の確立に際して意義のある活動をする学生が増えていることの表れともとれる。
　しかるに，大学は学生を収容するだけの「入れ物」ではなく，最近では，教育機関としての役割をきっちりと果たすことが求められており，そこでの教育を受けた証である学士号の質を保証すべく，「学士力」なる概念が提示され，そうした力を学生に身につけさせることが志向されている。大学進学率が50％を越える現在，大学教育を受けるに足る基礎学力を有していない学生も少なくないことから，入学初頭にそれを補うことを意図する，リメディアル教育も各地の大学で実施されるようになっている。しかしながら，このような教

育充実の方策がとられる一方で，それを担う大学教員の非正規化の進行が放置されているという問題もある。青年期「教育」機関として大学を位置づけるのであれば，それに見合う条件整備も図られねばならない。

　なお現在では，大学を中途退学する学生が少なからず見受けられる。同世代の半分が大学に進学する状況であり，目的がなくとも，勉学を好まぬとも「皆が行くから」という曖昧な動機での進学者が多いことを思うと，無理からぬことである。言わずもがなであるが，青年期を過ごす場は大学だけではない。実をいうと，高等学校を卒業した後の段階には，専門の研究者でも全貌を把握し得ていないと思われるほど，多種多様な教育訓練機関が存在する。こうした中等後（post-secondary）教育の構造について，中等教育段階の教員は見識を深め，個々の生徒の意向や適性を勘案した進路指導を実践することが求められる。

　次に，青年期における一大事業である，学校から職業への移行についてであるが，現在では，これが一筋縄ではいかなくなっている。必死に就職活動を行うも，最後まで芳しい結果が得られず，採用見合わせを伝えて「貴殿の今後のご活躍をお祈りします」で結ぶ，いわゆる「お祈りメール」なるものを何十通，何百通も受け取るうちに，自分は社会に必要とされない人間なのだと思い込み，絶望の果てに自らを殺める大学生。現に，こういう悲劇が何件も起きている。また，わが国には新卒採用至上主義がはびこっており，新卒時の就職に失敗すると後からはなかなか挽回できない状況があることも，彼らの苦悩を深くしている。これをいいことに，大学の側は，進路の決まらぬ学生を大学院に引き込んだりするのだが，大学院を終えたとしても，よほどの即戦力人材とならぬ限りは行き場はない。余計に年齢を重ねた分，民間企業への就職は一層困難となるとみてよい。

　目下，大変な経済状況であるので企業の側ばかりを責められないけれど，やっていただきたいことはある。さしあたりは，新卒か否か，年齢はどうかというような，外的な属性を重視する採用慣行の変革が要請される■54。前者については，文部科学省が経団連へ要求したと聞くが，新卒至上主義が是正されるような気配はない。何のロスもなくストレートな人生を歩んできたかどうかだけ

■54────ただ，今の就職活動はインターネットを介して行われるのが常である。企業の側は，押し寄せる膨大な数の志願者を，学歴や新・既卒といった外的なシグナルで選別せざるを得ない状況にあるのも事実である。図表5-18にみられる近年の青年層の臆は，情報化社会というマクロな社会状況の所産ともいえる。

ではなく，回り道を経ていても，いかに多様な経験を積んできたか，ということにも目を向けるべきである。

　最後に，青年期が長期化していることにかんがみ，20代の年齢帯を「後期青年期」とみなし，その現代的状況を概括しよう。まず就労面においては，雇用の非正規化が進行し，かつ，働いているにもかかわらず，最低限の生活を営むに足るだけの収入しか得られないワーキングプアが増える，というような事態になっている。このことは，未婚化，ひいては少子化現象にもつながっていることであろう。そして懸念されるのが，社会参加を忌避したり，自らを殺めたりするような，非社会的逸脱増加の兆候である。自殺率でみる限り，青年層の「生きづらさ」の程度は年々増してきており，このペースでいくと，数年後には戦後初期の頃の水準にまで立ち返ることすら予想されるのである（図表5-34）。

　その一方で，世論調査をみるならば，今の青年層は生活満足度が高く，かといって自己中心的でもなく，社会志向や愛国心が強い傾向が観察されるのであるが，これを額面通りとってはならない。生活満足度が高いことは，将来展望が開けていないことの裏返しであり，社会志向が強いことは，個々バラバラに分断された青年らが，何かをきっかけにしてつながりたい，コミットメントの対象を見出したい，と強く念じていることの表われと読める（370頁）。現代青年の閉塞感や空虚感は並大抵のものではないようだ。

　現代の青年層の状態がこのようなものであることは，子どもの育ちに対しても負の影響を及ぼすことになろう。子どもは，近い将来を展望しながら，予期的な社会化を遂げる存在である。青年層のどんよりとした状態は，「未来は開けていない」，「懸命に勉強しても何にもならぬ」というような諦めのクライメイトを子どもの間に蔓延させ，彼らの脱学校兆候を強化するというような，負の経路は十分想定される。

　フツーに生きる。この当たり前のことを，全ての青年層に保障すること。国がまずなすべきことは，このことである。

第6章 社会

教育の使命と実態――データからみた教育社会学試論――

[第1節] 社会変化

　われわれが暮らす社会は絶えず変化するものであり、そのことが、人間の育ちや教育の有様に大きな影響を与えている。この節では、教育と関連が深いと思われる社会変化を6つ取り上げ、その様相を、統計グラフを通して視覚的にみていただくこととする。

　教育とは、真空の中で行われているのではない。教育改革について議論する際、なされるべき提言というのは、所与の社会条件に即したものでなければならない。そうでないものは、何ら実現可能性のない空理空論であることがほとんどである。逆にいえば、社会のすがたを知ることで、教育改革の道筋が照らし出されることになる。デュルケムを引くまでもなく、教育とは、社会によって規定されるものであるのだから。

■1　少子高齢化

　最初に取り上げるのは、少子高齢化である。この言葉を聞いたことがないという人はいまい。子どもが減り、高齢者が増えるという、わが国の人口構成変化を端的に言い表したものである。子どもが少なくなっていることは第1章の第1節でみたのであるが、平均寿命の伸びにより、高齢者の増加が伴っていることにも注意が要る。このような変化が教育に及ぼすインパクトについては後で述べることとし、まずは、少子高齢化のこれまでと今後を、統計図でみていただくことにしよう。

　日本において、最初の『国勢調査』が実施されたのは1920年（大正9年）である。本調査の統計にあたって、この年から2010年現在までの人口の年齢構成変化を跡づけてみた。明らかにしたのは、15歳未満人口、15～64歳人口、および65歳以上人口の量の変化である。人口学の言葉でいうと、順に年少人口、

6-1 日本の年齢層別人口の変動（万人）

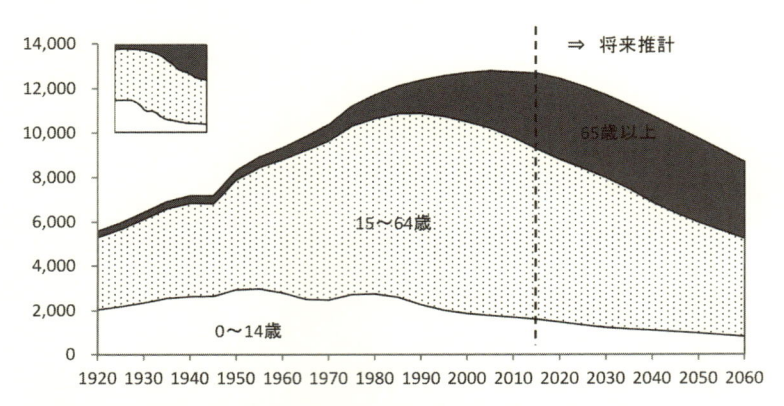

資料：総務省『国勢調査』，国立社会保障・人口問題研究所「将来推計人口」

生産人口，そして高齢人口という。なお，国立社会保障・人口問題研究所の「将来推計人口」■1 も参照し，2015年から2060年までの将来予測も付け加えた。この2つの統計を接合させて，1920年から2060年までの140年間の変動過程を描いたのが，**図表 6-1** である。

日本の総人口は，2010年の1億2,800万人をピークに減少の局面に入る。しかるに，注目すべき変化は，3つの成分の内訳である。戦前期から戦後の高度経済成長期までは，年少人口の割合が比較的大きく，高齢者はわずかであった。下が厚く上が細い，きれいなピラミッド型の構造であった。しかし，1980年代の半ば頃から年少人口が減り，代わって高齢人口が増えてくる。世紀の変わり目の2000年には年少人口と高齢人口の量が逆転する。こうした少子高齢化は，今後さらに速度を増すとみられ，2060年には，年少人口791万人，生産人口4,418万人，高齢人口3,464万人，という数になることが見込まれている。

図の左上に，この期間中の3群の構成変化図を掲げたが，模様の変化が一目瞭然である。始点の1920年では，年少36.5％，生産58.3％，高齢5.3％という構成であったが，終点の2060年では，年少9.1％，生産50.9％，高齢39.9％というように激変する。今から40〜50年後には，65歳を越える高齢

■1――――同研究所のホームページ上で閲覧可能である。用いたのは，中位推計である。

者が，全人口の4割（5人に2人）を占めることとなる。

これはまだ先の未来予測であるが，2010年現在のわが国の少子高齢化度は，年少人口率13.1％，高齢人口率22.8％という数値で測定される。この値を，国際データの中に位置づけてみよう。国際的にみて，わが国が子どもの少ない社会になっていることは25頁でみたが，高齢化率という軸を加えると，どういう位置が明らかになるか。**図表6-2**は，横軸に年少人口率，縦軸に高齢人口率をとった座標上に，世界の54か国をプロットしたものである。統計の年次は国によって違うが，大よそ2010年近辺の数値である（日本は2010年）。図の左上に位置する国は，年少人口率が低く，高齢人口率が高いことになるから，少子高齢化が進んだ国ということになる。

日本は，54か国の中で最も左上に位置する。世界の中でも少子高齢化が最も進んだ社会であることが知られる。その次に，ドイツ，イタリア，ギリシアといったヨーロッパ諸国が続く。図の点線の斜線は均等線であり，この線よりも上にあるのは，年少人口よりも高齢人口が多い社会であることを意味する。子どもよりも高齢者が多い社会というのは，世界的にみれば多くはない。54か国中14か国である。この点においても，われわれの常識が相対化される。

あと一点，わが国では，少子高齢化の速度が速いことにも触れねばならない。**図表6-2**の左上がりの矢印は，1950年から2010年にかけての日本の位置の変化を表している。この60年間の変動スパン（矢印の長さ）が，これほどまでに大きい社会は類をみない。日本の場合，明治期の近代化といい，戦後の民

6-2　少子高齢化度の国際比較（2010年近辺）

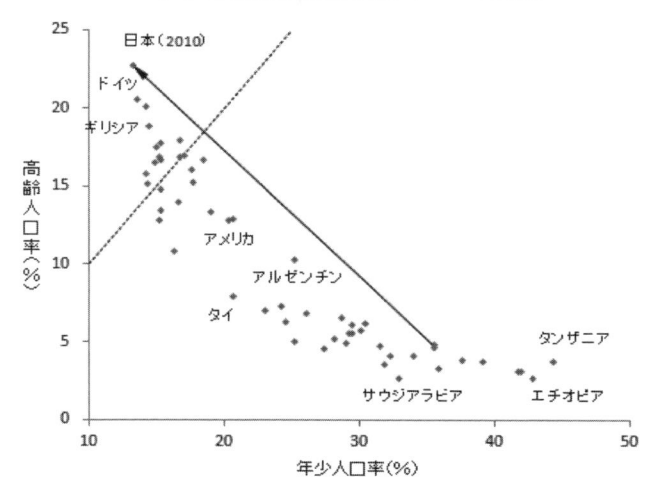

資料：総務省統計局『世界の統計2012』

第1節　社会変化

主化といい，社会変動が急激であることが特徴なのであるが，少子高齢化の過程についても同じことがいえる。こうした急激な変化に制度改革が追いつかず，老後の生活保障の不備や，生涯学習推進のための条件の未成熟など，さまざまな問題がもたらされている。

こうした「激烈」とも形容される少子高齢化が，子どもの育ちや教育に影響しないはずはない。24頁では，少子化が子どもの育ちに与えるインパクトについて述べた。ここでは，高齢化と教育の関連について，思うところを申したい。

高齢化傾向はまず，教育内容の革新を迫るであろう。子どもたちに対し，高齢者の生理や生活に関する基礎知識や，高齢者との接し方を教授する必要が高まってくる。たとえば，2009年に改訂された高等学校新学習指導要領では，家庭科の各科目にて，「高齢化の進展に対応して，高齢期を人の一生を見通す中でとらえ，高齢者の自立生活を支えるために個人や家族，社会が果たす役割や，高齢者と積極的にかかわり肯定的に理解することなどに関する内容の充実を図った」■2とされる。学習指導要領に規定されずとも，道徳や総合的な学習の時間等において，皆で追究する課題として，高齢化社会の制度設計というようなものが取り上げられる頻度が増すことは疑い得ない。このことは，わが国が生産至上主義の社会から真の成熟社会への変化を遂げる足掛かりとなる可能性を示唆するものであり，決して否定的に捉えられるべきものではない。

社会の高齢化は，教育に対しこのような要求をしてくるが，その一方で，資源をも提供してくれる。退職した高齢者は，生活の大半を身近な地域社会で過ごすことになる。広井良典教授は，年少人口と高齢人口を「地域密着人口」という概念で括っている■3。なるほど。双方とも，自宅近辺の地域社会内で生活が完結する度合いが高い人間である。図表6-1をみれば分かるように，これから先，この地域密着人口はどんどん増えていく。これは，教育に参画してくれる地域資源の量の増加と読み替えることもできる。

学校において学習指導や生徒指導の補助に当たる，地域社会において見回りを行うなど，参画の方途はいくらでもある。それが，子どもに対する過剰管理につながることがあってはならないが，このような視点をとるならば，高齢化という社会変化は，教育にとって大きなプラスの条件となり得る。2008年度

■2————文部科学省『高等学校学習指導要領解説（家庭編）』(2010年)。
■3————広井良典『創造的福祉社会』ちくま新書，2011年。

において，団塊世代をはじめとした高齢者を「学校の授業・活動の講師や社会教育施設の学級・講座の講師」等に任用する，教育サポーター制度が導入された経緯があるけれど■4，これなどは，この構想を具体化した施策といえよう。高齢者が長年かけて身につけた知や技は，放っておくにはあまりにも勿体ない資源である。

　少子高齢化は，不可避の社会変化である。教育は，社会のこうした有様に寄り添わねばならない。しかるに，それをもって，自らにとっての資源に転化させるという選択肢も与えられている。これから先，重要になってくるのは，このようなことである。

■2　産業化・都市化

　次に取り上げるのは，産業化と都市化である。この2つは互いに深く関連しているので，この項にて一括して扱うこととする。まず産業化であるが，辞典の定義を引くと「産業構造が農業中心の型から工業中心の型に移り変わること」とある■5。時代の経過とともに，第1次産業の比重が減じ，代わって第2次・第3次産業の比重が高まると説いたのはペティ・クラークであるが，わが国においては，そうした変動が如実に表われている■6。

　その過程を統計図でみてみよう。図表6-3は，この90年間における産業別の就業者数構成を面グラフで示したものである。10年間隔のラフなものであるが，大局的な変化は読み取れるだろう。

　図の始点の1920年（大正9年）では，就業者の54.9％が第1次産業（農林漁業）に従事していた。このような状態は戦後初期の頃まで続くが，その後の高度経済成長期にかけ

6-3　産業別の就業者の構成変化

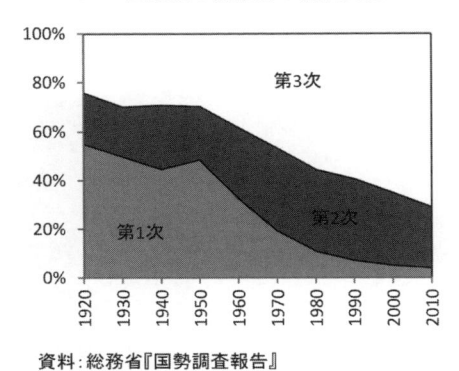

資料：総務省『国勢調査報告』

■4────文部科学省『教育サポーター制度の普及に向けて』（2008年）。
■5────『社会学小辞典』有斐閣，1997年，29頁。
■6────第1次産業とは農林漁業，第2次産業は鉱業・建設業・製造業である。それ以外は，第3次産業として包括される。

て，第1次産業の比重は激減する。1950年では48.6％と半分近くであったが，20年後の1970年には19.3％にまで低下するのである。代わって，第2次・第3次産業の比重が増えてくる。この時期にかけて日本は，前出の辞典の定義がいうような，農業社会から工業社会への変化を遂げたといえる。70年代以降は第1次産業の減少，第3次産業の増加が継続し，2010年現在では，第1次が4.1％，第2次が25.0％，第3次が70.9％，という構成ができあがっている。区別を設けるなら，高度経済成長期の変化は工業化であったのに対し，70年代以降の変化は脱工業化と情報化の過程であったといえよう。

　このような変動によって，わが国の富の総量は増加した。高度経済成長期を経て，日本は世界で1，2位を争う経済大国にまで上り詰めた。しかるに，なりふり構わぬ乱開発・乱製造により，同じ時期にかけて環境問題や公害問題が深刻化したこともよく知られている。また，組織の大規模化，業務の細分化に伴い，自分の仕事が全体のどこに位置づけられているのか分からない，あたかも機械の歯車のごとく働かされるというような，労働の疎外の問題も生じてきている。後述するが，現代社会の教育は，こうした諸問題に対処するようなものでなければならない。

　次に，都市化の動向をみてみよう。都市化とは，人口が多い都市に居住する人間が増えるというような変化のみならず，都市的な生活様式が普及することをも意味する。ここで提示するのは，前者の人口変動の統計である。**図表6-4**は，居住市町村の人口規模別にみた人口構成がどう変わったかを図示したものである。観察期間は，先の図と同じく，1920年から2010年までの90年間である。

　戦前期までは，人口5千人未満の町村の居住者が最

6-4　居住市町村の人口規模別の人口分布（％）

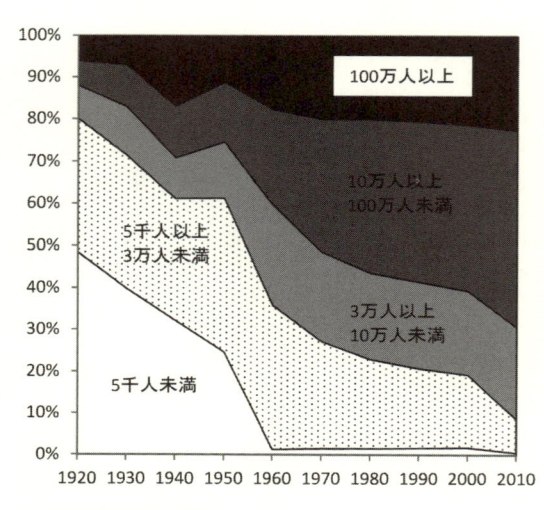

資料：総務省『国勢調査報告』

も多かった。先にみたように，当時は第1次産業が主体の農業社会であったことと対応している。しかるに，戦後になると構造は激変する。まず，1950年代の市町村合併により，こうした小規模町村の人口はほぼ無きに等しくなる。また，農村から都市への人口移動が増えたことにより，人口10万人以上の都市居住者の比重が加速度的に増している。集団就職に象徴されるように，高度経済成長期は人口移動の時代であった。人口10万以上100万未満の都市居住者の比率は，1950年では14.1％であったが，20年後の1970年には31.5％にまで膨れ上がっている。人口分布でみた都市化はその後も継続し，2010年現在では，全体の7割が人口10万以上の都市居住者である■7。人口100万人超の大都市居住者は2割強というところである。

このような都市化傾向は，先にみた産業化の結果でもある。生産の拠点が都市に置かれたため，そこにおいて膨大な労働力需要が発生した。農業の衰退により，地元で働く場が得られない余剰労働力（次・三男等）がそれを求めて移動したというのが，高度経済成長期における人口移動の具体像である。一国の富量を増やすには，少数の地点に資源を集中投資するのがよいというけれど，戦後の日本では，このことがほぼ具現されてきたといってよい。しかし，それには副作用も伴った。まず，過疎と過密という地域間の不均衡がもたらされた。社会生活が営めないほどに人口が減った地域が出てくる一方で，多くの人口を抱えた大都市では，劣悪な住環境，交通渋滞，大気汚染等，さまざまな問題が生じている。これらは，いわゆる都市問題として括られる。

しかるに，もっと総体的な問題は，都市的生活様式の普及に起因するものである。都市的な生活様式とは，簡単にいえば，他人に深入りしない，濃密な人間関係（一次的関係）ではない，よそよそしい人間関係（二次的関係）を基本とした生活様式のことである。それはしばしば，「皮相性」，「匿名性」というような言葉で端的に表わされる。このような生活様式は，都市部のみならず農村部にも広まっているとみてよい■8。このことから，地縁を基盤とした地域社会の崩壊，教育に関連づけていえば，地域社会の教育力の低下という事態も懸念されている。

■7―――2000年以降，変化の勾配が急になっているが，これは平成の市町村大合併の影響とみられる。
■8―――地理的には離れていても，テレビやインターネット等の情報機器を通じて，大都市の生活様式は全国の至る所に容易に伝わり得る。

さて，産業化・都市化を遂げた日本社会において，教育がどのようなすがたを呈しているかというと，まずいえるのは，高度化・複雑化した組織において従順に働く職業人の育成を志向していることである。教授される内容の水準は昔に比べて高度化しており，それを摂取するための期間（在学期間）も延長している。こうした教育は一見したところ高度にみえるけれど，目を凝らしてみると，特定の組織に属し，当該組織の生産性や利潤を上げることばかりに邁進する，いかにも視野の狭い人間の生産工程であるかのような側面もみえてくる。現代で求められているのは，自分が職業人として働く組織の外にも目配りできる，「社会人」を育てることである■9。深刻の度をきわめている環境問題への対処や，持続可能な社会の具現化に向けた長期的なアプローチとは，こういうことであると思う。働く当人にすれば，外に目を向けることで，自己の労働状態を客観視し，それに異議を申し立てる契機にもなり得る。それは，労働の疎外克服の糸口でもある。求められるのは，「適応」一辺倒の教育だけではないのである。

　最後に，地域社会の再建についてである。目下なすべきことは，ある程度人為的に，地域集団の結成を促すことである。2011 年 3 月の東日本大震災以降，自然災害への備えとして，校区等の地域単位において，住民共同の防災訓練が実施されたり，防災集団が結成されたりするなどの動きが出てきている。また，前の項で述べたように，自地域で多くの時間を過ごす，地域密着人口（退職高齢者等）の量が今後増えてくることになる。総体としてみれば，地域社会を通勤のための通り道としか考えないような人間は減じてくるわけである。これは，以前にはなかった，地域社会再建のための現代的な条件となるだろう。これを活用することで，家庭や学校と並んで，子どもにとっての重要な発達環境を構成する，地域社会の組織化が幾分なりとも実現されるならば，しめたものである。ただし，57 頁でも述べたことであるが，地域社会の組織が，学校の出先機関となるような事態は避けねばなるまい。属する複数の集団が軒並み同じようなものであることは，子どもにとって息苦しいことでもあるのだから。

■3　雇用労働化

　現在において「働く」というと，どこかの組織に雇われて働くという形態を

■9―――この点については，暉峻淑子『社会人の生き方』岩波新書（2012 年）を参照。

イメージするであろうが，就労の形態は，そうした雇用労働のみに限られない。自分で事業を営む自営業や，家族単位でそれを行う家族従業といった形態も存在する。『国勢調査』の労働力集計では「従業上の地位」という言葉が使われているが，就業者の地位構成は昔に比べて大きく変化しており，そのことが，日本社会の大変化の一つの相をなしている。

6-5 就業者の従業上の地位変化

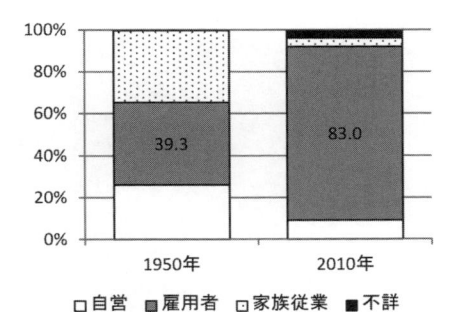

資料：総務省『国勢調査』

戦後間もない1950年（昭和25年）では，就業者の数は3,557万人であった。2010年現在では，その数5,961万人である。ここでみていただきたいのは，その内訳の変化である。**図表6-5**は，両年について，就業者の従業上の地位構成を図示したものである。

1950年では，自営業，雇用者，および家族従業者がほぼ均分の形で存在していた。しかし，2010年現在では，就業者の83.0％が雇用者である。自営業と家族従業は1割強ほどしかいない。このような変化は，前の項でみた産業化の結果でもある。農業社会では，先祖から継いだ田畑で家族ぐるみで農業を営むというような形態が多かった。しかるに，産業の主力が農業から工業へと変わるに伴い，工場やオフィス等での「雇われ労働」が増えてくる。現代日本は，このような変化がほぼ極限まで進行した社会であるといえるだろう。

今みたような労働形態の変化は，人々の生活や子どもの育ちに大きな影響を及ぼしている。まずいえるのは，前項でも触れた，地域社会の崩壊現象に寄与している。現在では，就業者の多くが，自宅から（遠く）離れたオフィスで働いている。就業者のうち，自宅ないしは自市区町村内で就業している者の率は54.7％である。東京の場合，この率はもっと下がり33.5％となる■10。つまり，就業者の7割近くが自市区町村外の職場に通勤しているわけである。このことは，地域社会をして，通勤のための通り道としか考えない人間が多くいることを示唆する。彼らは家庭と職場を往来するだけであり，そのことが地域社会

■10―――総務省『国勢調査』（2010年）の「従業地・通学地による人口・産業等集計」のデータより算出。

6-6　就業者中の雇用者率（％）

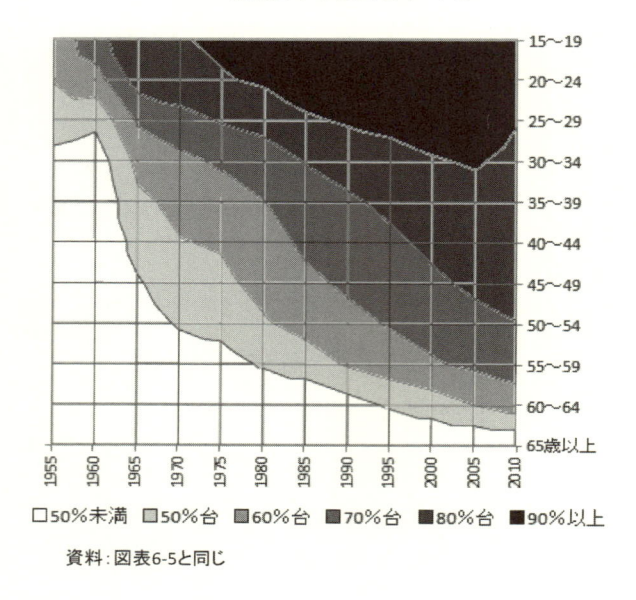

凡例：
- 15～19
- 20～24
- 25～29
- 30～34
- 35～39
- 40～44
- 45～49
- 50～54
- 55～59
- 60～64
- 65歳以上

□50％未満　□50％台　□60％台　■70％台　■80％台　■90％以上

資料：図表6-5と同じ

をして，個々の家庭が何のつながりもなく点在する「島宇宙」のような存在ならしめている。前節で触れた地域社会の崩壊，地域社会の教育力低下をもたらす基底的な要因は，こういう部分にも見出される。

その次に，子どもにとっての労働モデルの喪失という問題を挙げねばならない。自営業や家族従業が多くあった昔とは違って，今の子どもたちは，親の仕事を手伝うことはもちろん，親が働く姿を目の当たりにする機会すらほんど持ち得なくなっている。目にするのは，夜遅くや休日に疲れてゴロ寝する親の姿だけ。このようなことはザラであろう。このことは，子どもの労働観・職業観の形成が遅れることにつながり得る。子どもの親世代に限定すると，就業者の8割，9割が雇用労働者である（図表6-6）。119頁でみたように，父親の職業を明確に答えられない生徒がいるというのも，ある意味，無理からぬことである。

この問題は当局も認識しているところであり，夏休み等に子どもが親の職場を見学するイベント等が開催されていると聞く。また近年では，幼少期から組織的・体系的なキャリア教育を行うこととされ，たとえば中学校段階では，身近な地域社会で職場体験実習等を行うことが推奨されている。要するに，仕事というものを目にしたり，手伝ったりする機会がないのなら，意図的に機会をつくろう，というのである。

学校でのこうした取組と併行して，子どもの主要な生活の場である家庭においても意図的になすべきことはあるだろう。現代では，家電品の普及により，家事労働も著しく省力化されて，子どもが参画する余地はあまりないのは確か

であるが，家での仕事が100％機械化されているというわけではない。新聞取りでも皿洗いでもよいから，何らかの役割を子どもに付与することである。重要なのは，家庭の運営への客観的な寄与度ではなく，子どもに，家族集団を支えている成員としての自我を持たせることである。

今述べたような意図的な取組を「ごっこ遊び」などと揶揄し，結局は社会そのものが変わらなければどうしようもない，という声もあるけれど，そのような見解に帰着させるのはたやすいことである。しかるに，再び農業社会に立ちかえることはできないし，現代の社会状況を所与とした上で，できることはある。大切なことは，それを体系化し，一つ一つ実践してゆくことである。

■ 4　高学歴化

義務教育は中学校までであるが，今日，中学校を終えて直ちに社会に出る人間は非常に少ない。大部分の者が高校，さらには大学といった上級学校に進学する■11。その結果，国民の学歴水準は，時代とともに上昇してきている。このような変化は，高学歴化と呼ばれる。

わが国における高学歴化の様相を，統計図で可視化してみよう。**図表6-7**は，在学者や未就学者を除く学校卒業人口の最終学歴構成が，この半世紀間でどう変わってきたかを図示したものである■12。

1960年（昭和35年）の時点では，国民の7割が，小学校ないしは新制中学卒業という，初等教育レベルの学歴であった。中等教育（旧制中学，新制高校）の学歴保有者は24.6％であり，それより上の高等教育レベルとなると，5.8％しか存在しない。最高の大学・大学院卒業者に至って

6-7　学卒者の学歴構成変化

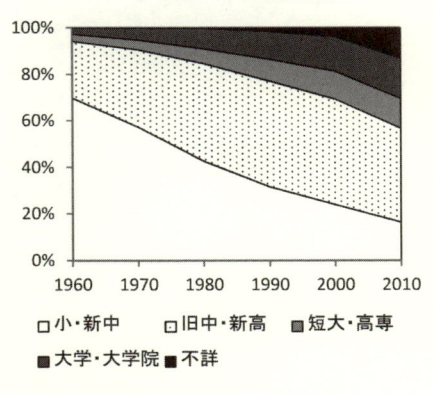

□ 小・新中　　□ 旧中・新高　　■ 短大・高専
■ 大学・大学院　　□ 不詳

資料：総務省『国勢調査報告』

■11———2011年春の高校進学率は96.4％，4年制大学進学率（浪人込み）は51.0％と報告されている。『文部科学統計要覧』（2012年版）を参照。
■12———『国勢調査』は5年間隔で実施されるが，学歴は，10年に1度の大規模調査においてのみ調査される。よって，10年間隔の統計になっている。

は，たったの 2.8％（36 人に 1 人）である。これは，戦前期の旧制度の教育を受けた世代が多く含まれているためでもある。複線型の学校体系であった当時，小学校を終えてから上級学校に進学する者は，多くはなかった。

しかるに，戦後の単線型の教育制度が定着してきて，かつ高度経済成長という時代状況のなか，高校進学率や大学進学率が大きく伸びてくる。その結果，初等教育学歴者の比重は加速度的に減少し，代わって中等教育学歴のシェアが最も大きくなる。また，高等教育学歴者の幅がじわじわと広がってきていることも見逃せない。2010 年現在では，高等教育卒業者の比率は 30.2％であり，大学・大学院卒業者に限定すると 17.3％となっている。なお，学歴不詳という者も多くなってきているが■13，この層を分母から除いて，同じ比率を計算すると，順に 34.7％，19.9％となる。今日では，国民の 3 人に 1 人が高等教育卒業者で，5 人に 1 人が大学・大学院卒業者であるとみてよいだろう。半世紀前の 1960 年と比べて，国民の学歴構成は様変わりしている。

ところで，上級学校進学率が高まっている若年層でみると，こうした高学歴化はもっと進んでいる。最高レベルの大学・大学院卒業者の比率を年齢層別に出し，その時代推移をみてみよう。図表 6-8 は，各年の年齢層ごとの数値を等高線図で表現したものである。濃淡の違いに基づいて，率の水準を読み取っていただきたい。

6-8 学卒者中の大学・大学院卒業者率（％）

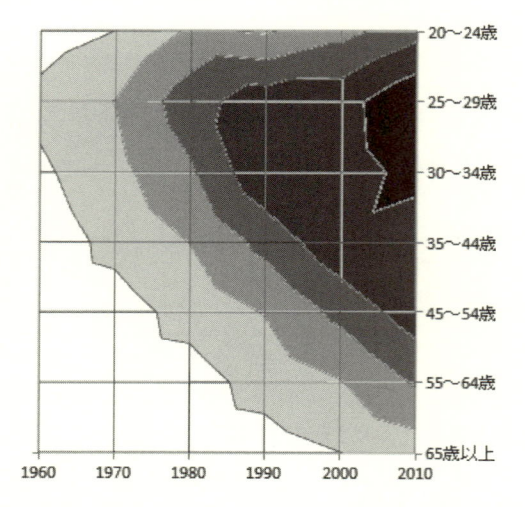

□5％未満 ■5％～ ■10％～ ■15％～ ■20％～ ■25％以上
資料：図表6-7と同じ

時代の経過につれ，どの年齢層も高率ゾーンに移行してきている。つまり，大学・大学院卒業者の比率が高まってきてい

■ 13―――学歴というデリケートな質問項目への回答拒否傾向が強まっているためとみられる。

る，ということである。こうした変化が最も顕著なのは若年層であり，2010年現在では，20代後半から30代前半の層では，大学・大学院卒業者の比率が25％を越えている。これから先，大学進学率がどうなるかは定かでないけれど，おそらくは，図中の黒色のゾーンがじわりじわりと広がっていくのではないかと思われる。

なお，若年層では，調査への回答拒否が多いこともあって，学歴不詳の者が分母に多く含まれている。この群を分母から除いて，2010年の大学・大学院卒業率を計算すると，20代後半が35.7％，30代前半が31.5％となる。大雑把にみて，若年層では，3人に1人が大学ないしは大学院の卒業者であるとみてよいだろう。

わが国では，昔に比べて，国民の高学歴化が進んできている。このことは，知識基盤社会の到来のための基本的な条件といえる。しかるに，莫大な公的・私的投資で育成した高学歴層の就職難や，進学の社会的強制という現象に象徴される，「教育過剰」の問題も含んでいることも忘れてはならない。

なお，このような状況変化の影響を最も受けているのは，学校の教員であることを指摘しておこう。第4章の第5節と第6節では，教員の離職率，精神疾患休職率，さらには自殺率といった統計指標を分析したが，こうした病理兆候の遠因として，国民の高学歴化により，教員の（知識人としての）威厳がどんどん低下している，ということが考えられる。学校に理不尽な要求を突きつけるモンスター・ペアレントの出現も，今日的な時代状況の所産であるといえよう。現在，教員養成の期間を6年に延ばし，教員志望者には修士の学位を取らせようという案が出ている。教員の学歴水準を一段高くし，威厳の基盤を確保しようという意図が込められているのは明らかである。

先に述べたように，国民の高学歴化は，知識基盤社会の到来のための基礎的な条件である。この意味で，わが国の高学歴化はまだ十分に成熟してはいない。

高学歴社会が成熟するためになすべきこととして，私は以下の3点を指摘したい。第一は，進学に関する社会的圧力の緩和と，個々の子どもが自己の志向に従い進路を選択できる環境づくりである。第二は，卒業後の受け皿となる企業の選別基準を，安易な学歴主義から人物本位，仕事本位に改めることである。

そして第三の最も重要なことは，子ども期において早期に学校を離脱した者であっても，学ぶ必要や意欲を抱いた際は，いつでも学校に戻れるリカレント

教育のシステムを整備することである。子ども期において、何のためかも分からないで嫌々行う学習と、社会に出た後で、自らが抱いた問題意識に突き動かされて行う学習とでは、性質がまるで異なる。このような経緯での学習を修めて、高学歴を取得する人間が増えることが、知識基盤社会、成熟社会の基盤となる高学歴化と呼ぶに相応しい。先の図表 6-8 では、中高年層の部分において黒色のゾーンが広がるべきであるといえる。

わが国は高学歴化が進んだ社会であるが、その中身を変えていく余地は多分にあると思われる。

■5　格差社会化

社会の中には無数の地位があり、各人は自らの地位に応じた役割を遂行することで報酬を得る。その額は、遂行する役割の重要性の度合いに依拠して傾斜が設けられており、そのことが、成員間の富の違いを生じせしめる。このことは、社会の維持・存続のための不可欠な条件である。しかるにその程度があまりに激しくなると、反対に社会を不安定化させる要素に転化する。少数の者が社会の富の多くを寡占し、残りのわずかの富を大多数の者が分け合う、というような事態である。このような事態が現出した社会は、格差社会と呼ぶに相応しい。

今世紀以降、日本は格差社会化の途をたどっているといわれる。実感として、そのように感じている方は多いだろう。私もそうである。この項でなすことは、生活者としてのわれわれが抱くこうした実感が、統計で裏づけられるかどうかを吟味することである。この作業は、教育格差の問題を考えるにあたっての足がかりとなる。

社会における富の配分の不平等度を測る代表的な統計指標として、ジニ係数がある■14。この指標は、社会を構成する各階層の量の分布と、それぞれの階層が受け取っている富の量の分布がどれほどズレているかに注目するものである。ベストセラーとなった『世界がもし 100 人の村だったら』■15 では、全人口の 6% しか占めない富裕層が、富全体の 59% を占有し、人口比では 20% を占める貧困層には、全富のたった 2% しか行き届いていない世界を想定しているが、この寓話は、ジニ係数の考え方にそのまま通じている。

■14―――イタリアの統計学者ジニが考案したことにちなんで、このように呼ばれる。
■15―――池田香代子、C. ダグラス・ラミス対訳『世界がもし 100 人の村だったら』マガジンハウス、2001 年。

現実の日本社会について，このようなことが分かる統計としてどういうものがあるかというと，総務省が実施している『家計調査』や『全国消費実態調査』などが考えられる。しかるに，後者は単身世帯が調査対象から除かれているし，前者の『家計調査』については，5分位ないしは10分位というように，収入階層の区切りが粗い，という難点がある。ここにて私が，ジニ係数の算出に用いる基礎資料は，厚生労働省の『国民生活基礎調査』のデータである。この資料では，世帯単位の所得分布が明らかにされているのであるが，調査対象世帯には非就業者世帯や単身世帯等も漏れなく含まれ，日本社会全体の縮図に近い形になっている。また，本調査の場合，所得の階級区分が細かいことも特徴で，25の区切りが設けられている。このデータを使うことで，『家計調査』の10分位階級から出すよりも精緻な形で，ジニ係数を算出することが可能となる。

　2011年の『国民生活基礎調査』の報告書には，1985年から2010年までの世帯単位の所得分布が，相対度数の形で掲載されている。各年の1月1日から12月31日までの所得分布である■16。**図表6-9** の左端の数値は，2010年の所得分布を相対度数（全世帯＝100）で示したものである。

　最も多いのは，300万円台の前半の階級となっている。全世帯の7.2％がこの階級に含まれる。非就業者世帯等も含む，あらゆる世帯の所得分布であるので，違和感はない。年収が200万円に満たない世帯は，全体の19.6％である。一方，年収1000万以上の高所得世帯も11.7％存在する。このように所得にバラつきがあるのは当然であるが，問題はその度合いである。**図表6-9** のデータを用いて，富の配分の格差の度合いを表す，ジニ係数を計算してみよう。

　まず，100世帯にもたらされた富の総量を出すことから始めよう。階級値の考え方に依拠して，各階級に属する世帯の所得は，一律に中間の値で代表させる。たとえば，「50万円以上100万円未満」の階級の世帯は，中間をとって，一律に75万円の所得であるとみなす。この場合，「50万未満」の階級に配分された富の量は，25万×1.3世帯＝32.5万円となる。その下の階級は，75万×5.2世帯＝390.0万円である。25の全階級についてこの値を出し，合算すると，5億3,445万円という額になる。2010年の間に，100世帯にもたらされた富の総量に相当する。

■16────『国民生活基礎調査』でいう所得には，給与や賞与等の雇用者所得のほか，財産所得や社会保障給付金等，あらゆる種類の所得が含まれる。

6-9　2010年の世帯所得分布

	世帯相対度数	富量	富量相対度数	世帯累積相対度数	富量累積相対度数
50万未満(25)	1.3	32.5	0.1	1.3	0.1
50〜(75)	5.2	390.0	0.7	6.5	0.8
100〜(125)	6.5	812.5	1.5	13.0	2.3
150〜(175)	6.6	1155.0	2.2	19.6	4.5
200〜(225)	6.8	1530.0	2.9	26.4	7.3
250〜(275)	6.5	1787.5	3.3	32.9	10.7
300〜(325)	7.2	2340.0	4.4	40.1	15.1
350〜(375)	6.4	2400.0	4.5	46.5	19.5
400〜(425)	6.0	2550.0	4.8	52.5	24.3
450〜(475)	4.8	2280.0	4.3	57.3	28.6
500〜(525)	4.9	2572.5	4.8	62.2	33.4
550〜(575)	4.2	2415.0	4.5	66.4	37.9
600〜(625)	4.2	2625.0	4.9	70.6	42.8
650〜(675)	3.3	2227.5	4.2	73.9	47.0
700〜(725)	3.1	2247.5	4.2	77.0	51.2
750〜(775)	2.9	2247.5	4.2	79.9	55.4
800〜(825)	2.5	2062.5	3.9	82.4	59.3
850〜(875)	2.3	2012.5	3.8	84.7	63.0
900〜(925)	2.2	2035.0	3.8	86.9	66.8
950〜(975)	1.3	1267.5	2.4	88.2	69.2
1000〜(1050)	3.1	3255.0	6.1	91.3	75.3
1100〜(1150)	2.0	2300.0	4.3	93.3	79.6
1200〜(1350)	3.5	4725.0	8.8	96.8	88.4
1500〜(1750)	2.1	3675.0	6.9	98.9	95.3
2000万以上(2500)	1.0	2500.0	4.7	100.0	100.0
合　計	100.0	53,445.0	100.0	**	**

資料：厚生労働省『国民生活基礎調査』(2010年度)

　問題は，この巨額の富が各階級にどう配分されているかである。表の真ん中の富量の相対度数分布によると，200万未満の貧困層には，全体の4.5％の富しか届いていない。逆をみると，1000万以上の富裕層が全富量の3割をも得ている。世帯数の上では2割近くを占める貧困層であるが，彼らが受け取っている富は全体のたった4.5％に過ぎない。反対に，世帯数では1割しか占めない富裕層が，社会全体の富の3割をも占有している。これは少なからぬ偏りといえるだろう。こうした偏りは，右欄の累積相対度数をみるともっと分かりやすい。アミかけの箇所をみると，所得が400万円未満の世帯は，数の上では46.5％をも占めるが，この層が受け取っている富は，全体の19.5％でしかないことが知られるのである。

　横軸に世帯数の累積度数，縦軸に平均年収の累積度数をとった座標上に，25の階層を位置づけ，線で結ぶと，**図表6-10**のような曲線になる■[17]。この曲線をローレンツ曲線という。われわれが求めようとしているジニ係数とは，図の対角線とこのローレンツ曲線とで囲まれた面積を2倍した値である。

　仮に，富の分布が世帯数の分布に等しい場合，すなわち完全平等の場合，す

■[17]———**図表6-10**の作図には，全体の量を1.0とした累積相対度数を用いている。

べての階層が対角線（均等線）上にプロットされるので，図のグレーの部分の面積は0となる。つまり，ジニ係数も0ということだ。反対に，各層の量的分布と所得分布のズレが大きい場合，つまり格差の程度が大きい場合，ローレンツ曲線の底が深くなり，それだけグレーの部分の面積も大きくなる。極限の不平等状態の場合，色の部分は，四角形の半分の三角形に等しくなるので，その面積は，「(1.0×1.0)／2＝0.5」となる。ジニ係数は，これを2倍して1.0という次第である。

6-10　2010年の世帯所得のローレンツ曲線

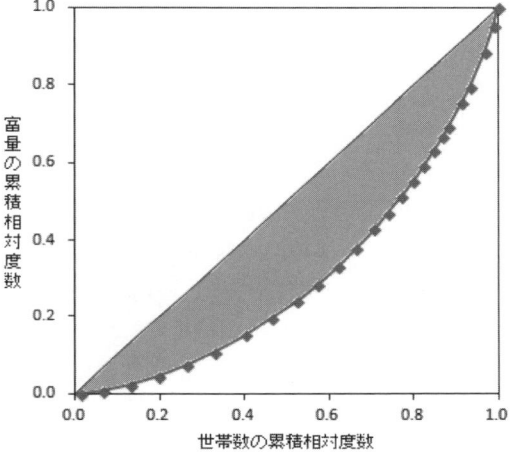

資料：図表6-9と同じ

つまり，ジニ係数は0.0〜1.0までの値をとることになる。完全平等の場合は0.0，極限の不平等状態の場合は1.0である。現存する社会の格差の程度は，この両端の間のどこかに位置づくことになる。

さて，**図表6-10**のグレーの部分の面積を求めると，0.200となる。よって，世帯単位の所得分布でみた2010年のジニ係数は，これを2倍して0.400と算出される。1985年（昭和60年）以降の推移をたどることで，この0.400という値を評価してみよう。**図表6-11**をみられたい。

ジニ係数値は，ジグザグしながら上昇してきている。この期間中の最大値は，リーマンショックが起きた2008年の0.406である。なお，こうした凹凸が激しいデータの推移を均すための手法

6-11　世帯所得のジニ係数推移

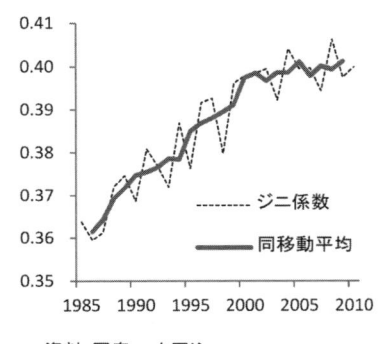

資料：図表6-9と同じ

第1節　社会変化

として，移動平均法というものがある。3年間の移動平均をとることで，推移を均してみよう。当該年と前後両年の3年間の数値を均すのである。たとえば，2000年の数値を均す場合は，1999年，2000年，そして2001年の3年次の数値の平均をとることになる。図中の太線は，この手法でジニ係数の推移を滑らかにしたものであるが，この曲線から，大局的には，わが国のジニ係数が上がってきていることが分かる。つまり，格差が拡大してきている，ということだ。昨今いわれる「格差社会化」の傾向が，この図において可視化されている。

ちなみにジニ係数の絶対評価であるが，一般にこの値が0.4を超えた場合，社会が不安定化する恐れがある危険信号と読めるとのことである。近年の日本のジニ係数は，この危険水域に達している。これは恐ろしいことである。

わが国では，富の格差が広がってきていることをみたのであるが，この傾向に寄与しているのは，社会の中のどの層なのだろうか。最後に，この点を確認しよう。『国民生活基礎調査』では，世帯主の年齢別に，世帯の所得分布が集計されている。私は，この統計を使って，1996年と2011年の年齢層別のジニ係数を計算した。**図表6-12**は，その結果をまとめたものである。30代の箇所には，世帯主の年齢が30代の世帯に限定して計算した，所得分布のジニ係数が掲載されている。

高齢層ほどジニ係数が高いのは，両年とも同じである。高齢層の場合，就業者と非就業者の差，年金等の社会保障給付の差などが影響しているためと思われる。しかるに，この15年間の変化という点でいうと，ジニ係数を高めているのは若年層である。伸び幅が最も大きいのは30代で，0.245から0.299へと上昇している。一方，高齢層ではジニ係数は減少をみている。近年の富の格差拡大に寄与しているのは，もっぱら若年層であるようだ。

6-12　年齢層別のジニ係数の変化

	a 1996年	b 2011年	b−a 増減
～29歳	0.327	0.373	0.047
30代	0.245	0.299	0.054
40代	0.298	0.305	0.007
50代	0.342	0.366	0.025
60代	0.409	0.396	−0.013
70代	0.469	0.430	−0.038
80歳～	0.526	0.463	−0.063

資料：図表6-9と同じ

前章でみたように，若年層においては，雇用の非正規化やワーキングプア化が進んでいる。正規就業者と非正規就業者の格差も広がってきていることであろう。こうみると，20代や30代のジニ係数が上がっているというのもうなずける。

ところで，20代～30代といえば，子育ての最中の年代である。恐いの

は，親世代の富の格差が，子ども世代に連動することである。第1章でみた子どもの学力格差,第3章でみた上級学校進学機会格差などの教育格差現象は，親世代の富の格差に由来している。親世代の収入格差が広がることは，子どもの人生のスタート地点の差が開くことを意味する。アメリカでは，経済的，文化的に恵まれない貧困家庭の子どもが，小学校入学時に，通常の家庭の子どもと同じスタートラインに立てるように，文化的格差をあらかじめ解消しておくことを目的とする事業（ヘッドスタート計画）が実施されているという。これから先，親世代のジニ係数が 0.4 という危険水域に達するような事態になった場合，わが国でも，このような取組をなすことを強いられるかもしれない。そうなった場合，それこそ莫大な資源が必要となる。現段階において，子育て世代への各種手当をはじめとした，手厚い介入を行うべきであろう。

　格差社会化は，当該社会の維持・存続を危うくする基底的な条件となる。教育学の観点からして問題なのは，子どもの資質や能力とは別の外的な諸条件に由来する，教育格差の問題が深刻化することである。このことは，憲法が保障する平等権が侵害されることにもつながる。教育関係者は，格差社会化の動向に絶えず目を向けていなければならない。私見であるが，大学の教職課程において，「教育社会学」という科目が設けられているのは，未来の教員志望者に，このようなことを悟らせるためであると考えている。

■ 6　情報化

　あと一つ，触れておくべき社会変化は「情報化」である。情報化とは，コンピュータや通信技術の発達により，情報の重要性が著しく増すことをいう。このような変化を経験した社会を情報化社会というが，わが国は，まぎれもなくこの段階に突入している。これは，少子高齢化や産業化というような漸進的な変動とは異なり，前世紀の末頃から急速化した変化であるのが特徴である。事実，**図表6-13** にみるように，携帯電話やパソコンといった情報機器が普及をみたのは，1990 年代半ば頃からである。

6-13　携帯電話・パソコンの世帯普及率の推移（％）

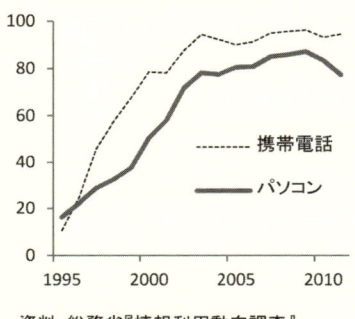

資料：総務省『情報利用動向調査』

情報化社会では，意思の疎通や各種の業務が，デジタルの情報を介してなされる頻度が増えることになる。レポートや原稿はワープロソフトで作成し，電子データを添えて出すのが通例になっているし，業務上の連絡等も，対面や電話というのではなく，電子メールを使ってなされることが多くなっている。また，事業やイベントを世に告知しようとする時は，ブログやツイッター等のSNSを活用することが求められるようになっている。

　このような状況を受けて，現在の学校教育では，情報教育に重きが置かれるようになっている。2010年10月に文部科学省が公表した『教育の情報化に関する手引』によると，情報教育は，子どもたちに3つの資質・能力を身につけさせることを目指す，とある。①情報活用の実践力，②情報の科学的な理解，③情報社会に参画する態度，である。なるほど。情報化社会を生き抜くにあたって，いずれも不可欠なものであると思う。

　さて，日本の生徒はこの種の資質・能力をどれほど習得しているのだろうか。①の情報活用能力は，主にコンピュータの活用スキルからなるけれど，この手の能力は，実際にコンピュータを使うことで身についていく面が強い。わが国の生徒は，自宅や学校において，どれくらいコンピュータに触れているか。この点を，国際データによって吟味してみよう。

　OECDのPISA2009の生徒質問紙調査では，対象の15歳生徒に対し，自宅ないしは学校でのICT■18利用頻度について尋ねている。「自宅でコンピュータを使って宿題をする」と「学校で他の生徒との共同作業のためにコンピュータを使う」という項目について，「週に1～2回」＋「毎日，ほぼ毎日」■19の回答比率（％）を国別に出し，結果を視覚化すると，**図表6-14**のようになる。

　ご覧のように，日本の生徒（高校1年生）は，自宅でも学校でも，コンピュータに触れる頻度が，44か国の中で最も低い。ちなみに，日本の生徒の場合，8割以上の生徒が両項目に「まったくか，ほとんどない」と回答していることも付記しよう。わが国の生徒は，卓上のコンピュータではなく，携帯電話やスマートフォンといった小型機器に親しみ，それらを介して情報のやり取りをする傾

■18　　　ICTとは，"Information and Communication Technology"の略で，コンピュータや情報通信ネットワークなどの情報コミュニケーション技術のことである。前掲の『教育の情報化に関する手引』を参照。
■19　　　用意されている回答の選択肢は，「まったくか，ほとんどない」，「月に1～2回」，「週に1～2回」，および「毎日，ほぼ毎日」の4つである。

向にある。この種の機器では，情報の蓄積・分析・加工・発信というような，情報活用能力は身につきにくいことを認識すべきであろう。

次に，②の理論知識は置くとして，③の態度的な側面の資質はどうか。情報化社会では，匿名で情報をやり取りする空間が際限なく広がることになる。それだけに，心ない者によって個人情報をインターネット上で暴露されたり，謂れのない誹謗中傷を受けたりすることも起こり得る。また，デジタル情報は容易にコピーがとれるので，剽窃に象徴されるような，知的財産権の侵害も起こりやすくなる。この点に関連して，現在の学校教育で重視されているのが，情報モラルの育成である。情報モラルとは，「情報社会で適正に活動するための基となる考え方や態度」をいい，「他者への影響を考え，人権，知的財産権など自他の権利を尊重し情報社会での行動に責任をもつこと」や「コンピュータなどの情報機器の使用による健康とのかかわりを理解すること」などの要素からなる■20。しかるに，生徒らの間で「ネットいじめ」という新種のいじめが蔓延していることや，ネットゲームにハマり過ぎて社会生活が営めなくなる「ネトゲ廃人」のような問題が出てきていることを考えると，この面での資質にも疑問符をつけざるを得ない。

社会の情報化が進展し，各種の情報機器が普及することは，われわれの生活が快適・便利なものとなり，かつ効率化することの条件である。しかるに，わ

6-14　15歳生徒のICT利用度国際比較（44か国）

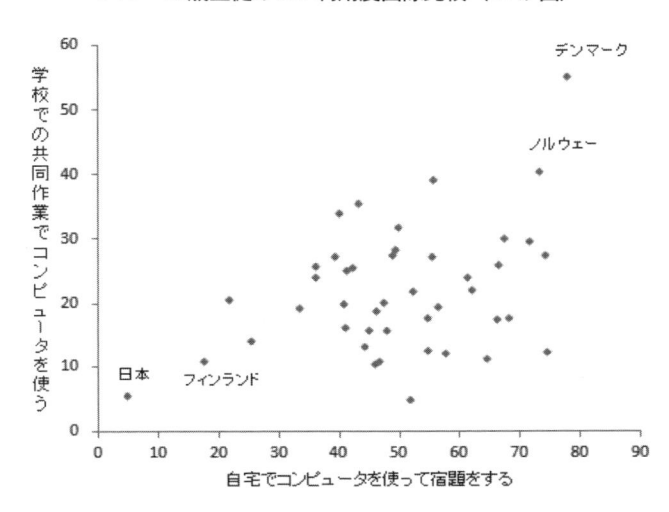

※「週1〜2回」と「毎日，ほぼ毎日」の回答の比率(%)である。
資料：OECD"PISA2009"

■20――――『小学校学習指導要領解説』（2008年）を参照。

が国の青少年についていうと，そうした変化の影の側面が色濃く出てしまっている。学校の授業中に生徒がメールやゲームをしたり，インターネット上の有害情報に接触し非行化したり■21，さらには犯罪被害に巻き込まれたりと，よからぬ事態になっている。

当局が行っている対応策をみると，学校内への携帯電話の持込みを禁止ないしは制限したり■22，有害情報をブロックするためのフィルタリングソフトの利用を推奨したりしているようだが，自我が未熟で，ちょっとした刺激に突き動かされやすい児童・生徒が対象であることから，このような規制もやむを得まい。後者のフィルタリングソフトについては，目下，利用度はあまり高くないようであり，高校生の場合，「使用」は半数に至らない（図表6-15）。私見であるが，高校生以下の者には，フィルタリング機能つきの携帯電話を販売することを，業者に義務づけてもよいと思う。

今，われわが手にしている情報機器は，生活をより豊かなものにするためのツールである。どこにいても瞬時に通信でき，世界中の情報をリアルタイムで収集し，かつ自分の意見を万人に向けて発信することができる時代の到来を，半世紀ほど前の時代の誰が予測したであろう。潮木守一教授は，インターネットの出現を「ポスト・グーテンベルク革命」■23 と形容しているが，的を射た表現であると思う。社会の変化が起きる時，人間は2種類に分かれる。新たにもたらされた恩恵を適切に活用して，自分の生活をよりよくしていく者と，反対にそれに振り回されて，生活を堕落させていく者である。わが国の青少年の場合，後者が明らかに多い。携帯電話等の

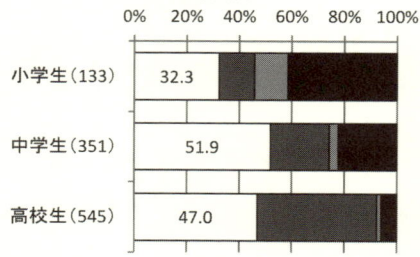

6-15 携帯電話のフィルタリングの利用状況

	使用	
小学生(133)	32.3	
中学生(351)	51.9	
高校生(545)	47.0	

□使用 ■非使用 ■ネット使用不可 ■不明

資料：内閣府『青少年のインターネット利用環境実態調査』(2011年度)

■21————携帯電話の利用頻度が高い県ほど，中学生の非行化率が高いことは，68頁においてみたところである。
■22————文部科学省通知「学校における携帯電話等の取扱いについて」(2009年1月)による。
■23————潮木守一「ポスト・グーテンベルク革命」『名古屋大学大型計算機センターニュース』第111号，1996年8月．

小型機器への親和度が高い一方で，卓上のパーソナルコンピュータへの接触度が極端に低いこと（**図表6-14**）も，これを傍証している。

情報化社会にあっては，情報活用能力や情報モラルを生徒に教えることが重要であるが，同時に重要なのは，時代がいかに変わろうとも普遍のものがあることをも認識させることである。それは何かというと，生活という，人間にとっての基本的な営みである。衣食住という3要素に加えて，「食べる，学ぶ（働く），遊ぶ，寝る」というような，生活の基本サイクルが挙げられる。このようなコアをしっかりと持っている人間は，情報機器を「ツール」であると考える。四六時中，携帯電話をいじくるようなことはしない。

変動の時代に求められるのは，変動に追いついていく資質・能力であるのは確かである。同時に，変動に流されるだけでない「生活者」としての自覚を持たせることが最も重要になるのも，この時なのである。

[第2節] 国民生活

前項では日本社会の変化の過程をみたのであるが，当然，そうした土台の上で暮らす人々の生活も変わってきている。そしてそのこともまた，子どもの教育や発育を左右する条件をなしている。「生活」とはまことに漠とした概念であるが，私がこの項で観察しようとしているのは，国民が何時に起き，何時に出かけ，何時に帰り，何時に就寝し…というような細かな生活時間ではなく，かといって，彼らが何を好んでいるかというような趣味・嗜好の面でもない。端的にいうなら，わが国の日々の暮らしの中でどれほど笑顔があふれているか，ということである。時代比較と国際比較により，日本の今を相対視してみようと思う。

■1　生活意識

　最初にみるのは，人々の生活意識である。ある社会の個々の成員の意識というのは，集積することで一種独特のクライメイト（climate）のようなものを派生させ，それが当該社会の隅々にまで蔓延することとなる。そしてそれによって，その中で暮らす人々の行為や思考の方向が水路づけられる，という側面がある。個々の人間が，こうした社会の潮流に抗うというのは，実はなかなか難しい。自我が未熟な子どもにあっては，とりわけそうである。昨今，日本社会に閉塞感が漂ってきたといわれるが，そのようなどんよりしたクライメイト下においては，子どもたちの未来展望も当然暗いものとなり，学校での勉学に意味を見出せない者も多く出てくることになる■24。多くの人が不安に打ちひしがれ，イライラを募らせているような状況は，必ずや子どもにも伝播する。この種の社会的な力（social force）の影響力というのは，学校という小機関での意図的教育の力を凌駕することがしばしばである。

　私は，このような見方をもって，現代日本の国民の生活意識がどういうものかを明らかにしたいのである。用いる資料は公的な世論調査であり，この中に盛られている設問を吟味し，4つの点の意識に注目することとした。①生活満足度，②生活不安度，③将来展望良好度，④社会志向度，である。①と②は，生活が問題なく落ち着いているかをみる，定番ともいえる設問である。③は閉塞感の程度と関連する。そしてあと一つの④であるが，近年の私事化傾向の強まりにより，公よりも私を重視する風潮が高まり，そのことが自分のことしか考えぬ身勝手な子どもを量産している，という見方があるので，その真偽を確かめるがために設けた視点である。

　①～③の出所は，内閣府の『国民生活に関する世論調査』である。①は，「今の生活に満足か」という問いに対し，「十分満足」ないしは「一応満足」と答えた者の比率である。②は，「日常生活において悩みや不安を感じている」という者の比率をいい，③は「これから先，生活がよくなっていく」と展望している者の比率を意味する。そして最後の④は，同じく内閣府の『社会意識に関する世論調査』の「社会志向か個人志向か」の2択において，社会志向と

■24―――昨今の不登校の増加などは，このような社会的状況と結びつけて解釈することもできよう。このことは，「予期的社会化」という社会学の概念にも通じる。

判定された者の比率をさす。

私は, 1981年（昭和56年）以降の約30年間において, これら4指標がどう推移してきたかを明らかにした。**図表6-16**は, この期間中における最高値と最低値を整理したものである。右端には, 2012年現在の値が掲げられている。

図表6-16　国民の生活意識の変動幅（1981～2012年）

	最大値	最小値	2012年の値
生活満足	72.7%(1995年)	58.2%(2003年)	67.3
生活不安	70.8(2008年)	46.8(1991年)	69.1
将来展望良好	24.4(1985年)	6.2(2001年)	9.7
社会志向	56.6(2009年)	31.7(1987年)	55.2

資料：内閣府『国民生活に関する世論調査』, 同『社会意識に関する世論調査』

この30年間における変動幅の中で, 2012年現在の値を評価すると, 生活満足度は「やや高」, 生活不安度は「高」, 将来展望は「低」, 社会志向は「高」, というところであろうか。このことの解釈をするに先立って, 他の目ぼしい年次（断面）についても, 同じような評価をしてみよう。このことで, 現在の特徴が検出されるはずである。

368頁のやり方と同様, 観察期間中の最高値を1.0, 最低値を0.0として, 各年次の数値をスコア化して比較してみよう。スコアの計算式は以下である[25]。

（当該年の値－最低値）／（最高値－最低値）

このような操作をすることで, 30年間の変動幅における各年の値の位置を客観評価できる。また, 水準を異にする4指標を軒並み同列基準で比較することも可能になり, 4つの観点を総動員した多角チャート図を描くことができるのである。私は, 始点の1981年（昭和56年）, 1990年（平成2年）, 2002年（平成14年）[26], そして2012年（平成24年）の4年次について, その図を作成した（**図表6-17**）。

図形の型をみると, 1981年と90年は縦長であったのが, 世紀を変わった2002年では横長になり, 2012年では横の幅がさらに広がっている。前世紀では, 将来展望が開けていたのであるが, 世紀が変わるやそれがかなり悪化し, 国民の生活不安も増した。2012年現在では, 生活満足度や社会志向の高まり

[25] OECDの幸福度指数（BLI）の手法を参考にしている。
[26] 2000年には『国民生活に関する世論調査』, 2001年には『社会意識に関する世論調査』が実施されていないので, 2002年とした次第である。

6-17 国民の生活意識のチャート図

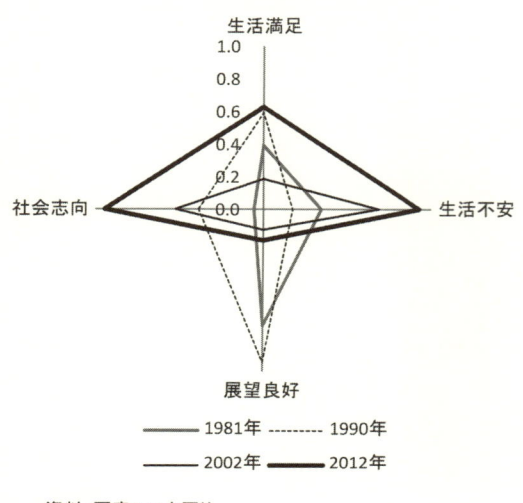

```
         生活満足
          1.0
          0.8
          0.6
          0.4
          0.2
社会志向   0.0        生活不安


         展望良好

  ——— 1981年  ········ 1990年
  ——— 2002年  ━━━ 2012年
```

資料：図表6-16と同じ

という現象も伴っている。

　これをどうみるかであるが，実は，ある時点の生活満足度が高くなることは，それより先の展望が閉塞することと表裏の関係にある。369頁でも述べたように，先行きが開けている場合，人は現時点の状況に満足はしない。それをすることは，せっかく開けている未来に蓋をすることと同義だから。逆をいえば，これから先は悪くなるばかりだろうという意識が強い場合，人は現時点の生活を満足と答える。事実，先々よりも今の状態のほうがよいのだから。近年における生活満足度の高さと展望不良の同居は，このようなことと思われる。

　また，別の見方でいうと，生活満足度の高まりは，大きな社会に目を向けることは止めて，仲間内のような身近な小社会に籠る「ウチ化」傾向の表われともとれる。世論調査にて，生活満足度を年齢層別に出すと若者が最も高いのであるが，これなどは，「仲間さえいてくれれば満足だ」という彼らの心の内が可視化された現象ともいえよう。

　社会志向の高まりについても，従来型の社会変革をめざす活動や愛国心などとみるべきではない。むしろ，私事化の進行により，個々バラバラに切り離された現代人が，何らかの絆を求めていることの証左と解するべきである。サッカー・ワールドカップの応援などで日の丸を振りながら「ニッポン，ニッポン」と連呼する若者の行為は，愛国心に突き動かされたものではない。他人と肩を組み騒ぐという，「共同」への希求。源泉はこれである（370頁）。

　こうみると，現在の国民の生活意識は，生活不満，展望不良，小市民化，そして空虚感というようなタームで彩ることができよう。このようなクライメイトが蔓延する社会において，自我が未熟な子どもがどういう方向に仕向けられ

るか。空恐ろしい思いを禁じ得ない。

最後に，あと一つの統計図を提示して本項を閉じよう。最近の生活不安の高まりは，先の**図表6-17**でも知ることができるが，様相をもっと生々しく表現した図をお見せしよう。1990年代以降の大よそ2年刻みの各年について，悩みや不安を感じている者の比率を年齢層別に出し，それを等高線図で上から俯瞰した図をつくってみた（図表6-18）。

6-18　生活不安の広がり

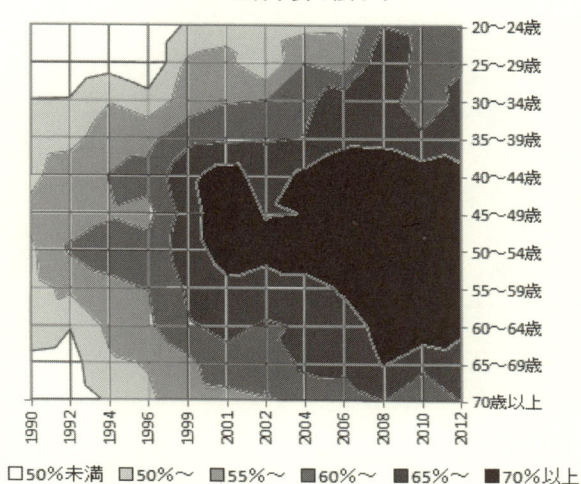

資料：内閣府『国民生活に関する世論調査』

時と共に怪しい色が広がり，最近では，中高年層の箇所が黒色に染まっている。黒色は，悩みや不安を感じている者が7割以上いることを示している。40代といえば，子育ての最中にある世代である。親世代のこうした生活不安が，子どもによからぬ悪影響を与えることが懸念されるのである。なお，40代の悩み・不安の内容をみると，2012年データでは，1位が老後の不安，2位が今後の収入・資産の見通し，3位が家族の生活（進学，就職，結婚…），となっている。2位の「収入・資産」の中には，子どもの教育費も含まれるだろう。

この項にて明らかにした，現代日本社会のクライメイトは，子どもの人間形成に際して，学校での意図的教育の力をも上回ることがしばしばである。このようにいうのは，学校の教育など所詮は無力だ，ということを強調するためではない。そうではなく，教育政策が広くは社会政策であるのと同時に，その逆もまた真である，ということをいいたいのである。国民全体の生活不安の解消のような社会政策が，子どもの健やかな育ちを具現することにつながる。そのために為すべきことは，狭い意味での教育政策の範疇に収まるものではないのである。

■2　幸福度

　前項では，時代比較によって，現代日本に蔓延しているクライメイトの性格づけを行った。続く本項では，国際比較によって同じことをしてみようと思う。参照する資料は，OECD が作成している，各国の国民の幸福度指標である。名称は "Better Life Index"，和訳すると「より良い暮らし指標」だろうか。つまりは，ある社会において，どれほど人々の笑顔があふれているかを測る指標である。この多寡が，子どもの育ちに影響することは疑い得ないところである。

　日本の国際的な位置は，各種の報道によって明らかにされている。2012年5月に公表された最新の資料によると，日本の BLI の順位は 36 か国中 21 位で，前年の 19 位よりも後退したとのことである。「幸福じゃない日本人…」。このようなフレーズを掲げた報道記事を多数目にした記憶がある。

　ところで，OECD の BLI は，収入やワーク・ライフバランスなど，11 の項目を測る複数の統計指標の値を合成したものである。このような一元化処置は，各国を平面の上で序列づけるのには適しているけれど，現実の複雑性が捨象されてしまう難点がある。日本の総合順位が低いのは分かるが，その内実はどういうものなのか。具体的には，どの項目が突出していて（優れていて），どの項目がそうでない（凹んでいる）のか。こういう情報は，総合処理された一つの値から知ることはできない。私が関心を持つのは，結果に至るまでの過程の部分である。BLI で設定されている 11 の項目ごとに，日本の幸福度の水準を明らかにし，それを視覚化した多角的な幸福度プロフィール図を描いてみようと思う。

　最初に，BLI を構成する 11 項目と，各項目を測る統計指標がどういうものかを，OECD のサイトの該当箇所に当たって確認した■27（図表 6-19）。

　11 項目，24 指標。バランスのとれた適切な設計になっている。日本の値は，家計所得が 23,458 ドル，家計金融資産が 71,717 ドル，就業率が 70%，個人年収が 33,900 ドル，短期雇用（不安定）就業率が 10.23%，長期失業率が 1.88%，…となっている。各指標の値の水準は大きく異なるのであるが，OECD の資料では，それぞれの指標値を，0.0〜1.0 までの標準スコアに換算する方法が

■27────URL は，http://www.oecdbetterlifeindex.org/ である。

6-19 日本の幸福度指標

項目	指標	単位	実値	スコア
収入	家計所得	USD(米ドル)	23,458	0.520
	家計金融資産	USD(米ドル)	71,717	0.696
仕事	15～64歳の就業率	%	70	0.727
	フルタイム就業者の年収	USD(米ドル)	33,900	0.568
	6か月未満の短期雇用就業率▼	%	10.23	0.755
	長期(1年以上)の失業率▼	%	1.88	0.793
住居	1人あたり部屋数	部屋数	1.8	0.563
	家計支出に占める住居費比率▼	%	23	0.333
	屋内専用水洗トイレ付家屋居住率	%	93.6	0.495
WLバランス	週間50時間以上就業者比率▼	%	29.54	0.314
	1日のうち余暇や個人的ケアに費やした時間	時間	13.96	0.300
健康	平均寿命	歳	83.0	1.000
	健康状態良好の人口比率	%	30	0.000
教育	15～64歳の後期中等教育以上卒業人口率	%	92	1.000
	平均在学年数	年	18.2	0.755
	読解力,数学力,科学力の平均点(PISA)	点	529	0.901
コミュニティ	いざという時に頼れる友人等がいる者の率	%	92	0.793
社会参画	協議による政策決定	index	7.3	0.558
	投票率	%	67	0.404
環境	生活用水の質に満足な者の比率	%	88	0.804
	大気汚染度▼	micrograms	27	0.686
安全	殺人事件発生率▼	対10万人	0.5	0.991
	最近1年間の犯罪被害経験率▼	%	1.37	0.994
生活満足	総合的な生活満足度	rate	6.1	0.414

資料:OECD"Better Life Index 2012"

提案されている。全対象国(36か国)の分布の中でどのような位置を占めるか,という尺度だ。計算式は以下の通り。

(当該国の指標値－36か国中の最小値)／(36か国中の最大値－36か国中の最小値)

たとえば,上表のPISA平均点でいうと,日本は529点,36か国中の最大値は543点(フィンランド),最小値は401点(ブラジル)である。よって,日本のPISA平均点の標準スコアは,「(529－401)／(543－401)＝0.901点」と算出される。最高のフィンランドのスコアは1.00点,最低のブラジルのそれは0.00点となる。

このような操作を施すことで,水準を異にする各指標の値を同列に扱うこと

が可能になる。なお，▼印のついたネガティブ指標の場合は，上記式で出したスコア値を，1.00から差し引く処置をする。こうすることで，ネガティヴ指標であっても，スコアが高いほど（1.0に近いほど）幸福度が高い，という性格を持たせることができる。

この方法にて，日本の24指標の値をスコア化した値が，図表6-19の右欄の数値である。どうだろう。日本は，安全面の指標は2つとも1.0に限りなく近くなっている。この面での幸福度がきわめて高いことが知られる。反対に，WLバランス面は芳しくない。長時間労働率のスコアは0.314，余暇や個人ケアの時間は0.300である。健康状態良好の者の比率（健康良好度）は0.00で，36か国中最下位であることが分かるのである。

それでは，項目ごとのスコア平均を出し，11の極からなる幸福度プロフィール図を描いてみよう。収入面の幸福度は，日本の場合，「(0.520 + 0.696) ／ 2 ≒ 0.608」となる。他の項目の平均も同じようにして出し，線で結んだ。図表6-20にて，わが国とOECD平均の図形を比べてほしい。

日本の幸福度がOECD平均を凌駕するのは，収入，仕事，教育，および安全の項目においてである。他の7項目は，国際的な平均水準を下回るのである。とりわけWLバランス面の陥没が目立つ。よくいわれることであるが，この部分の是正が急務である。それと，生活満足度が低いことにも要注意。収入のような経済面の幸福度が高い一方で，人々の意識における生活満足度は低い■28。人間の主観面

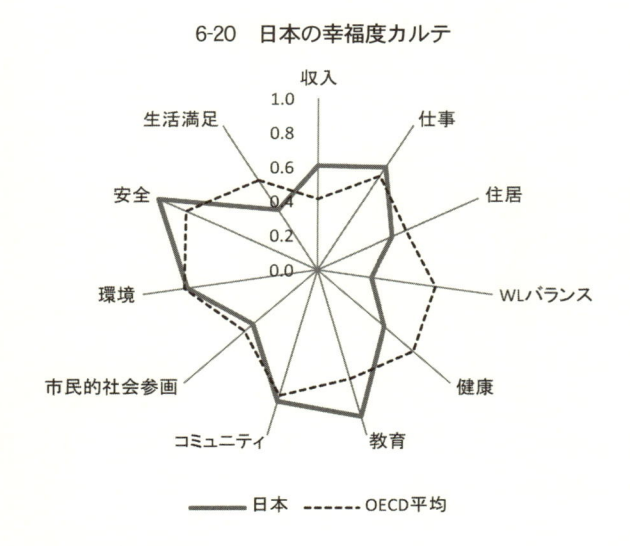

6-20　日本の幸福度カルテ

資料：図表6-19と同じ

■ 28―――意識の上での生活満足度は，別の読み方もできる。前項の議論を参照されたい。

での幸福は，経済と直線的に比例するものではなさそうだ。

さて，OECDによるBLIの算出対象は36か国である。私は，各国のカルテを描いてみたのであるが，その型はきわめて多様であった。ここにてその全貌を紹介する紙幅はないけれど，一つの国のカルテだけをご覧に入れよう。北欧のスウェーデンである。

図表6-21のスウェーデンの図形は，まさに円満型と評される。多くの項目において，幸福度がバランスよく高くなっている。わが国のように，凹凸が激しい型とは違っている。これから目指すべき，モデルケースの一つであるといえよう。

6-21　幸福度カルテ比較

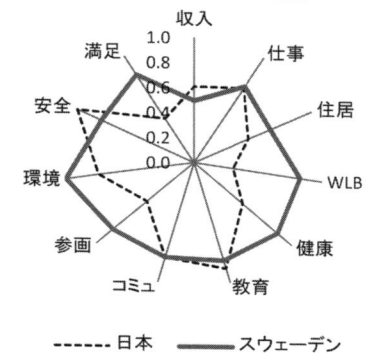

資料：図表6-19と同じ

日本の幸福度は，経済面での豊かさや治安のよさというような側面に限られており，健康やワーク・ライフ・バランスといった，人間の生存の基本的な条件の面でいうと，明らかに芳しくない。むろん，この問題はよく認識されており，学校教育においては，家庭科や保健体育の授業などで，これらの面がいかに大切であるかを子どもたちに教授することとされている。しかるに，学校を取り巻く外部社会はといえば，旧態依然のままである。WLBの重要性を学校で学ぶにしても，家庭で目にするのは，深夜になって疲れて帰宅する親の姿ばかり。「少し健康に気遣ったらどうか」と一声かければ，「そんなことで，社会でやっていけると思うのか」とやり込められる。余談であるが，私が以前に担当した卒業論文ゼミの学生に，次のようにいわれたことがある。「大学で教わったことをそのまま口にしたら，採用面接では落ちますよ」。前の項でも述べたが，社会のクライメイトが（学校での）意図的教育の力を凌駕するというのは，こういうことである。

教育というのは，何でもできる「魔法の杖」のごとく考えられることが多いのであるが，見当違いも甚だしい。教育は真空の中で行われているのではないのであって，それが効を奏するには，社会の協力が必要である。社会の潮流はそれを後押しする追い風として作用しなければならない。しかるに，目下の状況をみるに，向かい風となってしまっているかの感がある。その向きを変える

のは，広くいうところの社会政策である。狭義の教育政策は，そのような土台を伴ったものでなければならぬ。

[第3節] 国民性

あと一つ，子どもをとりまく社会的風土の問題に関連して，わが国の国民性について触れることとしよう。国民性とは民族性ともいい，「ある国家（民族）の諸成員のあいだで特徴的に見出される，持続的なパーソナリティ特性と独自な生活様式」のこととされる[29]。国民性については，統計数理研究所が5年間隔で『日本人の国民性』なる調査を実施してきているが，ここにてフィルターとするのは，そのような人々の意識の面ではない。参照するのは，自殺統計と殺人統計である。この2つから，おそらくはわが国に特徴的なものであり，かつ，人間形成にも影響するであろう国民性の一端が透けてみえることと思う。

■日本人の内向性

近年，わが国では自殺が社会問題化しているが，なるほど統計でみても，自らを殺めるという悲劇の量が増えているのは確かである。自殺の量は，自殺者が人口あたりどれほどいるかという自殺率で測られ，通常は10万人あたり何人かという見方をされる。この指標の推移はメディア等でもよく報じられるけれど，最近10年間とか20年間とかいう近況しか示されないきらいがあるので，ここでは，20世紀初頭から現在までの長期的な推移をたどってみよう。**図表6-22**は，1900年（明治33年）から2011年までの自殺率の変化を明らかにしたものである。

わが国の自殺率は，明治期・大正期は大よそ20前後で動いていたが，昭和

---

[29] 『社会学小辞典』有斐閣，1997年，186頁。

に入って日中戦争や第2次世界大戦の時期になると急減する。しかし戦後になると自殺率は急騰し，1955年（昭和30年）は25.2とピークを迎える。その後，高度経済成長期にかけて大きく下がり，70年代に少し上がり，80年代にもう一段の上昇を経た後，バブル期にかけて再び低下する。しかるに90年代以降の不況期に入るや，自殺率は一気に高まり，今世紀の初頭には戦後初期のピークに近い水準にまで達し，現在に至るまで高原状態が続いている。

6-22 自殺率の推移（対10万人）

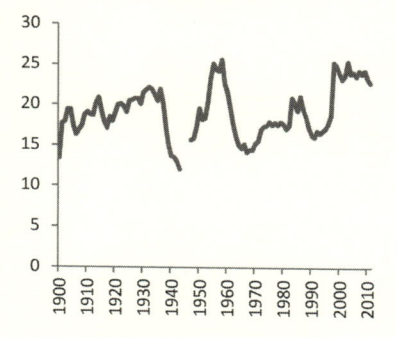

資料：厚生労働省『人口動態統計』

　この自殺率曲線の大まかなところを押さえたうえで，それぞれの時代において，社会の中のどの層で自殺率が高いのかを観察しよう。各時期における病巣がどこかを突き止めるのである。社会の成員を分類する基本軸として性別や年齢があるが，女性よりも男性で自殺率が高いのはよく知られているので，年齢による差異に注意することとしよう。私は，1950年以降の5年間隔で年齢層別の自殺率を出し，結果を等高線図の形で表現してみた（図表6-23）。各時代・年齢層の自殺率を色の違いに依拠して読みとる形式である。この方式によると，時代×年齢のマトリクス上において，どの部分に膿があるのかが一目で分かる。なお，社会状況の影響を被る度合いが大きいと考えられる男性のデータであることを記しておく。

　黒色は，自殺率が10万人あたり50を越えること

6-23 男性の時代別・年齢層別自殺率（対10万人）

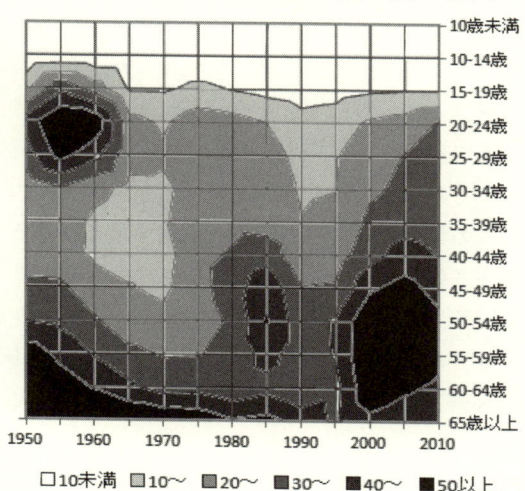

資料：図表6-22と同じ

第3節　国民性

を示唆する。この膿は，1950年代の若年層と高齢層，および今世紀以降の中高年層の部分に広がっている。戦後初期の頃，若年層の自殺率が高かったのは，激しい社会変動に見舞われ，生き方の大転換を強いられた彼らの戸惑いの表われとみられるのであり■30，高齢層の自殺が多かったのは，年金等の社会保障制度の不備に由来する，生活苦の問題もあったことであろう。この時期にかけて旧来の「イエ」制度が揺らぎ，高齢者の立ち位置も変化にさらされていた。

近年における中高年層の危機については，不況によるリストラ自殺等の表われとみられる。わが国の自殺者数は1997年から98年にかけて大きく増えたが，その増分の多くは50代（男性）によって担われていた。この時期にかけて，わが国の経済状況が大きく悪化したこともまたよく知られている（98年問題）■31。なお，1990年代以降の20年間において，中高年層のみならず，どの年齢層でも自殺率の水準が高まっていることにも注意が要る。20代の場合，自殺率階級が2つも上がっているのである。

自殺率は人々の「生きづらさ」の程度を表す代表指標であるが，総じて，近年の日本社会では，国民の「生きづらさ」の程度が増してきていることは疑い得ない。ところで，自殺率の統計が国民性とどう関係するのか。それは，自殺率をある指標と併行的に観察することで，わが国の国民性の特徴を知るための手掛かりが得られるからである。その指標とは，殺人率である。

殺人と自殺。全く逆の方向を向いた2つの逸脱行動の量を同時に観察することで何が見えるかというと，当該社会の国民がどれほど「内向的」か，ということである。極限の危機状態に置かれた人間が，他人を殺してでも自分が生き延びるか，それともそういうことはしないで自らを殺めるか，という問題を考えてみよう。言い方を変えるなら，極限の危機状態において殺意が外を向くか，それとも内を向くか，という問題を立ててみよう。仮に外を向くならば，殺人の量が自殺よりも多くなるはずであり，そうでないならその反対の傾向が観察されるはずである。

国際統計を使って，この問題に接近してみよう。私は，WHOとUNODCのホームページにあたって，2008年の188か国の自殺率と殺人率を収集した。殺人率とは2008年中に当該国の警察が認知した殺人事件件数を，人口10万

■30―――この点については，100頁を参照。
■31―――大手の證券会社，山一證券が倒産したのは1997年のことであった。

人あたりの比率にしたものである。自殺率とは、同年中の自殺者数を同じく人口10万人あたりの数に換算したものである。両者とも、計算済みの数値が原資料に掲載されている。なお殺人率は、一部の国のデータ年次が若干違っている

6-24　殺人率と自殺率の国際比較（188か国）

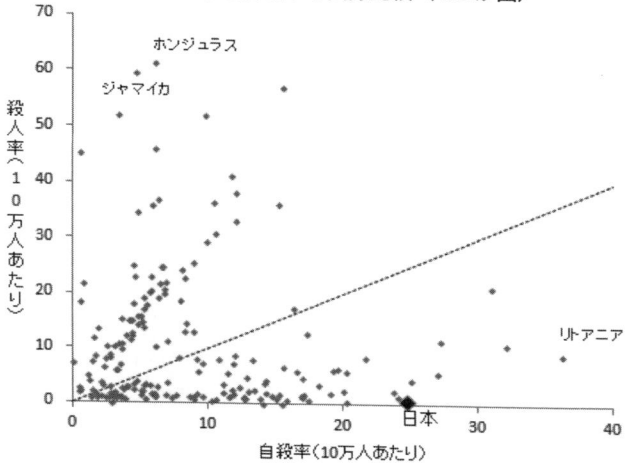

資料：WHOホームページの"Cause-specific mortality, 2008: WHO region"、UNODCホームページの"UNODC Homicide Statistics 2012"

ことを申し添える。横軸に自殺率、縦軸に殺人発生率をとった座標上に、188か国を位置づけた図をつくってみた。**図表6-24**がそれである。

日本は、自殺率が高く、殺人率が非常に低いので、図の右下の底辺を這うような位置にある。その対極が、ホンジュラスやジャマイカだ。これら中米国は、自殺率は低いのだが、殺人率が飛びぬけて高いので、図の左上にプロットされている。

188か国全体でみるならば、自殺よりも殺人が多いというような社会が結構ある■32。数的には、その逆の社会が多いが、自殺と殺人の量の差がどれほどかは国によってまちまちであり、日本の場合、この開きが甚だ大きい。つまりは、国民の内向性が強い社会であるとみられるのである。

危機状況への対処の仕方が、どれほど内向的（外向的）かを測る尺度を出してみよう。今、殺人発生率（H）と自殺率（S）を合算した値（H＋S）を、当該社会における極限の危機状況の総量とみなす。この合算値に対するSの比率をもって、内向率としよう■33。この値が高いほど、危機状況への対処の仕方

■32―――図中の斜線（均等線）よりも上に位置する国である。その数、85か国。全体の45.2%に相当する。

が内向的であると考えられる。日本の場合（H = 0.5, S = 24.8），この意味での内向率は，「24.8 ／ (0.5 + 24.8) ≒ 98.0％」となる。極限の危機状況のほぼすべてが，自らを殺めることで処理されているわけだ。図の左上のホンジュラスは，わずか9.0％である。この社会では，危機状況の9割以上が他人を殺めることで処理されていることになる。

6-25 日本社会の内向化傾向

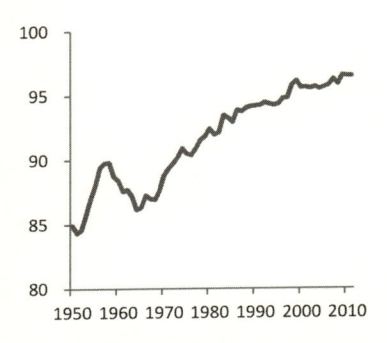

資料：警察庁『犯罪統計書』，厚生労働省『人口動態統計』

危機状況への対処の仕方が内向的のほうがよいのか，その逆のほうがよいのかという，価値判断はできない。しかし，日本の内向率の高さは国際的にみても際立っている。ちなみに，この値は時系列的にみても高まってきている。私は，警察庁と厚生労働省の資料にあたって，殺人認知件数と自殺者数の長期統計を用意し，上で出した値（内向率）がどう推移してきたかを明らかにした。2011年でいうと，この年に認知された殺人事件件数は1,051件，同年中の自殺者は28,896人であるから，内向率は96.5％と算出される。これは昔に比してどうなのか。戦後における長期変化をみよう（**図表6-25**）。

ご覧のように，わが国の内向率はじりじりと上がってきている。これは，わが国の国民の「内向化」の過程であるともとれるだろう。

わが国では「自己責任」という言葉が好んで使われ，近年になって，その傾向はことに強まっているように思う。苦しいのは自分の至らなさによるものであって，他人に助けを求めるなどは恥ずべきこと。国民の多くがこういう考えを持っている。飯島裕子氏は，20〜30代の若年ホームレス50人に対し，野宿生活に至った経緯等について詳細な聞き取り調査を行っているが■34，それによると，彼らの多くが，現在の苦境に陥った原因として「自分が悪い」，「自

(前ページ)
■33———この内向率という指標を考案されたのは，私の恩師の松本良夫先生である。松本良夫・舞田敏彦「殺人・自殺の発生動向の関連分析－20世紀後半期の日本の場合－」『武蔵野大学現代社会学部紀要』第3号，2002年。

■34———飯島裕子『ルポ・若者ホームレス』ちくま新書，2011年。

業自得」というように考えているそうである。職場の一方的な都合で解雇された，どんなに職探しをしても職にありつけない，という客観的な事実があるにもかかわらず，である。日本社会では，自らに責を帰す傾向が強く，それが美徳と考えられているふしがあるが，こうした内向きの国民性があることをいいことに，政策として十分な対策がなされていない，という見方もできるだろう。

このようなクライメイトが蔓延する社会において，どういう人間形成がなされるかを考える時，恐ろしいのは，自らの頭で考えることをしない人間が増えることである。苦境に陥っても，不当な目に遭遇しても「悪いのは自分」。こういう機械的思考しかできぬ人間の増殖であり，この上に，法を守ることをしない，やりたい放題の「ブラック企業」などがはびこることになる。

410頁において私は，教育とは所与の社会的状況の中で営まれるのであり，そこに渦巻く潮流に抗うのはなかなか難しい，ということを述べた。しかるに，このことを以って教育は無力だなどというのではない。ごく自然な成り行きに任せた人間形成がなされる家庭や地域社会とは異なり，明確な意図を持った組織的・体系的教育機関としての学校は，既存の風潮にとらわれない，新たな人間の形成を図るための条件を持っている。なすべき基本的なことは，「学校で勉強して知識を吸収することは，将来，誰にも従属することなく，自律的な生活を営むために欠かせない」ということを，初期の段階にて，子どもたちにしっかりと教えることである。その上で，謙虚という美名の機械的思考に陥ることなく，自らの頭で考え，不正と判断したことには臆することなく立ち向かっていける人間を育てることである。それは，自己主張をするだけの出しゃばり人間を増やすこととは違う。

ここにて観察した社会病理統計は，こういう課題が教育に課せられていることを示唆していると考えるのである。

本章のまとめ

　教育とは，真空の中ではなく，所与の社会的状況の中で行われる営みである。それはまぎれもなく社会の影響を被るのであり，子どもにまつわる諸問題にしても，今日の社会的代状況に規定されている側面が強い。それゆえに，教育をどうするかを考えるにあたっては，社会について正しい認識を持たねばならないのである。
　その社会は常に変化を続け，かつ時代を経るにつれてその速度はますます高まっている。このような大変化の影響を無視してよいはずがない。この章では6つの社会変化を取り上げ，日本社会の激動の諸相を統計図で可視化するとともに，そのことが，教育や子どもの育ちにどのような影響を与えているかを考察した。
　まず少子高齢化という人口変化は，教育内容の革新を迫っていることを指摘した。産業化・都市化は，わが国が飛躍的な経済発展を遂げたことの基底的な条件をなすが，そうした変化が極限まで進行した日本社会では，高度に分業化・管理下された企業社会が現出し，それを黙々と支えるだけの部品のような労働者が求められる傾向にある。教育は，そのような要求に迎合することなく，自分が属した組織の外へも目配りできる「社会人」の育成を志向しなければならない。なお就労と関係して，人々の働き方も大きく変化している。それは雇用労働化であり，このことは職住分離を結果し，働く親の姿を子どもが目の当たりにする機会を減じさせることで，職業意識の未成熟というような問題をももたらしている。今日では，意図的な働きかけによって，この穴を埋める必要が出てくる。
　次に，国民の総体としての学歴水準が上昇する高学歴化であるが，このことは，わが国が成熟社会へと変容を遂げるための基礎的な条件である。人々の知識の量が増えることで，社会的な不正も正されることになるだろう。しかるに，

目下進行しているわが国の高学歴化は，そういう意味のものとは外れた，外形だけのものであるようにも思う。上級学校に進学する者が増えたといっても，その動機の多くは「皆が行くから」というものであるし，今や，大学での授業内容のレベルが「中学校化」していると評する人すらいる。その一方で，形の上では学歴がつくものだから，「我」だけは強くなる。教員に無理難題を注文し，彼らを苦境に陥れるモンスター・ペアレントの発生地盤は，こういうところにあるような気がしてならない。このような弊を除去し，上で述べたような，実質を伴う真の高学歴化が実現されねばならない。少子高齢化という人口変動が起きていることを考えると，社会のリカレント化というような構造改革も必要になってくるだろう（399 頁）。

　続いて，よくいわれる格差社会化についてであるが，社会全体における富の格差の広がりは，教育格差の拡大をもたらすことが懸念される。われわれは統計データによってこの現象に絶えず注意を払い，人為的な介入・是正が必要と認めるならば，ためらうことなく，それを実行していかねばならない。最後に，近年になって急激に進行している情報化は，コンピュータやケータイのような情報通信機器を普及せしめ，人々の生活の有様を大きく変えている。それは教育の方法をも一変させ，これから先は，教育の営みそのもののICT化が進行していくであろう。しかるに社会の情報化は，子どもの人間形成の過程を歪めている側面があることも忘れるべきではない。

　ざっと考えただけでも，以上のようなことを摘記できる。教育の在り方を考えるにあたっては，社会的な土台がどういうものかを考慮しなければならないのであり，それを無視した改革案というのは，ほとんどが，何ら実現性のない絵空事にすぎぬ。また重要なことは，進行する社会の変化の中から，教育において活用できる資源を的確に取り出す努力をすることである。少子高齢化によって今後ますます増大する「地域密着人口」，情報化によってもたらされた高度な情報機器など，さまざまなものが考えられる。えてして人は昔を賛美し，社会の変化を嘆くものであるが，求められるのは，そういう構造変化をプラスに転じせしめることである。後ろを向いてはならない。

　あと一点，こうした社会的な土台の変化に伴い，社会の内部に蔓延するクライメイトも変わってきていることに注意がいる。たとえば私事化傾向のようなものは不可避の変化であり，それに沿った制度設計が考えられねばならない面が強い。しかるに，生活のバランスを軽視したり，何でもかんでも「自己責任」

と機械的に決めつけたりするような内向化性向の高まりには，頑として抗わねばならない。それに際して，意図的・組織的・体系的な公教育の果たす役割は大きい。変化を受け入れると同時に，それに抗う。このような均衡がとれないと，わが国の教育は時代遅れのものとなったり，反対に根なし草のようになったりしてしまう危険がある。これから先の変動社会において注意しなければならないのは，こういうことである。

あとがき

　人はえてして教育に理想を託しがちであるけれど，現実にはそれが機能不全に陥っていたり，予期せぬ逆機能を果たしていたりすることがしばしばある。このような（見えざる）病態を，データでもって可視的に明らかにすること。教育社会学の役割の一つは，こういうものではないかと，私は考えている。

　本書は，私なりのやり方でそれを実践したものである。私は以前，『47都道府県の子どもたち』と『47都道府県の青年たち』という書物を武蔵野大学出版会から刊行した経緯があるが，そこでの主眼は都道府県比較であった。しかるに3冊目となる本書では，県間比較の他，年齢比較，時代比較，国際比較など，分析視点にバラエティを持たせた。また，子どもや青年の社会化を促すエージェントとしての家庭，学校，教員，ならびにその土台的な条件としての社会の有様にも目を向けることとした。こうした視野拡張の必要性について教示してくださったのは，同出版会の芦田頼子氏である。ご一緒したのはこれで3度目になるが，今回も，氏の懇切丁寧な仕事に大いに助けられた。記して，感謝申し上げたい。

　本書で使っているのは，主に政府公表の既存統計であり，費用はほとんどかかっていない。現代は余暇社会・生涯学習社会であり，自分の全身全霊を込めた創作活動をしたい，という人も多いことだろう。冷静に自身の周りを見渡してみるならば，そのための資本は案外転がっているものである。政府統計はインターネット上にて無償でダウンロードできるし，それをエクセルで加工してグラフ化するのもタダである。最近は，公共図書館のサービスも充実してきており，さまざまな資料を無料で取り寄せてくれる。いやそれ以前に，国会図書館の蔵書のデジタル化が進んでいるというから，後数年もすれば，自宅にいながらにして学術研究ができる時代が到来するかもしれない。こういう条件は，より積極的に利用されて然るべきである。

さて私は，普通の人に比べて「縁」は薄いほうだと思うけれど，お顔が思い浮かぶ，お世話になった方がおられる。学生時代にご指導いただいた3人の先生方。松本良夫先生，小林平造先生，陣内靖彦先生。それと，10代の半ばより親代わりに私を育ててくださった，郷里の濱田真毅・歌子，叔父叔母夫妻。私は自分の道を歩んでいます。最後に，2010年10月10日に世を去り，今は九州の地に安らかに眠る母・舞田富子に本書を捧げたい。微塵ながら，社会の中で役割を果たしていることの証として。

　　　2013年7月

　　　　　　　　　　　　　　　　　　　　　　　　　　　舞田　敏彦

舞田 敏彦（まいた としひこ）

生年	1976 年
学歴	2005 年 3 月，東京学芸大学大学院博士課程修了
学位	博士（教育学）
現職	武蔵野大学，杏林大学兼任講師
専攻	教育社会学，社会病理学，社会統計学
著書	『47 都道府県の子どもたち』武蔵野大学出版会（2008 年） 『47 都道府県の青年たち』同（2010 年）
主要論文	「子どもの長期欠席と地域社会の関連に関する基礎的実証研究」『現代の社会病理』第 22 号（2007 年） 「地域の社会経済特性による子どもの学力の推計」『教育社会学研究』第 82 集（2008 年） 「成人の通学行動の社会的諸要因に関する実証的研究」『日本社会教育学会紀要』No.45（2009 年） 「性別・年齢層別にみた自殺率と生活不安指標の時系列的関連」『武蔵野大学政治経済学部紀要』第 1 号（2009 年）

教育の使命と実態
データからみた教育社会学試論

発行日	2013 年 7 月 12 日　初版第 1 刷
著者	舞田 敏彦（まいた としひこ）
発行	武蔵野大学出版会 〒 202-8585 東京都西東京市新町 1-1-20 武蔵野大学構内 Tel. 042-468-3003　Fax. 042-468-3004
印刷	モリモト印刷株式会社
装丁・本文デザイン	田中眞一
カバー装画	平井哲蔵

©Toshihiko Maita 2013
Printed in Japan
ISBN 978-4-903281-23-0

武蔵野大学出版会ホームページ
http://www.musashino-u.ac.jp/shuppan/